Begegnung mit dem eigenen Tod

Stefan Nadile

Begegnung mit dem eigenen Tod

Nahtoderfahrungen als Brüche und
Kontinuitäten in autobiografischen
Erzählungen

 Springer VS

Stefan Nadile
Universität Freiburg (Schweiz)
Fribourg, Schweiz

Publiziert mit Unterstützung des Schweizerischen Nationalfonds zur Förderung der wissenschaftlichen Forschung.

ISBN 978-3-658-45725-9   ISBN 978-3-658-45726-6   (eBook)
https://doi.org/10.1007/978-3-658-45726-6

Die Deutsche Nationalbibliothek verzeichnet diese Publikation in der Deutschen Nationalbibliografie; detaillierte bibliografische Daten sind im Internet über https://portal.dnb.de abrufbar.

Planung/Lektorat: Daniel Rost
Springer VS ist ein Imprint der eingetragenen Gesellschaft Springer Fachmedien Wiesbaden GmbH und ist ein Teil von Springer Nature.
Die Anschrift der Gesellschaft ist: Abraham-Lincoln-Str. 46, 65189 Wiesbaden, Germany

Wenn Sie dieses Produkt entsorgen, geben Sie das Papier bitte zum Recycling.

Inhaltsverzeichnis

Einleitung

1

Nach einer oftmals als lebensbedrohlich empfundenen Situation berichten Menschen manchmal von sogenannten Nahtoderfahrungen (NTE).[1] Sie erzählen von einem Heraustreten aus dem eigenen Körper («Out-of-body-experience», OBE), von Begegnungen mit Verstorbenen oder religiösen bzw. übernatürlichen Wesen, von unfassbaren Ereignissen, Energien, von einer Lebensrückschau, von schwer zu treffenden Entscheidungen zwischen Leben und Tod und von regelrecht überwältigenden Gefühlen, die kaum in Worte zu fassen seien. Einige Berichtende sind in der Folge davon überzeugt, dass sie dem Tod gewissermassen «begegnet» seien und ihnen Einblick ins Jenseits gewährt wurde. Sie seien tot gewesen, leben nun weiter und haben sich innerhalb der NTE gleichzeitig an verschiedenen Orten befunden – zum Beispiel am Unfallort und in einem hellen Licht. Die konkreten Eigenschaften der Erfahrungen und die vermeintlichen Erkenntnisse, Deutungen und Überzeugungen, die die Personen aus ihnen gezogen haben, können aber sehr unterschiedlich sein. Nicht nur Erfahrene ziehen nicht immer dieselben Schlüsse aus ihrem Erlebten[2], auch Forschende – die sich damit wissenschaftlich auseinandersetzen – behaupten Unterschiedliches, mitunter diametral Entgegengesetztes. Zum Beispiel titelten bereits vor einigen Jahren einige Wochenmagazine und

---

[1] Der amerikanische Kardiologe Michael Sabom versuchte vor über 40 Jahren das Phänomen zu quantifizieren: Dabei würden fünf Prozent von sich in lebensbedrohlichen Situationen befundenen Menschen erwähnen, eine Nahtoderfahrung gemacht zu haben. Vgl. Sabom 1982 S. 55 ff. Diese Zahl findet sich auch beim populären Beitrag des Kardiologen Pim van Lommel. Vgl. van Lommel 2010 S. 129. Vgl. auch Ring 1984c S. 10. Die Angabe wird im Kontext des «Gallup Polls» genannt.

[2] Vgl. die quantitative Studie der Soziologen Ina Schmied, Hubert Knoblauch und Bernt Schnettler in Deutschland: Schmied Ina et al. 1999 S. 222.

Onlineportale, dass eine Studie das Phänomen rund um Nahtoderfahrungen, im Englischen «Near Death Experience» (NDE), abschliessend erklärt habe.[3] Das aus Neurowissenschaftlern bestehende Forscherteam um Jimo Borjigin berichtete in der Fachzeitschrift «Proceedings of the National Academy of Sciences of the United States of America» (PNAS) über ihre aufsehenerregende Studie, in der sie eine markante Aktivität des Hirns bei klinisch toten Ratten feststellen konnten. Mit dem Ergebnis der Studie könne «highly lucid and realer-than-real mental experiences reported by near-death survivors»[4] erklärt werden, so das Forscherteam. Den bis dato ausgebliebenen Nachweis einer Messung von Hirnaktivität nach dem vermeintlichen Eintritt des Todes verbuchte der niederländische Kardiologe van Lommel in seiner prospektiven Studie als Beleg dafür, dass die Nahtoderfahrung tatsächlich Einblick in ein mögliches Leben nach dem Tod bieten könne.[5] Entsprechend kritisch betrachtete man auch Borjigins Studie. Drei Monate später erfolgte eine Reaktion des amerikanischen Psychologen Bruce Greyson, der sich seit Jahrzehnten intensiv mit Nahtoderfahrungsberichten auseinandersetzt. Er brachte sieben Gegenargumente vor und kam zum Schluss, dass die Studie keinen Beitrag zur Erforschung von Nahtoderfahrungen leisten könne.[6] Zum Beispiel sei nicht nachvollziehbar, was Ratten im Sterben erleben. Die in der Studie gemessene Hirnaktivität sei darüber hinaus nur ein Teil des «hyperarousal», einer besonders intensiven Erregung des Nervensystems. Zudem müsse grundsätzlich hinterfragt werden, ob man das bei Ratten Gemessene auf den Sterbeprozess des Menschen übertragen könne. Darüber hinaus gebe es Berichte von Nahtoderfahrenen, die physiologisch nicht in einer lebensbedrohlichen Situation waren, sodass sie von der vorliegenden Untersuchung nicht abgedeckt seien. Die Kritik kommt vom Mitgründer der «International Association for Near-Death Studies» (IANDS), der nach eigener Aussage auf der Website beworbenen «most reliable source of information on NDE».[7] Die IANDS ist ein international agierendes Netzwerk, das sich mit der Erforschung von Nahtoderfahrungen beschäftigt, wenngleich es den Berichten selbst eine grosse Aussagekraft für die Deutung der Erfahrung beimisst. Die internationale Ausrichtung des Netzwerks hat zum Ziel, Berichte aus der ganzen Welt zu sammeln und miteinander zu vergleichen, um zu belegen, dass es sich um ein universelles Phänomen handle. So

---

[3] Vgl. T-Online 13.08.2013. Etwas vorsichtiger mutmasst «Der Spiegel» und räumt der Studie «Möglichkeiten» zur Erklärung ein: Der Spiegel 13.08.2013.

[4] Borjigin et al. 2013a S. 5.

[5] Vgl. van Lommel 2010 S. 310, S. 356, S. 364–365.

[6] Greyson et al. 2013.

[7] IANDS 2021.

will man beweisen, dass der einzelne menschliche Körper von seinem einzelnen Bewusstsein getrennt werden könne und mit einem «endlosen», mit allen Menschen verbundenen Bewusstsein interagiere.[8] Greyson kritisiert die Studie aber nicht im Namen der IANDS und deren Interessen, sondern im Rahmen seiner Professur im «Department of Psychiatry and Neurobehavioral Sciences», die er an der University of Virginia (Charlottesville) inne hat.[9] In derselben Ausgabe, in der Greysons Kritik an Borjigin und seinem Forscherteam erschien, erschien auch ihre Antwort[10]. Darin betonen sie, dass die technologisch verwendeten Mittel durchaus Rückschlüsse auf die Hirnaktivität des Menschen zuliessen. Die Experimente würden Extremsituationen simulieren, die den physiologischen Zuständen ähneln, in denen sich Personen während ihrer Nahtoderfahrung befinden. Daher, so konkludiert Borjigin abermals, könne ihre Studie durchaus einen Beitrag zur Erforschung von Nahtoderfahrungen leisten.[11]

Diese Kontroverse[12] zeigt deutlich auf, wie umstritten die Deutung der Nahtoderfahrungen und wie umkämpft die Deutungshoheit darüber ist. Anhand der Argumente, die Greyson und Borjigin ins Feld führen, wird die wissenschaftliche Debatte um die Eingrenzung des Phänomens sichtbar. Es scheint nicht abschliessend geklärt zu sein, welche Erfahrungen als Nahtoderfahrungen zählen: Gemäss Greyson könne man sie auch in Situationen machen, die nicht lebensbedrohlich sind. Damit stellt sich generell die Frage nach den physiologischen Bedingungen, die zu einer Nahtoderfahrung führen können. Damit verknüpft steht zur Debatte, ob Bewusstseinszustände messbar sind und in welcher Relation sie zu messbaren Hirnaktivitäten stehen. Darüber hinaus könnte man auch der Auffassung sein, dass die physiologischen Bedingungen irrelevant für die Identifikation der NTE sind und stattdessen davon ausgehen, dass die ihre Identität ausmachenden Eigenschaften gänzlich im bewussten Erleben selbst zu finden

---

[8] Van Lommel 2010 S. 355.

[9] Greyson et al. 2013.

[10] Borjigin et al. 2013b.

[11] Die Studienergebnisse wurden von einer weiteren Studie zum sterbenden menschlichen Hirn aufgegriffen. Allerdings dokumentiert die Untersuchung nur einen einzigen Fall eines sterbenden Mannes, der zufällig an einem EEG angeschlossen war. Vgl. Vicente et al. 2022 Auch darauf hat Bruce Greyson, zusammen mit Pim van Lommel und Peter Fenwick, alles tragende Persönlichkeiten der IANDS, eine kritische Stellungnahme verfasst: Greyson et al. 2022 Ein Jahr später publizierte Borjigin zusammen mit anderen Forschenden eine weitere Studie, die erhöhte Hirnaktivität bei einem sterbenden Menschen nachweisen soll. Hier bezieht sich das Forscherteam bereits im ersten Abschnitt auf die Relevanz der Ergebnisse für die NTE-Forschung. Vgl. Xu et al. 2023.

[12] Vgl. Mobbs und Watt 2011 Und Greysons Reaktion darauf vgl. Greyson et al. 2012 Daraufhin reagierten erneut die kritisierten Forscher. Vgl. Mobbs 2012.

sind. Umstritten ist die Diskussion aber vor allem deshalb, weil die Erfahrungsberichte ein Leben im Jenseits und eine Verbindung ins Diesseits belegen sollen.
Die Erfahrungen können aber nicht direkt gemessen werden, sondern werden
immer nur durch die Betroffenen selbst im Nachhinein sprachlich übermittelt. Sie
können nie in Echtzeit von Dritten oder mit Hilfe von Messinstrumenten beobachtet oder im Nachgang – zum Beispiel per Simulation – rekonstruiert werden.[13]
Selbst messbare Hirnaktivitäten würden keinen Rückschluss darüber geben, was
Betroffene zu diesem Zeitpunkt bewusst wahrnehmen könnten. Zudem gibt es
Untersuchungen von Bewusstseinszuständen in anderen Kontexten, zum Beispiel
während der Meditation, deren Beschreibungen dem ähneln, was Personen über
ihre Nahtoderfahrungen sagen.[14] Aus psychologischer Warte findet sich weder
im Diagnostischen und Statistischen Manual psychischer Störungen (DSM-5)[15]
noch in der Internationalen statistischen Klassifikation der Krankheiten und ver-
wandter Gesundheitsprobleme (ICD10)[16] diese Erfahrungskategorie. Im Rahmen
von «aussergewöhnlichen Erfahrungen»[17] finden sich punktuell Anschlussmöglichkeiten. Christliche Theologen wägen bei der Analyse von aussergewöhnlichen
Erfahrungen zwischen «Spiritualisierung» und «Psychologisierung»[18] bzw. zwischen «Heilungswunder» und «religiösem Wahn»[19] ab, während Mediziner
Nahtoderfahrungen auch im Kontext von Sauerstoffmangel diskutieren.[20]

Es gibt eine Vielzahl von populärwissenschaftlichen Publikationen oder Sach-
büchern mit einschlägigen Titeln, wie zum Beispiel «Die Brücke zum Licht.
Nahtod-Erfahrung als Hoffnung», «Wir sind nicht getrennt vom Himmel. Mystik

---

[13] Genau diese Hürde versuchte die AWARE-Studie (AWAreness during REsuscitation) rund
um den Arzt Sam Parnia zu überwinden: Die im Rahmen der Studie im OP-Saal an verschiedenen Orten installierten Monitore, die nur aus der Vogelperspektive eingesehen werden
konnten, sollten belegen, dass wiederbelebte Personen, die eine Ausserkörperlichkeitserfahrung gemacht hatten, von auf den Bildschirmen gezeigten Motive erzählen können. Bislang
gelang es der Studie aber nicht, den Beweis hierfür anzutreten. Vgl. Parnia et al. 2014.

[14] Der Psychologe van Gordon will belegt haben, dass einzelne Elemente der NTE-Berichte
auch von Meditierenden beschrieben werden. Vgl. van Gordon et al. 2018 S. 5.

[15] Falkai und Döpfner 2015.

[16] Vor allem Kapitel 5. Vgl. WHO 2019.

[17] Vgl. Belz 2009 S. 9.

[18] Pfeifer 2019 S. 132 ff.

[19] Vgl. Demling 2019 S. 72–74.

[20] Klemenc-Ketis et al. 2010 So wurde im Mai 2018 in einem Kongressbericht festgehalten, dass es sich bei Nahtoderfahrungen um «neurophysiologische Prozesse im Gehirn in
lebenskritischen Situationen» wie «Kreislaufstillstand, Sauerstoffmangel, Narkose oder Drogen» handeln müsse und daher «aus wissenschaftlicher Sicht […] keinen Blick ins Jenseits»
gewähren könne. Stiefelhagen 2018.

und Nahtod-Erfahrungen» oder «Zu Besuch im Himmel. Nahtod: Authentische Berichte, kompetente Analysen». Die Titel allein machen schon den Anschein, bislang unbeantwortete Fragen nach der menschlichen Existenz und nach einem Leben nach dem Tod beantworten zu können. Das Phänomen und der Begriff «Near Death Experience» wurden durch den amerikanischen Arzt Raymond Moody bereits in den 1970er-Jahren im Rahmen einer Gegenbewegung zur Hirntoddiagnostik populär.[21] Seither werden die Deutungsmöglichkeiten von Nahtoderfahrungen nicht nur wissenschaftlich erörtert, sondern – dank neuer Medien wie dem Internet – zunehmend in der Öffentlichkeit durch direkt Betroffene verhandelt.[22] Einzelne, sehr erfolgreich verbreitete Berichte prägen dabei durch ihre Präsenz die Rezeption des Phänomens. Einer dieser Berichte ist das von Eben Alexander im Jahre 2012 veröffentlichte Buch «Proof of Heaven». Darin erzählt er autobiografisch über seine Nahtoderfahrung. Mit über 7,5 Millionen verkauften Exemplaren, allein in den ersten zwei Jahren[23] nach Erscheinen, war das Buch ein ausserordentlicher Erfolg. Laut Alexander gehe sein Buch über einen rein subjektiven Erfahrungsbericht hinaus und lege die Gewissheit auf ein Leben nach dem Tod offen. Dies stellt er in einen christlich-religiösen Kontext. Besonders der Untertitel des Buchs «A Neurosurgeon's Journey Into the Afterlife»[24] macht die Vehemenz und Raffinement deutlich, mit der Alexander Deutungshoheit beansprucht: Als inzwischen nicht mehr praktizierender Neurochirurg bestärkt der Autor seine Aussage durch die Nennung seines Berufsstands als medizinische Autorität und will ihr dadurch Gültigkeit verleihen.[25] Der kommerzielle Erfolg von Alexanders Buch und auch die kontroverse, kritische Rezeption[26] zeugen von einem grossen Interesse daran, ob Nahtoderfahrungen etwas über ein mögliches Leben nach dem Tod aussagen können.

Trotz aller Umstrittenheit möchte auf den ersten Blick der Eindruck entstehen, es handle sich um eine homogene Erfahrung, bei der lediglich umstritten ist, wie sie zu interpretieren ist und was sie aussagt. Dass die NTE im Zusammenhang zur Biografie und dem sozialen Umfeld der betroffenen Personen steht

---

[21] Vgl. Schlieter 2018 S. 227 ff.

[22] Vgl. Knoblauch et al. 1999b S. 16.

[23] Patalong 2013.

[24] Alexander 2013.

[25] Vgl. Fischer und Mitchell-Yellin 2016.

[26] Der äusserst kritische Beitrag des Journalisten Luke Dittrich bringt Alexanders Erzählung in einen biografischen Kontext. Alexander soll sich aufgrund seines Berufslizenzentzugs in einer existenziellen Notsituation befunden und sich anhand der Vermarktung seiner NTE deshalb neu orientiert haben. Vgl. Dittrich 2013 Der journalistische Bericht wurde von der IANDS rezipiert und kritisch hinterfragt. Vgl. Mays 2013.

bzw. stehen könnte, wird in wissenschaftlichen Studien höchstens erwähnt, jedoch nicht systematisch in Betracht gezogen. Studien zum Phänomen der Nahtoder-fahrung widmen sich meist nur der Erfahrung selbst und richten ihren Fokus dabei auf ihre einzelnen Elemente. Dass die Emotionslagen, die mitunter her-ausfordernde Konfrontation mit dem eigenen Tod oder der Umgang mit der NTE mit der eigenen Biografie zusammenhängen, findet hingegen wenig Beach-tung. Gerade weil sich «soziale Deutungsmuster»[27] und die Erzählungen der betroffenen Personen gegenseitig beeinflussen, müssen die Interpretationen der Personen erschlossen werden, damit ein sozialwissenschaftlich vollständiges Bild des Phänomens entstehen kann.

An dieser Stelle reiht sich die vorliegende Arbeit in die hermeneutische Wis-senssoziologie[28] ein, indem sie den biografischen Kontext der eigens für diese Studie interviewten Personen berücksichtigt. Der Bericht über die NTE wird im Kontext der biografischen Erzählung und der narrativen Argumentationslinie der individuellen biografischen Erzählung analysiert. Dabei wird die Nahtoder-fahrung als subjektive, ausseralltägliche Erfahrung verstanden, die im sozialen Gefüge gedeutet und über deren als korrekt geltende Interpretation sozial verhan-delt wird. Es soll gezeigt werden, inwiefern dies mit der eigenen Biografie, dem sozialen Umfeld und der kulturellen Prägung in Zusammenhang stehen kann. Die kommunizierte Deutung der eigenen Erfahrung ist als Aushandlungsprozess der Berichtenden in einer spezifischen Wertegesellschaft zu verstehen, in der sich das Subjekt befindet und lebt. Damit wird ein sozialwissenschaftlich hermeneutischer

---

[27] Der Ansatz des «sozialen Deutungsmusters» geht auf Ulrich Oevermann zurück. Vgl. Oevermann 2001b. Soziale Deutungsmuster als sozialwissenschaftliche Kategorie sind in ihrem Grad an Kompromisslosigkeit und ihrem sozial verhandelten Anspruch auf Absolut-heit von Ideologien zu unterscheiden, gehen aber durch ihre Strukturiertheit und Verwoben-heit mit der Lebenswelt über unstrukturierte Meinungen hinaus. Vgl. Bögelein und Vetter 2019b S. 17. Die Sozialwissenschaftlerinnen Nicole Bögelein und Nicole Vetter grenzen das «soziale Deutungsmuster» auch von Pierre Bourdieus Begriff des «Habitus» ab, wel-cher theoretisch ausgeprägt und definiert ist, jedoch «einer Entsprechung für die empirische Vielfalt der Realität» entbehrt. Bögelein und Vetter 2019b S. 18. Auf die Anwendung des sozialen Deutungsmuster wird noch vertiefter in dieser Arbeit eingegangen: Deutungsmuster als kommunikative Brücke zwischen Subjekt und Gesellschaft S. 33.

[28] In Anlehnung an das durch die Soziologen Hubert Knoblauch, Hans-Georg Soeffner, Ronald Hitzler und weitere Soziologen entwickelte soziologische Konzept, das u. a. auf dem Ansatz der Soziologen Thomas Luckmann und Alfred Schütz basiert. Vgl. Schütz und Luckmann 2017, Berger et al. 2018, Plaß und Schetsche 2001 und Hitzler und Honer 1997.

Ansatz vertreten, der nicht als objektive Instanz[29] gelten soll, sondern im Hinblick auf epistemologische Fragestellungen viel mehr einen Rekonstruktionsversuch kommunizierter subjektiver Annahmen durchführt. In einem sozialwissenschaftlichen Verständnis wird das Individuum als «subjektiv definitionsmächtig»[30] verstanden, das Situationen im Kontext der eigenen Erfahrungen verortet, Definitionen oder Analysen miteinander abwägt und sie dann bestätigt, ablehnt oder gar komplett verwirft. Wahrnehmung und Erzählung von Erlebtem sind damit keine unabhängig von der Bestimmung des Selbstverständnisses der Person zu eruierende Tatsachen, sondern durch Hinwendung zu eben diesem zu bestimmen. «Allgemeines Ziel der an den erkenntnistheoretischen Problemen der Sozialwissenschaften orientierten Lebensweltanalyse ist die Analyse des Sinn-Verstehens mittels einer formalen Beschreibung invarianter Grundstrukturen der Sinnkonstitution *im subjektiven Bewusstsein des Handelnden*»[31], so die Soziologen Ronald Hitzler und Thomas Eberle. Sozialwissenschaftlich können diese Sinnstrukturen im Rahmen der Analyse anhand der individuell zugeordneten Deutungsrahmen rekonstruierend analysiert werden, um zu beschreiben, «wie Bedeutungen entstehen und fortbestehen, wann und warum sie 'objektiv' genannt werden können und wie sich Menschen die gesellschaftlich 'objektivierten' Bedeutungen wiederum deutend aneignen».[32] Die Analyse von Deutungsmustern, so der Soziologe Carsten Ullrich, ist «keine Methode, sondern ein Forschungsbereich»[33]. Sie hat zum Ziel, als «eine Variante der interpretativen Soziologie und als ein Verfahren der qualitativen, rekonstruktiv verfahrenden Sozialforschung»[34] die zumeist latenten Deutungsmuster zu identifizieren. «Sie sind relativ unabhängig von Handlungssituationen und Bezugsproblemen und ergeben sich nie zwangsläufig aus ihnen.»[35] Soziale Deutungsmuster sind nur über die Bestimmung der individuellen Deutungsmuster erschliessbar[36], aber gleichwohl stets «Teil eines

---

[29] An den Philosophen Edmund Husserl anknüpfend postuliert Thomas Luckmann – als Ausdeutungsvariante der Thesen von Alfred Schütz – eine sogenannte «Mundanphänomenologie», welche mit einem unmittelbar in die Lebenswelt eingebetteten Wissenschaftsverständnis als einer der wichtigsten theoretischen Konzepte der qualitativen Forschung gilt. Vgl. Hitzler und Eberle 2017. S. 109 ff.

[30] Hitzler und Eberle 2017 S. 114.

[31] Hitzler und Eberle 2017 S. 110.

[32] Hitzler und Eberle 2017 S. 114.

[33] Ullrich 2019a S. 15. Vgl. Bögelein und Vetter 2019b S. 31.

[34] Lüders und Meuser 1997 S. 57.

[35] Ullrich 2019a S. 33.

[36] Ullrich 2019a S. 17.

kollektiven Wissensbestands.»[37] Der Deutungsmusteransatz verfolgt eine «rekonstruktiv ausgerichtete Forschungslogik»[38] und interessiert sich nicht nur für die
Strukturen von Ausdeutungen, sondern auch für «Fragestellungen zu Handlungsanleitungen und Orientierungen von Akteur_innen, wenn sich diese nicht an
primär individualistisch geprägten Konzepten orientieren, sondern [sich] auch an
der gesellschaftlichen kulturellen Bedingtheit dieser Orientierungen»[39] ausrichten. Soziale Deutungsmuster können selbst in einem von mehreren, individuellen
Deutungsmustern geprägten Interview erkannt und rekonstruiert,[40] kondensiert
und abstrahiert werden. Schliesslich haben sie einen Beschreibungskern und
verweisen stets auf das gleiche Handlungsproblem.[41]

   Die vorliegende Studie versteht soziale Deutungsmuster in Anlehnung an die
Soziologen Christine Plass und Michael Schetsche[42] also als den Individuen
zur Verfügung stehende Erklärungsmodelle[43] für ihre Nahtoderfahrung und für
Probleme im Umgang mit ihr. Die Deutungsmuster verweisen auf «geteilte Wis-
sensbestände»[44], über die auch die Erzählenden verfügen und auf verschiedene
Handlungsmöglichkeiten, die sich auf lebensweltliche Erklärungen stützen. Diese
reduzieren durch ihren Kategorisierungscharakter die Komplexität der Deutung
des Ereignisses, indem sie überschaubare Handlungsmöglichkeiten in einer ähnlich wirkenden Erfahrungskategorie bieten können. Darüber hinaus stiften die
sozialen Deutungsmuster Sozialität: «Schlussendlich sind Deutungsmuster der
'soziale Kitt' einer Gemeinschaft, weil sie den Alltag der Individuen ordnen und
ihnen das Gefühl vermitteln, dass sie selbst und die anderen nach erkennbaren
Regeln handeln und reagieren.»[45] Die Deutungsmuster können latent und den
Individuen zugleich bewusst sein, werden aber von den Individuen kaum explizit
genannt[46], geschweige denn direkt als eigenes, subjektives Muster beschrieben.
Dies ist wohl deshalb so, weil die individuelle Deutung stark an die «jeweilige
Biografie und Identität geknüpft»[47] ist. Auch wenn das Erfahrene subjektiv und

---

[37] Ullrich 2019a S. 34.
[38] Bögelein und Vetter 2019b S. 16.
[39] Bögelein und Vetter 2019b S. 16.
[40] Bögelein und Vetter 2019b S. 25.
[41] Vgl. Hoffmann 2019 S. 215.
[42] Plaß und Schetsche 2001.
[43] Oder nach Oevermann «Theorien der Alltagserfahrung». Vgl. Oevermann 2001a S. 11.
[44] Bögelein und Vetter 2019b S. 14.
[45] Bögelein und Vetter 2019b S. 22.
[46] Bögelein und Vetter 2019b S. 28.
[47] Bögelein und Vetter 2019b S. 24.

seine Deutung durch eine mitunter einzigartige Biografie bestimmt ist, so spiegelt sich in der Deutung gleichwohl ein gesellschaftlich geteilter Wissensvorrat wider. Die Deutungsschemata sind implizit verfügbar und werden in der Gesellschaft über Medienkanäle und im sozialen Umfeld kommunikativ geteilt. Durch die verbale Interaktion und den kommunikativen Austausch der Lebenswelten ist es möglich, dass sich «intersubjektiv gültige Deutungsschemata herausbilden, die mit den je individuellen, biographisch bedingten Sinnstrukturen mehr oder weniger stark korrelieren.»[48] Aus subjektiver Sicht erscheint die Lebenswelt einzigartig und unvergleichbar, aus einer wissenschaftlich-analytischen Perspektive dagegen nicht. Denn die Interpretationen und Deutungen der Erzählenden verweisen «typischerweise auf soziohistorisch 'gültige' Deutungsschemata und Handlungskonzepte».[49] Die Bestimmung der Relevanz und Gültigkeit der jeweiligen Deutungen ist abhängig von der Bestimmung der Merkmale der befragten Personen – ihrem sozialen, historischen und kulturellen Kontext. So meint der Soziologe Hans-Georg Soeffner: «Relativität und Intersubjektivität [werden] kontrolliert aufeinander bezogen».[50] Diese Bezogenheit kann nur kommunikativ erfolgen: Menschen verbalisieren ihre Erfahrungen im Kontext ihrer bereits gemachten Deutungen vergangener, darauf referierender Erfahrungen. Im Versuch die Erfahrung zu deuten, muss der Mensch dabei «medial» referierend kommunizieren, denn «menschliche Vergesellschaftung basiert – ganz gleich auf welchem Niveau – immer auch auf Medialisierung.»[51] Im Wissen darum, dass Gesagtes unterschiedlich gedeutet werden kann, muss auf eine bestimmte Deutung verwiesen werden, damit die Erzählung oder das Ereignis auch in diesem Kontext verstanden werden kann: «Wir 'inszenieren' – als unsere eigenen Regisseure – unser Handeln, Sprechen und Interagieren, indem wir es für uns und andere mit Deutungs- und Regieanweisungen versehen, die uns eine gewisse wechselseitig abgesicherte Verständigungsform im interaktiven Austausch gewährleisten sollen.»[52] Betroffene stellen sich nicht nur die Frage, wie das Erlebte formal und inhaltlich zu werten ist, sondern wie sie ihre Schlussfolgerungen mit ihrer bisherigen Überzeugungen und den öffentlich verfügbareren Deutungsangeboten in Einklang bringen und wie sie ihr Gesamtbild Dritten und

---

[48] Hitzler und Eberle 2017 S. 115.

[49] Hitzler und Eberle 2017 S. 116.

[50] Soeffner 2017 S. 171.

[51] Soeffner 2004 S. 285. Soeffner spricht dabei von «Authentizitätsfallen und medialen Verspiegelungen».

[52] Soeffner 2004 S. 286.

ihrem sozialen Umfeld erklärbar machen können. Ziel ist eine möglichst konsistente, zusammenhängende und nachvollziehbare biografische Erzählung.[53] Je
tiefer der Werte- und Überzeugungswandel, desto grösser sind die Anforderungen, die das soziale Umfeld an die Begründung des Wandels stellt und desto
grösser ist das Risiko, von ihm nicht mehr ernst genommen zu werden. Die verschiedenen, in der Gesellschaft verankerten Deutungsmuster bieten verschiedene
Erklärungen, die es ermöglichen zu zeigen, warum die vermeintlichen Inkonsis-
tenzen im Werte- und Überzeugungswandel der Betroffenen keine tatsächlichen
sind.

Entsprechend betrachtet die vorliegende Arbeit das Phänomen der Nahtoderfahrung im Spektrum zwischen subjektiver Erfahrung und sozialer Aushandlung
und Ausdeutung, die im Kontext einer wissenschaftlichen Debatte über die
umstrittene Erfahrbarkeit des Todes und Sterbens sowie über Todesdefinitionen
stattfindet. Die qualitative Studie mit Deutsch sprechenden und in der Schweiz
lebenden Personen hat zum Ziel, individuelle narrative Zugänge zur Nahtoderfahrung aufzudecken und anhand einer Typisierung der Daten, die durch Interviews
erhoben wurden, verschiedene Strategien und Narrative im Umgang mit dieser Erfahrung aufzuzeigen. Es wird sichtbar werden, wie unterschiedlich eine
Nahtoderfahrung in verschiedenen biografischen Kontexten wahrgenommen wird
und welche Relevanz sie für die erzählende Person aus ihrer Sicht haben kann.
Die im Laufe der folgenden Untersuchung präsentierten Ergebnisse könnten
Ansätze dafür bieten, die Erforschung der medialen Wahrnehmung von Nahtoderfahrungen in der Öffentlichkeit in einer Weise zu differenzieren, sodass die
Abhängigkeit des Zugangs zur Erfahrung von biografischen Begebenheiten ihrem
tatsächlichen Ausmass entsprechend Berücksichtigung findet.

In der Befragung wird absichtlich keine Position darüber eingeführt, ob
Nahtoderfahrungen in irgendeiner Hinsicht etwas Universelles mit sich bringen.
Um Einteilungen und verbindliche Definitionen nicht vorwegzunehmen, wie sie
zum Beispiel Moody oder Greyson vorgeschlagen haben, gehörte Etwaiges nicht
zum Leitfaden des Interviews. Die interviewten Personen sollten ihre Erfahrungen eigenständig erzählen. Die Invarianzannahme[54] als Grundannahme, dass

---

[53] Vgl. hierzu der Psychologe Kriz zum Verhältnis von gesellschaftlicher Norm und Abweichung: Kriz 2005, 2014 S. 19–20.

[54] Die Soziologen Knoblauch und Soeffner lehnen die «Invarianzannahme» (oder «Strukturhypothese»), die bei Berichten von durchgängig einheitlichen und einer «prinzipiell inva-
rianten motivischen Struktur (Mitteilung des Todes, Tunnel, Licht, OBE, Begegnung mit
Geistwesen etc.)» ausgeht, explizit ab. Knoblauch und Soeffner 1999b S. 271.

das Phänomen universell sei[55], ist damit für die Kategorisierung der Deutungen nur relevant, wenn sie von den Berichtenden selbst explizit umschreibend thematisiert wird. Nahtoderfahrungen werden in der vorliegenden Studie als das Berichtete von Berichten[56] verstanden, das die berichtende Person aus subjektivem Ermessen explizit als «Nahtoderfahrung» bezeichnet.[57] Die Subsumtion der eigenen Erfahrung unter die Kategorie der Nahtoderfahrung geht also von der Person selbst aus und dient zugleich als Selektionskriterium zur Verwendung des Interviews für diese Studie.

Daraus ergibt sich für die vorliegende Arbeit die folgende Struktur: Die Erforschung des Todes, die daraus abgeleiteten Todesdefinitionen und ihr Wandel werden vor dem Hintergrund historischer Entwicklungen und ihren gesellschaftlichen Trends aufgearbeitet. Dabei wird die Nahtoderfahrung als Phänomen beleuchtet, dessen In-Bezugnahme sich auch mit dem Aufkommen neureligiöser Bewegungen institutionalisiert und dessen Existenz dabei als Berechtigung einer Alternative zur Naturwissenschaft in der Tradition des «Western Esotericism»[58] gehandelt wird. Mit dem Bekanntwerden des Phänomens können in Bezug auf die Aussagekraft von Nahtoderfahrungen verschiedene Deutungen und Deutungsebenen identifiziert werden, die sich jeweils in drei verschiedene Positionen einteilen lassen: eine religiös-ontologische, eine kritische und eine agnostische.[59] Einige, vor allem religiöse Überzeugungen implizieren eine Trennung von Körper und Geist. Insbesondere dann, wenn Nahtoderfahrungen als religiöse Erfahrungen behandelt werden, steht die Aussage im Vordergrund, ein Fortleben nach dem Tod bewiesen oder widerlegt zu haben. Dabei wird der Begriff «Religion» in der vorliegenden Arbeit wissenssoziologisch begriffen. In Anlehnung an den Soziologen Thomas Luckmann geht das von ihm Begriffene über das in Gestalt institutioneller Religion «Sichtbare» hinaus: Religion fungiert

---

[55] Vgl. Knoblauch 2012 S. 5–122, Knoblauch und Soeffner 1999b S. 273, Kellehear 1996 S. 22–41.

[56] In der öffentlichen Debatte wird meist zwischen der Erfahrung und dem Bericht nicht unterschieden. In der vorliegenden Arbeit wird davon ausgegangen, dass nur Berichte analysiert werden können und nicht die Erfahrungen selbst. Vgl. Knoblauch und Schmied Ina 1999 S. 188 ff.

[57] Vgl. zu generischen Begrifflichkeiten wie «End-of-life-experience»: Fenwick und Brayne 2011.

[58] Wissenschaftlicher Bericht für «Esoterik» in der westlichen Gesellschaft, der eine grosse Zahl und verschiedene Ausprägungen von religiösen Bewegungen und religiösen Konzepten umfasst. Vgl. Hanegraaff 2013.

[59] Die Topologie basiert weitgehend auf der von Knoblauch, Schmied und Schnettler, weitet diese aber aus und bildet sie tabellarisch ausführlicher ab. Vgl. Knoblauch et al. 1999a S. 20 ff.

dabei als Erklärung für Transzendentes, ohne aber eine «anthropologische Tatsache»[60] sein zu müssen. Ganz im Sinne des Soziologen Hubert Knoblauch wird Religion stattdessen als private Sache behandelt: Religion ist als Teil der Gesellschaft zu begreifen, der nicht nur in institutionellen Formen von Religion wie der der Kirchen, sondern als «populäre Religion»[61] auch in freien individuellen und subjektiven Zugängen verankert ist, die sich über die modernen Medien mitteilen.[62] Gerade der Umgang mit dem Tod erfahre eine zunehmende Kultivierung im Populärreligiösen: «Während sich die Kirchen unter dem Einfluss der Aufklärung immer mehr von der Deutung des Todes und einer breiten Ritualisierung zurückgezogen haben, entwickelt sich ausserhalb der Kirchen eine Kultur des Todes, die eigene Rituale, Erfahrungsformen und Deutungen des Todes hervorbringt.»[63] Die populäre Religion ersetzt die institutionalisierte Form von Religion jedoch nicht, sondern steht mir ihr in Konkurrenz. Spiritualität wird in dieser Arbeit als «besondere Form»[64] von Religiosität verstanden, zumal sie in der Alltagssprache als von der institutionalisierten Religion abgegrenzt und als Alternative zu ihr betrachtet wird. Über Spiritualität wird Religion subjektiv erfahrbar und durch die Zuweisung dieser Kategorie zur NTE kommunikativ vermittelbar.[65] Denn die transzendenten, subjektiven Erfahrungen sind Kernthema der Spiritualität und gleichzeitig Bedingung, um über Spiritualität sprechen zu können: «Das Subjekt muss etwas Subjektives vorweisen, das dann zum Thema der religiösen Kommunikation gemacht werden kann.»[66]

Auf die Analyse der sozialen Deutungsmuster im Kontext der Thanatologie und der Analyse ihrer geschichtlichen Einbettung, die eine Aussensicht auf Nahtoderfahrungsberichte gibt, folgt eine Hinwendung zu individuellen Innensichten auf die Nahtoderfahrung und ihrer Kommunizierbarkeit vor allem wenn sie sich in krisenhaften Situationen ereignet hatten. Die kommunikative Erörterung solcher und ähnlicher Ereignisse ist Gegenstand der Darstellung eines ausseralltäglichen, möglicherweise gar aussergewöhnlichen Ereignisses in der biografischen Erzählung. Diese Darstellung besteht aus einem graduellen Modell, das die Nahtoderfahrung in eine narrative Argumentationslinie einbinden kann.

---

[60] Luckmann und Knoblauch 2016 S. 108 ff. Berger et al. 2018 S. 28 ff.

[61] Knoblauch 2009 S. 193 ff.

[62] Knoblauch 2009 S. 255 ff.

[63] Knoblauch 2009 S. 267.

[64] Vgl. Knoblauch et al. 1999b S. 32.

[65] «Im Rahmen der religiösen Kommunikation über Transzendentes drückt sich diese Subjektivität als Spiritualität aus.» Knoblauch 2009 S. 270.

[66] Knoblauch 2009 S. 272.

Im Zentrum steht die Bedeutung der Nahtoderfahrung in der biografischen Erzählung: Sie kann ein biografischer Bruch im Rahmen einer «Konversionserzählung» sein, sich in einem Gefühl der «Entfremdung» als Bildungsgeschichte oder als «Durchstreichung» in Form eines Erlebnisberichts zeigen. Diese Dreiteilung basiert auf der Topologie des Soziologen Michael Kauppert.[67] Im Laufe der vorliegenden Arbeit wird seine Aufschlüsselung der biografischen Erzählung erweitert, wobei die Erweiterungen Mischformen seiner drei «Enttäuschungsvarianten» sind. Darüber hinaus wird konzeptuell erörtert, woran sich biografische Erzählungen orientieren und wie Themen wie Tod und Sterben generell aus subjektiver Sicht Eingang in die Erzählung finden.

Die Argumentationslinie einerseits und die Topologie der Deutungsebenen mit den jeweiligen Positionen andererseits bilden das massgebliche theoretische Fundament für die Analyse der Studienergebnisse. Diese resultiert in einer Typisierung, wie Nahtoderfahrungen im biografischen Kontext gedeutet werden, welche sozialen Deutungsmuster dabei implizit zum Tragen kommen können und wie die Person von ihrer Biografie erzählt. Hierzu bietet das Korpus der mittels Interviews erhobenen Daten die Möglichkeit, Typen zu entwickeln. Zur Sicherstellung der Transparenz und Nachvollziehbarkeit werden Datenerhebung und Auswertung ausführlich dargelegt. In der Folge werden die generierten Kategorien typen-, berichts- und deutungsmusterspezifischen Faktoren zugeordnet. Abhängig von der Charakterisierung der interviewten Personen werden die Konstellationen der Faktoren zu Typen zusammengetragen. Damit lässt sich jede interviewte Person einem der fünf entwickelten Typen zuordnen. Jeder Typus steht je für eine Grundhaltung zur Lebenswelt und je für eine Strategie zur Integration der Erfahrung in das eigene Leben. In der Bewertung werden darüber hinaus die Typen einander gegenübergestellt und Tendenzen identifiziert. So wird sich zeigen, wie sehr die biografische Verortung und Deutung der Erfahrung im Vordergrund stehen und wie sehr sie die Gestalt der Erfahrungen und die unmittelbaren Umstände, durch die es zu ihnen kam, in den Hintergrund rücken lassen. Zudem werden die Ergebnisse belegen, dass das Sprechen über eine Nahtoderfahrung ganz grundsätzlich zu Schwierigkeiten führen kann – nicht zuletzt deshalb, weil in der öffentlichen Wahrnehmung umstritten ist, wie sie grundsätzlich zu bewerten sind.

---

[67] Kauppert 2010 S. 98 ff.

Indem die vorliegende Arbeit sowohl die Nahtoderfahrungsberichte in die biografische Erzählung zu kontextualisieren als die populäre und wissenschaftliche Debatte über das Phänomen zu rekonstruieren hat, kann sie im Falle des Gelingens ein vollständigeres Bild zeichnen, das die gesellschaftlichen Rahmenbedingungen in ihrer Wichtigkeit berücksichtigt.

Teil I

Deutungskonzepte der Nahtoderfahrung im Kontext der Thanatologie

Nahtoderfahrungen sind in ihrer Definition, ihrer Ausprägung und ihrer Aussagekraft nicht nur in der Öffentlichkeit, sondern auch in ihrer wissenschaftlichen Bearbeitung besonders dann umstritten, wenn dabei der Anspruch an die Deutungshoheit unmittelbar mit der Erforschung des Todes und des Sterbens verknüpft ist. In der Folge wird deshalb zunächst im Rahmen einer kurzen Forschungsgeschichte die sozialwissenschaftliche und sozialpsychologische Bearbeitung des Todes und der Kontext der naturwissenschaftlich-medizinisch definierten Todesdiagnostik aufgearbeitet. Die populärwissenschaftliche Beschäftigung mit dem Thema der Todesdefinition wird mit historisch weiter zurückliegenden Anknüpfungspunkten sowohl im Zuge der Popularisierung des Phänomens «Nahtoderfahrung» als auch im Rahmen der Gegenposition in der Tradition der esoterischen Bewegung des «New Age» als zunehmend beklagten Materialisierung und Erfolgsorientierung in der Medizin erörtert. Eine Beleuchtung jener Bewegung und esoterischer Weltanschauungen als Alternativmodell zur Naturwissenschaft folgt auf eine grundsätzliche, wissenschaftliche Auseinandersetzung mit dem Thema Tod. Das Aufkommen der Debatte um Nahtoderfahrungen, die entsprechenden Begrifflichkeiten und Definitionsversuche werden anhand ihrer Hauptvertreter beleuchtet. Im Anschluss daran wird auf die Konzeption von sogenannten «sozialen Deutungsmustern» im Allgemeinen und dann anhand des Phänomens Nahtoderfahrungen im Konkreten näher eingegangen. Diese in der Gesellschaft etablierten Deutungen fungieren für Personen, die eine Nahtoderfahrung erlebt haben, als sinngebende Verortungsmodelle für die Interpretation der eigenen Erfahrung. Der subjektive Aspekt wird in der Folge daher im Kontext von Sprechen über den Tod und den Umgang mit dem Bewusstsein um die eigene Sterblichkeit aufgegriffen und Konzepte von biografischen Erzählungen und deren in der Biografie beschriebenen «Brüche» aufgearbeitet. Insbesondere die Erzählung von «aussergewöhnlichen Erfahrungen» als Topos können für Berichtende von Nahtoderfahrungen als Kategorisierung der eigenen Erfahrung bedeutsam sein.

Thanatologie: Tod und Sterben als Forschungsgegenstand

Die Thanatologie als Wissenschaft des Sterbens und des Todes beschäftigt sich aus unterschiedlichen wissenschaftlichen Disziplinen sowohl auf der Metaebene als auch anhand von konkreten Situationen mit dem Tod und dem Sterbeprozess bei dessen explizitem oder absehbarem Ein- und Auftreten. Dazu gehören auch die wissenschaftliche Auseinandersetzung mit religiösen Bestattungsriten oder mit professioneller Pflege von unheilbar Kranken, mit dem Umgang mit sterbenden Menschen, ethischen Fragestellungen zum Beispiel zu Hospizeinrichtungen, aktiver und passiver Sterbehilfe und Weiteres. Dabei wird der Sterbeprozess aus unterschiedlicher Perspektive analysiert und die Todesdefinitionen werden problematisiert, wobei alle sich darauf beziehenden Disziplinen den Anspruch erheben, sich wissenschaftlich mit dem Thema Sterben und Tod auseinanderzusetzen. Dabei wird sich zeigen, dass je nach Bearbeitung des Themas die Todesdefinition, das Verständnis von Sterben und der Umgang mit diesem unter Umständen anders und konkurrierend zueinander erfolgen: Während zum einen der Tod auf einen physiologischen, messbaren Zustand reduziert wird, sollte dieser gerade davon abgekoppelt in einem grösseren, spirituellen Zusammenhang gesehen werden. Die verschiedenen Zugänge zum Thema «Tod und Sterben» wird in der Debatte um Nahtoderfahrungen und deren Aussagekraft und Bedeutsamkeit relevant und wird implizit, aber nicht zwingend explizit ausgehandelt bzw. ist je nach Deutung unmittelbar mit der Todesdefinition verknüpft. In der

---

Ergänzende Information Die elektronische Version dieses Kapitels enthält Zusatzmaterial, auf das über folgenden Link zugegriffen werden kann https://doi.org/10.1007/978-3-658-45726-6_2.

Folge wird deshalb zunächst ein kurzer Einblick in die Geschichte der Thanatologie gegeben, um in der Folge das Phänomen der Nahtoderfahrung und seine Popularisierung verorten zu können: Zunächst wird auf die Todesdefinition aus medizinisch-naturwissenschaftlicher Perspektive eingegangen. Im Anschluss erfolgt ein Einblick in die Ursprünge der Thanatologie mit Fokus auf den für die vorliegende Arbeit relevanten sozialwissenschaftlichen Zugang, worüber hinaus die Vorstellung von Unsterblichkeit ebenfalls erörtert wird, zumal Nahtoderfahrungen diesen Topos ebenfalls tangieren. Besonders der christliche aber auch der darauffolgende alternativ-naturwissenschaftliche Zugang zur Todesforschung komplettieren die vorliegend im Zentrum stehende Verortung der wissenschaftlichen Beschäftigung mit dem Tod und bereiten damit den Rahmen für die Anfänge und Popularisierung der Nahtoderfahrung.

2.1   Tod und Todesdefinition in der Naturwissenschaft

Gemäss Standardwerk des klinischen Wörterbuchs «Pschyrembel» wird der Tod als «Ende des Lebens eines Individuums [bezeichnet, der mit einem] irreversiblen Funktionsverlust des Atmungs-, Kreislauf- und Zentralnervensystems»[1] einhergeht. Mit dem Feststellen des Tods ist auch die Rechtsfähigkeit des Menschen beendet.[2] Es werden dabei verschiedene Phasen unterschieden: Die Phase «Stillstand» geht einher mit einem vollständigen Erliegen des Kreislaufs: «Fehlen von Karotispuls und Atmung, maximaler Pupillenerweiterung, zyanotische Verfärbung von Haut und Schleimhäuten [und] Aufhebung jeder Grosshirnaktivität».[3] Der «Hirntod»[4] gilt als «Tod des Individuums» aufgrund von vollständiger «erloschener Gesamtfunktion» des Hirns, des Hirnstamms und des Kleinhirns und der «biologische Tod» bedeutet das «Ende aller Organ- und Zellfunktionen»[5]. Dabei gilt lediglich der klinische Tod bzw. der vom Zeitfaktor[6] abhängige «Stillstand» als potenziell reversibel, wobei es sich dann um einen «Scheintod», also einer

---

[1] Schäfer 2022.

[2] Vgl. Schäfer 2022.

[3] Schäfer 2022.

[4] Schäfer 2020. Vgl. auch Wittwer 2011 S. 98 ff. und Schäfer 2017 S. 86 ff.

[5] Schäfer 2022.

[6] Das Gehirn müsse innerhalb von 3–5 Minuten wieder reanimiert werden können, das Herz zwischen 15 und 30 Minuten, wobei bei erniedrigtem Sauerstoffverbrauch auch eine verlängerte Ischämiezeit möglich sei. Vgl. Koppenberg 2021.

falsch diagnostizierten, «irrigen Todesanmutung»[7] handle. Dabei müssten Elektrokardiogramm (EKG)- oder Elektroenzephalogramm (EEG)-Aktivitäten nicht zwingend messbar sein, denn eine «minimale Ventilation und Durchblutung» genügten, um «den Mindestgrundumsatz der Zellen zu gewährleisten»[8]. Könne die Atmung aus eigener Kraft oder mit Hilfe Dritter wiederhergestellt werden, sei eine vollständige Genesung möglich.[9]

Der festgestellte, diagnostizierte Hirntod hingegen gilt trotz der künstlichen Funktionsaufrechterhaltung von lebenswichtigen Organen nicht als reversibel. Damit wurden die Kriterien der Todesanzeichen mit der Einführung der Hirntoddiagnostik (HTD) seit 1968 grundlegend verlagert: Nicht wie bis anhin ist das Ausbleiben des Herzschlags eine notwendige, wenn auch nicht hinreichende Bedingung für den Tod, sondern die fehlende Aktivität der Hirnfunktion.[10] Nicht nur Herzschlag und Atmung sind mit Hilfe von Maschinen trotz festgestelltem Hirntod messbar, es können auch spontane Reflexe und Bewegungsabfolgen[11] selbst nach abgeschlossener, bestätigter Hirntoddiagnose den Eindruck erwecken, dass die Person noch lebt. Das Hirntod-Konzept wurde von einer Kommission mit Vertretern aus Medizin, Theologie und Rechtsprechung entwickelt. Damals wie heute wird von Gegnern vorgeworfen, das Konzept sei nur ein «Scheinargumentarium» mit dem Ziel, «die Bedingungen der Organtransplantation zu lockern.»[12] Man fühlte sich wohl an die sogenannte «Scheintodhysterie»[13] vor allem im 18. und 19. Jahrhundert erinnert, wonach die Angst, lebendig begraben zu werden, mit der Einführung der Hirntoddiagnostik wieder reaktiviert wurde.

Das Spannungsfeld in Bezug auf die verschiedenen Todesdefinitionen lässt sich anhand Abbild 2.1 verdeutlichen: Die Phasen, die einen irreversiblen von einem reversiblen Zustand trennen, überschneiden sich in ihren Eigenschaften. Die reversible Phase des klinischen Tods bedingt in dessen Definition einen Ausfall des gesamten Kreislaufs, der aber bei der irreversiblen Phase des Hirntods künstlich aufrechterhalten werden kann. Der Hirntod kann also mit Hilfe von Maschinen bereits vor dem Erliegen von Atmung und Herzaktivität eintreten.[14]

---

[7] Schäfer 2022.

[8] Schäfer 2022.

[9] Schäfer 2022.

[10] Vgl. Schäfer 2017 S. 33.

[11] Vgl. hierzu der sogenannte Lazarus-Reflex (mögliche Bewegungsabfolge auf Basis von Reflexen des zentralen Nervensystems): Gordon et al. 2020.

[12] Vgl. Schäfer 2017 S. 33.

[13] Vgl. Ariès 1982 S. 504–517.

[14] Vgl. Rothschild 2017.

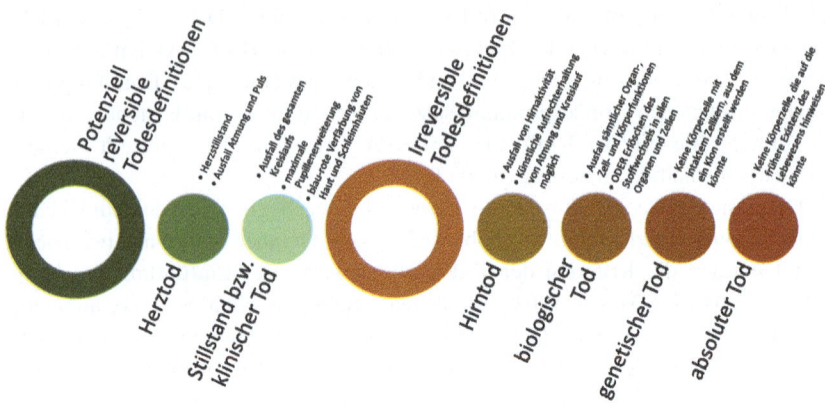

Abbildung 2.1 Todesphasen basierend auf Pschyrembel[15]

2.2   Von der Verdrängung zur Erforschung des Todes

Die im Zuge der «Thanatologie» erwähnten, wissenschaftlichen Ursprünge systematisch aufgearbeiteter als «Psychologie des Todes» bezeichneter Bearbeitung des Todes geht in die erste Hälfte des 19. Jahrhunderts auf den Mediziner Gustav Theodor Fechner zurück, so der Psychologe Randolph Ochsmann.[16] Der Psychologe William James habe im Jahre 1904 die Schriften von Fechner zunächst übersetzt und dann herausgegeben[17] und sich ebenfalls mit religionspsychologischen Fragen beschäftigt.[18] Kurz zuvor erschien die Studie zum Suizid[19] des Religionssoziologen Emile Durkheim. Er postulierte, dass Handlungsmotive mit

---

[15] Die Darstellung zeigt die durch Pschyrembel definierten Phasen, inklusive den genetischen und den absoluten Tod, ergänzt mit dem Herztod, der vor der Feststellung des klinischen Todes durch heutige EKG- und EEG-Messinstrumente ausschlaggebend war. Der Pschyrembel ist in der Verwendung des Begriffs «klinischer Tod» nicht konsistent: Im Artikel, der die Todesdefinition behandelt, wird ausschliesslich «Stillstand» erwähnt (vgl. Schäfer 2022), im Artikel zur Nahtoderfahrung wird von «klinischem Tod» gesprochen. Vgl. Maier 2018.

[16] Ochsmann 1993 S. 5.

[17] Ochsmann 1993 S. 6.

[18] Vgl. James 2005.

[19] Durkheim 2017 Vgl. Lacina 2009 S. 80 ff. und Feldmann 2010b S. 10.

der sozialen Struktur in Zusammenhang stehen.[20] Die Anzahl der Publikationen zu den Themen «Tod und Sterben» blieb aber verhältnismässig tief, das Thema war «eher von beiläufiger Bedeutung»[21]. Die eigentlichen Ursprünge der Thanato-Psychologie sei zu Beginn der zweiten Hälfte des 20. Jahrhunderts anzusetzen, als 1956 im Zuge des Kongresses der «American Psychological Association» das Todeskonzept und die Behandlung von «affektive[n] Erlebens- und Verhaltensweisen, die durch das Wissen um und die Begegnung mit Tod und Sterben ausgelöst»[22] und zum Thema gemacht wurden.[23] Ochsmann erwähnt, dass aber schon damals vor allem vonseiten der «akademischen Psychologie» Kritik entstanden bzw. das Thema «Tod» nicht mit einer wissenschaftlichen Abhandlung zu vereinen sei.[24] Die amerikanische Vereinigung «Veterans Administration» habe das Thema überhaupt für die Psychologie erst fruchtbar gemacht, da sie sich den ehemaligen Kriegsteilnehmern des zweiten Weltkriegs angenommen, und sich mit selbstmordgefährdeten Menschen, die Mühe gehabt hätten, wieder im Alltag Fuss zu fassen, konfrontiert gesehen habe.[25] Selbstmord sei als Vorreiterthema damit in den Blick der Öffentlichkeit geraten.[26] Kastenbaums Herausgabe der Zeitschrift «OMEGA: Journal of Death and Dying» und deren Gründung im Jahre 1973 war ebenfalls massgebend für die Popularisierung des Themas.[27] Auch Philipp Ariès sah in seiner als Klassiker geltenden «Geschichte des Todes»[28] gegen Ende des 20. Jahrhunderts ein Aufkommen der Diskussion über das Thema «Tod»

---

[20] Durkheim 2017 S. 459 ff. Durkheim glaubte, dass der Verlust der Sinnstiftung der eigenen Handlungen (einhergehend mit dem «Rückgang der Religion») und der Verlust der Erkenntnis der Grenze der eigenen Bedürfnisse zu Hoffnungslosigkeit und damit zu einer höheren Suizidrate führen. Das «heilsame Gefühl der Solidarität» sei vor allem in der katholischen Religion zu finden, da deren religionsbezogene orthopraktische Struktur (z. B. Rituale, Einbindung in die religiöse Gemeinschaft) dem Individuum einen sozial stabilen Kontext bereite – so seine Schlussfolgerung. Durkheim 2017 S. 444. Denn die neuen Freiheiten des Individuums überforderten dieses. Vgl. Durkheim 2017 S. 464.

[21] Ochsmann 1993 S. 6.

[22] Wittkowski 1978 S. 21.

[23] Vgl. Ochsmann 1993 S. 7, Wittkowski 1978 S. 16–18.

[24] Ochsmann 1993 S. 7.

[25] Ochsmann 1993 S. 7.

[26] Ochsmann 1993 S. 8.

[27] Vgl. Ochsmann 1993 S. 9.

[28] Vgl. Ariès 1982.

und titelt in der Konklusion eine «Wiederkehr der Todesankündigung»[29], die auf eine Phase der historisch bedingten «Verdrängung des Todes»[30] folge.[31]
    Die heutige, sozialwissenschaftliche Thanatologie hat sich erst Ende des 20. und zu Beginn des 21. Jahrhunderts im deutschsprachigen Raum[32] ausgeprägt und beschäftigt sich mit den Themen «Sterben», «Tod» und «Postmortalität» nur am Rande der soziologischen und sozialwissenschaftlichen Forschungsgebiete. Vom Soziologen Klaus Feldmann wird sie als «periphere Subdisziplin [einer] interdisziplinären nomadisierenden Patchwork-Wissenschaft des Sterbens und des Todes»[33] bezeichnet. Trotz der damit als untergeordnet suggerierten Relevanz des Themas habe sich «die Wissenschaft in den letzten Jahrzehnten immer mehr dem Tode zugewandt»,[34] so schreiben Knoblauch und Zingerle vor rund fünfundzwanzig Jahren und sehen eine seit den 1970er-Jahren sich entwickelnde, eigene «Thanatologie», die zusammen mit Psychologie, Soziologie und Ökonomie eine «Thanatosoziologie» habe entstehen lassen. Das Entstehen der Disziplin sei «Ausdruck einer veränderten Bewertung des Todes»[35], die sich darin zeige, dass der Tod nicht mehr «verdrängt», sondern von der Wissenschaft aktiv erforscht werde.[36] Sie glauben in einer „Institutionalisierung des Sterbens" einen Trend erkennen zu können, der das Sterben zunehmend im wissenschaftlichen Kontext, aber auch im Rahmen von Organisationen wie Sterbehilfe oder Hospizeinrichtungen aufgreife.[37] Der Umgang mit dem Tod aus kultureller Perspektive oder auch im historischen Kontext sind dabei mit verschiedenen «Deutungsrahmen» verknüpft, die

---

[29] Ariès 1982 S. 753.

[30] Ariès spricht von einem «ins Gegenteil verkehrten Tod», von der «Unschicklichkeit der Trauer» und von der Tendenz der «Ausbürgerung des Todes», die unter anderem auch aufgrund des «Triumphs der Medikalisierung» vorangetrieben würde. Vgl. Ariès 1982 S. 713–770.

[31] Gerade diese Phasenverschiebung gehe auch mit dem Aufkommen des Themas der Nahtoderfahrung einher. Vgl. Schlieter 2018 S. 231.

[32] Vgl. Feldmann 2010b S. 10.

[33] Feldmann 2010a S. 569.

[34] Knoblauch und Zingerle 2005 S. 11.

[35] Knoblauch und Zingerle 2005 S. 11.

[36] Vgl. Knoblauch und Zingerle 2005 S. 12.

[37] Knoblauch und Zingerle 2005 S. 11. Knoblauch und Zingerle fügen darüber hinaus an, dass sich die Thanatosoziologie als Disziplin in einem Entstehungsprozess befinde und daher noch nicht als feste Einheit definiert werden könne.

nicht ineinander auflösbar und nicht miteinander kompatibel sind: Der Rahmen des praktischen Umgangs, der biomedizinische Rahmen, der Rahmen der Laien oder des semipsychiatrischen Umgangs. 'Verdrängung' kommt dann einer Art Kompartmentalisierung des Todes in unterschiedliche Rahmungen, Diskurse oder Bezugssysteme gleich.[38]

Diese «Kompartmentalisierung» führe aber auch dazu, dass konkrete Vorstellungen, vor allem aber eine «Sterberolle» definiert werde, die gleichsam im Rahmen eines Prozesses der Institutionalisierung zum Beispiel in Form der Palliativmedizin zum Tragen käme: «Die Institutionalisierung des Todes bedeutete demnach, dass die Handelnden – nicht nur im Krankenhaus – über ein gesellschaftlich etabliertes Wissen verfügen, das sie in ihrem Umgang mit dem eigenen Tod und mit dem Tod der anderen leitet.»[39] Zusammen mit dem von Knoblauch auch in einem anderen Kontext erwähnten Individualisierungsprozess[40], der den Tod als eigenes, subjektives Problem verstehen möchte und nicht weiter als eine von Kirche oder Religion behandelte Angelegenheit wissen will, fungiert diese Beobachtung als tragendes Element der «Popularisierung der Religion»:[41] «Dieser Diskurs kennt kaum Experten, aber doch eine Moral, und er bildet Formen einer Etikette aus, die man als sekundäre Traditionalisierung bezeichnen könnte.»[42] Weiter würde auffallen, dass insbesondere in der Ratgeberliteratur dieses Thema Eingang finde – vor allem auch vermehrt im esoterischen Kontext[43], der nicht nur auf ein Bedürfnis religiöser Sinngebung reduziert werden könne, sondern auch auf eine zunehmend «mangelnde Anerkennung von herkömmlichen Experten für den Tod»,[44] also Ärzte und Priester. Einzelpersonen, die über entsprechende Erfahrungen verfügten, hätten den Anspruch auf eine eigene «Expertise» und würden

---

[38] Knoblauch und Zingerle 2005 S. 13.

[39] Knoblauch und Zingerle 2005 S. 23.

[40] Vgl. dazu auch Schiefer 2007 S. 13. Schiefer stützt dabei Knoblauchs These, dass Betrauern von Verstorbenen, der Zugang zum eigenen Tod und den Umgang mit Sterbenden und dem eigenen Sterben einem Prozess der Autonomisierung unterliegen würde. Dieser Prozess sei kontinuierlich und würde nicht Bewältigungsmethoden reaktivieren, die der Vormoderne zuzuordnen sind.

[41] Nassehi und Saake gehen hingegen einen Schritt weiter und sind der Meinung, dass die These von Knoblauch zur Individualisierung und Subjektivierung gleichsam mit einer «Verwissenschaftlichung, Politisierung, Ökonomisierung, Medikalisierung» einhergehe. Nassehi und Saake 2005 S. 39.

[42] Knoblauch und Zingerle 2005 S. 23.

[43] Vgl. Brüggen 2005 S 81–99. Auf esoterische und okkulte Bewegungen wird in der Folge noch eingegangen.

[44] Vgl. Knoblauch und Zingerle 2005 S. 19.

zum Beispiel in Form eines Ratgebers eine alternative Hilfestellung für Betroffene bieten. Knoblauch/Zingerle sprechen von einer sogenannten «subjektiven Aneignung des Todes»[45], die weniger negative Aspekte des Todes ins Zentrum rückt, sondern vielmehr positive Eigenschaften betont. So sei der Tod nicht erschreckend oder angsteinflössend, sondern durch entsprechende jenseitige Aussichten als freudiges Ereignis zu werten.

Der Soziologe Alois Hahn stellt hingegen grundsätzlich fest, dass es sich bei Tod und Sterben um «soziale Phänomene»[46] handelt, deren Bedeutsamkeit und Deutungsmuster kulturell variieren. Vor allem Vorstellungen vom Jenseits und die «Annahme einer individuellen Unsterblichkeit»[47] spielten im Umgang mit dem Tod und der damit verbundenen Angst davor eine Rolle und seien damit im Gegensatz zu Ariès viel mehr individuell und weniger historisch bedingt. Die Todesdefinition unterscheide sich zudem von Gesellschaft zu Gesellschaft: Vor allem in westlichen Ländern, wo die Lebenserwartung tendenziell steige, sei festzustellen, dass der Tod vor allem im hohen Alter stattfinde und den Menschen mit dem Verlust von Bezugspersonen erst im Erwachsenenalter konfrontiere – wenn die Bindung zu den Eltern bereits mindestens ansatzweise lockerer sei und der Abschied leichter falle. «Diese relative 'Entlastung' vom Problem des Todes bis weit ins Erwachsenenalter führt aber dazu, dass die Kunst des Umgangs mit dem Tod, die ars moriendi, uns zunehmend entschwindet.»[48] Die Konfrontation mit dem Tod finde daher viel später im Verlaufe eines menschlichen Lebens statt als noch vor einigen Jahrzehnten und Jahrhunderten. Jedoch sei primär nicht die schiere Anzahl des Miterlebens von sterbenden und verstorbenen Mitmenschen, sondern die Qualität der Beziehung massgebend. Gerade diese «Exklusivität und Intensität» von Beziehungen sei charakteristisch in der europäischen Moderne und deren Verlust «umso traumatischer. Die exklusive Emotionalisierung bestimmter persönlicher Beziehungen ist ihrerseits verknüpft mit einer stärkeren Individualisierung der Handelnden, einer grösseren Emanzipation des Einzelnen von der Gruppe.»[49] Eine zunehmende Individualisierung führe also dazu, dass die Angst vor dem Tod grösser wird, da ein Verlust eines Mitmenschen im Vergleich zu einer kollektiven Denkweise innerhalb einer Gruppe viel

---

[45] Knoblauch und Zingerle 2005 S. 19.

[46] Hahn 2000 S. 119. Dass der Tod zu einem «Objekt der Soziologie» erst durch das Handeln des Menschen wird, postuliert Hahn bereits in seiner Dissertation. Vgl. Hahn 1968.

[47] Hahn 2000 S. 119. Vgl. Feldmann 2010a S. 571.

[48] Hahn 2000 S. 120.

[49] Hahn 2000 S. 121.

mehr Gewicht bekomme. «Die Steigerung der Individualisierung könnte allenfalls durch individuelle Unsterblichkeitshoffnungen domestiziert werden.»[50] Das zunehmende Interesse am Thema «Tod» sieht Hahn als Ergebnis, «Sinngebungsdefizite und Realitätsverlust des Todes» vermeiden zu wollen, die andernfalls eine «traumatische Handlungsinkompetenz, Orientierungslosigkeit und Angst» zur Folge hätten. Es handle sich also nur um ein partielles, kontextabhängiges, verlagertes «Verdrängen», das primär in der Medizin stattfinde, weil der Tod vor allem auch im Rahmen des technologischen Fortschritts um jeden Preis zu verhindern sei.[51]

2.3 Die technologische Überwindung des Todes in der Postmoderne

Die Wahrnehmung des Todes in der Moderne ist gemäss Céline Lafontaines «Kartographie der Gegenwart»[52] als «zweifacher Prozess von Dekonstruktion und Desymbolisierung des Todes im Gesamtprozess der Postmoderne»[53] zu bezeichnen. Dabei stellt sie fest, dass der Tod – vor allem auch durch die Einführung insbesondere der Hirntoddiagnostik – anhand von spezifischen Merkmalen nicht nur definierbar und in Einzelteile segmentierbar, sondern seines «ontologischen Sockels beraubt» und zu einem «blossen Naturphänomen» reduziert[54] und damit Nährboden für posthumanistische Strömungen sei. Diese gehen in einer kompromisslosen Konsequenz des technologischen Fortschritts davon aus, das Leben «unsterblich» machen und mit Hilfe von technischen Mitteln und Gentechnik den Körper oder Teile davon unendlich lange am Leben erhalten zu können. Die «Kryonik»[55] als Konservierungsmethode des menschlichen Körpers versucht diesen so zu erhalten, damit er, sobald die technische Entwicklung dazu im

---

[50] Hahn 2000 S. 121.

[51] Vgl. Knoblauch und Zingerle 2005 S. 13.

[52] Lafontaine 2010 S. 11.

[53] Lafontaine 2010 S. 11.

[54] Lafontaine 2010 S. 57.

[55] Die Kryonik hat zum Ziel, durch Konservierung des menschlichen Körpers unmittelbar nach Eintritt des Todes in Zukunft den Körper und den Menschen wiederbeleben zu können – in der Hoffnung, die technologischen Methoden können dann zur Verfügung stehen. Vgl. Krüger 2019 S. 334 ff. und Asché 2011 S. 99. Und Krüger 2011 S. 250.

Stande sein sollte, wieder zum Leben erweckt werden kann. Posthumanistische Bewegungen glauben demnach, den «Traum der Unsterblichkeit» mittel- oder langfristig durch technischen Fortschritt real werden lassen zu können.[56] Die Vorstellung der physiologischen Unsterblichkeit ist aber kein grundsätzlich neues Phänomen der Moderne, wie der Religionssoziologe Oliver Krüger feststellt. Er beschreibt die Sehnsucht danach als ein über die letzten drei Jahrhunderte zurückzuverfolgendes Merkmal der Kulturgeschichte.[57] Der heutige Trend, der sich unter anderem auch im Interesse an Kryonik zeigt, sei besonders in Anlehnung an den Philosophen Günther Anders im Kontext einer «technologischen Kränkung der Menschheit»[58] zu verstehen: Der Mensch empfinde sich im Kontrast zu präzise funktionierenden Computern und Maschinen als minderwertig («promethische Scham»[59]) und versuche, die vermeintlich technologische Perfektion anzustreben. Die Herleitung des Grundanliegens des Posthumanismus lässt sich an den Möglichkeiten der Medien wie dem Internet oder Fernsehen in einem übertragenen Sinn erörtern: Als Schauspieler könne man über die Verfügbarkeit von Filmen bei Streamingdiensten jederzeit weit über den eigenen Tod hinaus virtuell fortbestehen.[60] Die virtuellen Formen, zum Beispiel auch im Rahmen von eigenen Videokanälen, die mittels Youtube-Konten von jedem und jederzeit registriert und gepflegt werden können, bieten dem «technologischen Posthumanismus» erst die Grundlage für spezifische Deutungsmuster:

> Die Virtualität der Medien führt uns einen Menschen vor, der nicht mehr den zeitlichen und räumlichen Bedingungen des Menschen entspricht. Durch die Unabhängigkeit von Raum und Zeitlichkeit konstituiert Virtualität eine über*sinnliche* Erfahrungsdimension der Wirklichkeit. Die Anwesenheit von sinnlich Unverfügbarem bietet schliesslich den Schlüssel zum Verständnis der Virtualität in ihrer sozialen Relevanz und entfaltet die Signifikanz innerhalb einer thanatologischen Fragestellung. Das

---

[56] Vgl. Bonifati 2018 S. 158 ff. Dabei erwähnt Bonifati mehrere technische Bestrebungen wie z. B. implantierbare Geräte, die künstlich – in Form einer Prothese – Teile des Körpers ersetzen sollen und mittels Medikamente und Hormone spezifische, zellerneuernde Mechanismen aufrechterhalten werden können.

[57] Krüger 2019 S. 66.

[58] Krüger 2019 S. 62.

[59] Vgl. Krüger 2019 S. 423 ff.

[60] Vgl. Giles 2018 Giles beschreibt eine «Illusion der Unsterblichkeit», die gewissermassen abgekoppelt von der eigentlichen Persönlichkeit gesehen werden müsse und in diesem Sinne den Tod auch nicht voraussetze. Vgl. Brukamp 2011 S. 77 ff. Brukamp, die mit dem Begriff der Erinnerungskultur im Sinne einer «Repräsentation in der realen Welt» argumentiert.

Unbestimmbare des Todes wird durch die Möglichkeit der beliebigen, technischen Vergegenwärtigung des Zeitlichen bestimmbar.[61]

Die virtuellen Möglichkeiten beeinflusse die Wahrnehmung des Menschen seiner Endlichkeit und seines Todes massgeblich. Dies führe durch die scheinbare Aufhebung der Grenzen zwischen virtuellem Leben und medialer Wiederholung und der Relevanz für das eigentliche Leben einerseits zu einer Art Aufhebung des Todes. Andererseits finde Sterben und Tod mindestens im sozialen Umfeld jedoch auch tatsächlich statt: «Vor diesem Horizont der realen Erfahrung des Todes unserer Mitmenschen und der Abwesenheit des Todes in der Virtualität wird die technische Utopie einer medialen Immortalisierung des Menschen erklärbar.»[62] Genau diese Konfrontation mit der Virtualität evoziere, so Krüger, die promethische Scham: «Nicht also die Konfrontation mit der seriellen Reproduzierbarkeit industrieller Produkte bildet die Ursache des menschlichen Minderwertigkeitsgefühls in der Mediengesellschaft, sondern die Gegenüberstellung mit den photographischen, filmischen und diversen digitalen Reproduktionen des Menschen.»[63] Die Überwindung dieses Minderwertigkeitsgefühls strebe die transhumanistische Bewegung mit dem Ziel an, einen «bloss in der Virtualität existenten – posthumanen – unsterblichen Menschen»[64] zu kreieren. Darüber hinaus soll dieser Mensch den Fähigkeiten und Leistungen eines Computers mindestens ebenbürtig sein: «Die Unsterblichkeitsfrage in Verbindung mit der Vision unermesslicher Intelligenz und Macht bilden die zwei zentralen analytischen Achsen der […] Ideengeschichte des technologischen Posthumanismus.»[65] Dieser entspricht einem ethnozentrisch geprägten Weltbild, das auf kapitalistischen oder mindestens utilitaristischen Werten beruht, nämlich auf der «Maximierung der Informationsverarbeitung».[66] Auch wenn transhumanistische Bewegungen eher eine Randerscheinung sind, bieten sie besonders in Bezug auf den Tod spätestens seit der Aufklärung neben den institutionalisierten und traditionellen Religionen eine Deutungsmöglichkeit von einem ewig währenden Leben.

---

[61] Krüger 2019 S. 68–69.
[62] Krüger 2019 S. 69.
[63] Krüger 2019 S. 70.
[64] Krüger 2019 S. 70.
[65] Krüger 2019 S. 71.
[66] Krüger 2019 S. 425.

2.4 Wissenschaftliche Beschäftigung mit dem Tod in der christlichen Theologie

Die Religionswissenschaftlerin Herrmann-Pfandt identifiziert den Tod als «das zentrale Sinnproblem der Menschheit. Wir kennen keine Religion, die das Todesproblem nicht zu lösen suchte, und vielleicht gäbe es ohne den Tod überhaupt keine Religion.»[67] Mit der Frage, was nach dem Tod kommen mag, beschäftigen sich alle Religionen und bieten darauf auch unterschiedliche Antworten.[68] Sowohl die christliche Theologie als auch jede andere spirituelle und religiöse Weltsicht, die vor allem seit der Aufklärung nicht Bestandteil des positivistischen, wissenschaftlichen Verständnisses war, wurden mit der Situation konfrontiert, sich im «Kampf um eine Plausibilität»[69] entsprechend zu positionieren und gegebenenfalls offenkundig widerlegte Annahmen neu zu deuten.

Im Christentum besteht der zentrale Aspekt der christlichen Tradition in der Überwindung des seelischen Todes[70], die durch Jesus Christus ermöglicht werden soll. Jesus als Sohn des einen, welterschaffenden Gottes begegnete als Mensch den Menschen, starb einen Märtyrertod und auferstand dann wieder[71] – als Beleg dafür, dass der physische Tod nicht das Existenzende bedeuten würde. Zugleich sollten alle, die an ihn glauben, den Weg ins Himmelsreich in ein «ewiges Leben» finden. Die Ausgestaltung des Lebens nach dem Tod ist in der christlichen Theologie nicht abschliessend geklärt und hat vor allem auch den Anspruch, eine mit wissenschaftlichen Erkenntnissen kompatible Weltanschauung zu vermitteln: «Auch die Theologie unserer Tage ist bemüht, die alte Botschaft neu zu verstehen, sie mit den wissenschaftlichen Erkenntnissen unserer Tage zu versöhnen»[72], so der Theologe Schwikart. Grundsätzlich wird aber davon ausgegangen, dass sich zum Zeitpunkt des Todes die Seele vom sterblichen Körper trennt.[73] In der Folge kann über das irdische Leben Rechenschaft abgelegt werden und jene, die sich bereits zu Lebzeiten Jesus zugewandt haben, dürfen auch auf das ewige[74]

---

[67] Elsas 2010b S. 49.

[68] Vgl. Elsas 2010b S. 70–74.

[69] Der Theologe Walter Sparn teilt diese in unterschiedliche Religionstypen ein. Vgl. Sparn 2007. S. 12.

[70] Wittwer 2011 S. 203 ff.

[71] Vgl. Wittwer 2011 S. 209 ff.

[72] Schwikart 2010 S. 42.

[73] Vgl. Wittwer 2011 S. 22 ff.

[74] Zur Konzeption von Ewigkeit vgl. Wittwer 2011 S. 213.

Reich Gottes hoffen. Die Beschreibung der Ausgestaltung einer Hölle für Ungläubige oder eines Himmels für die Gläubigen bleibt in der heutigen Auslegung eher vage.[75]

Das Wirkungsgebiet der christlichen Theologie im Rahmen der Thanatologie reduziert sich aus diesem Grund darauf, die Christen und vor allem auch Sterbende seelsorgerisch auf das «Leben nach dem Tod» vorzubereiten und sie zu begleiten, um beim möglicherweise schmerzhaften Sterbeprozess Mut für Betroffene und deren soziales Umfeld zu vermitteln. Wissenschaftlich beschäftigt sich die Theologie mit dem Tod und angrenzenden Themen in einem historischen und erzählerischen Kontext[76], aber auch im Rahmen von Palliative Care[77] und der Ausgestaltung von Bestattungsriten. Zudem beschäftigt sie sich auch mit ethischen Fragen im Kontext erwünschter, zu definierender Standards für ein Verständnis einer christlich-ethischen «Lebensqualität», aber auch in der Begleitung und Unterstützung von Hinterbliebenen.[78]

2.5 Tod und Sterben im Verständnis alternativer Wissenschaftsmodelle

«Esoterik» als eine Sammlung von Grundsätzen einer Geheimlehre, die exklusiv nur den angeschlossenen Mitgliedern zur Verfügung steht, hat sich vor allem seit der Aufklärung als Alternative zum prominenter werdenden positivistischen Weltbild des als Konsens geltenden Wissenschaftsverständnisses entwickelt, so der Historiker und Religionswissenschaftler Wouter Hanegraaff.[79] Sie bietet darüber hinaus gehende Antworten auf Fragen, die von der Naturwissenschaft als ignoriert oder abgelehnt wahrgenommen werden. Sie hat sich nicht als allgemein

---

[75] Vgl. Schwikart 2010 S. 46 ff. und Assmann 2005 S. 29 ff.

[76] Peng-Keller und Mauz 2018 S. 1–16. Im selben Band stellt Walter Lesch fest: «Religiöse Traditionen haben ein unerschöpfliches Reservoir von Narrationen über den Tod. Diesen Schatz zu reflektieren ist Teil ihrer Kulturarbeit in gesellschaftlicher Verantwortung, symbolisch-ritueller Gestaltung und therapeutischer Begleitung.» Lesch 2018 S. 193.

[77] Peng-Keller und Neuhold 2019 S. 13 ff.

[78] Vgl. Elsas 2010a S. 45–47.

[79] Vgl. Hanegraaff 2005a. Das Adjektiv «esoterisch» gehe ins 2. Jahrhundert zurück und wird dem Begriff «exoterisch» gegenübergestellt. Demnach gilt esoterisch etwas in sich Gekehrtem und wurde dann auch im Kontext von «secrecy» erwähnt. Das Substantiv hingegen ist wesentlich jünger und lässt sich bis ins 19. Jahrhundert zurückverfolgen. Vgl. Hanegraaff 2005a S. 337. Vgl. auch Zanders «Etablierung einer alternativen Eschatologie» Zander 1999 S. 343 ff.

gültige Wissenschaft etablieren können, weshalb sie zu einer alternativen Gegenbewegung avancierte und damit auch andere Antworten auf das Menschsein und
den Tod finden will. Basierend auf der Grundidee der platonischen Lehre geht
sie davon aus, dass die Seele ihren Ursprung in einer ewigen, göttlichen Substanz
hat und nach dem irdischen Tod wieder zu ihr zurückkehrt. Aufgrund dieser
Annahme müsse der Mensch demnach die Fähigkeit besitzen, das Göttliche in
sich und um sich herum entdecken und mit der göttlichen Kraft auch direkt in
Kontakt treten zu können.[80]

Die sich auf die inhaltliche Ebene beziehende, in der wissenschaftlichen
Beschäftigung mit dem Fachbegriff des «Western Esotericism» bezeichnete Weltanschauung, beziehe sich unter anderem auf die okkulte Philosophie[81] und damit
verbundene okkulte Qualitäten[82], Kräfte[83] und okkulte Wissenschaften.[84] Das
Adjektiv «okkult» lehne sich ursprünglich an das lateinische Wort «occulere»,
also «verstecken, verbergen, verdecken» an.[85] Sowohl okkulte Philosophien als
auch okkulte Wissenschaften entwickelten sich gewissermassen immer mehr als
Antithesen zu der in der Aufklärung aufkommenden Überzeugung, dass Wissenschaft nur als solche bestehen könne, wenn sie beweisbar sei.[86] Damit erhielt
der Begriff «okkult» die noch heute nachklingende Bedeutung, per se unwissen-
schaftlich zu sein. Gleichermassen verstanden sich Anhänger dieser Philosophien

---

[80] Hanegraaff 2012 S. 372. Durch ekstatische Zustände wie zum Beispiel Channeling könne
man zu gnostischem Wissen gelangen. Vgl. Hanegraaff 2012 S. 372.

[81] Philosophische Abhandlungen, die sich gegen die Grunderkenntnisse der Aufklärung stellen, um eine eigene Weltsicht zu entwerfen und zu vertreten – in Konkurrenz zum Materia-
lismus und Positivismus, aber auch zu einem dogmatischen Christentum. Vgl. Hanegraaff
2005b S. 887.

[82] Unsichtbare, aber beobachtbare und zum Zeitpunkt ihrer Entdeckung noch nicht berechen-
bare Eigenschaften wie z. B. Magnetismus. Vgl. Hanegraaff 2005b S. 885.

[83] Gemeint ist die Überzeugung der Existenz von mysteriösen, gegebenenfalls auch göttlichen Kräften, die im 18. Jahrhundert vor allem von Gegnern der Aufklärung aufgegriffen
wurde. Hanegraaff 2005b 885–886. Vgl. hier auch Franz Anton Mesmer, den Mesmerismus,
bzw. animalischen Magnetismus. Meheust 2005 S. 75–82. Auch Blavatskys Theorien, die
Kräfte universeller Natur vermuten, lassen sich dieser Strömung zuordnen. Vgl. Hanegraaff
2005a S. 886.

[84] Die okkulten Wissenschaften lassen sich in die drei Gruppen Alchemie, Astrologie und
Magie ('natural magic') einteilen. Obwohl diese Gruppen sich gegenseitig beeinflussten und
es auch thematische und ideologische Überschneidungen gibt, scheinen Anhänger der einen
Gruppe nicht selten die andere Gruppe stark zu kritisieren oder gar ganz abzulehnen. Vgl.
Hanegraaff 2005b S. 887.

[85] Hanegraaff 2005b S. 884.

[86] Vgl. Hanegraaff 2005b S. 888.

genauso als Gegner des Mainstreams und des Establishments.[87] Die Entwicklung der Wissenschaft, wie man sie heute versteht und die auf den Grundwerten der Aufklärung basiert, erfolgt demnach parallel zur «okkulten Wissenschaft», die mit ihr konkurriert.

Das Substantiv «Okkultismus» beziehe sich grundsätzlich auf Teile der Entwicklung des westlichen Esoterizismus im 19. Jahrhundert und dessen Ableger im 20. Jahrhundert. Hanegraaff nennt diesbezüglich Strömungen wie Spiritismus[88] oder moderne Theosophie.[89] Auch neopagane[90] Gruppierungen bilden sich in mehr oder weniger organsierten Gruppierungen den Traditionen und Praktiken des Druidentums, Heidentums, der Witchcraft und weiteren Traditionen, die sich jeweils auf eine eigene Entwicklungsgeschichte berufen.[91] Dabei gibt es keine vorgeschriebenen Regeln, verbindliche Wertvorstellungen oder religiöse Autoritäten, jedoch richten sie sich meist direkt oder indirekt gegen die Strukturen des Christentums. Das Selbstverständnis gestaltet sich anderen Religionen gegenüber aber tendenziell weltoffen und integrativ.[92]

Damit liessen sich bei esoterischen Bewegungen spezifische Muster erkennen: Das Fundament jeglicher esoterischen Bewegung bestehe aus einer Basis, die biblischer Monotheismus mit der Rationalität der griechischen Philosophen verbinde.[93] Dieses Weltanschauung wurde ganz grundsätzlich aus dem intellektuellen Diskurs ausgeschlossen und als «diskreditierte Abfallkorb-Kategorie einer abgelehnten Erkenntnisgrundlage»[94] behandelt. Damit ist die Debatte, wie Hanegraaff deutlich macht, nicht nur ein Problem innerreligiöser Art, sondern unmittelbar mit dem Verständnis von Wissenschaft und dem, was diese leisten kann und soll, eng verwoben. Esoterik blieb in der wissenschaftlichen Debatte ein Randthema, der historische Kontext wurde tendenziell vernachlässigt und das Thema auf einen Verweis auf eine «universelle, transzendente, eine subjektive Spiritualität mit Bezug auf das Heilige oder Göttliche»[95] reduziert worden.

---

[87] Hanegraaff 2005b S. 887.

[88] Spiritismus ist im Grunde genommen der Glaube, dass Geister (vor allem der Toten) mit den Lebenden in Verbindung treten können. Die Ursprünge finden sich im Fin de Siècle, ab ca. 1850. Vgl. Deveney 2005 S. 1075.

[89] Hanegraaff 2005b S. 888.

[90] Pearson 2005 S. 828ff.

[91] Pearson 2005 S. 828.

[92] Pearson 2005 S. 829–831.

[93] Hanegraaff 2012 S. 369.

[94] Hanegraaff 2012 S. 369.

[95] Hanegraaff 2012 S. 370.

Dies sei auch der Hauptgrund dafür, dass der Begriff «Western esotericism» so unklar und unscharf sei. Kritiker distanzierten sich dezidiert davon, Befürworter sähen sich jedoch als Teil der Weltanschauung, die nicht zwingend oder nicht ausschliesslich in einem Widerspruch zur als allgemein gültigen «Wirklichkeit» stehen müsse: Der exklusive Charakter der Esoterik bestehe nicht aufgrund ihrer vermeintlichen Geheimlehren, sondern aufgrund des polemischen und ausgrenzenden Umgangs damit.[96] Dieser abwertende Umgang und der Ausschluss der vermeintlich «zurückgewiesenen Erkenntnis» hätten vor allem in der zweiten Hälfte des 17. und im 18. Jahrhundert stattgefunden und seien untrennbar mit der Rezeption und Konstruktion in der Moderne verknüpft, da diese in der Dynamik der monotheistischen Religion unter der Berufung auf Glauben und Vernunft begründet sei.[97]

2.6   Die Anfänge, Popularisierung und Institutionalisierung der systematischen Forschung von Nahtoderfahrungen

Mit der in der zweiten Hälfte des 20. Jahrhunderts zunehmenden wissenschaftlichen Beschäftigung mit dem Tod rücken auch Berichte von sogenannten «Nahtoderfahrungen» mehr und mehr in den Fokus des öffentlichen Interesses. Scheinbar unglaubliche Erlebnisse scheinen Aussagen über ein mögliches Leben nach dem Tod machen zu können und die definierte Hirntoddiagnose wiederum in Frage stellen zu wollen. Trotz nicht messbarer Hirnaktivität sei es möglich, ein Bewusstsein zu erlangen und danach sogar wieder zurückkehren zu können. Diese und ähnliche Berichte wurden gesammelt, um wissenschaftlich und systematisch erfasst werden zu können. Nahtoderfahrungsberichte als Forschungsgegenstand werden im Kontext der Thanatologie häufig unter der Prämisse erörtert, über den Sterbeprozess, den Tod oder gar über Existenzen nach dem Tod wissenschaftlich valide Aussagen machen zu können. Die Divergenzen über die Aussagekraft von solchen Berichten erklären die sehr umstrittene Debatte um dieses Phänomen. Denn je nach Anspruch findet hier nicht nur eine inhaltliche Auseinandersetzung in Bezug auf Systematisierung und Deutungshoheit der Berichte statt, sondern auch eine grundsätzliche Auseinandersetzung in Bezug auf Wissenschaftlichkeit und deren Grenzen.

---

[96] Vgl. Hanegraaff 2012 S. 373.
[97] Hanegraaff 2012 S. 377.

Die Wahrnehmung des Phänomens in Europa und in Nordamerika findet in den Massenmedien und in der populären Debatte vor allem in den 1970er-Jahren statt. Ähnliche Erfahrungen wie die in dieser Zeit fortan als «Nahtoderfahrungen» bezeichneten Berichte finden sich jedoch schon früher. Im Folgenden wird auf die historische Entwicklung der systematisierten Beschäftigung mit Nahtoderfahrungen eingegangen, woraufhin deutlich wird, dass im Zuge der Popularisierung eine Institutionalisierung der Erforschung mit einer spezifischen Deutung stattgefunden hat.

Erste Studien finden sich, ausgehend von seiner eigenen Erfahrung nach einem Sturz in den Ostschweizer Bergen, beim Schweizer Bergsteiger Albert Heim, der weitere Absturzberichte von Bergsteigern mit ähnlichen Erfahrungen sammelte.[98] Diese im Jahrbuch des Schweizer Alpenclubs publizierten Berichte gelten als erste, systematische Sammlung dieser Art. Heim umreisst dabei gemeinsame Faktoren und Elemente, die ihm beim Vergleich der Berichte aufgefallen sind. Besonders prominent ist dabei die sogenannte Lebensrückschau: Der Person zieht im Sturz das eigene Leben wie ein Film vor dem geistigen Auge vorüber. Zudem fällt ihr auf, dass trotz der lebensbedrohlichen Situation sich ein angenehmes Gefühl bemerkbar macht, und die Erfahrung sich häufig nicht in Worte fassen lässt.

Der Psychiater Russell Noyes aus den USA und der Psychologe Roy Kletti übersetzen die Berichte Heims ins Englische und machen damit diese einem breiteren Publikum zugänglich. Noyes und Kletti beschäftigen sich Jahrzehnte später ebenfalls mit Nahtoderfahrungen aus psychologischer Sicht und starteten dazu eine eigene Studie mit Personen, die gestürzt oder fast ertrunken wären. Sie konnten Probanden interviewen, die nicht reanimiert werden mussten oder bei denen nicht explizit der klinische Tod festgestellt worden war. Ihre Ergebnisse publizierten sie 1977 der Öffentlichkeit im Journal «Comprehensive Psychiatry».[99] Noyes beschäftigt sich zusammen mit dem Psychologen Donald Slymen 1978 in der Folge weiterhin mit dem Thema. Sie fragten anhand eines Fragebogens nach psychologischen und emotionalen Auswirkungen von Nahtoderfahrungen – vor allem bei betroffenen Personen in Unfallsituationen. Es wurden Personen interviewt, die durch Absturz, Ertrinken, in einem Verkehrsunfall oder im Kontext von anderen Unfällen und schweren Krankheiten in eine subjektiv lebensbedrohliche Situation

---

[98] Heim 1864 S. 327–337.

[99] Vgl. Noyes und Kletti 1977, wobei sie nicht Bezug nehmen auf Moodys Publikation und Kategorisierung. Vgl. auch Knoblauch et al. 1999a S. 15. Ausführlich zu Noyes und Klettis Untersuchung auch im historischen Rahmen vgl. Martinovic 2013.

geraten waren.[100] Daraus haben Slymen und Noyes drei Faktoren[101] entwickelt: den «mystical factor» (Wiedererleben von Erinnerungen, physiologische Wahrnehmungen, Gefühl eines grösseren Verständnisses, Gefühl der Harmonie und Einheit, Wahrnehmung von Farben und Visionen, Bildern, Unbeschreibbarkeit der Erfahrung[102]), «depersonalization factor» (Zustand der Selbstentfremdung)[103] und den «hyperalertness factor» (ausserordentlich erhöhte Aufmerksamkeit)[104]. Dabei ist den Forschern aufgefallen, dass die Beurteilung der lebensverändernden Faktoren mit der Wahrnehmung der Lebensbedrohlichkeit der Erfahrung korreliert: Je mehr die Berichtenden überzeugt davon waren, mit dem Tod konfrontiert worden zu sein, desto eher gaben sie an, ihr Leben fortan in veränderter Perspektive wahrzunehmen.[105] Noyes und Slymen sind in Bezug auf den mystischen Faktor davon überzeugt, dass bei physiologisch tatsächlich gefährdeten Personen umfassendere Bewusstseinszustände dokumentiert werden könnten.[106] Grundsätzlich vermuten sie beim Phänomen eine Art Schutzmechanismus[107], der sich beim Eindruck höchster Not einstellt. Bereits Jahrzehnte zuvor kam der Schweizer Psychologe Oskar Pfister zu einem ähnlichen Schluss. Er beschäftigte sich aus psychoanalytischer Sicht 1931 mit einem Soldaten, der auf dem Schlachtfeld Ähnliches wie die von Heim interviewten Bergsteiger erlebt haben will. Pfister interpretierte die Erfahrungen als «Phantasie», die der Schocksituation geschuldet sei. Davon ausgehend, dass es sich bei einer «Schockphantasie bei höchster Todesgefahr» im Rahmen einer «topischen Betrachtung» wohl um eine Schutzreaktion handeln müsse, die dazu diene, allerhöchste Not zu kompensieren, erwägt Pfister, ob

> alles Denken und alle Technik als Reizschutz gegen die Nöte des Lebens und Ersatzbestrebungen gegenüber innerer Unbefriedigung gefasst werden können, folglich dem Schockdenken an die Seite zu setzen wären, und ob nicht anderseits auch Kunst, Dichtung, Religion unter demselben Gesichtswinkel betrachtet und als Geschwister der Schockphantasien eingereiht werden müssen.[108]

---

[100] Vgl. Noyes und Slymen 1984 S. 19–20.

[101] Noyes und Slymen 1984 S. 19–29.

[102] Noyes und Slymen 1984 S. 25.

[103] Noyes und Slymen 1984 S. 24.

[104] Noyes und Slymen 1984 S. 25.

[105] Noyes und Slymen 1984 S. 22–24.

[106] Noyes und Slymen 1984 S. 24–26.

[107] Noyes und Slymen 1984 S. 25.

[108] Pfister 1931 S. 33.

Der Begriff «Near Death Experience» ist aus heutiger Perspektive unmittelbar mit dem amerikanischen Arzt Raymond Moody verknüpft, der in der im Jahr 1975 erstmalig erschienenen, populärwissenschaftlichen Studie «Life after Life» folgenden idealtypischen Verlauf[109] der «Erfahrung des Sterbens»[110] beschreibt. In dieser Abfolge werden auch die Buchkapitel abgearbeitet, wobei folgende Erfahrungselemente in dieser Reihenfolge beschrieben werden:

• Die Unbeschreibbarkeit des Erlebnisses: Das Ereignis scheint für die betroffene Person kaum in Worte fassbar zu sein
• Das Hören der Todesnachricht: Die betroffene Person nimmt wahr, wie Aussenstehende ihren Tod feststellen
• Gefühle von Frieden und Ruhe: Trotz der lebensbedrohlichen Situation empfindet die betroffene Person ein Gefühl von Zufriedenheit und emotionaler Gelassenheit
• Das Geräusch: Die betroffene Person nimmt ein häufig unangenehmes Geräusch, ein Brummen oder Läuten wahr
• Der dunkle Tunnel: Die sterbende Person gleitet durch einen dunklen Tunnel oder düsteren Raum
• Das Verlassen des Leibes: Die betroffene Person tritt aus ihrem Körper aus und beobachtet sich selbst von oben
• Begegnung mit anderen: Die sterbende Person begegnet anderen, bereits verstorbenen Menschen, anderen Personen oder spirituellen Wesen
• Das Lichtwesen: Begegnung mit einem äusserst hellen oder heller werdenden Licht
• Die Rückschau: filmähnlich geraffter Ablauf des bisherigen Lebens[111]
• Die Grenze oder Schranke: Die betroffene Person tritt an einen gewissen Punkt, an dem sie aus verschiedenen Gründen nicht mehr weitergehen kann oder darf
• Die Umkehr: Die betroffene Person kehrt wieder zurück in ihren Körper, was häufig widerwillig geschieht
• Mitteilungsversuche: Das Ereignis scheint derart intensiv gewesen zu sein, dass ein grosses Bedürfnis besteht, dieses mitzuteilen
• Folgen im Leben: Betroffene Personen beschreiben einen spirituellen Bezug zu ihrem Leben gewonnen zu haben und einen sinnstiftenden Zweck im Leben finden zu wollen

---

[109] Moody 1990 S. 38–116.
[110] Moody 1990 S. 38–39.
[111] Vgl. hierzu auch insbesondere: Ring und Elsaesser Valarino 2009 S. 81–109.

- Neue Sicht des Todes: In der Regel beschreiben betroffene Personen, keine Angst mehr vor dem Tod zu haben, wobei jedoch keine Todessehnsucht entsteht
- Bestätigung: Beschreibungen von Ereignissen, die die Sterbenden zum Beispiel während der Reanimation erlebt haben, können von den Ärzten bestätigt werden

Zehn Jahre später untersuchte Kenneth Ring, ein amerikanischer Psychologe und Bekannter von Moody, ebenfalls Nahtoderfahrungen,[112] baute unmittelbar auf Moodys Typologie[113] auf und erweiterte diese.[114] Ring unterscheidet in seiner Studie verschiedene Intensitäten der Erfahrungen, den sogenannten «Weighted Core Experience Index» (WCEI), der anhand der Anzahl der erfahrenen Elemente ausschlaggebend für die Qualität der Erfahrung sein soll: Je grösser die Anzahl der erfahrenen Elemente, desto «tiefer» die Erfahrung. Dabei wird die Tiefe der Erfahrung anhand eines auf zehn Faktoren basierenden Index gemessen. Dieser hat Ring anhand von 102 Interviews mittels Fragebogen entwickelt. Dabei handelte es sich um Probanden, die Opfer eines Unfalls oder krank waren oder versucht hatten, sich das Leben zu nehmen.[115] Alle Beteiligten der Studien waren entweder in einem Spital in Connecticut behandelt oder über Zeitungsannoncen mobilisiert worden. Der Aufruf beschränkte sich dabei auf die Aussage, dass die Personen dem Tod nahe gewesen seien, von einer expliziten «Erfahrung» sei nicht die Rede gewesen. Daraufhin dokumentiere das eigentliche Studienergebnis, dass 26 % eine «tiefe» Erfahrung hatten, 22 Personen seien «moderat» gewesen, wobei mehr als die Hälfte, also 53 Personen, sogenannte «Nonexperiencers» gewesen seien. Diese hatten in dem von ihm entwickelten Index nicht mehr als sechs von möglichen 29 Punkten erreicht.[116]

Rings Studienergebnisse erschienen in einer Sammlung von Beiträgen, die der amerikanische Psychologe Bruce Greyson 1984 als Mitherausgeber publizierte. Greyson bemerkte, dass der WCEI auf keinen statistischen Grundlagen basiere und daher die Ergebnisse nicht genügend abgesichert seien[117] und schlägt

---

[112] Ring 1986a.

[113] Vgl. Ring 1984a S. 30.

[114] Ring 1984a S. 30.

[115] Ring 1984a S. 31.

[116] Niemand hatte die Maximalpunktzahl erreicht. 24 war die höchste Punktzahl, die in den Ergebnissen der Studie verzeichnet wurde. Vgl. Ring 1984b S. 38.

[117] Vgl. Greyson 1984 S. 46.

aufgrund eigener Ergebnisse mit Befragungen[118] eine Reduktion der Skala mit einer Gewichtung und Fokussierung auf emotionale Aspekte vor. Die daraus entstandene «Greyson Skala»[119] ist neben derjenigen von Moody die häufigste Typologisierung in der Erörterung des Nahtoderfahrungsphänomens und wird noch heute vor allem in empirischen Studien weitestgehend übernommen. Seine Skala stützte sich einerseits auf den WCEI und auf die Ergebnisse von Noyes and Slymen,[120] andererseits auf die Ergebnisse der 67 im Rahmen seiner Studie interviewten Personen, die insgesamt von 74 Nahtoderfahrungen erzählten.[121] Er spezifizierte 69 der genannten Nahtoderfahrungen im Kontext von «conditions of the close brush with death»[122] und unterteilte diese weiter zum Beispiel in Komplikationen bei medizinischen Eingriffen oder unerwarteten Ereignissen wie sie bei einem Unfall auftreten können. Die aus der Studie entstandene Skala gliedert sich in vier Schwerpunktfelder ein, sogenannten «psychologically meaningful clusters»[123], die kognitive, affektive, paranormale und transzendentale Faktoren unterscheidet. Die aufgrund der Datenerhebungen identifizierten Elemente einer Nahtoderfahrung wurden systematisch abgefragt und dabei die jeweilige Intensität eruiert: Auch bei Greyson gilt, je «intensiver» die Erfahrung, desto höher die Punktzahl:[124] Die von Greyson bei jeder Frage vorgenommene qualitative Abstufung zwischen 0 und 2 wird durch die eigene subjektive Empfindung der eigenen Erfahrung durch die Betroffenen selbst vergeben. Das bedeutet, dass Greyson aufgrund des aus dieser Selbsteinstufung resultierenden Gesamtwerts eine Selektion vornimmt und die Einschätzung der betroffenen Personen, ob es sich bei der Erfahrung um eine Nahtoderfahrung gehandelt habe, anhand der erreichten Punktzahl kategorisiert. Sobald die Punktzahl mit spezifischen Einschränkungen[125] in einem einzelnen Schwerpunktfeld mehr als fünf Punkte umfasst, ist die Nahtoderfahrung als solche unter den eruierten Schwerpunkt

---

[118] Greyson befragt ausschliesslich Mitglieder der «International Association for Near Death Studies» (IANDS), einem institutionalisierten Netzwerk von Forschern und Betroffenen von Nahtoderfahrungen, auf die im folgenden Kapitel noch vertiefer eingegangen wird. Vgl. Greyson 1984 S. 48.

[119] Die elektronische Version dieses Kapitels enthält Zusatzmaterial, das berechtigten Benutzern zur Verfügung steht. Anhang 1: Skala von Greyson.

[120] Greyson 1984 S. 49.

[121] Greyson 1984 S. 49–50.

[122] Greyson 1984 S. 50.

[123] Greyson 1984 S. 51.

[124] Die Maximalpunktzahl beträgt 32, erreicht wurden 23. Vgl. Greyson 1984 S. 51 und S. 56.

[125] Vgl. Greyson 2022.

zu subsumieren. «Unklassifizierbar» bleibt die Nahtoderfahrung, falls keine der Schwerpunkte mehr als fünf Punkte umfasse oder eben mehrere, sich gegenseitig ausschliessende Schwerpunkte diese Punktzahl überschritten. Insgesamt müssten jedoch mehr als sieben Punkte erreicht werden, damit überhaupt von einer Nahtoderfahrung gesprochen werden könne.[126]

Die zunächst eher zurückhaltend interpretierten Ergebnisse der anfänglichen Studien fanden keine umfassenden Antworten in Bezug auf die Aussagekraft von Nahtoderfahrungen. Mit der in den 1970er-Jahren zunehmenden Popularisierung und der Institutionalisierung der Erforschung von Nahtoderfahrungen ändert dieser Anspruch massgeblich. Mit der Einführung der Hirntoddiagnostik Ende der 1960er-Jahre wurde die kontrovers diskutierte Debatte mit dem Aufkommen der Diskussion rund um Nahtoderfahrungen ebenfalls begünstigt. Der Trend entsteht im Kontext der Debatte rund um den Tod und dessen unter anderem von Elisabeth Kübler-Ross beklagte Verdrängung aus der öffentlichen Aufmerksamkeit und aus dem gesellschaftlichen Leben. Kübler-Ross war Schweizer Psychiaterin und in den Medien häufig als «Sterbeforscherin» bekannt. In einer späteren Schaffensphase wurde sie als «Heilerin»[127] bezeichnet und bewegte sich aktiv in den Kreisen von New-Age-Anhängern.[128] Die Einführung der Hirntoddiagnostik begriff sie als eine Verkürzung des Menschenlebens auf einen mit gegebenenfalls zu ersetzenden Organen bestückten Körper.[129] Sie wurde in den Medien vor allem aber durch die Thematisierung von Sterben und Tod durch ihr Fünfphasenmodell des «Sterbens» in der populärwissenschaftlichen Publikation «Interviews

---

[126] Vgl. Greyson 2022 Der Durchschnitt belaufe sich bei 15 Punkten mit einer Standardabweichung von 7.84, woraus sich auch der Richtwert ergebe. Vgl. Greyson 2022.

[127] 1977 gründete Kübler-Ross das Therapiezentrum «Shanti Nilaya», das Workshops zur «psychischen, physischen und spirituellen Heilung von Kindern und Erwachsenen durch die Übung der bedingungslosen Liebe» anbot. Sie spricht mehrfach von in spiritistischen Kreisen verbreiteten «Geistführern», die sie in ihrem Alltag begleiten und beschützen würden, und beschreibt in ihrer Autobiografie, wie sie sich Geistheilern zuwendet, diesen anschliesst, spiritistischen Sitzungen (v. a. Channelling) beiwohnt und verschiedene Erscheinungen u. a. auch mit Jesus hat. Vgl. Kübler-Ross 1997 S. 242, 273–282.

[128] «New Age» ist eine Bewegung oder gemäss Olav Hammer eine «folk religiosity», die in die 1970er- und 1980er-Jahre zurückgeht und Praktiken wie zum Beispiel alternative Heilmethoden, Channeling, Rückführungstherapien oder positives Denken ins Zentrum stellt. Ursprünglich entstand der Begriff aus der theosophischen Literatur und unter Anhängern von UFOs und der vor allem zur Jahrtausendwende erwarteten, neuen menschlichen Transformation des Bewusstseins («Zeitalter des Wassermanns»). Seit den 1980er-Jahren stehen die damit verbundenen Methoden und Praktiken viel stärker im Zentrum: Vor allem «Healing», «Channeling» und «Divination» sind Kernaspekte der New-Age-Bewegung. Vgl. Hammer 2005 S. 855.

[129] Vgl. Kübler-Ross 2014 S. 45.

mit Sterbenden»[130] im Jahre 1969 weit über die Landesgrenzen ihrer Heimat hinaus durch ihr Wirken in den USA bekannt. In «Interviews mit Sterbenden» beschreibt sie den Sterbeprozess in Form einer mehrphasigen Verarbeitung.[131] Das Phasenmodell ist bis heute mit ihrem Namen verbunden, obwohl es in seiner Verbindlichkeit, Ausprägung und Reihenfolge umstritten[132] ist bzw. im klinisch-psychologischen Umfeld viel mehr als «Orientierung für Trauernde»[133] und nicht als empirisch belegte Tatsache verstanden werden müsse.[134] Ihr persönliches Anliegen ging weit über die Dokumentation von Trauerphasen hinaus. Sie war davon überzeugt, das Thema «Tod» enttabuisieren zu müssen und kritisierte den Umgang mit dem Tod der Medizin: Der Tod gelte in den Augen der Naturwissenschaft faktisch als Scheitern des behandelnden Arztes.[135] Der reduktionistische Ansatz auf den Körper, den man mit allen Mitteln am Leben erhalten wolle – notfalls auch über Massnahmen der Kryonik – hält Kübler-Ross für «grauenhaft»[136]. Nur Vertreter von Religionen könnten diesen schulmedizinischen Denkweisen Einhalt gebieten und den Fokus vom materiellen Wohlstand[137] zur eigentlichen Essenz des Lebens verlagern. Die offenkundig schwindende Bindung zur Kirche geht für Kübler-Ross mit einer Verrohung der Gesellschaft einher und ist ein Beleg für eine Vermeidungshaltung, sich dem Tod stellen zu wollen.[138] Hierbei befasst sie sich auch explizit mit Nahtoderfahrungen, die Anlass bieten würden, dieser Vermeidung entgegenzutreten und den Tod und den Sterbeprozess ganz grundsätzlich in jeglicher Hinsicht in den Alltag einzubinden.

Die Arbeiten von Moody und Kübler-Ross[139] trugen daraufhin massgeblich zur Gründung der «International Association for Near-Death Studies» (IANDS) im Jahre 1982 bei. Das Gründungskomitee der IANDS bestand gemäss eigenen

---

[130] Vgl. Kübler-Ross 1997 S. 273 ff.

[131] Vgl. Kübler-Ross 2014 S. 80.

[132] Znoj 2012 S. 18. und S. 30–37.

[133] Znoj 2016 S. 7.

[134] Auch wenn das Phasenmodell unmittelbar mit dem Namen Kübler-Ross verknüpft wird, hat sie die Idee der phasischen Einteilung eines Trauerprozesses nicht als Erste eingeführt. Vgl. Znoj 2016 S. 7. Und Maercker 2013 S. 470. Eine phasische Einteilung findet sich 1965 bereits bei Glaser und Strauss 1980 S. 29 ff.

[135] Kübler-Ross 2014 S. 271–281.

[136] Kübler-Ross 2014 S. 45.

[137] Kübler-Ross 2014 S. 289.

[138] Vgl. Kübler-Ross 1997 S. 264 ff.

[139] Kübler-Ross 2012 Zudem verfasste sie auch das Vorwort zu Raymond Moodys Bestseller «Life after Life» (Erstveröffentlichung 1975). Vgl. Moody 1990 Mit Raymond Moody verbindet sie nach eigenen Angaben eine Freundschaft. Vgl. Kübler-Ross 1997 S. 300.

Angaben unter anderem aus den Psychologen Kenneth Ring und Bruce Greyson sowie dem Kardiologen Michael Sabom.[140] Anwesend waren zudem unter Weiteren auch Raymond Moody und John Egle, der Verleger von Moodys «Life after Life». Ihr ursprünglicher Sinn und Zweck[141] umreisst die IANDS als Austauschorganisation für Personen, die beruflich mit dem Thema zu tun hätten. Die IANDS fungiere aber auch als Dienstleisterin und Vermittlerin von Wissen für Betroffene und Interessierte. Zudem versteht sie sich auch als Plattform und Initiantin von Forschungsprojekten, zur Publikation von Studienergebnissen und fungiert als Organisatorin von wiederkehrenden Konferenzen zum Phänomen.[142] Die IANDS hat nach eigenen Angaben dem Phänomen der Nahtoderfahrung ein Gesicht gegeben und ihr ein systematisches Forschungsfeld gewidmet.[143] Die Vereinigung versteht sich als Forschungsinstitution in der «area of consciousness research»[144] und sieht sich seither auch in einem wissenschaftlichen Kontext anerkannt und etabliert. Die IANDS ist damit trotz ihrer Forschungstätigkeit und ihres akademischen Selbstanspruchs keine universitäre Organisation, sondern eine Vergemeinschaftung von Personen mit definierten, expliziten Zielen: «Death Education»[145], «Suicide Prevention»[146] und «World Peace».[147] Sie akquiriert eigene Mittel, um Studien zu finanzieren.[148] In einigen Ländern haben sich Sektionen gebildet, die sich der IANDS angeschlossen haben – so auch in der Schweiz oder in Deutschland.[149] Mit Studien und Einzelberichten äusserst populär gewordene Forschende wie Pim van Lommel[150] oder Berichtende wie Eben Alexander

---

[140] Vgl. Audette 2015.

[141] Vgl. IANDS 2017.

[142] Ring 1984c S. 9–10. Diese mehrtägigen Konferenzen finden auch heute noch statt. Dabei werden auch zum Teil virtuelle Workshops und Kurse für Yoga-Techniken angeboten, es gibt Räume für Betroffene, in denen sich Berichtende untereinander, aber auch mit Wissenschaftlern, die sich der IANDS angeschlossen haben, austauschen können. Vgl. IANDS 2019.

[143] Ring 1984c S. 10.

[144] Ring 1984c S. 10.

[145] Darüber hinaus gehe es auch darum, den Sterbeprozess besser verstehen zu können. Ring 1984c S. 12.

[146] Ring 1984c S. 13.

[147] Ring 1984c S. 13.

[148] Zum Beispiel "The Self Does Not Die". Vgl. IANDS 2023.

[149] In der Schweiz: www.swiss-iands.ch In Deutschland ist das "Netzwerk Nahtoderfahrung" mit der IANDS als Interessensgemeinschaft im Rahmen eines Vereins assoziiert: www.netzwerk-nahtoderfahrung.org.

[150] Pim van Lommel, Mitgründer der niederländischen Sektion der IANDS, war beruflich als Kardiologe in einem Spital in Arnhem tätig. Im Rahmen einer prospektiven Studie, die in

sind in vielen Sektionen mindestens Ehrenmitglieder und bilden mit ihrem Vortrag meist auch den beworbenen Höhepunkt der jährlichen Konferenzen. Die IANDS ist in der Zwischenzeit mindestens in westlichen Ländern eine medienpräsente Institution geworden, welche die Deutung von Nahtoderfahrungen im populärwissenschaftlichen Rahmen weitgehend beeinflusst.[151]

2.7 Schlussfolgerungen: NTE-Debatte als Grenze der Wissenschaftlichkeit

Die Erforschung von Nahtoderfahrungsberichten ist zu einem wesentlichen Teil mit der Frage der Erforschbarkeit von Tod und Sterben, der Todesdefinition und dessen Feststellbarkeit verbunden. Das breitere wissenschaftliche und öffentliche Interesse an Themen «Tod» und «Sterben» erfolgt in der zweiten Hälfte des 20. Jahrhunderts, vor allem dann aber mit der Einführung der Hirntoddefinition 1968, die dann auch mit der in den letzten dreissig Jahren des 20. Jahrhunderts aufkommenden, populären Beschäftigung mit Nahtoderfahrungen einhergeht. Die Aufhebung vormals definierter Eigenschaften von Todeskriterien führen zu kontroversen Reaktionen. Nahtoderfahrungen, so die Hoffnung der Gegner der Hirntoddiagnostik, könnten hier ein Beleg dafür sein, die Todesdefinition neu denken zu müssen. Die Verknüpfung der neuen Todesdefinition mit der Popularisierung der Debatte um Nahtoderfahrungen lässt sich auch an der wissenschaftlichen Auseinandersetzung damit beobachten. Erste systematische Sammlungen vor der Einführung der Hirntoddiagnostik versuchen Berichte anhand ihrer Erfahrungselemente zu kategorisieren. Vor allem nach der Einführung der Hirntod-Definition sind aber auch universelle, generische Fragestellungen über ein mögliches Leben nach dem Tod Gegenstand wissenschaftlicher Untersuchungen. Gerade die IANDS verfolgt als eine in den 1980er-Jahren gegründete Institution weit mehr als naturwissenschaftliche Erkenntnisse, sondern vertritt auch normative Ziele und möchte – mit dem Anspruch der Wissenschaftlichkeit und vielen populär gewordenen Wissenschaftlern – ein alternatives Wissenschaftsmodell vorschlagen, das

---

«The Lancet» im Jahr 2001 veröffentlicht wurde und auf Rings WCEI basiert, thematisierte er das Phänomen der «Nahtoderfahrungen» ausführlich. Vgl. van Lommel et al. 2001 S. 243.

[151] Die elektronische Version dieses Kapitels enthält Zusatzmaterial, das berechtigten Benutzern zur Verfügung steht. Anhang 2: Personen und Mandate der IANDS-Mitglieder und deren Verbindungen. Die Darstellung macht deutlich, wie die prominentesten Forschenden über die institutionellen Organe der IANDS miteinander verbunden sind. Die Verbindungen der Personen oder deren Länder-Sektionen bestehen durch Mandate oder Preisverleihungen der Gesellschaft oder Publikationen.

sich einer esoterischen Stossrichtung in Form der New-Age-Bewegung im Verständnis des «Western Esotericism» zuordnen lässt. Das Argument lautete, dass die Naturwissenschaft, welche ihre Ergebnisse der Nahtoderforschung nicht in ihrem Verständnis und in ihrer Aussagekraft anerkennen will, in der Tradition der Todesverdrängung einzuordnen sei. Die Debatte wirft damit grundsätzlich Fragen in Bezug auf unterschiedliche Forschungsverständnisse und deren Möglichkeiten auf. An den von Nahtoderfahrungsberichten beschriebene Grenzen des Lebens zum Tod entfacht gleichsam eine Diskussion um die Grenzen der Wissenschaftlichkeit. Diese Debatte findet nicht nur unter Fachexperten statt, sondern wird in der Öffentlichkeit diskutiert. Mit dem Anspruch der IANDS werden sowohl die Gütekriterien naturwissenschaftlichen Forschens aber auch die Deutungshoheit der christlichen Theologie in ihrem Bezug zu transzendente Kernthemen in Frage gestellt. Zudem stellt die sozialwissenschaftliche Thanatologie fest, dass Religion medialer und zugleich privater wird, wovon Unsterblichkeitsfantasien Ausdruck davon sind. Sie könnten gleichsam als Bestreben, unsterblich sein zu wollen, im Rahmen einer Nahtoderfahrung in der Überwindung des Todes Ausdruck finden und lassen sich in die grundlegende Beschäftigung und der historischen Trends in den letzten Jahrzehnten einordnen. Zugleich verlagern Nahtoderfahrungen als subjektive Erfahrungen das religiöse Zentrum von einer wertedefinierenden Institution weg zu einer individualisierten Form, die das Göttliche selbst erfahrbar machen kann.

Deutungsmuster als Erklärungsmodelle für Nahtoderfahrungsberichte

3

In der sozialwissenschaftlichen Annäherung an das Thema der Nahtoderfahrung kommt die vor rund fünfundzwanzig Jahren durchgeführte Studie der Soziologen Knoblauch/Schmied/Schnettler zum Schluss, dass es sich bei Nahtoderfahrungsberichten primär um ein «soziales Phänomen»[1] handeln müsse, da die Berichte durch «äusserst divergierende und durch starke Idiosynkrasien geprägte Erfahrungsinhalte und deren narrative Darstellungsformen»[2] äusserst divers ausfallen würden: «Die Divergenzen der inhaltlichen Ausgestaltung sowie der Deutung der Todesnäheerfahrung verweisen auf kulturelle Einflüsse, die nicht nur die Interpretation der Erfahrung, sondern auch die Erfahrungsinhalte selbst berühren.»[3] In den westlichen Ländern sei das Phänomen bereits länger bekannt, weshalb es auch zu ausführlicheren Berichten, differenzierteren Deutungen und lebensweltlichen Einordnungen komme.[4] Eine «standardisierte», allgemein gültige und verbreitete Struktur sei aber nicht zu erkennen, wenngleich einzelne Elemente durchaus wiederkehrend seien, diese aber in Kombination mit anderen Elementen äusserst heterogen auftreten könnten. Es müsse sich dabei wohl um «kulturelle Motive» handeln. Genauso seien die Deutungen der Erfahrungen einzuordnen, die damit ebenso kulturell bedingt seien: «Wie auch immer die individuelle Deutung ausfällt, ist sie doch letztendlich jeweils Ergebnis gesellschaftlicher und kultureller Gegebenheiten.»[5] Bei einem Nahtoderfahrungsbericht

---

[1] Knoblauch und Soeffner 1999a S. 218.
[2] Knoblauch und Soeffner 1999a S. 242.
[3] Knoblauch und Soeffner 1999a S. 243.
[4] Knoblauch und Soeffner 1999a S. 243.
[5] Knoblauch und Soeffner 1999a S. 244.

werde einerseits vorhandenes, kulturelles, über Kommunikation und Sprache vermitteltes Wissen abgerufen. Dieses Wissen sei durch kognitiv verarbeitete und vermittelte Informationen über Sachverhalte angeeignet worden. Abgesehen von erinnerten Ereignissen innerhalb der eigenen Biografie sei die Interpretation von Nahtoderfahrungen also massgeblich vom kulturellen Kontext in Form von Deutungsmustern eines Nahtoderfahrungsberichts geprägt – auch wenn diesem kulturellen Wissen subjektiv bislang keine grosse Bedeutung beigemessen werde. Man könne also einerseits von Dingen Kenntnis haben, die man nie erfahren hat – zugleich habe man Zugang zu etwas, was nicht mit «theoretischem Wissen» verknüpft sein müsse.[6] «Das Wissen um den Tod bezieht sich demnach auf keine eigene Erfahrung, sondern auf ein aus Erfahrungen von *alter ego* abgeleitetes und kommunikativ vermitteltes Wissen über den Tod anderer.»[7] Diese und gegebenenfalls bereits gemachte Erfahrungen mit Toten, die eigenen Vorstellungen von einem möglichen Leben nach dem Tod und weitere Vorstellungen des Jenseits bestimmten massgeblich die Nahtoderfahrung, da diese dann kontextualisiert und vor allem auch sinnhaft gedeutet werden könne.

Die kontroverse Diskussion um die Aussagekraft von Nahtoderfahrungen ist ein Indiz dafür, dass verschiedene Deutungsmuster vorliegen, die sich gegenseitig konkurrieren können. Die dafür relevanten Deutungsebenen sollen in der Folge herausgearbeitet werden, wobei der Begriff des «sozialen Deutungsmusters» zunächst erörtert wird. Es verdeutlicht zudem, dass sich das «forschungspragmatisch-heuristische Konzept»[8] der sozialen Deutungsmuster als Untersuchungskategorie[9] gerade bei der wissenschaftlichen Auseinandersetzung mit Nahtoderfahrungsberichten anbietet, da bei «brüchig gewordenen Alltagserfahrungen»[10] verschiedene, divergierende Konzepte zueinander in Relation gebracht werden können. Im vorliegenden Kapitel wird herausgearbeitet, in welchem Verhältnis diese Konzepte und Positionen zueinanderstehen und wie sie als auf Deutungsebenen verweisende soziale Deutungsmuster verstanden werden können.

---

[6] Knoblauch und Soeffner 1999b S. 283.
[7] Knoblauch und Soeffner 1999b S. 283.
[8] Lüders 1991 S. 380 ff.
[9] Lüders 1991 S. 378–379.
[10] Lüders 1991 S. 378.

3.1 «Soziale Deutungsmuster» als kommunikative Brücke zwischen Subjekt und Gesellschaft

Im Alltag versucht das Subjekt Erlebnisse sinnhaft zu interpretieren und greift dabei auf bereits gemachte und gedeutete Ereignisse und deren im sozialen Wissensvorrat vorhandene Kategorisierung zurück. Die Soziologen Schütz und Luckmann bezeichnen diese Kategorisierungen als «Deutungsschemata», also als Hilfsmodelle, «sinnliches Erleben» in «sinnhafte Erfahrung» zu «transferieren». Im Austausch mit dem sozialen Umfeld ist dieses Deutungsschema aber im Kontext der «natürlichen Einstellung» an Bedingungen geknüpft: «[D]ie von mir als gegeben hingenommene Lebenswelt [wird] auch von meinem Mitmenschen als gegeben hingenommen»[11]. Dies basiert auf der «Grundthese der Reziprozität der Perspektiven»[12], wobei davon ausgegangen wird, dass jegliche Erfahrung der einen Person «in Reichweite» der anderen Person sein wird und daher als «fraglos gegeben» gelten muss: «Ich kann immer die Adäquanz meiner Deutungsschemata für die Erfassung der Ausdrucksschemata meines Mitmenschen dadurch überprüfen, dass ich auf einen Gegenstand unserer gemeinsamen Umwelt hinweise.»[13] Damit betonen Schütz und Luckmann vor allem die Kommunizierbarkeit von Interpretationen von Ereignissen, die physisch oder sozial erfahrbar sind. Bei deren Kommunikation werden kollektive Werte und Normen vermittelnde Deutungsschemata beigezogen, die ebenfalls auf Bewertungen und Deutungen von sozialen Handlungen basieren.

Der Begriff des sozialen Deutungsmusters ist im Verständnis des Soziologen Oevermann, der diesen Begriff einführte, zunächst zwar auch mit einem Hilfsmodell, jedoch weniger stark mit dessen Kommunizierbarkeit verknüpft:

> Unter Deutungsmustern sollen nicht isolierte Meinungen oder Einstellungen zu einem partikularen Handlungsobjekt, sondern in sich nach allgemeinen Konsistenzregeln strukturierte Argumentationszusammenhänge verstanden werden. Soziale Deutungsmuster haben also ihre je eigene „Logik", ihre je eigenen Kriterien der „Vernünftigkeit" und „Gültigkeit", denen ein systematisches Urteil über „Abweichung" korreliert.[14]

---

[11] Schütz und Luckmann 2017 S. 109.

[12] Schütz und Luckmann 2017 S. 101 ff.

[13] Schütz und Luckmann 2017 S. 109. Ausführlich dazu auch Habermas' Begriffe von System und Lebenswelt Habermas 2006 S. 171 ff.

[14] Oevermann 2001b S. 5.

Oevermann ergänzt diese Definition mit einem zweiten Faktor, der mit dem oben zitierten, ersten Faktor «zirkulär» verbunden sei. Er verknüpft soziale Deutungsmuster verbindlich mit «objektiven Handlungsproblemen [...], die deutungsbedürftig sind.»[15] Deutungsmuster könnten sich daher «ohne die Rückbeziehung auf objektive Probleme sozialen Handelns»[16] nicht erklären lassen.[17] Soziale Deutungsmuster zeichnen sich also dadurch aus, dass sie «komplexer und abstrakter als einfache Typenbegriffe sind, andererseits aber 'kleinräumiger' als etwa Ideologien oder Diskurse.»[18]

Im Gegensatz zu Oevermann, der von historischen Deutungsmustern ausgeht,[19] sind Plass und Schetsche der Meinung, dass Handlungsprobleme zunächst als solche erkannt und analysiert werden müssen und daher

> '[o]bjektive Handlungsprobleme' [...] weniger die Voraussetzung als vielmehr die Folge der Verbreitung spezifischer sozialer Deutungsmuster [sind]. Wissenschaftlich zu verstehen ist eine solche soziale Welt in erster Linie durch die Analyse der Formen, die kollektive Deutungen annehmen müssen, um gesellschaftliche Wirklichkeit hervorbringen zu können, und der (insbesondere medialen) Prozesse, in denen diese Deutungen verbreitet werden und soziale Geltung erlangen.[20]

Die Relevanz der Medien und ihr Einfluss auf die Ausgestaltung und mögliche Veränderung der Deutungsmuster finden bei Plass und Schetsche besondere Aufmerksamkeit. Denn die Veränderung von Deutungsmustern werde mit den Kommunikationsprozessen der Moderne wesentlich «beschleunigt».[21] Deutungsmuster seien damit «implizites Wissen [...]: Es handelt sich um Wissen, welches im alltäglichen Umgang nicht erklärt werden muss und den Akteuren dennoch als vollständiger, in sich konsistenter und handlungsanleitender Begründungs-

---

[15] Oevermann 2001b S. 5. Wie von Schetsche und Plass ausführlich dargelegt, geht Oevermanns eigener Anspruch an das Konzept des Deutungsmusters weit über einen Methodenansatz hinaus. Die von ihm im erwähnten Beitrag skizzierte Untersuchung fand jedoch nie statt, weshalb die Begriffsdefinition immer noch gewisse Unschärfen besitzt. Vgl. Plaß und Schetsche 2001 S. 513.

[16] Oevermann 2001b S. 5.

[17] Oevermann 2001b S. 5.

[18] Ullrich 2019a S. 6.

[19] Oevermann 2001a S. 69 ff. «Soziale Deutungsmuster sind konstitutiv für die individuellen Einstellungen, nicht umgekehrt individuelle Einstellungen für soziale Deutungsmuster.» Oevermann 2001b S. 19.

[20] Plaß und Schetsche 2001 S. 533.

[21] Plaß und Schetsche 2001 S. 518.

und Deutungszusammenhang zur Verfügung steht.»[22] Dies umfasse «massen-kulturelles, subkulturelles, massenmediales, milieuspezifisch gewachsenes, wissenschaftliches und in sozialen Gruppen interaktiv evaluiertes Wissen.»[23] Das Deutungsmuster fungiere also mindestens zu einem gewissen Teil als «Theorie der Alltagserfahrung»[24], die ein «Orientierungs- und Rechtfertigungspotential von Alltagswissensbeständen in der Form grundlegender, eher latenter Situations-, Beziehungs- und Selbstdefinitionen [bietet], in denen das Individuum seine Identität präsentiert und seine Handlungsfähigkeit aufrechterhält.»[25]

Die Definition im Verständnis von Plass und Schetsche geht dabei von drei Basisannahmen aus: Erstens handle es sich bei Deutungsmustern um «sozial geltende, mit Anleitungen zum Handeln verbundene Interpretationen der äußeren Welt und der inneren Zustände.»[26] Plass und Schetsche bezeichnen sie als «lebensweltliche Wissensformen»[27], die Interpretationen mit Ereignissen koppeln und eine Erklärung und Anleitung zur dafür geltenden, adäquaten Handlung geben. Zweitens sei es der Kollektivität von Deutungsmustern inhärent, dass sich die Subjekte über deren Inhalt, Ausgestaltung und Handlungsmöglichkeiten austauschten: «Die soziale Geltung wird hier zum einen durch den interaktiven Musterabgleich im Alltagshandeln, zum anderen durch die Übermittlung idealtypischer Fallbeispiele – sei es in Erzählungen oder massenmedialen Darstellungen – sichergestellt.»[28] Die dritte Grundannahme bestehe darin, dass neue Deutungsmuster ihre «soziale Gültigkeit primär durch ihre mediale Verbreitung»[29] erhalten, vorausgesetzt, sie erhalten die nötige Aufmerksamkeit und stossen weitgehend auf Akzeptanz. Dabei müssten diese Muster nicht zwingend von den Subjekten internalisiert oder verinnerlicht worden sein, um ihnen zustimmen zu können.[30]

Die Funktionen von Deutungsmustern hätten massgeblichen Einfluss auf das Verhalten des Individuums innerhalb der Gesellschaft und orientierten sich demnach «in der Reihenfolge zunehmender überindividueller Bedeutung [an] (1)

---

[22] Plaß und Schetsche 2001 S. 517.

[23] Plaß und Schetsche 2001 S. 521.

[24] Vgl. Bögelein und Vetter 2019a S. 26 ff.

[25] Arnold 1983 S. 894.

[26] Plaß und Schetsche 2001 S. 523.

[27] Diese Formen umfassen durch ihre Handlungsanleitung und ihrer kollektiven Eingebundenheit weit mehr als «Alltagswissen». Vgl. Plaß und Schetsche 2001 S. 523.

[28] Plaß und Schetsche 2001 S. 524.

[29] Plaß und Schetsche 2001 S. 524.

[30] Vgl. Plaß und Schetsche 2001 S. 524.

Komplexitätsreduktion, (2) Antizipation von Situationsentwicklungen, (3) Verständigung über Grenzsituationen und (4) Erzeugung sozialer Gemeinschaft»[31]: Das sozial vereinbarte, durch «Gültigkeit» validierte Deutungsmuster sei also ein Wissen, das individuell «repräsentiert» werde. Durch die individuelle Repräsentation finde das Individuum Zugang zu einem Ereignis, dem Sinn und Kontext zugeordnet werden könne. Dem Individuum gelinge es leichter, einem Ereignis einen Zweck zuzuordnen, weil das Muster bereits bis zu einem gewissen Grad abstrahiert und diversifiziert sei. Das Ereignis scheine dadurch nicht mehr derart komplex und führe nicht mehr zur «faktischen Handlungsunfähigkeit»[32], jedoch naturgemäss zu einer Einschränkung an Handlungsmöglichkeiten, was in diesem Fall aber erwünscht sei: «Weil die jeweilige Situation und mögliche Konsequenzen des eigenen Handelns so nicht mehr langwierig durchdacht werden müssen, stellen Deutungsmuster gleichzeitig systematische Abkürzungsstrategien der Informations- und Situationsverarbeitung dar, die sachgerechtes Handeln in 'Realzeit' ermöglichen.»[33] Die Zuordnung zu Deutungsmustern verhelfe zu einem «kontinuierlichen Handlungsstrom» und damit zu einer konsistenten und konsequenten Handlung und sozialen Identität. Das Deutungsmuster könne, da es auf gemachten Erfahrungen basiere, auch aufzeigen, wie sich verschiedene Handlungen höchstwahrscheinlich auswirken werden und wie zum Beispiel andere, in dieser Handlungsweise involvierte Personen darauf reagieren könnten. Hierdurch und durch konforme Handlungen im Rahmen der Deutungsmuster ganz generell werde «soziale Gemeinschaft erzeugt»:

> Sie geben den Subjekten die Gewissheit, in einer geordneten Alltagswelt zu leben, in der sie selbst und alle anderen nach erkennbaren Prinzipien und Regeln agieren und reagieren. Personen, die eine Situation mit Hilfe desselben Deutungsmusters interpretieren, werden sie übereinstimmend benennen und definieren, verwandte Emotionen empfinden und ausdrücken, vergleichbar moralisch urteilen und zu ähnlichen oder – bei unterschiedlicher Motivlage – zumindest nachvollziehbaren Handlungen neigen.[34]

Dadurch entstehe ein Gefühl der Gemeinsamkeit, der Eingebundenheit innerhalb des sozialen Gefüges, das die Individuen miteinander verbinde. Dabei sei das Deutungsmuster nicht in aller Konsequenz identisch mit der eigenen Konstruktion, es müsse aber – um nachvollziehbar und verständlich für Dritte zu

---

[31] Plaß und Schetsche 2001 S. 524.
[32] Plaß und Schetsche 2001 S. 525.
[33] Plaß und Schetsche 2001 S. 525.
[34] Plaß und Schetsche 2001 S. 526–527.

sein – mindestens mit dem Deutungsmuster «kompatibel» sein. Die «Aufrecht-
erhaltung von Kompatibilität» erfolge im Prozess des fortwährenden Austauschs
untereinander.[35]

Im kommunikativen Austausch mit dem sozialen Umfeld vor allem bei der
«Verständigung über Grenzsituationen» bieten Deutungsmuster eine wichtige
Basis, um mindestens partielle Teile der Handlung oder der Erfahrung einzuordnen, selbst wenn diese nicht eindeutig einem oder mehreren bestimmten Deutungsmustern zugeordnet werden könnten. Ein Abwägen von Deutungsmustern
und ihrer Bedeutsamkeit sei nicht nur effizienter, sondern führt höchstwahrscheinlich zu einer Interpretation, die für alle Beteiligten am besten akzeptierbar sei:
«Situationsbeschreibungen können dann erweitert, neue Handlungsanleitungen
formuliert werden.»[36] Bei kritischen Lebenssituationen könne es sich – wie auch
Oevermann in einem späteren Beitrag im Rahmen eines «Versuchs der Aktualisierung»[37] erwähnt – um ein mögliches Handlungsproblem der «Endlichkeit
des Lebens» handeln, das von den betroffenen Personen als «krisenträchtig»[38]
empfunden werden könne.

Deutungsmuster könnten daher insbesondere in Krisen Erklärungsmöglichkeiten bieten und diese in einen Kontext einordnen. Die Deutungsmuster könnten
aber nur dann eine Erklärung liefern, wenn «individuelle Repräsentationen
kompatibel zueinander bleiben.»[39] Es sei damit möglich, dass mehrere Deutungsmuster be- und entstehen, die sich in Auslegung und Handlungsanweisung
widersprechen.[40]

Deutungsmuster spielen also eine wichtige Rolle vor allem bei der Einordnung
subjektiv neuer Erfahrungen und Ereignisse, die besonders relevant erscheinen,
jedoch aber sozial entweder weitgehend unbekannt oder sehr umstritten sind. Sie
bieten Erklärungsmodelle in möglicherweise schwierigen Situationen und eine
Möglichkeit, eigene Erfahrungen zu verbalisieren und sinnhaft zu kontextualisieren: «Eine Deutung ist die Verknüpfung eines allgemeinen Deutungsmusters
mit einem konkreten Ereignis-Anlass.»[41] Sie können in ihrer Ausprägung latent
sein, werden aber gerade aktiv reflektiert, wenn konkurrierende Deutungsmuster
vorliegen oder das eigene Deutungsmuster sich subjektiv als unwahr erwiesen

---

[35] Vgl. Plaß und Schetsche 2001 S. 527.
[36] Plaß und Schetsche 2001 S. 526.
[37] Oevermann 2001a.
[38] Oevermann 2001a S. 38.
[39] Plaß und Schetsche 2001 S. 527.
[40] Vgl. Plaß und Schetsche 2001 S. 527.
[41] Keller 2014 S. 156.

hat: «Ein endgültiges Verwerfen eines bisher bewährten Deutungsmuster dürfte dagegen eine seltene (und womöglich krisenhafte) Ausnahme sein. […] Ein dauerhaftes Festhalten an offensichtlich inadäquaten Deutungsmustern wird in der Regel sozial pathologisiert.»[42]

Soziale Deutungsmuster definieren und deuten Situationen, steuern und ermöglichen im Rahmen des Deutungsmusters konsistente und nachvollziehbare Handlungen in einem bestimmten Umfang, reduzieren daher den subjektiven Eindruck der Situationskomplexität und machen Zusammenhänge deutlich und plausibel. Im hier relevanten wissenssoziologischen Ansatz[43] fokussiert sich demnach der soziale Deutungsmusteransatz auf Berichte von Personen und darauf, wie sie sich in einer spezifischen Situation eines spezifischen Deutungsmusters bedienen und «wie sie dieses in Situationsdefinitionen und Handlungsorientierungen transformieren.»[44]

3.2   Ausprägungen von sozialen Deutungsebenen

Die für das Phänomen der Nahtoderfahrung relevanten Deutungsmuster zielen grundsätzlich auf die Frage ab, ob es sich dabei um Erfahrungen handeln kann, die darüber Auskunft geben können, ob es ein Leben nach dem Tod gibt, oder ob es möglicherweise zum Beispiel neurobiologisch erklärbare Prozesse sind, die das Erfahrene nur subjektiv so wirken lassen. Dabei stellt sich implizit die Frage, ob es überhaupt möglich ist, den «Tod» zu erfahren und demnach darüber zu berichten, oder ob es sich bei Nahtoderfahrungsberichten demzufolge um eine andere Erfahrung, zum Beispiel um «Visionen», handeln muss.

In der wissenschaftlichen Beschäftigung mit Nahtoderfahrungen wird sich in der Folge zeigen, dass der Zugang zum Thema und das Verständnis des Begriffs «Nahtoderfahrung» eng mit der eigentlichen Forschungsfrage verzahnt sind. Implizit kann auch immer die Frage aufgeworfen werden, was die naturwissenschaftliche Forschung hierzu leisten kann und soll. Dabei gibt es Konklusionen, die die vorherrschenden Gütekriterien und Ansprüche der materialistisch geprägten, Falsifizierbarkeit einfordernden Forschungsmethoden ablehnen und zu einem neuen Forschungsparadigma tendieren.

---

[42] Ullrich 2019a S. 13. Ullrich bezeichnet an dieser Stelle ein breites Spektrum zwischen «akzeptierter und tolerierter Form von Devianz» bis zu «psychotherapeutischen Eingriffen».
[43] Vgl. Ullrich 2019a S. 8.
[44] Ullrich 2019a S. 10.

Bei den einzelnen Studien und Forschungsschwerpunkten zu Nahtoderfahrungen handelt es sich aber nicht um spezifische Deutungsmuster, sondern um Deutungsebenen, die sich primär an wissenschaftlichen Disziplinen orientieren. Eine Deutungsebene nimmt also eine spezifische wissenschaftlich-analytische Perspektive auf das Phänomen ein. In der Folge werden diese wissenschaftlichen Ansätze in ihrem Grundverständnis skizziert und die prominenten Vertreter genannt und deren Kerninhalte umschrieben. Die hier vorgestellten Deutungsebenen haben keinen Anspruch auf Vollständigkeit und verstehen sich auch nicht als sich vollumfänglich abgrenzende, sich gegenseitig ausschliessende Zugänge zum Thema, sondern umreissen beispielhaft die in der jeweiligen Disziplin dominierende wissenschaftliche Annäherung daran. Das soziale Deutungsmuster verweist dann explizit oder implizit jeweils auf Deutungsebenen und stützt sich auf die jeweiligen Positionen, die im Anschluss an die Einführung der Deutungsebenen näher erörtert werden.

3.2.1 Nahtoderfahrungen als religiöse Erfahrung

Das Phänomen der Nahtoderfahrung wird in geschichtswissenschaftlichen Studien mit den bereits erwähnten Hauptvertretern des «kollektiven Konzepts»[45] kontextualisiert, der historische Zusammenhang aufgezeigt und entsprechend eingegliedert. Vor allem wird Raymond Moody als prominenter Vertreter genannt, da er in den 1970er-Jahren den Begriff und die Typologie der Nahtoderfahrung mit ihrer Einteilung in Elemente eingeführt hat. Die zugeordnete Bedeutung einer «religiösen Erfahrung» wird vor allem deshalb als Argument ins Zentrum gerückt, weil es sich bei den Berichten um den Ausdruck einer Erfahrung im religiösen Kontext handle, der in christlichen Traditionen wesentlich weiter zurückgehe als auf die allgemeinhin erwähnten Sterbebettvisionen im frühen 20. Jahrhundert.[46]

Die Religionswissenschaftlerin Carol Zaleski kommt anhand ihrer historischen Aufarbeitung vom Mittelalter bis zur Moderne zum Schluss, dass grundsätzlich kein Unterschied zwischen literarischen Beschreibungen von Nahtoderfahrungen und berichtenden Personen auszumachen sei: «The line between fiction and confession is necessarily blurry, but contemporary near-death reports – like their medieval predecessors – at least claim to represent actual experience.»[47] Zaleski

---

[45] Basierend auf einem Begriff des Historiker Reinhard Koselleck. Vgl. Schlieter 2018 S. 185 ff.

[46] Knoblauch und Soeffner 1999b S. 11–12.

[47] Zaleski 1987 S. 184.

betont die Wichtigkeit, dass NTE-Berichte als visionäre, eschatologische Literatur zu verstehen und deren didaktischer und narrativer Aspekt zwingend zu berücksichtigen sei.[48] Ihre Studie würde gleichsam aufzeigen, welche Relevanz kulturelle Gegebenheiten insbesondere im religiösen Diskurs ganz grundsätzlich hätten. «Recognizing the imaginative character of religious utterances does not entail renouncing our faith in an ultimate and objective truth, but it does allow us to stop pitting one set of beliefs against another.»[49] Berichte von Nahtoderfahrungen (Zaleski spricht von «otherworld journeys») seien vielmehr ein symbolischer Ausdruck einer Erfahrung, die weder in Worte gefasst noch Konzepten zuzuordnen sei: «We cannot crack their symbolic code; and we know before we start that every explanation or interpretation, however thoughtful, will leave the essential mystery untouched.»[50] Solche Berichte würden immer dann relevant, wenn es kulturelle Veränderungen gebe. So ist auch der Religionswissenschaftler und Historiker Allan Kellehear der Meinung, dass die Popularität von Berichten immer soziale und historisch erklärbare Gründe habe. So sei in den 1970er-Jahren die Aufmerksamkeit gegenüber diesen Erzählungen nicht nur aufgrund des technischen Fortschritts mit weiteren Möglichkeiten der Wiederbelebung, sondern auch aufgrund der Unzufriedenheit gegenüber den institutionellen Religionsautoritäten gestiegen.[51] Nahtoderfahrungsberichte seien also auch immer im Kontext ihrer geschichtlichen Entstehung zu betrachten:[52] «The experience of dying has gradually become more private at the same time as its recognition has become more publicly controlled and defined.»[53]

Der Religionswissenschaftler Jens Schlieter geht in seiner Erörterung von einem «religiösen Diskurs» aus und beschreibt mehrere historische Stränge, die am «discourse on religious experience»[54] teilnehmen. Insbesondere in Schlieters Genese wird eine primär auf Studien und historischen Quellen basierende Auseinandersetzung mit dem Phänomen im christlichen, esoterischen und spiritualistisch-okkulten Kontext verortet. Berichte von Erfahrungen im Rahmen der Einnahme von bewusstseinserweiternden Substanzen wie LSD, aber auch

---

[48] Zaleski 1987 S. 195. und S. 199.

[49] Zaleski 1987 S. 195.

[50] Zaleski 1987 S. 199.

[51] Kellehear 1996 S. 98–99.

[52] Vgl. Kellehear 2009 S. 15 ff. Kellehear sieht NTE-Berichte im Kontext von Sterben «as an event and as a journey». Kellehear 2008 S. 43 ff.

[53] Kellehear 2008 S. 251. Kellehear thematisiert hier primär das Sterben, bezieht sich aber explizit auch auf «otherworld journeys».

[54] Schlieter 2018 S. xxvii.

beim Aufkommen der Hirntoddiagnostik und der Popularisierung des Phänomens führen zur Konklusion, dass es sich bei Nahtoderfahrungen um einen Diskurs mit ontologischen, epistemischen, intersubjektiven und moralischen Aspekten[55] handeln müsse: Vor allem die intersubjektiven Aspekte[56] werden hier auf eine strukturelle Individualisierung hin beleuchtet. Dabei könnten bei den Berichten der betroffenen Personen zwei systematisierbare Erfahrungskomponenten ausgemacht werden: «The first aspect encompasses how they met 'guides', communicated (often beyond words) with God, Jesus, angels, and other deceased [...]. The second aspect becomes relevant in experiencers who either possess or assume through their reports an 'expert status' of religious virtuosity.»[57] Schlieter betrachtet in seiner Untersuchung explizit keine biografischen Hintergründe[58], sondern meint – im Fokus einer grundsätzlichen Sicht auf das Phänomen – dass die Berichte gewissermassen stellvertretend für das Narrativ der Gesellschaft und des sozialen Kontexts stünden. Er versteht die Debatte über das Phänomen als «interconnected field in a global arena»[59]. Dabei bewegen sich die als religiöse Erfahrungen zu verstehenden Berichte innerhalb eines historisch-religiösen Diskurses. Die Berichte haben jeweils sowohl für Religionen als auch für die betroffenen Personen Funktionen: alle religiösen Erfahrungen sind in ihrer Funktion «closely related to distinct salvific goals, developed in specific historic circumstances within the respective religious metacultures.»[60] Diese religiöse Funktion im Dienst der jeweiligen religiösen «Metakultur» würde wiederum betroffenen Personen in der Sinngebung helfen, ihre Erfahrung einordnen zu können. «This function – located on an individual level and present in the discourse – becomes apparent in narratives that aim to overcome the threatening annihilation of exactly the continuous actualization of embodied consciousness.»[61]

---

[55] Schlieter 2018293–311.
[56] Schlieter 2018 S. 303–306.
[57] Schlieter 2018 S. 304.
[58] Schlieter 2018 S. xxviii ff.
[59] Schlieter 2018 S. xxix.
[60] Schlieter 2018 S. 294.
[61] Schlieter 2018 S. 294–295.

3.2.2 Nahtoderfahrung als endloser Bewusstseinszustand

Das parapsychologische Verständnis von Nahtoderfahrungen ist hauptsächlich durch religiös-ontologische Motive konstituiert. Es wird davon ausgegangen, dass geltende naturwissenschaftliche Methoden der Datenerhebung und -auswertung nicht ausreichend sind, um zu beweisen, dass alle Menschen in einer jenseitigen Welt miteinander verbunden sind. Damit knüpfen diese Annahmen implizit oder explizit an esoterisches Wissen an und postulieren, dass Nahtoderfahrungen Beleg und Anlass dafür sind, einen wissenschaftlichen Paradigmenwechsel einläuten bzw. die Grundelemente der Naturwissenschaft überwinden zu müssen. Die mit entsprechenden Interessensgemeinschaften vernetzte und der New-Age-Bewegung in den Vereinigten Staaten nahestehende International Association for Near-Death Studies (IANDS) vertritt diese Überzeugung und will einen «Beweis einer religiösen Wirklichkeit»[62] antreten.

Der Psychologe Kenneth Ring ist zum Zeitpunkt der Gründung der IANDS im Jahre 1981 dessen amtierender Präsident und umreisst im «Handbook of Near Death Experiences»[63] das Selbstverständnis der IANDS und beschreibt den konzeptuellen Kontext, aus dem das Netzwerk entstanden ist:

> In the beginning … was Raymond Moody's word, and the word, hyphenated and multiple though it was, was «near-death experience.» […] No wonder, then, that the experience of dying, as described in Moody's book and subsequently in the media, was thrilling to the public at large. It seemed clear evidence that what our Western religions, at least, taught was true: that life continues after death, that heaven is no fantasy, and that those who die do, indeed, see the face of God.[64]

Damit zeigt sich deutlich die implizierte Fragestellung und die explizite Verknüpfung der wissenschaftlichen Beschäftigung mit Nahtoderfahrungen mit der Erforschung eines Lebens nach dem Tod. Die Autoren wollen seit den 1970er-Jahren eine Trendwende feststellen, die die Menschheitsgeschichte regelrecht umkrempeln sollte, denn dank technologischem Fortschritt sei «der Tod» nunmehr in einigen Fällen unterbunden oder rückgängig zu machen.[65] «During close brushes with death, people were reporting experiences of what, for most of them,

---

[62] Knoblauch 2012 S. 24.
[63] Greyson et al. 2009.
[64] Ring 1984c S. vii.
[65] Ring 1984c S. ii.

was another reality; experiences that to them, were occurring at the very time they were closest to – or actually in the first moments of – death.»[66]
Die Divergenz zwischen der Erforschung des Phänomens anhand von wissenschaftlichen Kriterien und den oben zitierten Überzeugungen wird erwähnt Kenneth Ring explizit: Von Moody und seiner Arbeit inspiriert hätte er sich zusammen mit weiteren Forschern dazu entschlossen, das Thema weiter zu untersuchen – «not from the standpoint of religion, but scientifically. As scientists, we naturally had no concern as such with the religious implications of near-death experiences; people were free to think about that as they would.»[67] Mit der systematischen Erforschung erhofften sie sich, dass die Essenz von Nahtoderfahrungen für die Wissenschaft und damit auch für die Menschheit entdeckt, gefördert und weiterentwickelt werde.[68]

Raymond Moody ist in Bezug auf die Aussagekraft von Nahtoderfahrungsstudien in seinem Buch «Life after Life» zunächst vorsichtig.[69] 1977, zwei Jahre nach der Publikation seines Bestsellers, resümiert er in den «Nachgedanken über das Leben nach dem Tod»[70] und kommt dann weitaus bestimmter zum Schluss: «Ich bin dahin gekommen, es als einen Gegenstand des Glaubens zu akzeptieren, dass es ein Leben nach dem Tode gibt. Und ich bin davon überzeugt, dass das von uns erforschte Phänomen eine Manifestation jenes Lebens ist.»[71] Kübler-Ross[72] ist anhand einer eigenen, nicht systematisch ausgewerteten Studie einige Jahre nach der ersten Veröffentlichung von Moodys Publikation ebenfalls davon überzeugt, dass aufgrund der wiederkehrenden Elemente der Erzählungen von Nahtoderfahrungen «die Berichte darüber wahr sein»[73] müssen: «Im Tod gibt es weder Schmerz, Furcht, Angst, Unruhe noch Sorge. Nur die Wärme und Ruhe der

---

[66] Ring 1984c S. ii.

[67] Ring 1984c S. viii.

[68] Ring 1984c S. xv.

[69] Moody 1990 S. 172–175.

[70] Moody 2002.

[71] Moody 2002 140. Und auch Moody und Perry 1999 178.

[72] Mit Moody und der IANDS war Kübler-Ross weitgehend vertraut und mit den Gründerpersonen auch persönlich bekannt – auch für Kenneth Ring verfasste sie ein Vorwort in seiner Publikation «Den Tod erfahren – das Leben gewinnen» Ring 1986b Sie beschreibt darin ihre eigenen Erfahrungen, die sie in einer stressreichen Situation erlebt hatte als «geistige, heilige Erfahrung», die zur Kenntnis führt, «dass wir nicht allein sind und sich jemand um uns kümmert», und erwähnt dabei auch, dass sie selber viele Menschen getroffen habe, die ähnliche Erfahrungen gemacht hätten – bereits einige Jahre bevor das Phänomen durch Raymond Moody populär wurde. Ring 1986b S. 8.

[73] Kübler-Ross 1997 S. 230.

Verwandlung in einen Schmetterling.»[74] Den Vorgang beschreibt Kübler-Ross in
vier Phasen: 1. Ausserkörperliche Wahrnehmungen, 2. Zustand als «Geist oder
Energie», die Verstorbene, Lebende, übernatürliche Wesen antrifft, 3. Übergang
durch einen Tunnel oder ähnliche Schleusen in ein Licht und die Wahrnehmung einer «bedingungslosen Liebe»[75], 4. Lebensrückschau und Realisierung der
uneingeschränkten Verknüpfung der eigenen Existenz mit dem Universum und
Rechenschaft darüber, Gutes und Schlechtes getan zu haben.[76] Damit und mit
einer Reihe von anderen persönlichen, auch ausserkörperlichen Erfahrungen[77] ist
sie der Überzeugung, «Beweise dafür gefunden [zu haben], dass das Leben nach
dem Tod»[78] weitergehen muss.

Diese Überzeugung teilen sich die der IANDS zugewandten Personen und
Forschende und stellen widersprechende Argumentationen anderer Studien auf
den kritischen Prüfstand. So geht Ring zum Beispiel auch auf Erwägungen ein,
dass Nahtoderfahrungen mit chemischen Substanzen simuliert werden könnten.[79]
Drogen und Medikamente scheinen aber, so Ring, bei Nahtoderfahrungen keine
ausschlaggebenden Faktoren spielen zu können. Die Erfahrung falle nämlich tendenziell schwächer aus und werde auch nicht mehr erinnert – dies im Gegensatz
zu den Berichten, die ihm vorlägen. Es handle sich zudem nicht um Halluzinationen, da diese entgegen der Nahtoderfahrungen weitaus diffuser und unkonkreter
seien. Ein weiteres Merkmal für Nahtoderfahrungen sei, dass selbst unter gröss-
ten Schmerzen das Sterben als unaussprechlich schön und angenehm empfunden
würde. Die Angst vor dem Tod sei im Nachgang für Betroffene daher kein
Thema mehr. Betroffene berichteten häufig von einem erhöhten Selbstbewusstsein und einer grösseren Sensibilität anderen Menschen gegenüber. Sie hätten
weniger Interesse an materiellen Dingen und interessierten sich vermehrt für spirituelle Themen. Zudem verlagerten sie ihren Lebensmittelpunkt, indem sie ihre
spirituellen Bedürfnisse ins Zentrum rückten und tendenziell ein in sich gekehr-
tes, «bewussteres» Leben führen wollten. Die Besonderheit der Erfahrung und
deren Bedeutung scheinen eine Eigenschaft von und zugleich ein voraussetzendes

---

[74] Kübler-Ross 1997 S. 232. Das Symbol eines Schmetterlings mit einer damit einhergehen-
den Anlehnung an eine spirituelle Metamorphose ist bei Kübler-Ross ein wiederkehrendes
Bild (vgl. auch Kübler-Ross 1996 S. 24.) und so auch zum Beispiel bei Eben Alexander oder
Bruce Greyson ein prominentes Symbol. Vgl. Alexander 2013 und Greyson 2021.

[75] An dieser Stelle spricht Kübler-Ross von einer «echten, religiösen Erfahrung». Vgl.
Kübler-Ross 1997 S. 234.

[76] Kübler-Ross 1997 S. 232–235.

[77] Kübler-Ross 1997 S. 263.

[78] Kübler-Ross 1997 S. 245, 255–263.

[79] Vgl. Ring 1984c S. xii.

Merkmal für eine Nahtoderfahrung zu sein: «For the people who experience them, near-death experiences are usually emotionally powerful and life-transforming experiences of another reality beyond the everyday, three-dimensional world.»[80] Damit wird der zentrale Topos der Transformation des Lebens als wesentliches Merkmal des Phänomens besonders betont.

Ein besonders prominenter Verfechter der sich mit der IANDS deckenden Überzeugung im europäischen Raum ist der Kardiologe Pim van Lommel, Mitgründer der niederländischen Sektion der IANDS. Er schliesst in seiner in «The Lancet» veröffentlichten Studie zunächst noch nicht auf ein «endloses Bewusstsein», sondern trägt die «medizinischen Fakten» dazu erst Jahre später in seinem populärwissenschaftlichen Buch zusammen und.[81] In dieser Studie stützt er sich in Bezug auf die Definition des Phänomens weitestgehend auf die Typologie von Raymond Moody,[82] stellt diese jedoch nicht ins Zentrum, sondern macht anhand seiner Studienergebnisse das Bewusstsein und dessen Zustände zum Hauptthema. Er stellt dabei den klinischen Tod als nur eine Form von mehreren Möglichkeiten dar, eine «Nahtoderfahrung» erleben zu können, selbst wenn keine, zumindest augenfällig medizinisch akuten, lebensbedrohlichen Umstände dafür vorliegen sollten.[83] Van Lommel ist der Überzeugung, dass Nahtoderfahrungen einen Hinweis darauf sind, dass alle Menschen in einem übergeordneten, «nicht-lokalen» Bewusstsein verbunden sind: «Aufgrund prospektiver Studien zur Nahtoderfahrung, neuerer Erkenntnisse der neurophysiologischen Forschung und der Entdeckungen der Quantenphysik bin ich zu der festen Überzeugung gelangt, dass das Bewusstsein weder an eine bestimmte Zeit noch an einen bestimmten Ort gebunden ist.»[84]

Van Lommel ist sich bewusst, dass er mit den geltenden, wissenschaftlichen Methoden seine These nicht abschliessend belegen kann und fordert daher, das wissenschaftliche Paradigma neu zu definieren. Er führt den Terminus der „wahren Wissenschaft" ein und argumentiert, dass sich die Wissenschaftspraxis anormalen Phänomenen öffnen müsse: «Wahre Wissenschaft beschränkt sich

---

[80] Ring 1984c S. xiii.

[81] Van Lommel 2010.

[82] Van Lommel 2010 S. 51.

[83] Van Lommel 2010 S. 38.

[84] Van Lommel 2010 S. 26. Man spreche dabei von sogenannter «Nicht-Lokalität»: «In einem solchen Raum, in dem Vergangenheit, Gegenwart und Zukunft gleichzeitig existieren und zugänglich sind, ist das vollkommene und endlose Bewusstsein allgegenwärtig. Es ist ständig um uns herum und in uns präsent. Ein nicht-lokaler Raum und ein nicht-lokales Bewusstsein sind in der materiellen Welt theoretisch weder nachweisbar noch messbar.» van Lommel 2010 S. 26.

nicht auf materialistische, also einengende Annahmen, sondern ist neuen, anfangs bisweilen unerklärlichen Phänomenen gegenüber aufgeschlossen und betrachtet es als Herausforderung, auch für sie Erklärungsansätze zu finden.»[85] Er beklagt die «weitverbreitete Auffassung»[86], das Bewusstsein sei lediglich Projektion des Gehirns und sämtliche mentale Mechanismen und Erfahrungsformen «von den Gesetzmässigkeiten der klassischen Physik und Chemie gelenkt»[87]. Van Lommel unterstellt der verbreiteten, offenbar mehrheitsbestimmenden Wissenschaft, neue Erkenntnisse bewusst und systematisch zu bestreiten, da diese die Grundaxiome in Frage stellten: «Neue Resultate sollten vielmehr dazu führen, dass bestehende Theorien erweitert, angepasst oder, wenn nötig, auch verworfen werden.»[88] Es gelte, gewissermassen eine «Brücke zwischen Wissenschaft und Spiritualität»[89] zu schlagen, und er schlägt vor, ein «neues Verständnis unseres Bewusstseins und dessen Beziehung zum Gehirn»[90] zu erlangen. Eine Nahtoderfahrung führe genau zu dieser Überzeugung: «Nach einer NTE ist man sich bewusst, dass jeder und alles miteinander verbunden ist, dass jeder Gedanke Einfluss auf das eigene Ich und ebenso auf andere hat und dass unser Bewusstsein nach dem körperlichen Tod weiter existiert. Man erkennt, dass der Tod nicht das Ende ist.»[91]

Van Lommel ist sich sicher, dass es sich bei Nahtoderfahrungen um ein universelles Phänomen handeln muss. Dies ist auch der Grund, weshalb die Typologie, Erfahrungsmerkmale systematisch gemessen werden, denn wenn die Aussagekraft von Nahtoderfahrungsberichten universeller Natur ist, müssen die Eigenschaften wiederkehrend sein. Bereits Ring bemerkt in den 1980er-Jahren, dass es keine Hinweise darauf gebe, dass das Erleben einer Nahtoderfahrung von Geschlecht, Rasse, Ausbildung, Alter oder sozialem Status abhänge. Auch die religiöse Ausrichtung der betroffenen Personen habe keine Rolle gespielt, wie intensiv die Erfahrung gewesen sei oder welche Ausprägung die Erfahrung sie gehabt habe. Atheisten und religiöse Menschen seien gleichermassen von dieser Erfahrung betroffen.[92] Alle Betroffenen seien zur Überzeugung gekommen, mit einer übernatürlichen Macht in Berührung gekommen zu sein und einen Blick ins Jenseits gewonnen zu haben. Ring ist damit der Überzeugung, dass "die

---

[85] Van Lommel 2010 S. 21.
[86] Van Lommel 2010 S. 23.
[87] Van Lommel 2010 S. 23.
[88] Van Lommel 2010 S. 23.
[89] Van Lommel 2010 S. 27.
[90] Van Lommel 2010 S. 27.
[91] Van Lommel 2010 S. 28.
[92] Ring 1984a S. 35.

bedingungslose Liebe [...] die letzten Spuren religiöser Engstirnigkeit beseitigen und [... eine] Vision einer Menschheit vermitteln [kann], die, in einem Glauben vereint, als gemeinsame Grundlage die grenzenlose Liebe Gottes zu uns allen erkennt."[93]

3.2.3 Nahtoderfahrungen im Spannungsfeld der christlichen Theologie: Ansprüche auf Deutungshoheit

Die christliche Theologie – wie auch die meisten religiösen Gemeinschaften – beansprucht die Deutungshoheit über ein Leben nach dem Tod bzw. über Jenseitsvorstellungen für sich. Der Tod ist massgeblich dadurch bestimmt, dass zu diesem Zeitpunkt die Trennung von Seele und Leib bzw. Körper und Geist stattfindet.[94] Nahtoderfahrungsberichte haben zum Teil ebenfalls den Anspruch, mindestens partiell über den Sterbeverlauf und ein mögliches Jenseits aussagen zu können, wodurch sie für Religionsgemeinschaften ein potenziell konkurrierendes Erklärungsmodell sein könnten. Dabei stellt sich die Theologie die Frage, ob es sich bei Nahtoderfahrungsberichten um religiöse Erfahrungen handeln kann oder nicht. Damit steht erstens der Erkenntnisgewinn und die «wahre» Aussagekraft[95] von Nahtoderfahrungsberichten selbst zur Debatte. Im Fokus steht zweitens auch die Frage nach der Kompetenz, solche Deutungen und Interpretationen vornehmen zu können.

Während Hans Küng eine Aussagekraft von Nahtoderfahrungsberichten und deren Bedeutsamkeit für die christliche Lehre weitgehend bestreitet,[96] geht der Theologe Schmelter durchaus davon aus, dass es sich bei Nahtoderfahrungsberichten um religiös und theologisch relevante Erfahrungen[97] handeln muss. Gerade aufgrund des Anspruchs der Berichtenden, eschatologische Aussagen treffen zu können, könne die Theologie dies nicht ignorieren.[98] Theologen selbst beklagen die scheinbar eher zurückhaltenden Analysen des Phänomens aus den

---

[93] Ring 1986a S. 157.

[94] Herzog und Gerl-Falkovitz 2001 S. 23.

[95] So meint zum Beispiel Zaleski, es sei sicherer, NTE als Metaphern zu behandeln, da dann Konflikte mit etablierten religiösen Überzeugungen vermieden werden könnten. Vgl Zaleski 1987 S. 184 ff.

[96] Küng 1982 S. 30–36. Küng argumentiert damit, dass Berichtende ja noch nicht tot gewesen seien, sondern lediglich «fünf Minuten davor».

[97] Schmelter 2013 S. 132.

[98] Schmelter 2013 S. 132.

eigenen Reihen. Der Theologe Mark Fox diskutiert zum Beispiel die theologischen Positionen gegenüber dem Phänomen als «deafening silence»[99] und stellt
fest: «far form constituting any systematic or dynamic engagement with NDEs,
theology's few responses to them often stand alone [...] showing little or no evidence of pattern, development or, indeed, history.»[100] Er beurteilt diese wenigen
Ansätze entweder als Versuch, dualistische, d. h. eine Trennung von Körper und
Geist ins Zentrum setzende Modelle[101] entwerfen zu wollen, oder als Konzep-
tionen einer kulturübergreifenden Standardisierung und Definition der Erfahrung,
wie sich das Phänomen ganz grundsätzlich als religiöse Erfahrungskategorie einordnen lasse.[102] Dabei könnten die Berichte jedoch aufgrund der Vielfältigkeit
der Erfahrungen nicht für eine spezifische Religion oder Tradition als «apologe-
tisches Tool» verwendet werden.[103] Dieser unbeständige Charakter – basierend
auch auf eigenen Datenerhebungen[104] – führt Fox zur Annahme, dass es sich um
eine mystische, das Geheimnis des Todes lüften wollende,[105] religiöse Erfahrung
mit einem «cross-cultural common core»[106] handeln müsse.[107] Mit dieser Kategorisierung macht Fox das Phänomen der Nahtoderfahrung für die theologische
und philosophische Debatte fruchtbar, indem er es in einen grösser angelegten,
religiösen Kontext[108] setzt, «without sacrificing their hard-won intellectual and
academic integritiy.»[109]

Sich auf Fox stützend beschreibt der Theologe Simon Peng-Keller Nahtoderfahrungen im Hinblick auf eine vermittelte «Wirklichkeit des in Todesnähe
visionär Erlebten».[110] Er vermutet, dass es sich beim «visionären Erleben»

---

[99] Fox 2003 S. 55.

[100] Fox 2003 S. 63.

[101] Fox 2003 S. 92.

[102] Fox 2003 S. 96.

[103] Fox 2003 S. 340. Fox bezieht sich dabei auch auf Kellehear: Fox 2003 S. 353.

[104] Die Studie wurde an Fox' Universität, am «Religious Experience Research Center»
(RERC), durchgeführt. Vgl Fox 2003 S. 243 ff.

[105] Fox 2003 S. 354.

[106] Fox 2003 S. 349.

[107] Fox 2003 S. 348 ff.

[108] Fox stört sich dabei vor allem an den «fighting bridges or fighting wars», bei dem Sabom
Kenneth Ring bezichtigt, eine «neue Religion» begründen zu wollen, dieser sich dagegen
wehrt und im «Journal of Near-Death Studies» einen «religious war within the NDE movement» einen Schlagabtausch stattfindet. Fox 2003 S. 330 ff.

[109] Fox 2003 S. 358. Gemeint sind die Disziplinen Theologie und Philosophie.

[110] Peng-Keller 2017 S. 106.

entweder um «übersinnliche Wahrnehmung», «wirklichkeitserschliessende Imagination» oder um «religiöse Offenbarung» handeln müsse. Peng-Keller bezeichnet Nahtoderfahrungen als «Wirklichkeitserzählungen von visionärem Erleben», die seit den Ursprüngen des Christentums und der Philosophie existierten und verweist auf den Umstand, dass diese Erfahrungen oftmals mit «starken Irritationen» verbunden seien, was das Sprechen darüber aufgrund der «Intensität und qualitativen Dichte» schwierig gestalte. Erzählungen seien daher fragmentiert, Gegensätzliches in der Erzählung sinnhaft miteinander verknüpft. Erzählungen sind daher viel mehr als Metaphern zu verstehen, «die das Erleben in bildhafter Weise bezeugen»[111] würden, weshalb der Angabe der Berichtenden, sie hätten Gott angetroffen, «symbolische Qualitäten innewohnen [...], die nicht vorschnell interpretativ vereindeutigt werden sollte»[112]. Dies gilt genauso bei Erzählungen vom Antreffen von Verstorbenen, die als «Zeugnisse vormoderner Frömmigkeit [...] oder aber als Vorformen einer narrativen Theologie»[113] betrachtet werden können. Berichte von Nahtoderfahrungen sind «inspirierte Symbolwelten», die «Möglichkeitshorizonte, in deren Licht sich Lebenswirklichkeiten neu erschliessen können»,[114] entwerfen können. Damit sind diese Berichte Ausdruck davon, «wie Menschen mit der Gegenwart Gottes in Kontakt kommen». Es sei jedoch grundsätzlich Vorsicht geboten, wenn die Berichte «spekulativ vergegenständlicht und zu Beweisstücken für weltanschauliche Auseinandersetzungen transformiert»[115] würden, denn diese seien «bestenfalls Spuren der Transzendenz, keine Abbildungen von ihr.»[116]

Der katholische Theologe Schelter versucht Erfahrungsberichte zu kategorisieren und will Kriterien definieren, die über die Echtheit der Erfahrung in Abgrenzung von «mystischen» Erfahrungen entscheiden können. Denn obwohl «insbesondere die von der Theologie zu leistende Konturierung des Profils des eschatologischen Wirklichkeitsverständnisses des christlichen Glaubens durch den Einbezug religiöser Erfahrungen bereichert»[117] wird, hätten Nahtoderfahrungsberichte eine «frappierende Affinität zur Mystik» und müssten daher einer Grundvoraussetzung entsprechen, wobei er sich auf die Kongregation für die Glaubenslehre «Normen für das Verfahren zur Beurteilung mutmasslicher

---

[111] Peng-Keller 2017 S. 113.
[112] Peng-Keller 2017 S: 113.
[113] Peng-Keller 2017 S. 117.
[114] Peng-Keller 2017 S. 121.
[115] Peng-Keller 2017 S. 121.
[116] Peng-Keller 2017 S. 123.
[117] Schmelter 2013 S. 140.

Erscheinungen und Offenbarungen» stützt. «[D]ie Integrität des Experiencers, eine Haltung, die man als bodenständige Normalität bezeichnen könnte, eine gesunde Frömmigkeit sowie gute geistliche und menschliche Früchte»[118] müssten beim Erzählenden gewährleistet sein. Ein Nahtoderfahrungsbericht sei, genauso wie jede andere religiöse Erfahrung auch, als «Privatoffenbarung» zu behandeln, die als «Verstehenshilfe» gedeutet werden könne, «die bestimmte Aspekte der Offenbarung klarer zum Leuchten bringen und für den einen oder anderen eine den Glauben stabilisierende, seine verstehende Aneignung und seinen existenziellen Vollzug fördernde Wirkung entfalten kann.»[119] Nahtoderfahrungen würden «Ahnungen des Himmlischen» vermitteln und «eine Hoffnung auf Vollendung stärken», wobei Betroffene durchaus «einen Teil einer unabhängig von [ihnen] real existierenden Wirklichkeit wahr[nehmen]»[120]. Diese Wirklichkeit werde nicht erzeugt, sondern «stösst auf sie, findet sie vor.»[121] Es handle sich daher nicht um eine Todeserfahrung, sondern um eine Grenzerfahrung, die mit subjektiven «Einfärbungen» die erzählte Wirklichkeit nur sehr unscharf konturiere. «Entscheidend für die theologische Beurteilung einer NTE sind weniger die an ihrem Zustandekommen beteiligten Umstände [...], sondern vielmehr die propositionalen Gehalte der Überzeugungen, die aufgrund der NTE gebildet bzw. von ihr genährt werden.»[122] Dieser Gehalt müsse «in formaler Hinsicht den Rationalitätskriterien der Konsistenz, Kohärenz und daseinsaffirmativen Effizienz» entsprechen und sich «in substanzialer Hinsicht als kompatibel mit dem christologisch fundierten Offenbarungsglauben»[123] erweisen. Sollte dies zutreffen, könne man von einer «wahren Erkenntnis» ausgehen.

3.2.4 Nahtoderfahrung als alltäglicher Bewusstseinszustand

Nahtoderfahrungen werden grundsätzlich in ihrer Bedeutsamkeit und Aussagekraft in Frage gestellt, da es sich dabei wohl um Bewusstseinszustände alltäglicher Art handeln müsse und der Umgang in populären Medien als Mythos

---

[118] Schmelter 2013 S. 141.
[119] Schmelter 2013 S. 142.
[120] Schmelter 2013 S. 146.
[121] Schmelter 2013 S. 146.
[122] Schmelter 2013 S. 150.
[123] Schmelter 2013 S. 151.

zu verstehen sei.[124] Die Relevanz der Erfahrung wird also absichtlich oder unabsichtlich in einen Kontext gesetzt, der ihr gar nicht entspricht. So stellt auch der Populärwissenschaftler Hans Peter Dürr in seiner umfassenden Studie[125] bereits im Vorwort fest, dass Nahtoderfahrungen «häufig weder in subjektiver noch in objektiver Todesnähe auftreten»[126] würden, und tritt als Beweis gleich mit seiner eigenen Erfahrung an, die dem populären Muster eines Nahtoderfahrungsberichts sehr ähnle. Er beschreibt eine Situation während einer Zugfahrt, die ihn beim Schliessen der Augen in eine andere Sphäre habe entgleiten lassen, wobei er Verstorbene angetroffen habe, immer wieder Menschen begegnet sei und sich in Umgebungen bewegt habe, die ihm bekannt gewesen seien. Plötzlich habe er einen Sog gespürt, der ihn wieder zurück in seinen Körper geholt habe. Diese Erfahrung sei kein Traum gewesen, es sei auch keine «Wirklichkeit» gewesen, es habe sich «zu wirklich, um wirklich zu sein», angefühlt. Auch mit seinen Erfahrungen mit psychoaktiven Substanzen sei dieses Ereignis nicht zu vergleichen. Dürr argumentiert, dass Nahtoderfahrungen einerseits unter sehr intensiven Erregungszuständen, andererseits jedoch auch bei völliger Entspannung möglich sein könnten.[127] Er vertritt die These, dass es sich bei Nahtoderfahrungen nicht um Halluzinationen einer Todesangst handeln müsse, sondern dass sie viel mehr in einem «alltäglichen» Zustand, ohne jeglichen Kontext zu Todesängsten, stattfinden könnten. Ängste seien auch kein Indikator für Intensität und Ausprägung der Erfahrung. Er kommt daher zum Schluss, dass die Namensgebung im eigentlichen Sinn nicht zweckmässig sei: «Allem Anschein nach findet die grosse Mehrheit dieser 'Reisen' nicht in Krisensituationen oder gar bei Lebensgefahr statt, so dass die Bezeichnung 'Nahtod-Erfahrungen', die inzwischen für solche Erlebnisse allgemein verwendet wird, eigentlich irreführend ist.»[128] Sowohl den häufig erwähnten «unsagbaren» Charakter als auch die als «lebensbedrohliche Situation» von Nahtoderfahrungen begründet Dürr damit, dass Forscher das Phänomen damit nur mystifizieren wollten[129] – oder aber Betroffene würden damit ihre «Unfähigkeit, sich einigermassen adäquat auszudrücken»,[130] beweisen. Fortan beschreibt Dürr in seinem Werk im Rahmen einer ethnologischen Herangehensweise das

---

[124] Duerr 2015 S. 407 f.

[125] Duerr 2015 S. 383–687.

[126] Duerr 2015 S. 10.

[127] Duerr 2015 S. 15.

[128] Duerr 2015 S. 15. Unter Hinweis auf die Studie von Moody 1990, Fox 2003 und Blackmore 1999.

[129] Duerr 2015 S. 379–382.

[130] Duerr 2015 S. 380.

Phänomen als «Seelenreise» und glaubt, dass eine Nahtoderfahrung daher eine
Art von alltäglich und jederzeit aktiv abrufbarem Bewusstseinszustand sein muss,
der in vielen verschiedenen Kulturen zum Alltag gehört.[131]

3.2.5   Neurobiologische Erklärungen zur Nahtoderfahrung

Die auf neurologischen und biochemischen Annahmen basierenden Erklärungen[132] zielen darauf ab, Nahtoderfahrungen als Resultat eines im Sterben
liegenden Gehirns, häufig auch durch Sauerstoffmangel[133], also einer «physischen
Alteration der Hirnfunktion während des klinischen Todes»[134] zu erklären.[135] Der
Neurologe Birk Engmann nimmt an, dass das Phänomen «eine Gruppe von lose
zusammenhängenden Erfahrungen [umschreibt], die aufgrund von Interferenzen
mit verschiedenen Gehirnfunktionen und Gehirnmechanismen»[136] miteinander
spontan interagieren.

  Die Elemente eines Nahtoderfahrungsberichts werden bei neurobiologischen
Studien systematisch bearbeitet, indem für jede ausseralltägliche Komponente
eine neurobiologische Erklärung gesucht wird. Es sei grundsätzlich davon auszugehen, dass ganz generell Einschränkungen von bestimmten Hirnregionen zu
den in Nahtoderfahrungsberichten beschriebenen visuellen, emotionalen, aber
auch akustischen Phänomenen führen können. Grundprinzip für diese Möglichkeit ist die «doppelte Dissoziation von Hirnfunktionen»[137], die bedingt, dass
eine Hirnregion für verschiedene Funktionen verantwortlich ist, aber auch eine
psychische Funktion durch die «Zusammenarbeit mehrerer Hirnregionen generiert wird.»[138] Das bedeutet im Umkehrschluss, dass psychische Vorgänge nicht
eindeutig einer Hirnregion zugeschrieben werden können, selbst wenn sie sich
ähnlich sind, zumal vor allem auch immer mehrere Regionen zeitgleich zusam-
menspielen müssen: «Komplexe neuropsychologischer Phänomene» bestünden

---

[131] Duerr 2015 S. 271.

[132] Engmann analysiert im Rahmen einer historischen Abhandlung das Phänomen aus medizinischer Sichtweise: Engmann 2011 S. 61–88. Engmann ist überzeugt, dass «Nahtoderfahrungen […] der rational-wissenschaftlichen Analyse zugänglich und somit wissenschaftlich
erklärbar [sind].» Engmann 2011 S. 99.

[133] Klemenc-Ketis et al. 2010 Vgl. auch Blackmore 1999 S. 44 ff.

[134] Engmann 2011 S. 94.

[135] French 2009 S. 187–203.

[136] Blanke et al. 2016 S. 342.

[137] Engmann 2011 S. 89.

[138] Engmann 2011 S. 89–90.

also immer aus mehreren «Komponenten», die einzelnen Elemente einer Nahtod-erfahrung seien somit nicht analog in Hirnregionen segmentierbar. Damit zeige sich aber auch, dass die Ausprägungen der Erfahrungen bei Nahtoderfahrungen «keine besonderen Alleinstellungsmerkmale aufweisen, die sich [von] anderen 'Funktionszuständen' des Gehirns […] wesentlich unterscheiden würden.»[139]

Die häufig erwähnten Tunnelvisionen zum Beispiel könnten «eine Folge kortikaler Enthemmung»[140] sein, die auch durch psychoaktive Substanzen wie LSD erfolgen kann, so die Psychologin Susan Blackmore: «zufällige Aktivierungen im visuellen Kortex könnten sowohl die Form des Tunnels als auch das helle Licht in dessen Zentrum bedingen.»[141] Endorphine, die besonders in Stresssituationen ausgeschüttet werden, können Gefühle von Freude, «Schmerzfreiheit, intensive Lust, Friedfertigkeit und Ruhe»[142] auslösen, aber auch für die «mystischen Aspekte» wie die oft beschriebene «Zeitlosigkeit» und das Lebenspanorama verantwortlich sein:

> Sowohl Morphine als auch die endogenen Opiate senken die Anfallsschwelle im Temporallappen. Enkephaline unterdrücken die neuronalen Aktivitäten in vielen Hirnarealen, während sie im Hippocampus die hemmenden Zellen inhibieren und so zu verstärkter Aktivität und erhöhter Anfallsbereitschaft führen.[143]

«Out-of-Body-Experiences»[144], also ausserkörperlichen Wahrnehmungen, wird besondere Aufmerksamkeit geschenkt, weil sie unmittelbar mit der Frage nach der Trennbarkeit von Körper und Geist[145] verknüpft sind. Besonders das Forscherteam um den Neurologen und Neurowissenschaftler Olaf Blanke kommt nach intensiver Beschäftigung zu folgendem Schluss: «[Out-of-Body-Experiences are] a result from a failure to integrate multisensory bodily information and […] result from a disintegration in bodily or personal space […] and a second disintegration between personal and extrapersonal space».[146] Mit der Tendenz, die Überlebenshypothese zu widerlegen, problematisieren neurologische Erklärungen folglich lediglich Fälle, bei denen mindestens ein klinischer Tod nachweislich

---

[139] Engmann 2011 S. 91.
[140] Blackmore 1999 S. 48.
[141] Blackmore 1999 S. 48.
[142] Blackmore 1999 S. 53.
[143] Blackmore 1999 S. 54.
[144] Aspell und Blanke 2009 S. 73–88. Und: Blanke et al. 2016.
[145] Williams Kelly et al. 1999 S. 123.
[146] Blanke et al. 2016 S: 330.

Basis der Situation der Nahtoderfahrung war.[147] Diese würden darauf hinweisen, dass viele funktionale und neurale Vorgänge in einer Vielzahl von bei Nahtoderfahrungsberichten erwähnten Elementen eine Rolle spielten: «These mechanisms include mainly visual, vestibular, multisensory, memory, and motor mechanisms. Concerning brain regions the reviewed studies suggested damage to or interference with different cortical, subcortical, and brainstem areas, as well as the peripheral nervous system.»[148] Diese neuronalen Bereiche würden auch generell in Stresssituationen aber auch in Zuständen völliger Entspannung[149] aktiviert.[150] Daraus ergeben sich zwei von der primär betroffenen Hemisphäre abhängige NTE-Typen:

> type 1 NDEs are due to bilateral frontal and occipital, but predominantly right hemispheric brain damage affecting the right TPJ and characterized by OBEs, altered sense of time, sensations of flying, lightness, vection and silence. Type 2 NDEs are also due to bilateral frontal and occipital, but predominantly left hemispheric brain damage affecting the left TPJ and characterized by feeling of a presence, meeting of and communication with spirits, seeing of glowing bodies, as well as voices, sounds, and music without vection.[151]

Die emotionale Komponente und die Lebensrückschau würden bei beiden Typen gleichermassen auftreten und hätte demnach keinen Einfluss durch die betroffene Hemisphäre.

Die neurobiologischen Positionen sind in der Regel darauf ausgerichtet, systematisch naturwissenschaftliche Belege für sämtliche berichtete Eigenschaften von Nahtoderfahrungen zu liefern. Die Sichtweise, es müsse sich bei Nahtoderfahrungen demnach um übliche, nicht übernatürliche Phänomene halten, konkurriert damit explizit und direkt die Deutungsweise, die von paranormalen oder religiösen Ereignissen ausgeht. So kritisieren der Neurowissenschaftler Dean Mobbs und die Psychologieprofessorin Caroline Watt die «theologische Doktrin», die das Antreffen eines «utopischen Paradieses»[152] suggeriere. Moodys Untersuchung

---

[147] Blanke et al. 2016 S. 330.

[148] Blanke et al. 2016 S. 341.

[149] Zur Out-of-Body Experience im Kontext der Hypnose vgl. Blair Terhune und Cardeña 2009 S. 89–104. Zudem seien auch nahtoderfahrungsähnliche Erfahrungen im Meditationszustand möglich. Vgl. van Gordon et al. 2018.

[150] Blanke et al. 2016 S. 342.

[151] Blanke et al. 2016 S. 342. Die «temporoparietal junction» (TPJ) ist ein Ort im Gehirn, an dem sich visuelle, sensomotorische und auditive Informationen sammeln und verarbeitet werden. Vgl. Blanke et al. 2016 S. 326.

[152] Vgl. Mobbs und Watt 2011 S. 447.

müsse Wissenschaftlichkeit abgesprochen werden,[153] da subjektive Erwartungen das Ergebnis vorwegnähmen.[154] Das Gefühl, tot zu sein, relativieren Mobbs und Watt mit dem Hinweis, dass es auch ohne physiologische Bedrohung ähnliche Phänomene gebe («walking corpse syndrome» oder Cotard).[155] Auch der Eindruck, Toten zu begegnen, sei zum Beispiel bei Alzheimer-Patienten ebenfalls beobachtbar gewesen,[156] und sowohl Out-of-Body-Experiences als auch der Eindruck, sich in einem Tunnel zu befinden, könnten grundsätzlich auch künstlich herbeigeführt werden.[157] Auch die häufig beschriebenen positiven Emotionen könnten erklärt werden: «At varying doses, the administration of ketamine can mimic these emotions including hallucinations, out-of-body experiences, positive emotions such as euhoria, dissociation, and spiritual experiences.»[158] Unter Todesangst könne durch Opioide und Dopamine ein ähnlicher Eindruck entstehen. Dabei handle es sich um einen normalen Vorgang: «Thus, these endogenous systems come into play during highly traumatic events and have likely evolved to aid in the survival of the organism.»[159]

3.2.6 Nahtoderfahrung als psychologisches Ereignis

Psychologische Ansätze beschäftigen sich primär mit «psychologischen Auswirkungen von Nah-Todes-Erfahrungen»,[160] verstehen das Phänomen als Subkategorie von «aussergewöhnlichen Erfahrungen»[161] oder setzen – basierend auf Russell Noyes Datenerhebung – die Berichte in den Kontext von Trauma-Erfahrungen

---

[153] Mobbs und Watt 2011 S. 447.

[154] Mobbs und Watt 2011 S. 449.

[155] Mobbs und Watt 2011 S. 447.

[156] Mobbs und Watt 2011 S. 448.

[157] Unter Verweis auf die Studienergebnisse von Olaf Blanke. Vgl. Blanke et al. 2016 und Mobbs und Watt 2011 S. 448.

[158] Mobbs und Watt 2011 S. 449.

[159] Mobbs und Watt 2011 S. 449.

[160] Gressers Studie basiert auf der Greyson-Skala, zieht die Maslowsche Bedürfnispyramide als Basis der «Wachstumsmotivationsbedürfnisse einer Selbstverwirklichung» bei und macht diese als Erklärungsmodell für «psychologische Auswirkungen» auf Nahtoderfahrene fruchtbar. Vgl. Gresser 2004 S. 245 ff.

[161] Belz 2009 S. 9.

(«Near Death Trauma»).[162] Eine traumatische Erfahrung als Ereignis eines subjektiv empfundenen Kontrollverlusts ist mit spezifischen Bedingungen verknüpft
und nur in einem prozesshaften Verlauf retrospektiv beschreibbar.[163] Dabei lässt
sich der Verlauf einer Traumatisierung in drei Phasen unterteilen: das eigentlich
traumatische Ereignis, «gefolgt von der 'Traumatischen Reaktion', welche in die
Erholungsphase oder aber in den 'Traumatischen Prozess' übergeht.»[164] Dabei
ist «Trauma» primär als eine seelische Verletzung[165] zu verstehen. Traumatische
Erfahrungen finden sich ebenso im ICD-10 der Weltgesundheitsorganisation wie
auch im DSM-V der American Psychiatric Association und werden als äusserst
bedrohliche oder gar lebensbedrohliche Situationen verstanden. Im Kontext der
Entwicklung einer posttraumatischen Belastungsstörung (PTBS) setzt das DSM-V
unter anderen Kriterien für eine traumatische Erfahrung voraus, die eine «Konfrontation mit tatsächlichem oder drohendem Tod, ernsthafter Verletzung oder
sexueller Gewalt»[166] beinhaltet. Auch im «Lehrbuch der Psychotraumatologie»
von Fischer und Riedesser, den Vorreitern und Gründern der Psychotraumatologie, werden verschiedene «spezielle Psychotraumatologien»[167] aufgeführt,
wobei nur am Rande auf «lebensbedrohliche Erkrankungen»[168] eingegangen
wird. Dabei thematisieren Fischer und Riedesser einerseits die potenziell trau-
matisierende Übermittlung der Diagnose einer tödlich verlaufenden Krankheit
dem Patienten gegenüber, andererseits auch die tatsächliche Auseinandersetzung
mit dem bevorstehenden Tod. In diesem Kontext wird auf die Arbeit von Kübler-
Ross verwiesen und auf die Studie von Noyes und Slymen, «[die] veränderte
Erlebnisphänomene zusammengestellt [haben], die sich bei Patienten mit lebensbedrohlichen Erkrankungen finden.»[169] Fischer und Riedesser weisen darauf hin,
dass in der erwähnten Studie von Noyes und Slymen zwei Gruppen verglichen

---

[162] Vgl. Martinovic 2013 S. 141 ff. Noyes beschäftigte sich in einer weiteren Datenerhebung vor allem auch mit Personen, die einen Suizid überlebt haben und Alpinisten, die durch
einen Sturz verunfallten und diesen überlebten. Martinovic bearbeitet die dazu durchgeführten und bis dahin unveröffentlichten Interviews, beschreibt jedoch primär Noyes Schaffen
und Entwicklung am Phänomen und dessen Konklusionen in einem historischen Rahmen.

[163] Vgl. Zimmermann und Eichenberg 2017 S. 25.

[164] Zimmermann und Eichenberg 2017 S. 25.

[165] Fischer und Riedesser 2009 S. 24.

[166] Falkai und Döpfner 2015 S. 369.

[167] Kindheitstrauma in der Regel im Rahmen von sexuellen Übergriffen oder Kriegshandlun-
gen, generell Folter und Exil, Holocaust, Vergewaltigung, Gewaltkriminalität, Arbeitslosig-
keit und Mobbing. Vgl. Fischer und Riedesser 2009 S. 270 ff.

[168] Vgl. Fischer und Riedesser 2009 S. 365–370.

[169] Fischer und Riedesser 2009 S. 367.

wurden – Menschen, die sich unmittelbar vor dem Tod gesehen hätten, und Personen, die – zum Beispiel durch Diagnose einer tödlichen Krankheit – mit einem gewissen Abstand ihrem Ende entgegen gesehen hätten.

In beiden Gruppen traten vergleichbare Erlebnisveränderungen auf, in der Gruppe der 'Sterbenden' jedoch stärker ausgeprägt. Die wichtigsten: verändertes Zeiterleben; ungewöhnlich lebendige Gedanken; schnellerer Ablauf der Gedanken; Zurückgezogenheit (detachment); Gefühle von Unwirklichkeit; automatische Bewegungen; fehlende Emotion; sich Zurückziehen vom eigenen Körper; schärferes Sehen oder Hören; Durchleben von Erinnerungen; ein tiefes Verstehen; Farben- und Bildersehen; Gefühle von Harmonie und Einheitlichkeit.[170]

Diese Beschreibungen lassen Nahtoderfahrungen als eine Art dissoziativen Zustand begreifen, der sich aufgrund einer überwältigenden, subjektiv lebensbedrohlichen Situation ergibt, jedoch auch im Kontext von anderen Lebenserfahrungen stehen muss. Betroffene Menschen würden in der Regel bereits vor der Nahtoderfahrung von dissoziativen und paranormalen Erlebnissen berichten. Im Umkehrschluss nimmt man an, dass eine gewisse Affinität in Form einer Sensibilisierung von dissoziativen Zuständen besteht, die wiederum eine Nahtoderfahrung begünstigen kann.[171] Eine Korrelation zwischen Nahtoderfahrungen und einer Traumaerfahrung in der Kindheit scheint für Engmann durch eine «Dissoziation als Brücke»[172] als gegeben. Dissoziative Zustände könnten auch selbstinduziert sein: «Nahtoderfahrungen selbst sind dissoziative Zustände, sozusagen die Konversion eines vorangegangenen schweren psychischen Traumas bzw. eine abnorme Erlebnisreaktion auf den 'durchlebten' klinischen Tod.»[173] Auch der Mediziner Peter Zimmermann und die Psychologieprofessorin Christiane Eichenberg weisen darauf hin, dass dissoziative Bewusstseinszustände im Kontext von traumatischen Belastungsstörungen von «früheren Belastungsfaktoren im Lebenslauf gebildeten traumakompensatorischen Mechanismen und Strukturen [abhängen], die für Traumatisierung besonders anfällig oder 'zerbrechlich' sind.»[174] Denn der persönliche Zugang und die subjektive Deutung des Ereignisses beeinflussen massgeblich das Traumaschema, das jedoch auch

---

[170] Fischer und Riedesser 2009 S. 367.
[171] Engmann 2011 S. 92.
[172] Engmann 2011 S. 92.
[173] Engmann 2011 S. 94.
[174] Zimmermann und Eichenberg 2017 S. 28.

vom Stand der Persönlichkeitsentwicklung[175] zum Zeitpunkt des traumatisierenden Ereignisses abhängig ist. Die psychologischen Reaktionen im Rahmen einer
Nahtoderfahrung können also in ihrer Ausprägung auf bereits erlebte Ereignisse
verweisen oder als traumatisches Ereignis den Beginn einer posttraumatischen
Belastungsstörung bilden. Beide Fälle sind von einer «systematischen Diskrepanz
von Wahrnehmung und Handlung gekennzeichnet und folgen einer Tendenz zur
Wiederaufnahme und Vollendung der unterbrochenen Handlung.»[176] Dies könne
in Form eines «Wiederholungszwangs» dazu führen, sich unbewusst wieder Situationen auszusetzen, die mit der traumatischen Situation identisch oder zumindest
in der Funktion sehr ähnlich sind. Das Traumaschema ist damit «Ausdruck des
Regulationsverlustes in der traumatischen Situation. Es speichert die Erinnerung an den Ereignisablauf, die peritraumatischen Erlebnisphänomene sowie ein
Bild des Subjekts in hilfloser, ungeschützter Verfassung angesichts einer extrem
bedrohlichen Lage.»[177] Riedesser und Fischer verstehen das veränderte Erleben
von Gefühlswahrnehmungen und dergleichen als Ausdruck eines «Lösungs- und
Bewältigungsversuchs»[178]. Es handle sich dabei um einen grundlegenden, natürlichen Mechanismus, äusserst bedrohliche Situationen aushalten zu können, um
sich eine «Dezentrierung des Körper-Selbst, zur Unterscheidung zwischen dem
geistig-seelischen Ich-Selbst-System und dem Körper-Selbst»,[179] zu ermöglichen.
Durch einen dissoziativen Zustand könne es gelingen, die grundsätzlich unüber-
windbare Verbindung mit dem eigenen Körper aufzulösen und in einem Gefühl
des «wiedergewonnenen Gleichgewichts» eine bedrohliche Situation aufzufangen.

In der Folge sei das Gedächtnis verantwortlich für die «Bewertung von
Vergangenem, bei Entscheidungen in der Gegenwart und bei der Planung
der Zukunft. Im Gedächtnis verbinden sich Vergangenheit, Gegenwart und
Zukunft.»[180] Diese Perspektivenunterscheidung kann bei traumatisierten Menschen kollabieren, die Neues nicht erlernen und Vergangenes nicht mehr abrufen
können. Traumatische Erfahrungen können aus diesem Grund zu unterschiedlichen Zeitpunkten gegebenenfalls unterschiedlich erzählt werden bzw. zu einem

---

[175] Streeck-Fischer 2014 S. 100.

[176] Zimmermann und Eichenberg 2017 S. 28.

[177] Zimmermann und Eichenberg 2017 S. 28.

[178] Bei der menschlichen Anpassungsfähigkeit handle es sich um einen Selbstschutzmecha-
nismus. Dabei ziehe sich das «bedrohte Selbst» zurück und versuche sich vor Bedrohun-
gen und Krankheiten abzuschirmen: «Es zieht sich gewissermassen in einen 'Seelenpunkt'
zusammen, von dem aus das unzuverlässige 'Körper-Ich' als fremd und sogar unwirklich
betrachtet werden kann.» Fischer und Riedesser 2009 S. 368.

[179] Fischer und Riedesser 2009 S. 368.

[180] Fiedler 2008 S. 54.

Zeitpunkt in der Biografie erst gar nicht relevant sein. Bei einer späteren Konfrontation und Aufarbeitung der traumatischen Erfahrung könne es beim Verarbeitungsprozess zu äusserst intensiven Erlebniszuständen kommen,[181] wobei das Erlebte durch die Betroffenen oftmals nicht in Worte gefasst werden könne, weil die Erfahrung besonderes Entsetzen hervorgerufen habe ('speechless terror'[182]). Betroffene beschreiben zudem das Gefühl, mit ihrer Erfahrung allein zu sein, und glauben nicht, von ihrem Umfeld oder generell in ihrer emotionalen Situation verstanden werden zu können.

Bei erfolgreicher Integration können moralische Werte oder lebensweltliche Einstellungen gefestigt werden: «Die Reformulierung und Transformation des Traumas kann zu Charakterzügen wie Redlichkeit, Integrität, Wahrhaftigkeit und Interesse an geistigen Werten führen.»[183] Dabei stehe insbesondere die Einbettung des Ereignisses in einen grösser angelegten Lebenszusammenhang im Vordergrund.[184] Betroffene sind der Überzeugung, das eigene Leben selbst in der Hand zu haben, und sind auch gewillt, dieses nun aktiver zu gestalten. Dieser sich an «Wertorientierungen» ausrichtende Prozess des Posttraumatischen Wachstums ('Posttraumatic Growth') nach Tedeschi und Calhoun[185] beschreibt das Ergebnis eines subjektiv als schwerwiegend wahrgenommenen und äusserst herausfordernden, auf eine Lebenskrise folgenden Prozesses, der das krisenhafte[186] Ereignis positiv bewertet und dessen Aufarbeitung zu einer Reifung der eigenen Persönlichkeit geführt hat.[187] Diese Reifung bezieht sich nicht nur auf die subjektive Wahrnehmung des eigenen Lebens, sondern auch auf die «Wertschätzung […] der persönlichen Beziehungen und des spirituellen Bewusstseins, sowie auch [auf eine] Bewusstwerdung eigener Stärken und der Entdeckung von

---

[181] Zimmermann und Eichenberg 2017 S. 28.

[182] Zimmermann und Eichenberg 2017 S. 32.

[183] Zimmermann und Eichenberg 2017 S. 96.

[184] In Anlehnung an das Kohärenzsinn-Modell von Antonovsky umfasse dies die Prinzipien der Verstehbarkeit, der Handhabbarkeit und der Sinnhaftigkeit. Vgl. Zimmermann und Eichenberg 2017 S. 123.

[185] Calhoun et al. 2006 Der Begriff «Posttraumatic Growth» wurde 1995 erstmalig eingeführt. Vgl. Tedeschi et al. 2018 S. 7 ff. Dieser stehe nicht in einem Widerspruch zur Posttraumatischen Belastungsstörung, sondern könne mit dieser koexistieren. Vgl. Tedeschi et al. 2018 S. 197.

[186] Bei dieser Krise gehe es primär nicht darum, sich dieser herausfordernd zu stellen, sondern vor allem zunächst zu überleben bzw. sie zum Zeitpunkt des Ereignisses zu bewältigen. Vgl. Tedeschi et al. 2018 S. 5

[187] Vgl. Tedeschi et al. 2018 S. 6 ff.

neuen Möglichkeiten.»[188] Die Transformation umfasse kognitive, emotionale und das Verhalten betreffende Komponenten.[189] Ob «posttraumatisches Wachstum» als Bewältigungsstrategie und -prozess gesehen werden muss,[190] ist nach wie vor Gegenstand einer wissenschaftlichen Debatte.[191] Das Modell[192] trägt jedoch sowohl individuellen als auch sozialen Komponenten Rechnung. Zudem berücksichtigt es auch weltanschauliche Fragen und macht diese zum Beispiel von religiösen Gemeinschaften und Glaubensinhalten und deren Relevanz für betroffene Personen abhängig: Ein potenziell erschütterndes Ereignis könne einerseits durch das eigene Weltbild und den Rückhalt im sozialen Umfeld zu resilientem Verhalten führen. Andererseits könne es jedoch auch die bisherige Weltanschauung grundlegend in Frage stellen und emotionalen Stress auslösen, der wiederum durch wiederholende Rumination und Selbst-Analyse auch im Austausch mit dem sozialen Umfeld zu einer Möglichkeit führen könne, diesen durch Emotionsregulation zu kontrollieren. Hierbei spielten soziokulturelle Einflüsse wie Religion und Philosophie[193] eine Rolle, die das Erlebte kontextualisieren und erschütternde Ereignisse in einem anderen Licht erscheinen lassen können. Einerseits biete Religion einen aus Handlungsoptionen, Werten und Beziehungsdefinitionen bestehenden Rahmen[194], der die Erfahrung besser ins Weltbild integrieren lasse. Andererseits könne sie auch «Trigger» für posttraumatischen Wachstum sein,

---

[188] Zimmermann und Eichenberg 2017 S. 123.

[189] Vgl. Tedeschi et al. 2018 S. 4

[190] Vgl. Znoj 2006 S. 177. In der bislang neusten Bearbeitung des Modells postulieren die Forscher um Calhoun und Tedeschi, dass beides möglich sei, jedoch der Prozess im Vordergrund stehe. Vgl. Tedeschi et al. 2018 S. 25 ff. und S. 40.

[191] Maercker und Zoellner sehen im Konzept des «posttraumatischen Wachstums» Ambivalenzen und beschreiben eine «illusorische» Komponente des Konzepts. Die Illusion bestehe darin, dass in einer besonders bedrohlichen Situation Betroffene oft eine leicht verzerrte, positive Selbstwahrnehmung hätten, die von einem gesteigerten Gefühl der Selbstkontrolle und unrealistischem Optimismus geprägt sei. Die emotionale Strategie bestehe darin, eine früher erlernte Form der Selbstwahrnehmung und des Weltwissens zurückzugewinnen oder diese zu übertreffen und dabei ein positives Selbstgefühl der Selbstbeherrschung zurückzuerlangen. Dies werde in Form einer Sinnsuche der Erfahrung zum Ausdruck gebracht. Maercker und Zoellner argumentieren somit, dass die «illusionäre» Komponente eine Funktion der Verdrängung übernehmen könne. In diesen Fällen könne die erfolgreiche Verarbeitung im Sinn einer Akzeptanz des Ereignisses und der damit einhergehenden, irreversiblen Lebensveränderung damit gerade verhindert werden. Vgl. Maercker und Zoellner 2004 41–48. Und Zoellner und Maercker 2006 S. 347 ff.

[192] Tedeschi et al. 2018 S. 44.

[193] Vgl. Tedeschi et al. 2018 S. 15 ff.

[194] Pargament spricht dabei von einem sogenannten «Spiritual Orienting System», einem «general way of viewing and dealing with the world […] a frame of reference, a blueprint

da die Erfahrung gerade religiöse Überzeugungen grundlegend in Frage stellen könne. Kulturell bedingte, religiös geprägte Weltanschauungen würden das Narrativ, die Sicht auf die eigene Lebenswelt und die damit verknüpfte Definition eines posttraumatischen Wachstums und deren Bedeutungen mitprägen und gegebenenfalls auch erneuern. Hier spielen auch deren religiöse Vertreter und Vertraute im sozialen Umfeld von Betroffenen eine besondere Rolle, welche die Erfahrung in einem explizit religiösen Kontext verorteten.[195] Zudem könnten auch religiöse Überzeugungen Ergebnis eines posttraumatischen Wachstums sein, wenn zum Beispiel schmerzhafte Erfahrungen integraler Bestandteil religiöser Überzeugungen seien und diese als Prozess persönlicher, religiöser Erkenntnis begriffen würden.[196] Damit können Spiritualität und Religion eine Ressource für posttraumatisches Wachstum sein, um sich aufgrund eines vorgegebenen Rahmens einen tieferen Sinn der Erfahrung einfacher zu erschliessen, setzt diesen jedoch nicht zwingend voraus.[197] Dabei sind nicht alle beschriebenen, persönlichen Veränderungen aus klinisch-psychologischer Sicht adaptiv.[198] Studien zeigten jedoch, dass besonders erschütternde Ereignisse auch mehr Raum für eine Persönlichkeitsentwicklung böten: je tiefgreifender die Erfahrung, desto tendenziell grösser das Wachstum: «[S]piritual struggles that challenge the person's most basic assumptions about life may create more opportunities for fundamental spiritual transformation.»[199] Dabei handle es sich jedoch nicht um einen linearen Prozess, sondern um phasenhafte Auseinandersetzungen mit zwischenmenschlichen Konflikten, emotionalen Ambivalenzen sowie Zweifeln an einer möglichen göttlichen Macht. Diese Auseinandersetzungen führten dann zu einem Entschluss, diese zu überwinden und dabei den religiösen Glauben wieder zu finden oder gar zu stärken. Daraus könne auch eine Suche nach spiritueller Erfüllung[200] resultieren. Bereits bekannte oder neue Modelle religiöser und spiritueller Weltanschauungen könnten im «Wachstum» unterstützen, wenn das individuelle Verhältnis dazu wohlwollend sei und zum Beispiel in einer göttlichen Macht eine unterstützende

---

of oneself and the world that is used to anticipate and come to terms with life's events.» Pargament et al. 2006 S. 130.

[195] Pargament et al. 2006 S. 129.

[196] Pargament et al. 2006 S. 124.

[197] Vgl. Pargament et al. 2006 S. 124 ff.

[198] Znoj 2006 S. 193.

[199] Pargament et al. 2006 S. 128. Unter dem Begriff „Spiritualität" verstehen die Autoren die Suche nach dem Göttlichen («search for the sacred»), im Sinne einer «höheren Macht» und grenzen diesen vom Begriff der «Religion» ab, der primär auf die institutionellen Formen von Spiritualität referenziere. Vgl. Pargament et al. 2006 S. 122.

[200] Pargament et al. 2006 S. 128.

Kraft gesehen werde, die das Subjekt beschütze und bewahre – auch wenn Fehler begangen würden. Ambivalente Zugänge oder die Überzeugung, man habe es mit einem strafenden Gott zu tun, der jegliches Fehlverhalten sanktioniert, führe zu mehr Stresssituationen und könnten posttraumatisches Wachstum verhindern.[201]

3.3 Schlussfolgerungen: Deutungen, Deutungsmuster und Deutungsebenen

Berichte von Nahtoderfahrungen werden aus der Aussenperspektive zum Beispiel von Interessensgemeinschaften ihrem favorisierten Deutungsmuster zugeordnet und dienen damit als Beleg, diesem Deutungsmuster entsprechend Legitimität zu verleihen. Gerade weil es konkurrierende Deutungsmuster gibt, die sich in ihrer Auslegung und Interpretation widersprechen, müssen diese ausdifferenziert ausgestaltet sein und eine Begründung ex negativo mitliefern, weshalb sie eben gerade nicht den anderen Deutungsmustern entsprechen können. Die Deutungsmuster sind jedoch nicht direkt in einer wissenschaftlichen Debatte erkennbar. Sie lassen sich aber anhand von Berichten erschliessen und anhand einer Kombination von Positionen zu Deutungsebenen erschliessen, die sich aus der Perspektive einer oder mehrerer wissenschaftlichen Disziplinen ergeben. Deutungsmuster werden in der vorliegenden Arbeit also erst aus der Ableitung der analysierten subjektiven Derivationen in Kombination mit Positionen der Deutungsebenen verstanden.

3.3.1 Deutungsmuster als Erklärungsmodell für Nahtoderfahrungsberichte

In dieser Arbeit versteht sich der Deutungsmusteransatz primär als ein analytisches Werkzeug der qualitativen Interviewanalyse und stellt vor allem die subjektive Komponente des Konzepts ins Zentrum, wie es Plass und Schetsche – in Abgrenzung zu Oevermann – als «Formkategorie sozialen Wissens» verstehen

---

[201] Pargament et al. 2006 S. 132.

wollen.[202] Der wissenssoziologische Ansatz[203] basiert demnach grundlegend auf der Annahme, dass sich der gesellschaftliche Wissensvorrat fortwährend verändern kann. Dieser bietet Wissensordnungen, die beständig zwischen Gesellschaft und Subjekt ausgehandelt und unter Umständen neu verhandelt werden: «Da Gesellschaft objektiv und subjektiv Wirklichkeit ist, muss ihr theoretisches Verständnis beide Aspekte umfassen.»[204] Dieser in der Abbildung 3.1 dargestellte, dynamische Vorgang besteht aus Externalisierung, Objektivation und Internalisierung. Das Wissen verändert sich also permanent und wird über institutionalisierte Formen[205] wie zum Beispiel Bildungsinstitutionen, Bezugspersonen oder die Medien übermittelt, wirkt objektiv gegeben und wird vom Subjekt internalisiert und mit anderen Mitgliedern der Gesellschaft weiterentwickelt. Das Subjekt deutet also und interpretiert seine eigene Lebenswelt mit typisierten Erfahrungen aus dem zur Verfügung stehenden, historisch gewachsenen und sozial vermittelten Wissen. Das Deutungsmuster liefert hierbei nicht nur Weisungen zur Handlung, sondern auch normative Beurteilungen, erklärt Ursache und Wirkung und gibt den Ausdruck von Emotionen vor.

Eine Nahtoderfahrung zeichnet sich nicht nur dadurch aus, dass sie ein rein subjektives Ereignis ist, sondern dass sie auch grundsätzlich mindestens implizit die Todesdefinition in Frage stellt. Den eigenen Tod zu überleben ist in der positvistisch und christlich geprägten Kultur umstritten und gehört nicht zu

---

[202] Vgl. Plaß und Schetsche 2001 S. 512 und S. 522. Darüber hinaus wird entgegen der Bemühungen Oevermanns (vgl. Oevermann 2001b S. 20–22.) angenommen, dass die Feststellung eines Handlungsproblems als Akt des Deutens in einer «theoretischen Setzung» vollständig aufgelöst werden kann. Vgl.: Keller 2014 S. 145. Vielmehr versteht sich das Konzept des Deutungsmusters als Interpretationsmodell eines Problems innerhalb des Weltbilds. Dieses Modell muss aber – in Abgrenzung zu Oevermann – nicht auf bestimmte Bereiche wie Milieus und Alltagswelt reduziert sein (vgl. Oevermann 2001a S. 69 ff.), sondern kann durchaus milieuübergreifend Relevanz haben. Vgl. Plaß und Schetsche 2001 S. 519.

[203] Im Gegensatz zum strukturalistischen Ansatz von Oevermann. Vgl. Bögelein und Vetter 2019a S. 23. Deutungsmuster als Forschungsinstrument. Vgl. Berger et al. 2018 Die Konstruktion besteht vor allem aus der Typisierung von Wissen. Vgl. Berger et al. 2018 S. 33–36. Dabei stützen sich Luckmann und Berger auf das Verständnis von Schütz, der Typisierungen als Bestandteil der Lebenswelt erachtet. Vgl. Berger et al. 2018 S. 17. Und Schütz und Luckmann 2017 S. 44–47.

[204] Schütz und Luckmann 2017 S. 139.

[205] Vgl. Berger et al. 2018 S. 56 ff. Berger und Luckmann gehen davon aus, dass «[j]ede Handlung, die man häufig wiederholt, […] sich zu einem Modell [verfestigt], welches unter Einsparung von Kraft reproduziert werden kann und dabei vom Handelnden als Modell aufgefasst wird.» Berger et al. 2018 S. 56. Dieser «Habitualisierungsprozess» gehe jeder Institutionalisierung voraus. Vgl. Berger et al. 2018 S. 58.

Abbildung 3.1
Wechselwirkung zwischen
subjektiver Deutung und
gesellschaftlichem
Wissensvorrat

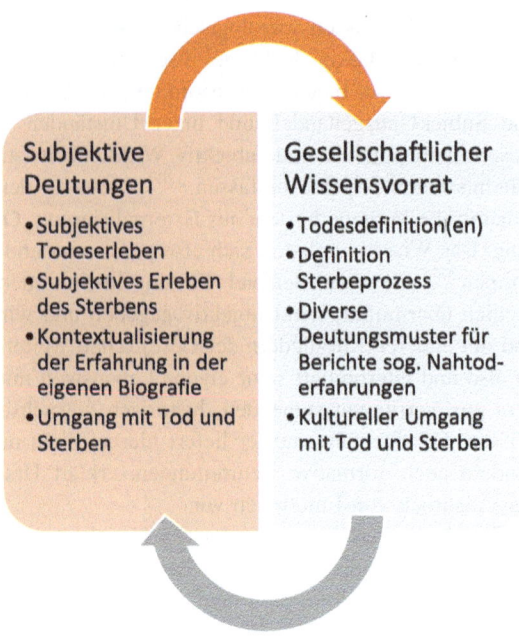

Subjektive Deutungen

• Subjektives Todeserleben
• Subjektives Erleben des Sterbens
• Kontextualisierung der Erfahrung in der eigenen Biografie
• Umgang mit Tod und Sterben

Gesellschaftlicher Wissensvorrat

• Todesdefinition(en)
• Definition Sterbeprozess
• Diverse Deutungsmuster für Berichte sog. Nahtoderfahrungen
• Kultureller Umgang mit Tod und Sterben

einem alltäglichen biografischen Verlauf. Aus diesem Grund wird das Überleben des eigenen Todes auch nicht sozial begleitet und unterliegt demnach auch nicht einem einzigen, weitgehend sozial akzeptierten Deutungsmuster. Ein Nahtoderfahrungsbericht ist vielmehr mit mehreren, teilweise sich gegenseitig konkurrierenden Deutungsmustern konfrontiert, die sich daher in der Benennung dieser Erfahrungskategorie auch gegenseitig ausschliessen können. Personen, die glauben, den eigenen Tod oder den eigenen Sterbeprozess überlebt zu haben, sehen sich also mit der Herausforderung konfrontiert zu entscheiden, welches Deutungsmuster für ihre persönliche Erfahrung am naheliegendsten und plausibelsten ist – und welches nicht.

3.3.2　Topologie der Deutungsebenen

Die Einteilung in soziale Deutungsebenen in der vorliegenden Arbeit orientiert sich grundsätzlich an den wissenschaftlichen Disziplinen der erörterten Studien zum Thema, die sich explizit mit den Bedeutungen der Erfahrungsberichte beschäftigen. Die Deutungsebenen werden also mitunter dann sichtbar, wenn ihre wissenschaftliche Bedeutsamkeit diskutiert wird. Die Deutungsebenen müssen nicht zwingend einzelne, wissenschaftliche Disziplinen oder Methoden wiedergeben, sondern können interdisziplinär ausgelegt sein oder aufeinander verweisen. Darüber hinaus können Deutungsebenen je nach Grundhaltung auch Motive und Argumente von anderen Disziplinen übernehmen, um sich innerhalb einer spezifischen Position von anderen Deutungsmustern explizit abzugrenzen, um in der Bedeutungszuweisung von Erfahrungsberichten eine Selektion vorzunehmen. So können zum Beispiel aus Sicht von theologischen Überzeugungen aus einer religiös-ontologischen Position einzelne Berichte nach «religiöser Erfahrung» (falls diese mit der religiösen Weltanschauung kongruent ist) oder zum Beispiel als «traumatische Erfahrung» (falls der Bericht sich nicht mit den religiösen Überzeugungen vereinen lässt) eingeordnet werden. Oder aber psychologische Studienergebnisse werden zum Beispiel für eine religiös-ontologische Position als Existenzbeweis für ein «endloses Bewusstsein» bewertet, da Erfahrungen durchaus persönliche Prägungen zum Ausdruck bringen könnten.

Bereits Knoblauch/Schmied/Schnettler typologisieren – wenn auch nicht explizit am sozialen Deutungsmusterkonzept orientiert – die verschiedenen wissenschaftlichen Blickwinkel, woraus sich eine Struktur der bisherigen Studien grundlegend in zwei verschiedene «Forschungslinien» unterteilen lasse: Die eine Linie beschäftige sich primär mit «substantiellen Erfahrungselementen, die andere mit der Form der Erfahrung».[206] Das heisst, dass in einem Fall die einzelnen Elemente der Erfahrung im eigentlichen Moment («dem Noema der Erfahrung»[207]) mehr im Fokus steht als die «noetische Qualität»[208], die sich vielmehr den emotionalen Komponenten widmet. Die Vorstellung, dass es sich um ein universalistisches Phänomen handeln muss, sei häufig auch an die sogenannte «Überlebenshypothese» gekoppelt, also die Überzeugung, dass Nahtoderfahrungen über ein mögliches Leben nach dem Tod Auskunft geben könnten.[209] Sie umreissen damit eine Typologie der Forschungsansätze, die grundsätzlich auf

---

[206] Knoblauch und Soeffner 1999a S. 223.
[207] Knoblauch und Soeffner 1999a S. 223.
[208] Knoblauch und Soeffner 1999a S. 223.
[209] Vgl. Knoblauch und Soeffner 1999b S. 286.

Tabelle 3.1 Topologie der Deutungsebenen

Soziale Deutungsebene	Grundanliegen	Positionen		
		Religiös-ontologisch	Skeptisch	Agnostisch
Religiöse Erfahrung	NTE sind als religiöse Erfahrung im Kontext einer historisch herleitbaren Entwicklung zu verstehen.	NTE werden im Kontext der religiösen Tradition historisch in der (Heils-)geschichte eingegliedert, zumal es sich beim Phänomen um eine ontologisch relevante Erfahrung handeln muss.	Die historische Herleitung und die damit kulturell teilweise auch heterogenen Berichte belegen, dass religiöse Erfahrungen ein Bedürfnis religiöser Menschen, Resultat von Geschichtsschreibung und subjektiven Wunschvorstellungen sind.	*NTE-Berichte sind in der religiösen Tradition ihrer Entstehung zu verstehen und sind Teil einer kulturellen Geschichte, welche sich im Verlaufe der Zeit ggf. verändert, bzw. sich mit den gesellschaftlichen Veränderungen gewandelt hat.*
Parapsychologisch bedingter Bewusstseinszustand	NTE sind Belege für eine übersinnliche Erscheinung ausserhalb des Wahrnehmbaren.	*NTE sind ein Beleg für ein Leben nach dem Tod und geben Auskunft darüber, was nach dem Tod passiert. Darüber hinaus sind NTE Beweis dafür, dass die wissenschaftlichen Kriterien zur Erforschung von Bewusstseinszuständen ungenügend sind.*	NTE sind Teil einer parapsychologischen und pseudowissenschaftlichen Debatte. NTE müssen grundsätzlich in Frage gestellt werden und/oder kongruent mit religiösen Erfahrungen sein.	NTE-Berichte haben den Anspruch, ein Bewusstsein ausserhalb des Wahrnehmbaren und des damit empirisch Belegbaren beweisen zu wollen.

(Fortsetzung)

Tabelle 3.1 (Fortsetzung)

Soziale Deutungsebene	Grundanliegen	Positionen		
		Religiös-ontologisch	**Skeptisch**	**Agnostisch**
Theologische Herausforderung	NTE können das religiöse Dogma stützen. Widersprechen sie diesem, kann es sich folgelogisch nicht um eine authentische religiöse Erfahrung handeln.	*NTE sind nur dann religiöse Erfahrungen, wenn sie in Relation zu den und im Kontext der religiösen Dogmen überprüft und positiv bewertet werden und damit das religiöse Weltbild bestätigen können. Sollten sie diesem widersprechen, kann es sich nicht um religiöse Erfahrungen handeln.*	Die Deutung von NTE-Berichten wird abgrenzend als interne Angelegenheit von religiösen Gemeinschaften gesehen, da sie möglicherweise religiöse Dogmen in Frage stellen.	Die NTE-Berichte stehen in einem Spannungsfeld zu religiösen Dogmen und werden innerhalb der religiösen Gemeinschaft unter Umständen kontrovers diskutiert, wobei grundsätzlich um die Deutungshoheit gestritten wird.
Alltäglicher Bewusstseinszustand	NTE lassen sich als alltägliche Erfahrungen erklären, die das Phänomen entmystifiziert.	NTE werden auf nicht-religiöse Erfahrungen reduziert, falls Berichte nicht in Einklang mit den religiösen Dogmen gebracht werden können. Entsprechen die Berichte der religiösen Weltanschauung, kann die NTE als «alltäglich» im Sinne einer religiösen Offenbarung einer z. B. göttlichen Macht gedeutet werden, die möglicherweise nur auserwählten Menschen zusteht.	*NTE sind ausschliesslich als natürlicher Bewusstseinszustand zu verstehen und können von jedem Menschen erfahren werden und haben nicht viel mit tatsächlichen Todesbedrohungen zu tun. Dafür stehen viele ähnliche Berichte in anderen Kulturen, die nicht in Todesnähe stattgefunden haben.*	NTE-Berichte können grundsätzlich jegliche paranormalen oder religiösen Erfahrungsdimensionen abgesprochen werden und sie können als möglicherweise aktiv herzustellender Bewusstseinszustand behandelt werden.

(Fortsetzung)

Tabelle 3.1 (Fortsetzung)

Soziale Deutungsebene	Grundanliegen	Positionen			
		Religiös-ontologisch	Skeptisch	Agnostisch	
Neurobiologischer Vorgang	NTE finden hirnorganische Ursachen, die durch Stoffwechselstörungen, dissoziative Zustände und u. U. auch durch Sauerstoffmangel ausgelöst werden.	NTE werden u. a. auf neurobiologische Erklärungen reduziert, falls Berichte nicht in Einklang mit den religiösen Dogmen gebracht werden können, bzw. sind gleichsam Beleg dafür, dass naturwissenschaftliche Kriterien nicht zur Untersuchung von NTE genügen können.	*NTE finden neurobiologische Ursachen. Beleg hierfür sind Erfahrungen unter Ausschüttung von Endorphinen. Hierbei werden Berichte von Personen unter Einfluss von psychoaktiven Substanzen als Vergleich und Teilbeleg herangezogen.*	Bestrebungen, NTE-Berichte zu erklären, finden anhand von klinischen Tests statt. Dabei gilt es, naturwissenschaftlich fundierte Argumente und Belege für einen neurobiologischen (Sterbe-)Prozess zu finden.	
Psychologische Perspektive	NTE werden im Hinblick auf veränderte, psychologische Wahrnehmungen von Körper und Raum untersucht.	Reduktion der NTE u. a. auf psycho-logische Erklärungen, falls Berichte nicht in Einklang mit den religiösen Dogmen gebracht werden können. Sollten NTE jedoch mit dem religiösen Weltbild vereinbar sein, gilt dies als Beweis einer religiösen Psychologie. Psychologische Forschungs- und Erhebungsmethoden können mitunter auch religiöse Überzeugungen stützen.	NTE-Berichte werden als Beweis für Zustände von Depersonalisation, Halluzination und Erfahrbarkeit von traumatischen Erfahrungen im Kontext von Persönlichkeitsstörungen gesehen.	*Religiöse Deutungen werden grundsätzlich wertfrei akzeptiert, solange sie nicht ein Abhängigkeitsverhältnis zwischen Betroffenen und religiöser Institution zur Folge haben. Dabei definiert grundsätzlich die Sozialisierung die Deutung der Erfahrung für das Individuum. Der zu verbessernde Umgang mit einer möglicherweise subjektiv als belastend empfundenen Situation steht dabei im Zentrum.*	

drei Positionen basieren: religiös-ontologische Positionen[210], skeptische Positionen[211] und agnostische Positionen[212]. Die erwähnten Positionen bildeten wiederum die Basis für verschiedene Erklärungen: psychologische, neurologische, parapsychologische und sozial- und kulturwissenschaftliche Erklärungen. Die übergeordneten Positionen sind dann mit allen Erklärungsmodellen grundsätzlich denk- und kombinierbar. Darüber hinaus könnten Nahtoderfahrungen auch in Situationen vorkommen, die nicht lebensbedrohlich sind.[213]

Tabelle 3.1 greift die vom Forscherteam Knoblauch, Schmied und Schnettler definierten Positionen auf. Hierzu werden die Deutungsebenen ergänzt, pointiert zusammengefasst und die Positionen expliziert. Der Text für die Deutungsebene der dominanten Grundhaltung ist zudem in der Tabelle kursiv dargestellt. Damit entsteht eine Übersicht der Deutungsebenen und ihren Positionen, die einer der grundlegenden Faktoren für die Typisierung der Studienergebnisse der Datenanalyse der vorliegenden Studie bildet.

---

[210] Knoblauch et al. 1999b 18–19. Vgl. Groß et al. 2011 55–75. Vgl. hier auch Mark Fox, der eine «Theology of the near-death experience» umschreibt. Fox 2003 S. 4–11.

[211] Knoblauch et al. 1999b S. 19–20.

[212] Knoblauch et al. 1999b S. 20.

[213] Knoblauch und Soeffner 1999a S. 221.

Kommunizierbarkeit subjektiver Wahrnehmung und Erfahrung von Sterben und Tod in der auto-biografischen Erzählung

4

Erfahrungen mit dem Tod und Sterben ergeben sich zum Beispiel in der Selbstkonfrontation mit der eigenen Vergänglichkeit anhand von Veränderungen am eigenen Körper: Der Mensch kann an der eigenen, physiologischen Veränderung feststellen, dass er einem nicht beeinflussbaren Alterungsprozess unterworfen ist, der mit dem Tod enden wird. Der Mensch ist damit fähig, über sich selbst und über seinen Lebenssinn in einem unerklärbar scheinenden Universum nachzudenken und sich bewusst zu werden, dass er sterblich ist. Er weiss, dass mindestens seine physische Existenz zu einem ungewissen Zeitpunkt unwiederbringlich ausgelöscht sein wird. So meint Ochsmann:

> Die einzige absolute Gewissheit des Menschen ist die Gewissheit seines Todes. [...] Sein Tod ist zudem noch in jedem Moment möglich, wodurch er zum ständigen Begleiter und somit zu einer Quelle von potentiellem, überwältigendem Terror wird. [...] Um sich vor dem Terror seiner potentiellen Vernichtung zu schützen, hat er deshalb – mit dem Wachsen seiner kognitiven Fähigkeiten – kulturelle Weltbilder entwickelt, welche die Welt erklären und Permanenz, Ordnung, Vorhersagbarkeit und Sinn in das Universum bringen.[1]

---

[1] Ochsmann 1993 S. 150. Auch Vogel sieht kulturelle und gesellschaftliche Faktoren und vermutet mit der zunehmenden Individualisierung eine damit korrelierende erhöhte Todesangst: «Daraus folgt die Notwendigkeit einer individuellen und privatisierten Konzeptentwicklung ohne den tragenden Boden des Kollektivs oder der Rückversicherungsmöglichkeit bei der Autorität. [...] Die Folge ist eine Faszination von einfachen Lösungen oder normativen Idealisierungen etwa bzgl. eines „guten", „sanften", „bewussten" oder „friedlichen" Todes.» Vogel 2012 S. 28.

Die Beschäftigung mit dem Thema «Tod und Sterben» im Allgemeinen und die Konfrontation mit der eigenen Sterblichkeit sind damit zunächst kognitive Prozesse, die das Sprechen darüber voraussetzen. Das eigene Nicht-Sein zu reflektieren, kann Ängste vor der Ungewissheit, Gefühle der Ohnmacht oder der Todesangst auslösen und benötigt daher bei einer freiwilligen, aktiven Konfrontation eine Bereitschaft, sich diesen gegebenenfalls negativen Emotionen zu stellen. Die damit möglicherweise als unangenehm empfundene Ungewissheit, ob und was nach dem Tod kommen mag, erfordert mögliche Antworten darauf. Soziale Konzepte von einem möglichen Leben nach dem Tod stehen als «Beweise» oder «Gegenbeweise» für Annahmen, die für die eine oder andere Interpretation sprechen können. Gerade die Deutungen von Nahtoderfahrungsberichten könnten hier eine zentrale Rolle spielen, da sie womöglich als eine von wenigen Möglichkeiten betrachtet wird, in ein mögliches Jenseits blicken zu können bzw. dessen Existenz nachweislich zu verwerfen. Nahtoderfahrungen sind zunächst keine direkten Erfahrungen mit der sozialen Welt, sondern rein subjektive Ereignisse.

In der Folge wird die Relevanz über das Sprechen von biografischen Ereignissen eingegangen, die subjektiv und sozial als kritisch wahrgenommen werden können. Zuvor wird grundsätzlich auf soziale Gegebenheiten eingegangen, die das Sprechen darüber hemmen oder begünstigen können, wobei besonders Erzählungen biografischer Brüche und deren Narrativierung erörtert und daraufhin im Kontext von «aussergewöhnlichen» Erfahrungen beleuchtet werden. Dabei wird zu zeigen sein, welche Rolle vor allem der kulturelle und kommunikative Rahmen für Sprechen über Tod und Sterben einnimmt und wie biografische Erzählungen mit Brüchen und Kontinuitäten unter anderem am Beispiel aussergewöhnlicher Erfahrungen kommunikativ dargestellt werden können.

4.1   Kommunizierbarkeit von Erfahrungen im Kontext von Tod und Sterben

Gesellschaftliche und kulturelle Bedingungen begünstigten oder hemmten das Sprechen über den Tod und Sterben ganz generell, so Feldmann.[2] Nebst den kommunikativen Möglichkeiten, die innerhalb einer Gesellschaft zur Verfügung stehen, könne die Wahrnehmung des Themas «Tod und Sterben» und damit auch indirekt die Bereitschaft, über solche Themen zu sprechen, im gesellschaftlichen Kontext mit dem demografischen Entwicklungsstand der Gemeinschaft

---

[2] Feldmann 2010a S. 574.

zusammenhängen, der wiederum die Präsenz des Themas in der Öffentlichkeit impliziere. Die Sterblichkeits- und Geburtenrate zeige zum Beispiel auf, wie der Tod im Alltag einen Einfluss habe. Sei er bei einer hohen Sterblichkeitsrate Teil des Alltags, gerate er mit deren Abnahme zunehmend in den Hintergrund. Nicht nur mehrheitlich junge Menschen sterben, sondern nunmehr alte Menschen. War der Tod «wild und unberechenbar»[3] werde er zu einem mindestens teilweise beeinflussbaren Ereignis. Der Soziologe Alois Hahn stützt zwar die Annahme, dass der Tod innerhalb der Gesellschaft ganz grundsätzlich durch den verbalen Austausch ausgehandelt werde: «Der Mensch versichert sich der Realität seiner Vorstellungen durch ihre Bestätigung und Kommunizierbarkeit in der Interaktion mit den Mitgliedern seiner sozialen Gruppen.»[4] Das Sprechen über den Tod ist aus seiner Sicht aber zunächst ausschliesslich «sozial vermittelt»: «Die kognitive Gewissheit seiner Unausweichlichkeit, der Grad seiner emotionalen Relevanz für Denken und Handeln und seine inhaltlichen Deutungen und Sinngebungen sind weder angeboren noch blosse individuelle Kreation oder Idiosynkrasie.»[5] Denn der Tod an sich sei universell, dessen gesellschaftliche Bedeutung und die damit verknüpften sozialen Deutungsmuster hingegen wurzelten in ihren kulturellen Bedingungen. Diese Deutungsmuster bestimmten darüber, wie sich das Individuum verhält und wie der Alltag bestritten wird. Hahn zeigt im Grad der Beschäftigung mit dem Thema «Tod» auch individuelle Abhängigkeiten und hat in seiner Studie dargelegt, «dass das Bewusstsein der Realität des Todes dort am lebhaftesten ist, wo die Konfrontation mit dem eigenen Tod oder dem Tod anderer in der biografischen Erfahrung am intensivsten war.»[6] In diesen Fällen hatte die Konfrontation mit der Sterblichkeit einen Einfluss auf das Verhalten, da der Tod mindestens in einer Situation erfahrbar wurde. Das blosse Wissen um den eigenen Tod kann daher eine äusserst untergeordnete Rolle spielen, die Erfahrung desselben muss stattgefunden haben, damit es einen entsprechenden Einfluss haben kann. Die Relevanz der Kenntnisse hänge nämlich massgeblich davon ab, ob diese erfahren worden sei oder nicht: «Wenn die Situation, auf die eine Kenntnis bezogen ist, selten oder noch nie eingetreten ist und vermutlich auch so bald nicht eintreten wird, so verliert dieses Wissen an Dringlichkeit, Aktualität und damit an Realität.»[7] Dabei zieht Hahn die Parallele zum «religiösen Glauben»,

---

[3] Feldmann 2010b S. 30 ff.
[4] Hahn 1968 S. 137.
[5] Hahn 1968 S. 137.
[6] Hahn 1968 S. 137.
[7] Hahn 1968 S. 138.

der auch dann im Alltag an Bedeutung verliere, wenn er nicht mehr erfahrbar
werde:

> Die Wirklichkeit des Todes für den Menschen ergibt sich also als die Resultante
> zweier Momente: der jeweiligen Deutung des Wesens des Todes durch die Kultur und
> den Grad der Aktualität dieser Notion für Handeln, Denken und Empfinden, wie er
> sich je nach Signifikanz des Todes für die relevanten Lebenssituationen einstellt.[8]

Hahn stellt fest, dass vor allem verbindliche Deutungsmuster im Umgang mit
Tod und Sterben fehlten. Dies werde mit Einschränkungen als Verdrängung des
Todes missinterpretiert, da das Sprechen über dieses Thema vermeintlich keinen
gesellschaftlichen Anschluss finde. Deutungen und Interpretationen gebe es sehr
viele, allerdings fehle eine Systematisierung und Kontextualisierung:

> Es fehlt nicht an Sinngebungen und Deutungen des Sterbens, sondern an Verbind-
> lichkeiten. Gerade die Pluralität ist das Problem [...]. Der Individualität des Lebens
> entsprechen eine notwendig von verbindlichen kollektiven Vorgaben emanzipierte,
> jedenfalls wählbare Beziehung zum eigenen Tod und Sterben und eine auf die jewei-
> ligen individuellen Bedürfnisse eingehende Spezialkommunikation.[9]

Hahn zieht aus diesem Grund den Begriff «Differenzierung» dem Begriff der
Verdrängung vor, denn er glaubt, dass es sich wohl nicht um «Verdrängung»
handeln könne, wenn «die moderne Gesellschaft den Tod aus der Kommunikation verdrängen müsste, weil sie aufgrund eines Sinngebungsdefizits mehr
Angst vor dem Tod als andere Gesellschaften hätte [...]. Sinngebung und Angst
schliessen sich nicht aus.»[10] Vielmehr habe sich der Ort und der Umgang mit
dem Tod verändert: «Tod ist nicht mehr wie noch vor einigen Generationen
bewusstseinsaufdringliches Thema allgemeiner Kommunikation, sondern Gegenstand spezieller Subsysteme, die von ihm auf ihre je eigene Weise handeln.»
Damit werde der Tod «an den Rand der Alltagsaufmerksamkeit»[11] verschoben.
Darüber hinaus liege, so der Soziologe Armin Nassehi und die Soziologin Irmhild Saake, die Besonderheit des Todes darin, «dass gerade seine empirische
Nicht-Erfahrbarkeit, seine Thematisierung nicht durch Erfahrung sich einschränken lässt.»[12] Durch die Unmöglichkeit, den Tod zu erfahren, könne er nur verbal

---

[8] Hahn 1968 S. 145.
[9] Hahn 2000 S. 193.
[10] Hahn 2000 S. 195.
[11] Hahn 2000 S. 195.
[12] Nassehi und Saake 2005 S. 31.

thematisiert werden und sei daher «geschwätzig und paradox». Die Übertragung bzw. die Reduktion des Themas «Tod» auf den toten Körper wie auch die philosophische oder religiöse Reflexion darüber als Teil einer Sinnsuche seien in Tat und Wahrheit ein Versuch, den Tod zu «domestizieren».[13]

Der subjektive, jedoch weitgehend unbewusste Versuch der Domestizierung spielt insbesondere im Ansatz der «Terror-Management-Theorie» eine zentrale Rolle. Die These der unbewussten Verdrängung ist zu einem Bestandteil der Kultur und des Narrativs vom Umgang mit dem Tod geworden. Sie ist ebenfalls zentral im Umgang mit Nahtoderfahrungen in der öffentlichen Debatte, aber insbesondere auch aus der Perspektive der betroffenen Personen in der Bemühung um eine Sozialisierung der Erfahrung. Die Terror-Management-Theorie sieht die Angst vor dem Tod als ursächlichen, weitgehend latenten Treiber von spezifischen Verhaltensweisen, die darauf abzielen, dem Tod um jeden Preis zu entkommen: «To survive is to not die.»[14] Die drei Psychologen Solomon, Greenberg und Pyszczynski haben nach eigenen Angaben während dreissig Jahren im Rahmen von über 500 Studien versucht, die von Ernest Becker aufgestellte These zu bestätigen: «the awareness of death gives rise to potentially debilitating terror that humans manage by perceiving themselves to be significant contributors to an ongoing cultural drama.»[15] Dabei habe das Selbstwertgefühl massgeblich einen Einfluss auf die Angst vor dem Tod: Je grösser die Angst ausgeprägt sei, desto kleiner das Selbstwertgefühl. Zudem verfestigten auch bewusste und unbewusste Erinnerungen an die Sterblichkeit die subjektive Verankerung in den eigenen kulturellen Rahmen. Das Vertrauen in die Existenz Gottes und den Glauben an die Wirksamkeit des Gebets nehme zu. Damit einhergehend sinke die Toleranz gegenüber Andersglaubenden. Das gegebenenfalls implizite Bewusstwerden der eigenen Sterblichkeit treibe den Menschen zu einem Ersatzhandeln wie zum Beispiel Rauchen, Trinken, Essen und Shopping an: «They make us uncomfortable with our bodies and our sexuality. They impel us to drive recklessly and fry ourselves in tanning booths to bolster our self-esteem. They magnify our phobias, obsessions, and social anxieties.»[16] Ein direktes Abwehrverhalten werde durch bewusste Gedanken an den Tod getriggert, und indirekte Abwehrmechanismen würden durch Todesgedanken ausserhalb des Bewusstseins ausgelöst:[17] "It is that knowledge [of death] that made us human and initiated our unrelenting quest for

---

[13] Vgl. Nassehi und Saake 2005 S. 35–37.
[14] Lifshin et al. 2018 S. 90.
[15] Solomon et al. 2015 S. 215.
[16] Solomon et al. 2015 S. 212.
[17] Solomon et al. 2015 S. 213.

immortality – a quest that profoundly influenced the course of human history and persist to this day."[18] Diese Hoffnung nach Unsterblichkeit beschreibt Becker als «Heroismus», der in jedem stecke und darin bestehe, immer etwas besser und grossartiger und dann vielleicht etwas unsterblicher und unvergesslicher sein zu können.[19] Dabei sieht Becker jegliches Gedankengebäude als Religion: «Deshalb stellt jedwede Gesellschaft [...] auch eine Form der Religion dar: Die sowjetische und die maoistische 'Religion' sind ebenso religiös wie die 'wissenschaftliche' oder die konsumorientierte 'Religion'.»[20] Nur religiöse Überzeugungen könnten dem Drang nach Unsterblichkeit genügen, nur religiöse Anschauungen könnten Antworten darauf finden.[21] Selbst die Wissenschaft anerbiete sich als «Glaubensbekenntnis».[22] Somit schliesse sich der Mensch Ideologien und religiösen Vorstellungen an oder aber beschäftige sich mit Psychologie – im Glauben, «bewusstes Leben allein könnte ihn auf magische Weise heilen.»[23] Das Wissen um den Tod und vor allem dessen Verdrängung sei damit jedem Menschen inhärent, die Todesfurcht als anthropologische Konstante sei in der Grundkonzeption angeboren, da sie zum Überlebenstrieb gehöre, sie werde jedoch verdrängt und sei deswegen nicht sichtbar: «Die Verdrängung erfüllt eine lebenswichtige Funktion, indem sie dem Kind erlaubt, ohne Furcht zu handeln, seine Erfahrungen in den Griff zu bekommen und verlässlich darauf zu reagieren.»[24] Das «Symbol des Todes» sei jedoch niemals abwesend.[25] Damit bedienen Becker und Solomon eine Argumentationslinie und Kontextualisierungsmöglichkeiten, über den Tod «als Verdrängung» sprechen zu können, ohne dies in eine Zeitklage einbinden zu müssen, sondern psychologische Grundmechanismen dafür aufführen zu können. Zugleich gelingt es ihnen durch die weitestgehende und kaum operationalisierbare Religionsdefinition, dem Thema «Tod und Sterben» einen neutralen, gleichberechtigten Rahmen zu geben.

Auch Feldmann sieht, wenn auch nicht zwingend als latenten Mechanismus, die Konfrontation mit der eigenen Sterblichkeit als Spannungsfeld zwischen dem Individuum und der Gesellschaft im Rahmen eines kognitiv begründbaren Motivs:

---

[18] Solomon et al. 2015 S. 215.

[19] Becker 1987 S. 25.

[20] Becker 1987 S. 29.

[21] Becker 1987 S. 413.

[22] Becker 1987 S. 412.

[23] Becker 1987 S. 413.

[24] Becker 1987 S. 381.

[25] Becker 1987 S. 49.

Das Individuum wird durch das Bewusstsein seiner Endlichkeit, der ablaufenden Lebenszeit, zur 'Leistung' motiviert. Da das Kollektiv bzw. die Gesellschaft das Individuum überdauert, wird eine Motivation gefördert, Leistungen im Dienste des Kollektivs durchzuführen, weil dadurch eine Teilnahme an der kulturell konzeptionierten Unsterblichkeit ermöglicht wird.[26]

Allerdings könne diese «Unsterblichkeit» nicht aktiv erreicht werden, es handle sich stets nur um ein «Bemühen». Damit scheint das Bewusstsein um die eigene Sterblichkeit Motor dafür zu sein, das Unerträgliche erträglich und das Unkontrollierbare kontrollierbar machen zu wollen, um der eigenen Endlichkeit Herr werden zu können. Die subjektiv unerträglich wirkende Ungewissheit kann von Religionen mit Sinnhaftigkeit ausgefüllt werden, indem sie Erklärungsmodelle und Deutungsmuster für den scheinbar sinnlosen Tod liefern. Die Hinwendung zur Religion kann also auch die Todesangst als Motiv haben.[27] Diese Annahme lässt sich auch beim Religionssoziologen Bronislaw Malinowski finden, der davon ausgeht, dass der Tod ganz grundsätzlich zur «religiösen Inspiration» führen müsse:[28] «Der Mensch müsse sein Leben im Schatten des Todes leben, und er, der am Leben hängt und sich an seiner Fülle erfreut, müsse das drohende Ende fürchten.»[29] Diese Furcht äussere sich im Angesicht der eigenen Sterblichkeit in «einer einzigen Krise, die einen heftigen und komplexen Ausbruch religiöser Manifestationen hervorruft»[30], die im Rahmen von Ritualen zum Ausdruck gebracht würden. Die Religion könne «die Fortdauer des Lebens nach dem Tode»[31] versprechen: «Die Überzeugung des Menschen von der Kontinuität des Lebens ist eine der höchsten Gaben der Religion [...]. Der Glaube an Geister ist die Folge des Glaubens an die Unsterblichkeit.»[32]

Die ursprüngliche Form eines Jenseitsglaubens beruhe jedoch, so Hahn, im Grunde genommen auf einer Konstruktion der Identität, die aus der Wahrnehmung der eigenen Person und der Kommunikation über diese durch andere entstehe: «Die therapeutische, religiöse oder künstlerische Herstellung von Anfangs- und Endlosigkeit durch die Verschärfung der Sensibilität dafür, dass jeder

---

[26] Feldmann 2010b S. 15.

[27] Vgl. Feldmann 2010b S. 39 ff., der sich dabei unter anderem auch auf Gehlen bezieht, der im Anblick von toten Menschen für die hinterbliebene Gesellschaft im Rahmen eines Rituals einen Bewältigungsversuch vermutet.

[28] Vgl. Malinowski und Krafft-Bassermann 1983 S. 32–38.

[29] Malinowski und Krafft-Bassermann 1983 S. 33.

[30] Malinowski und Krafft-Bassermann 1983 S. 33.

[31] Malinowski und Krafft-Bassermann 1983 S. 36.

[32] Malinowski und Krafft-Bassermann 1983 S. 37.

Moment eine Gleichzeitigkeit von Anfang und Ende impliziert und als Immerzu von Anfang und Ende jede Verweisung abweisen könnte, bleibt Programm.»[33] Dabei sind im Denksystem auch paradoxe Szenarien möglich: «Endliche Systeme können sich als unendlich darstellen, so wie sie umgekehrt ihr Ende als bereits eingetreten behandeln können, bevor es stattfand.»[34] Der Jenseitsglaube sei der Prototyp eines solchen Systems. Die Verbreitung des Jenseitsglaubens lege zwar nahe, dass es sich dabei um ein nahezu universelles Phänomen handeln könne, jedoch müsse ein Leben nach dem Tod keine anthropologische Konstante sein, da dieses Privileg auch exklusiv von der sozialen Schicht abhängen könne.[35] Vor allem das ewig fortbestehende Leben sei Hauptbestandteil des christlich geprägten Glaubenssystems, insgesamt «universalhistorisch» jedoch sehr selten. Häufiger sei der Glaube an ein Jenseits im Diesseits oder aber ein Weiterleben im Geiste der Nachfolger bzw. damaliger Lebensgenossen, und zwar nicht als reine Erinnerung, sondern auch als Teil des eigenen Selbstverständnisses.[36]

Jenseitsvorstellungen bestehen damit nicht selten aus Wünschen, die vom diesseitigen Leben abgeleitet sind. In Gesellschaften, die gegebenenfalls immer wieder von Naturkatastrophen oder zum Beispiel durch Nahrungsknappheit betroffen sind, werden Jenseitsvorstellungen paradiesischer Art frei von Entbehrung und Bedrohung beschrieben. Die Vorstellung von Strafe und Läuterung sei hingegen ein vergleichsweise junges Phänomen und primär Bestandteil von Gemeinschaften, die mehr mit moralischer Integrität als mit Hunger zu kämpfen hätten und damit auch an Machtstrukturen und ethische Idealvorstellungen geknüpft seien. Die Vorstellung einer «diesseitigen Schuld» und «jenseitigen Qual» sei «typisch für die meisten uns bekannten [...] Gesellschaften, die durch die Existenz einer Zentralgewalt mit zugehörigem, wenigsten minimalem bürokratischen und militärischen Stab charakterisierbar sind.»[37] Denn während in anderen Kulturen Schuld tabuisiert werde, liessen erst «Hochkulturen [...] dramatische Formen von Schuldthematisierungen zu.»[38] Die Etablierung eines institutionalisierten Justizapparats forciere «ein höheres Ausmass von Individualisierung. [...] Mit der Ethisierung der Götter, der Verschärfung individueller Schuldkonzepte und einer Gerechtigkeitsauffassung, die Unrecht durch Unglück

---

[33] Hahn 2006 S. 159.
[34] Hahn 2006 S. 162.
[35] Hahn 2000 S. 163.
[36] Vgl. Hahn 2000 S. 165.
[37] Hahn 2000 S. 174.
[38] Hahn 2000 S. 183.

beantwortet wissen will, verschärft sich aber auch das Theodizee-Problem.»[39] Die Ungerechtigkeit auf der Welt ist damit immer schwieriger zu begreifen und nachzuvollziehen.

Trotz den möglichen Antworten, die die Religion in Bezug auf Tod und Sterben biete und bieten könne, werde der Tod an und für sich nur als Abstraktum kognitiv erreichbar. Das eigene Totsein könne nicht verbalisiert werden. Über das eigene Ende könne daher nur nachgedacht oder spekuliert werden. Hahn spricht dabei von der «verbalisierten Ineffabilität».[40] Den eigenen Tod feststellen könne also niemand, es sei denn, es ist in einem übertragenen Sinn gemeint. Man könne in einer «Umkehr [...] das mit aller Operation verbundene unaufhebbare Präsens zum Thema»[41] machen. Hahn meint damit die «Herstellung von reiner Gegenwart»[42], die sich auf das ausschliessliche Erleben des jetzigen Moments konzentriert, ein möglicherweise Trance-ähnlicher Zustand, der zum «[k]leinen Tod in Permanenz [wird], der uns 'in der Zeit' aus ihr aussteigen lässt und uns den Grossen Tod vom Halse hält.»[43] Dabei handle es sich aber genauso um eine «Sequenz» und eine «paradoxe Anstrengung», die glauben lasse, dass der «Zwang zur Sinnform» aufgehoben werden könne. Genau diese Sinnform muss bei einer Erzählung eingehalten werden können, denn die biografische Erzählung erwartet – soll sie auch als solche «ernst» genommen werden – eine konsistente, glaubwürdige Erzählung.

4.2 Die biografische Erzählung als Darstellung von Erfahrungen

Im akademischen Umfeld stösst die Biografie-Forschung insbesondere in den 1970er-Jahren vermehrt auf Interesse. Man erhoffte sich primär, Erkenntnisse über Dynamik und Eigenheiten verschiedener sozialer Gruppierungen, Schichten und Milieus zu gewinnen, wobei Praxisfelder wie die Interaktion von Bewerbungsgesprächen oder auch Beziehungen und Dynamiken bei konfessioneller oder alternativ-religiöser Seelsorge hierfür Daten liefern sollten.[44] Bourdieu mit

---

[39] Hahn 2000 S. 183.
[40] Hahn 2000 S. 154.
[41] Hahn 2006 S. 156.
[42] Hahn 2006 S. 157.
[43] Hahn 2006 S. 158.
[44] Vgl. Rosenthal 1995. S. 11.

seinem polemischen Ansatz einer „biographischen Illusion"[45] ist als Zeitzeuge hierfür zu werten. Er postulierte, dass der Mensch aus einer strukturalistischen Perspektive dazu tendiert, alle Ereignisse im eigenen Leben narrativ in einen Gesamtkontext mit kausalen Abhängigkeiten stellen zu wollen. Das eine Ereignis steht damit als Motivation für das Eintreffen des darauffolgenden Ereignisses. Dabei orientiert sich die Biografie an den zum Beispiel vom Staat vorgegebenen und damit institutionalisierten Strukturen, die artifizielle, vom Alter abhängige und mit gewissen Privilegien oder Einschränkungen einhergehende Grenzen zeichnen, wie zum Beispiel die Volljährigkeit oder das Pensionsalter. Die Biografie-Forschung ist also vor allem auch als Ausdruck dafür zu verstehen, dass die Biografie als soziales Konstrukt und ihre Bedeutsamkeit für die Gesellschaft sowie für das Individuum selbst ins Zentrum des Forschungsinteresses rücken. Die Biografie dient nicht mehr oder nicht nur als zusätzliche, historische Informationsquelle, die über einen Sachverhalt Auskunft geben kann, sondern ist selbst zum Forschungsgegenstand geworden. Die Sozialwissenschaft des Erzählens orientiert sich grundlegend an der «kulturellen Bedingtheit» und an der «historischen Variabilität von Erzählformen»[46] und deren Bedeutsamkeit innerhalb der Gesellschaft. Diese Erzählformen reduzieren sich damit nicht auf literarische Erzählmodi, sondern inkludieren alle möglichen Arten von Narrativen, sogenannten «Wirklichkeitserzählungen». Denn die Analyse von Erzählformen kann Rückschlüsse darüber geben, wie kollektive und individuelle Identität konstruiert sein können.[47]

Die Narratologie in den kulturwissenschaftlichen Disziplinen begreift sich zwar als eine Theorie des Erzählens insbesondere im Kontext kultureller Phänomene,[48] deren Rezeption und Auslegung fällt in der Sozialwissenschaft jedoch divers aus: Narrativierung kann einerseits als Teilhabe an einem Diskurs in der Diskurstheorie nach Foucault verstanden werden. Zum anderen können wie bei Rosenthal[49] viel mehr der Effekt und die Sinnhaftigkeit der Narrativierung ins Zentrum gerückt werden. Rosenthal beschäftigte sich vor allem mit autobiografischen Erzählungen bei Holocaust-Opfern und brachte die «erzählte» und «erlebte» Zeit zueinander in Relation. Hierbei geht es sowohl um die gesellschaftliche Funktion von solchen Biografien «als auch um die sozialen Prozesse ihrer

---

[45] Bourdieu und Beister 2012 S. 75–83.
[46] Nünning 2013a S. 27.
[47] Vgl. Nünning 2013a S. 30.
[48] Vgl. Nünning 2013a S. 27.
[49] Rosenthal 1995.

Konstitution».[50] Rosenthal fragt insbesondere nach Sinn, Funktionen und Strukturen des Lebenslaufs sowie danach, welcher Sinn gegeben wird und von welchen gesellschaftlichen Faktoren dieser abhängt. Die Biografie bzw. wie sie erzählt wird, spiegelt demnach wider, wie soziale Gegebenheiten verarbeitet und im subjektiven Kontext eingebettet werden und wie sie soziales Handeln beeinflussen können. Dabei spielen subjektive Erfahrungen mit der sozialen Welt eine Rolle und wie diese «internalisiert» werden und im Verlaufe des Lebens gegebenenfalls an Bedeutung verlieren oder gewinnen: «Diese Einordung, die die Erfahrungen als sinnhafte konstituiert und die biographische Gesamtsicht und die damit verbundenen biographischen Entwürfe des Subjekts erzeugt, kann keinesfalls als zufällige, individuelle Leistung verstanden werden. Auch sie ist vielmehr sozial konstituiert.»[51] Die biografische Gesamtsicht fungiert hier also als «latent wirkender Mechanismus, der sowohl den Rückblick auf die Vergangenheit als auch die gegenwärtigen Handlungen und Zukunftsplanungen steuert.»[52] Damit können Ereignisse über subjektiv kausale Zusammenhänge miteinander verknüpft werden, «heterogene» Ereignisse können damit «narrativ synthetisiert»[53] werden, so der Sozial- und Kulturwissenschafter Jürgen Straub. Denn bei autobiografischen Erzählungen handle es sich um «Selbst-Geschichten [, die] sich in der einen oder anderen Weise um die Person und Persönlichkeit des Erzählers»[54] drehten. Dabei handle es sich um eine autobiografische «Triade», bestehend aus «Erzähler», «Protagonist» und «Person». Alle würden sich auf sich selbst beziehen und notwendig eine «retrospektive und reflexive Bezugnahme auf sich selbst sein.»[55] Die Verwendung dieser Perspektiven mache es möglich, Veränderungen der Wahrnehmung im Verlauf eines erzählten Prozesses nachvollziehbar zu schildern. Ereignisse könnten so auch kausal voneinander abhängig und narrativ folgerichtig in die Zukunft verweisend beschrieben werden: «(Selbst-)Geschichten zu erzählen heisst stets: zeitlich, sozial und sachlich Differentes, Disparates und Heterogenes sogar, zu *relationieren*, zu *integrieren* oder eben: zu *synthetisieren* und *just dadurch* die psychischen (kognitiven, emotionalen, motivationalen) Grundlagen der partiellen Autonomie eines Subjekts zu erhalten, umzustrukturieren und zu erneuern.»[56] Umstrukturierungen und Erneuerungen der biografischen Geschichte

---

[50] Rosenthal 1995. S. 12.
[51] Rosenthal 1995. S. 13.
[52] Rosenthal 1995 S. 13.
[53] Straub 2013 S. 78.
[54] Straub 2013 S. 79.
[55] Straub 2013 S. 79.
[56] Straub 2013 S. 93.

bedürften jedoch vor allem beim Erzählen von Heterogenem einer Nachvollziehbarkeit für Zuhörende, weshalb der Verlauf der Erzählung stringent bleiben
müsse.

Der Literaturwissenschaftler Ansgar Nünning versteht das Konzept der Biografie in seiner Analyse in einem betont psychologischen Verständnis als «personale
Identität und deren Beziehung zur Lebensgeschichte»[57] und stellt fest, dass
in der rezenten Forschung auch von «kulturell gerahmten» Erfahrungen und
«kulturspezifischen Werthierarchien» ausgegangen werden müsse, weshalb «die
Konstruktion von Lebensgeschichten immer ein soziales Unterfangen bleibt.»[58]
Die Identität ist also prozesshaft gestaltet und Mittelpunkt eines Lebens, das nicht
anhand vergangener Ereignisse rekonstruiert werden könne, sondern geprägt sei
«durch einen kontinuierlichen Interpretationsprozess, der in Form von Erzählungen erfolgt».[59] Im Hinblick auf den Umstand, dass die Auswahl, Interpretation
und Bedeutungszuweisung von Erinnerungen durch das Subjekt die Identitäts-
konstruktion im Einklang mit gesellschaftlichen und kulturellen Bedingungen
mindestens potenziell immer neugestalten können, gerät das Streben nach einer
einheitlichen, stringenten Identität und deren kommunikativen Gestaltung in den
Fokus und vernachlässigt tendenziell empfundene Ambivalenzen oder Unsicherheiten in der Erzählung von Ereignissen: «Die Etablierung und Inszenierung
einer einzigartigen, bedeutungsvollen und authentisch wirkenden Identität ist in
westlichen Gesellschaften geradezu zum kulturellen Imperativ avanciert.»[60] Dies
prägt und formt die Erzählung eines Ereignisses wesentlich, wobei es nebst der
kulturellen Rahmung gemäss Nünning zwei Hauptaspekte zu erwähnen gilt, die
darüber entscheiden, ob eine Erzählung «gelingen» und damit kohärent wirken
kann:

> Zum einen müssen sie an die in der Kultur geltenden Werthierarchien, an das kul-
> turelle Wissen und an akzeptierte Kohärenzsysteme zumindest anschliessbar sein.
> […] Zum anderen muss die Erzählung vom konkreten Adressatenkreis akzeptierbar
> sein […]: Das Erzählte sollte an das Wissen, die Werte und die Ziele der jewei-
> ligen Bezugspersonen anschliessbar sein und es sollte in der jeweiligen Situation
> 'erzählbar', d. h. auf den jeweiligen Kontext abgestimmt sein.[61]

---

[57] Nünning 2013b S. 146.

[58] Nünning 2013b S. 146.

[59] Nünning 2013b S. 149.

[60] Nünning 2013b S. 149.

[61] Nünning 2013b S. 158.

Besonders in der Biografie-Forschung zur Sinngebung und Sinnstiftung vergangener Ereignisse und deren Integration in einen Lebenszusammenhang steht das Verhältnis von Erzählung und Erfahrung im Fokus:[62] Schütze betont den Fokus auf eine Übereinstimmung des eigenen Lebenszusammenhangs mit strukturellen, «typisierten» Standards: «Typische Biografien bieten sich jedermann in jeder Gesellschaft an. Es ist eine unabänderliche Bedingung eines jeden Lebenslaufs, dass er sich in sozialen Kategorien artikulieren muss.»[63] Die Sozialisierung der typisierten Biografien erfolgt bereits im Kindesalter durch das unmittelbare soziale Umfeld, in der Regel die Eltern bzw. die primären Bezugspersonen (sog. «Wir-Beziehung»[64]). Situationsbedingte Handlungsmuster, karrierebedingte Ziele und auch «Lebenspläne» würden allesamt sozial vermittelt.[65] Diese Vermittlung erfolge aber nicht zwingend bewusst, sondern wirke sich als «relativ-natürliche Weltanschauung» aus, die sich dadurch auszeichnet, dass sie «fraglos gegeben» sei: «Sie ist die sedimentierte Gruppenerfahrung, die die Probe bestanden hat und vom einzelnen nicht auf ihre Gültigkeit nachgeprüft werden muss.»[66] Somit definiert das Gesellschaftsmodell die Ausprägung einer konsistenten Biografie: «Die Geschichtlichkeit der Welt bedingt die Geschichtlichkeit der subjektiven Situation in der Welt.»[67] Diese sei als «ontologische Rahmenbedingung des Daseins»[68] zu definieren, wobei «die relativ-natürliche Weltanschauung bzw. die in ihr enthaltenen sozialen Kategorien biographischer Artikulation […] dagegen vom einzelnen als etwas in der Lebenswelt zu Bewältigendes erfahren»[69] würden. Die Kategorien seien also damit nicht etwa Teil eines definierten Rahmens, sondern würden ein mögliches Spektrum an Möglichkeiten aufspannen. Die Gesellschaft gebe definierte, typisierte Biografien vor, die dann jeweils eine Sozialstruktur vorgäben: «So ist die Sozialstruktur der feste Rahmen, in dem [das] Altern, [die] Lebenspläne und demnach [die] Prioritätsstrukturen und Tagespläne konkrete Form gewinnen.»[70]

---

[62] Vgl. Kauppert 2010 S. 87.

[63] Schütz und Luckmann 2017 S. 146.

[64] Schütz und Luckmann 2017 S. 101 ff.

[65] Schütz und Luckmann 2017 S. 145–146.

[66] Schütz und Luckmann 2017 S. 35. Unter Hinweis auf Max Schelers «Die Wissensformen und die Gesellschaft».

[67] Schütz und Luckmann 2017 S. 140.

[68] Schütz und Luckmann 2017 S. 142.

[69] Schütz und Luckmann 2017 S. 142.

[70] Schütz und Luckmann 2017 S. 143.

Der Religionssoziologe Michael Kauppert argumentiert, dass Autobiografie «Lebensgeschichte und Erzählrede zugleich»[71] sei. Aus diesem Grund ist sie gleichzeitig retro- als auch prospektiv ausgerichtet, da sie vergangene Ereignisse und Erfahrungen im Kontext von zukünftigem Mindset, Vorhaben und Weltbild prägen. Allerdings bildet sie jeweils nur den Moment im Erzählprozess ab und ist nicht wie ein statisches Verhältnis zu verstehen. Das Sprechen über eine Erfahrung entspricht einem «Selbstverhältnis»[72], das zum Zeitpunkt der Erzählung in Worten ausgedrückt wird. Die Erzählung ist damit eine Rekonstruktion der subjektiven Erfahrung.[73] Kauppert versteht Erfahrung als «Differenz von Erwartung und Erfüllung»[74] und knüpft eine Erfahrung grundsätzlich an eine Enttäuschung positiver oder negativer Art. Diese Enttäuschung zwingt das Subjekt dazu, bisherige Annahmen umzudeuten. Um «wieder alltagstauglich zu werden», um sich die «Subjektivität narrativ zurück zu erobern, [müssen] Gewohnheiten wiederhergestellt, Verlässlichkeiten garantiert und Zugehörigkeiten restabilisiert werden.»[75] Kauppert führt dabei drei «Enttäuschungsvarianten»[76] an: Eine «Durchstreichung»[77] einer Erwartung bedeute erstens eine Korrektur des bisherigen Lebensweges, ohne jedoch die «Weltgewissheit» in Frage zu stellen. Es komme zweitens zur «Entfremdung»,[78] wenn das Subjekt sich von bisherigen Annahmen bewusst, explizit und vor allem «unfreiwillig» distanziere, da das Subjekt in den bisherigen Annahmen gescheitert sei oder sich diese als haltlos herausgestellt hätten. An diese Stelle müsse eine neue Erkenntnis treten, die die bisherige ablöse, was gleichermassen Vorbedingung für die «Entfremdung» sein müsse. Dies führe mitunter dazu, «die grundlegenden Wahrnehmungsschemata, Deutungsmuster und Hintergrundvorstellungen eines Erkenntnissubjekts

---

[71] Kauppert 2010 S. 163.

[72] Kauppert 2010 S. 88.

[73] Kauppert 2010 S. 88.

[74] Kauppert 2010 S. 122.

[75] Kauppert 2010 S. 123.

[76] Kauppert 2010 S. 98.

[77] Kauppert 2010 S. 99. Kauppert bezieht sich hier vor allem auf Husserl und der «genetischen Phänomenologie».

[78] Kauppert 2010 S. 101. Kauppert zitiert hier vor allem Hegels «Phänomenologie des Geistes».

auszuwechseln.»[79] Die «Angst»[80] umfasse drittens eine Erschütterung des «Innerweltlichen» und könne als «existentielle Enttäuschung»[81] beschrieben werden:

> Die gegenständliche Umwelt als auch die soziale Mitwelt, von denen das menschliche Dasein im (für)sorgenden Umgang bis dato absorbiert war, konnten nun dem sich ängstigenden Dasein nichts mehr bieten, woran es seine Erwartungen, Hoffnungen und Wünsche noch hätte heften können. Auch das Bewusstsein half nun nicht mehr, diese Situation zu überstehen.[82]

Die Angst bezieht sich in diesem Kontext nicht auf ein alltägliches Verständnis, sondern auf das «*principium individuationis* der Existenz», auf eine plötzliche, unerwartete Entflechtung des Alltags mit dem unfreiwilligen Fokus auf die «Einheitsperspektive des eigenen Lebensvollzuges [...]: den Tod.»[83]

Diese Enttäuschungsvarianten würden dann umgedeutet, da sie in die autobiografische Erzählung sinnhaft integriert sein müssten, und dann im Rahmen von Erzählungen als «Erlebnisberichte», «Bildungsgeschichten» und «Konversionserzählungen» dargestellt werden, die jeweils auch je mit einem «typischen Narrationsstil verbunden»[84] seien. Je nach Enttäuschungsvariante wird die Umdeutung entsprechend mit Erfahrung «sammeln», «machen» und «suchen» motivational begründet. Alltagserfahrungen werden demnach als «Erlebnisberichte» geschildert, die den Prozess beschreiben, «wie ein Bewusstsein Erfahrungen gesammelt hat»:[85] «So wie Durchstreichungen von Erwartungen und deren Umdeutung zu einem Akt des Sammelns von Erfahrungen zum Alltagsleben gehören, so sind auch deren Schilderungen ein integraler Bestandteil alltäglichen Erlebens.»[86] Dabei soll die potenziell jederzeit vorkommende «subjektive Reorganisation des Wissensvorrats» gegebenenfalls neu dargestellt und plausibel, aber auch «gewöhnlich und unspektakulär»[87] gemacht werden.

Die Bildungsgeschichte setzt das Selbst viel stärker ins Zentrum und beschreibt die «Suche nach dem durchlaufenden Faden des eigenen Lebensweges

---

[79] Kauppert 2010 S. 102.

[80] Kauppert 2010 S. 103.

[81] Kauppert 2010 S. 105.

[82] Kauppert 2010 S. 105. Kauppert nimmt hier Bezug auf Heideggers «Sein und Zeit».

[83] Kauppert 2010 S. 107.

[84] Kauppert 2010 S. 114.

[85] Kauppert 2010 S. 116.

[86] Kauppert 2010 S. 114.

[87] Kauppert 2010 S. 114.

und dessen Einmündung in die Erzählgegenwart»[88], wobei die bisherige Biografie eine bedeutende Änderung erfährt, die grundlegende Fragen an die Person stellt, wie mit dem bisherigen Leben fortzufahren ist: Die «personale Identität [ist] brüchig geworden».[89] Dies erfordert eine Abwägung der im bisherigen Leben als relevant geglaubten Werte, «ausdrückliche Sicherungen von Erfahrungssedimenten und manifeste Rekapitulationen von Wissensbeständen.»[90] Dabei werden Erfahrungen z. T. explizit als bisherige Irrtümer benannt. Wesentlicher Teil der Bildungsgeschichte ist dann wiederum, deren Bewältigung zu dokumentieren und zu erklären. In der Regel sind Bildungsgeschichten gezeichnet von einem erfolgreichen Verlauf, in dem sich der Erzählende gegen Widrigkeiten durchgesetzt hat, biografische Änderungen begründen kann und die persönliche Entwicklung dokumentiert.

Eine Konversionserzählung[91] läutet einen grundlegenden Wechsel im biografischen Verlauf ein.[92] Die «dramatische Erzählung» zeichnet sich «durch die [...] grundsätzliche Abkehr von einem bis dato gültigen Lebensentwurf und die Absage an vormals fraglose Hintergrundgewissheiten im alltäglichen Erleben eines Ich-Erzählers»[93] aus. Die Erzählung beinhaltet eine «nachhaltig wirksam gewordene Neuorientierung»[94] im biografischen Verlauf und segmentiert auch in der Erzählung die Biografie in zwei Teile: die Zeit vor der Zäsur und diejenige danach. Die Kehrtwende wird in der Erzählung entsprechend pointiert und dramatisch ins Zentrum gesetzt. Die Sicherstellung einer stringenten Abfolge in der eigenen oder fremden Biografie wird als allgemeine Norm betrachtet, weshalb «Brüche in der Narrativierung lebensgeschichtlicher Erfahrungen»[95] in Kombination mit sehr emotionalen Komponenten als schwierig erzählbar gelten:[96] «Der

---

[88] Kauppert 2010 S. 117.

[89] Kauppert 2010 S. 117.

[90] Kauppert 2010 S. 117–118.

[91] Ob es sich bei einer Konversion zwingend um eine Abkehr und Zuwendung im einen oder anderen Falle um institutionalisierte, religiöse Gemeinschaften handeln müsste, scheint nicht abschliessend geklärt. Knoblauch/Sahr/Krech beschreiben dabei auch «Konversionen zu Formen unsichtbarer Religion», die primär als kommunikatives Handeln zu verstehen sei. Knoblauch et al. 1998 Vgl. auch Schäfer 2012 S. 222–228. Zum «New-Age-Typus» vgl. Stenger 1998 S. 195 ff.

[92] Kauppert 2010 S. 120.

[93] Kauppert 2010 S. 120.

[94] Kauppert 2010 S. 120.

[95] Scheidt und Lucius-Hoene 2014 S. 28. Vgl. Kraus 2014 S. 118.

[96] Im Kontext von erlebter und erzählter Lebensgeschichte in Interviews mit Holocaust-Überlebenden hat sich als Rosenthals Beitrag zur «Gestalt und Struktur biographischer

Fokus auf die Linearität in der Selbsterzählung bietet Kohärenz, droht aber das zu verfehlen, was die Authentizität der Lebenserfahrung ausmacht»[97], so der Psychologe Wolfgang Kraus. Der dabei entstandene Erzählraum sei dabei einerseits durch eine «hoch determinierte kausale zeitliche Ordnung» geprägt, die gleichermassen aber auch immer wieder bewusst ausgelotet und überwunden werde. Die Nutzung der Möglichkeiten des Erzählraums werde durch den Erzähler und das soziale ad-hoc-Umfeld implizit definiert. Diese seien wiederum von «gesellschaftlich validierte[n] Skripte[n]» gesteuert und gestützt, was die Beleuchtung der «Nachtseite der Erzählbarkeit»[98] überhaupt erst möglich mache, denn «nicht alles Erleben [findet] Eingang in Selbsterzählungen», vor allem bei «Erlebnissen, die so verstörend sind, dass ein Sprechen darüber kaum gelingen will».[99] Kraus spricht dabei von einer «Narrativierung des Schocks», die grundlegend von zwei Hauptaspekten getragen werde: einerseits der Form des Erzählens («narrativity») und andererseits der Erzählbarkeit («tellability»). Die Handlung werde basierend auf Stereotypen beschrieben, die auf bekannte und gesellschaftlich breit abgestützte Deutungsmuster[100] zurückgehen.:

> Erzählen ist voraussetzungsvoll. Im Falle von Selbsterzählungen ist der Anspruch sogar noch höher als für fiktionale Erzählungen. Denn an Selbsterzählungen wird der Anspruch gestellt, die erlebte Wirklichkeit als «Wahrheit» abzubilden. Die eingesetzten erzählerischen Mittel müssen also in einer Gesellschaft so konventionalisiert sein, dass sie diese Garantie auch formal stützen.[101]

Insbesondere im Kontext von Trauma-Erzählungen beschreibt Kraus mehrere Faktoren, die eine Erzählung erschweren: zum einen das Fehlen eines «Gegenspielers», d. h. wenn es beispielsweise keine «identifizierbaren Protagonisten» oder weitere Personen gibt, die das Erlebte oder Erfahrene bestätigen könnten. Zum anderen sind «Extreme in der Kausalitätsdarstellung» schwierig erzählbar, da sie häufig gar keine möglichen Antworten auf die Gründe liefern, weshalb sich etwas in dieser Reihenfolge zum genannten Zeitpunkt ereignet hat, da diese zum Beispiel weitgehend von «kulturell geprägten Skripts von Ereignissen» abweichen. Das Erzählen wird zum Risiko: «Auf der Ebene individueller Erfahrung

---

Selbstbeschreibungen» etabliert. Hier wird der Erzählung eine «heilende Wirkung» für die betroffene Person durch den Akt des Erzählens zugesprochen. Vgl. Rosenthal 1995 S. 167 ff.

[97] Kraus 2014 S. 118.

[98] Kraus 2014 S. 109.

[99] Kraus 2014 S. 109.

[100] Kraus spricht in diesem Kontext von «world models». Vgl. Kraus 2014 S. 111.

[101] Kraus 2014 S. 111.

hängt die Erzählbarkeit einer Geschichte zunächst davon ab, ob das Erlebte überhaupt narrativ kodiert worden ist. Diese geschieht dann nicht, wenn für das Erlebte keine kulturellen Muster der Kodierung verfügbar sind».[102] Wenn die Erfahrung als solche dadurch nicht integriert und verarbeitet werden kann, handelt es sich um eine sogenannte «failed experience». Nicht nur die eigene Erzählung spielt bei der Bereitschaft, über Erfahrungen zu sprechen, eine Rolle, sondern auch die Signalisierung des Gegenübers. Die Narrativierung kann stark gehemmt werden oder sich grundsätzlich verändern, wenn das Zuhören für die zuhörende Person scheinbar «unerträglich» wird und dies für die erzählende Person sichtbar wird, zum Beispiel wenn sich die Zuhörenden durch die Erzählung verängstigt fühlen: «Erzähler verändern ihre Stories, um ihren Zuhörern Sicherheit zu geben, sie suchen sich andere Zuhörer (wenn sie zu finden sind) oder sie verstummen.»[103] Nicht nur direkte Reaktionen der Zuhörenden können einen Einfluss auf die Erzählung haben, sondern auch die «Person des Adressaten, der Verwendungskontext, die gefühlsmässige Einstellung [ihr] gegenüber sowie die Resonanz, die Art und Weise, wie [sie] durch seine Äusserungen die Rekonstruktion kritischer Lebensereignisse unterstützt».[104] Darüber hinaus geht man davon aus, dass sich die Erzählung selbst für die erzählende Person verändern kann, vor allem bei emotional belastenden Erfahrungen, die «nicht als in sich abgeschlossene Bilder im Gedächtnis vorhanden sind»[105]. Erst bei einer Verbalisierung können die Emotionen rekonstruiert, benannt oder mindestens näher umschrieben werden. Die autobiografischen Narrative können aber auch «unvollständig bleiben und die damit verbundenen Erfahrungen nicht abgeschlossen werden».[106] Dies erfolgt, wenn den Erfahrungen entsprechende Kategorisierungen zugewiesen wurden, die das Verhalten nicht auflösen können und eine Erfahrung «versiegeln und den dazugehörigen emotionalen Gehalt [abdichten]».[107]

---

[102] Kraus 2014 S. 115.
[103] Kraus 2014 S. 116.
[104] Scheidt und Lucius-Hoene 2014 S. 29.
[105] Scheidt und Lucius-Hoene 2014 S. 29.
[106] Scheidt und Lucius-Hoene 2014 S. 36.
[107] Scheidt und Lucius-Hoene 2014 S. 37.

4.3   Schlussfolgerungen: NTE als Bruch oder Kontinuität biografischer Erzählung

Soziale Bedingungen, kulturelle Gewohnheiten, Weltanschauungen und Lebensentwürfe entscheiden massgeblich darüber, wie und was in welchem sozialen Kontext erzählt werden «kann» und «darf». Es handelt sich weitestgehend um sozial determinierte, gewohnheitsbedingte Faktoren, die den Mitgliedern einer Gemeinschaft nicht unbedingt bewusst sein müssen, jedoch aktiv reflektiert werden können, gerade dann, wenn es zu krisenhaften Ereignissen kommt und diese kommunikativ in einen Lebenszusammenhang gestellt werden sollen. Nur authentische und nachvollziehbare Erzählungen werden sozial akzeptiert. Strukturell orientiert sich der Bericht bei einer autobiografischen Erzählung an einem gewissen Muster, wobei inhaltliche Elemente in der Erzählreihenfolge und deren kausalen Zusammenhängen gewissen nicht explizit ausgesprochenen Erwartungen unterliegen. Dazu beeinflussen sowohl Gesprächssituation als auch gegenseitige Sympathie oder Antipathie den Verlauf des Gesprächs. Auch Typisierungen, idealtypische Erzählungen eines Lebenslaufs, lassen die Berichte in einem authentischen Zusammenhang erscheinen. Insbesondere das Erzählen von biografischen Brüchen und krisenhaften Ereignissen müssen motivational und kontextuell eingebettet werden, vor allem, wenn sie weltanschauliche Änderungen begründen sollen. In der vorliegenden Arbeit dient das in der Tabelle 4.1 zusammengefasste Modell der «Enttäuschungsvarianten» Kaupperts als Basis, einen Bericht in der Funktion und Darstellung zu charakterisieren. Die jeweils identifizierte Variante fungiert dabei als ein typenspezifisches Erkennungsmerkmal.

Nahtoderfahrungsberichte basieren grundsätzlich auf einer exklusiven Erfahrbarkeit, während der Bericht darüber in der Regel auf das Thema «Tod und Sterben» verweist. Religiöse Deutungen von Nahtoderfahrungen bieten den Rahmen, über womöglich religiöse Erfahrungen ganz generell sprechen zu können, zu denen andere Menschen bereits Zugang gefunden haben. Jenseitsvorstellungen und Unsterblichkeitsfantasien können den Kontext für eine Nahtoderfahrung auf mehreren Ebenen ergeben. Sie erlauben erstens eine Erzählung, die nicht den naturwissenschaftlichen Axiomen entsprechen muss und daher übernatürliche Erscheinungen in der Erzählung zulassen. Zweitens bieten sie die Möglichkeit, die Erfahrung in die Erzählungskategorien von Todesvisionen und ähnliche Erzählungen einzubinden. Drittens bieten sie womöglich auch Erklärungsmodelle und die Erfüllung von Unsterblichkeitshoffnungen, mit der die eigene Erfahrung in Einklang gebracht werden kann. Durch die mit den Erzählungen kompatible Rahmung des Erzählens sinkt das Risiko, nicht ernst genommen zu werden.

Tabelle 4.1 Enttäuschungsvarianten nach Kauppert

Enttäuschungsvariante	Durchstreichung	Entfremdung	Angst
Umdeutung	Erfahrung sammeln	Erfahrung machen	Erfahrung suchen
Darstellung	**Erlebnisbericht** – Gewöhnlich und unspektakulär – Klar, knapp und sachlich	**Bildungsgeschichte** – Latentes, oder manifestes Krisenpotenzial – Bilanzierung des Lebensweges	**Konversionserzählung** – Neuorientierung im Lebenslauf – Ablehnung bisheriger, unvoreingenommener Traditionsbestände und Gewohnheiten der Lebenspraxis
Funktion	Wiederherstellung der Einstimmigkeit der Welterfahrung	Selbsttransparenz («Offenbarung») durch Selbstverobjektivierung	Abkehr von bisheriger Welt- und Selbstvertrautheit durch grundlegende Neuorientierung

Auch der Zeitpunkt der Erzählung kann sich an unterschiedlichen Faktoren ausrichten. Beispielsweise kann hierbei der Topos der Verdrängung in der Kontextualisierung des Ereignisses eine Rolle spielen, um gerade der aussergewöhnlichen Erfahrung mehr Tragweite zu verleihen. Emotionen wie Scham, Unsicherheit, ob die Erfahrung überhaupt erzählt werden soll, ob die Gesprächspartner dem Erzählten überhaupt Glauben schenken können, oder vielleicht auch negative Erfahrungen wie Zurückweisung können das Erzählen hinauszögern und die erzählende Person daran hindern, darüber zu sprechen. Der Verweis auf eine sozial bedingte Nichtverfügbarkeit einer Gesprächsbasis, auf ein «Tabuthema», kann retrospektiv zum Zeitpunkt der finalen Erzählung als Grund angegeben werden, bislang nicht darüber gesprochen zu haben. Selbst zum Beispiel rauschhafte Verhaltensweisen können als Ersatzhandlungen für Todesangst als Argument beigezogen werden, zumal auch dieser Ansatz kultiviert und Teil der öffentlichen Debatte ist.

Zusammenfassung und Bewertung

5

In einer sozialwissenschaftlichen Herangehensweise lässt sich Nahtoderfahrungsberichten aus zwei verschiedenen, jedoch voneinander abhängigen, sich gegenseitig beeinflussenden Perspektiven nähern: Zum einen aus einer medialen Debatte, in der das Begriffsverständnis, der Erkenntnisgehalt und -gewinn und die wissenschaftliche Auseinandersetzung damit im Zentrum stehen. Dabei ist in der vorliegenden Arbeit von Interesse, welche unterschiedlichen, teilweise sich diametral entgegengesetzten Deutungsvarianten, sogenannte «soziale Deutungsmuster», im gesellschaftlichen Wissensvorrat für Betroffene verfügbar sind und wie diese rezipiert werden und welches Handlungsproblem sie dabei lösen wollen. Zum anderen scheint es aus einer Perspektive von betroffenen Personen eine Sammelbezeichnung für eine ausseralltäglich empfundene Erfahrung zu sein, die in krisenhaften, subjektiv oftmals als lebensbedrohlich empfundenen Situationen auftreten kann. Der Begriff «Nahtoderfahrung» ist dabei nicht trennscharf definiert. Es wird wissenschaftlich nicht einheitlich argumentiert, was darunter verstanden werden muss und was die spezifischen Bedingungen und Merkmale einer solchen Erfahrung sein müssen. Häufig werden in einem Nahtoderfahrungsbericht ausserkörperliche, nach eigenen Angaben in vollem Bewusstsein gemachte visuelle, auditive und sensorische Erfahrungen beschrieben: Es wird von aussergewöhnlichen und übernatürlichen Ereignissen wie zum Beispiel vom Antreffen bereits verstorbener Personen, von als ungewöhnlich intensiv empfundene Licht- und Hörwahrnehmungen oder von Empfindungen unbeschreiblich positiver und negativer Gefühle gesprochen. Es kann sich dabei um eine subjektiv als besonders gefährlich empfundene Situation gehandelt haben, welche die betroffene Person überlebt hat. Die erzählte vermeintliche Todeserfahrung ist dabei aus einer Aussenperspektive nicht direkt erfahrbar, nicht reproduzierbar und auch nicht in Anwesenheit von Aussenstehenden überprüfbar.

© Der/die Autor(en) 2025
S. Nadile, *Begegnung mit dem eigenen Tod*,
https://doi.org/10.1007/978-3-658-45726-6_5

Diese beiden Annäherungen werden in der Folge zusammengefasst und ihre Relevanz für die vorliegende Arbeit skizziert. Dabei ist zum einen vor allem zwischen Deutungsebenen und Deutungsmuster zu unterscheiden. Deutungseben beschreiben verschiedene wissenschaftliche Anknüpfungspunkte zur Analyse von Nahtoderfahrungen. Soziale Deutungsmuster lassen sich daraus nicht direkt ableiten, sondern erst in Kombination der Analyse von subjektiven Deutungen betroffener Personen, die sich implizit oder explizit auf (mehrere) Deutungsebenen beziehen, diese zueinander in Relation stehen und dazu Position beziehen. Deutungsmuster lassen sich also erst nach der Analyse der für die vorliegende Studie erhobenen Daten eruieren. Zum anderen steht im Zentrum, wie betroffene Personen mit einer ausseralltäglichen Erfahrung narrativ umgehen können und welche Herausforderungen ein Nahtoderfahrungsbericht für die erzählende Person mit sich bringen kann.

Berichte von Nahtoderfahrungen sind in ihrer wissenschaftlichen und öffentlichen Auseinandersetzung eng mit der Thematisierung und der Infragestellung der Todesdefinition verknüpft und sind historisch weitgehend mit der daraus resultierenden, teilweise kontrovers geführten Diskussion um die Definition des Todeszeitpunkts mit dem Aufkommen der New-Age-Bewegung gegen Ende des 20. Jahrhunderts verbunden. Die Grenzziehung zwischen dem Leben und dem Tod wurde aus medizinischer Sicht 1968 mit der Einführung der Hirntoddiagnostik verbindlich definiert. Den äusserlich erkennbaren und messbaren Faktoren des Todeszeitpunkts mit dem Feststellen des Hirntods scheinen aber Nahtoderfahrungsberichte in ihrem Anspruch an Aussagekraft teilweise widersprechen zu wollen. Die Einführung eines neuen Todeszeitpunkts – so die Kritiker – sei Vorwand für potenziell mehr Organspenderinnen und -spender, würde aber die tatsächlichen Todesumstände vernachlässigen. Nicht nur die Medizin, sondern verschiedene Disziplinen beschäftigen sich ab den 1970er-Jahren intensiver mit Tod und Sterben. Auch die Sozialwissenschaften versuchen eine «Thanatologie» einzuführen und zu etablieren – das Thema bleibt bis heute jedoch eher eine Randdomäne. Die Geschichte der wissenschaftlichen Beschäftigung mit dem Tod generell wird dabei weitgehend getragen von dessen Verdrängungstopos. Es wird einerseits argumentiert, dass der Tod, die Endlichkeit des Lebens, ein Problem für den Menschen sei und daher als Gedanke unerträglich sein müsse. Dies legt auch die Terror-Management-Theorie nahe, die unbewusste Verhaltensmuster wie zum Beispiel rauschhaftes Streben nach Erfolg im beruflichen Leben als Beleg für die eigentliche Verdrängung des Todes als Antrieb sieht. Andererseits werde die Todesthematik für das Subjekt durch die sich verändernden Lebensumstände in ein höheres Alter verlagert. Der Verdrängungstopos wird aber auch für die Argumentation bemüht, den Nahtoderfahrungen werde in der

Wissenschaft mit Absicht zu wenig Aufmerksamkeit geschenkt, weil man die Konsequenzen der Aussagekraft von Nahtoderfahrungen nicht wahrhaben wolle. Ihre Aussagekraft ist besonders dann umstritten, wenn sie Indizien oder objektive Beweise für ein Leben nach dem physischen Tod liefern sollen. Denn der Tod als Ende des physischen als auch des psychischen Lebens ist in der evidenzbasierten Naturwissenschaft unweigerlich mit der Untrennbarkeit von Körper und Geist verknüpft. Nahtoderfahrungen sollen hier – so die Überzeugung von einigen Deutungsansätzen – das Gegenteil beweisen. Allerdings können sich Studien, die Nahtoderfahrungsberichte aus einer Aussenperspektive auf ihre Aussagekraft und ihren Wahrheitsgehalt überprüfen wollen, sich ausschliesslich mit der Erzählebene beschäftigen. Um zum Beispiel universelle Gegebenheiten in Bezug auf ein mögliches Leben nach dem Tod auf objektiver Ebene identifizieren zu können, müssten Rückschlüsse anhand von messbaren Faktoren und Indikatoren gezogen werden. Somit kommt eine Studie mit diesem Fokus nicht umhin, sich entweder den Rahmenbedingungen zu widmen (wie z. B. eindeutig zuweisbarer Todeszeitpunkt, zeitliche Verortung des Erlebten, etc.) oder dann eben das wissenschaftliche Paradigma in Frage zu stellen. Entweder gelingt es also, anhand der allgemein geltenden wissenschaftlichen Methoden und Methodologien zu belegen, dass die Berichte objektiv in ihrer Aussagekraft zutreffen oder genau diese wissenschaftlichen Gütekriterien gilt es anzuzweifeln und ein alternatives wissenschaftliches Verständnis vorzuschlagen, da der Beweis mit diesen Methoden nicht angetreten werden kann. Letzteres vertritt die weltweit agierende International Association for Near Death Studies (IANDS), die Studien von Erfahrungsberichten von Nahtoderfahrungen seit einigen Jahrzehnten durchführt. Über unterschiedliche Medien wie Buchpublikationen, Websites, Vorträge, einem eigenen Radioprogramm, einer jährlichen Konferenz und weiteren Aktivitäten verbreitet sie ihre daraus gewonnen Kenntnisse. Die IANDS untersucht Berichte von Nahtoderfahrungen dank dem Engagement von inzwischen prominenten Wissenschaftlern aus unterschiedlichen Disziplinen. Einige von ihnen geniessen grossen Bekanntheitsgrad: Pim van Lommel, Raymond Moody, Bruce Greyson oder Kenneth Ring. Bei wissenschaftlichen Studien des Netzwerks besteht das Risiko, potenziell einseitige Studienergebnisse zu erlangen, da die IANDS Studienteilnehmende aus einem eigenen Pool an Netzwerk-Mitgliedern

mobilisiert.[1] Zudem nehmen die von Ring eingeführte und von Greyson wei-
terentwickelte Unterscheidung von «tiefen», «profunden» und «weniger tiefen»
Erfahrungen eine qualitativ-normative Selektion vor und unterscheiden «echte» von «unechten» Erfahrungen.[2] Berichte, die nicht von lebensverändernden
Eigenheiten erzählen, scheinen kaum mehr dem der IANDS favorisierten, pro-
totypischen Verständnis einer Nahtoderfahrung zu entsprechen. Sie steuert und
kultiviert damit die Merkmale ihrer Deutung und impliziert so ein einheitliches
Narrativ einer Nahtoderfahrung.[3]

Dabei bedient die IANDS im Grunde genommen implizit die Argumente esoterischer und okkulter Strömungen und stellt sich auf den Standpunkt, über den
naturwissenschaftlichen Konsens hinaus gehende, universelle[4] Aussagen treffen
zu können. Denn Nahtoderfahrungsberichte lieferten seit hunderten von Jahren aufgrund der universell identifizierten Elemente einen Beleg dafür, dass
das menschliche Bewusstsein «unendlich» sei. Es könne daher keinesfalls ein
Produkt des menschlichen Gehirns sein, denn das «endlose Bewusstsein», wie
Pim van Lommel seine Studie titelt, sei unsterblich.[5] Die religiös-ontologischen
Deutungen aus wissenschaftlich erhobenen Daten entsprechen naturreligiösen,
esoterischen Ansichten. Diese «Scientification of Religion» sei besonders im
zwanzigsten Jahrhundert zu beobachten, wie der Religionswissenschaftler Kocku
von Stuckrad bemerkt: Ihr Anspruch auf Wissenschaftlichkeit verstehe sich
als Gegenentwurf der aufklärerisch verstandenen Wissenschaft, wobei polar
gegensätzliche, binäre Unterscheidungskategorien als analytisches Instrument
zwischen «akademisch» und «nicht-akademisch», zwischen «Wissenschaft» und
«Pseudo-Wissenschaft» entstehen.[6] Gerade die trennscharfe Unterscheidung von

---

[1] Ring 1984c S. 11. Vgl. Hierzu auch die Studie von Peter Fenwick, der als Psychiater
zu diesem Phänomen forschte und zum Schluss kam, das Bewusstsein überlebe wohl den
körperlichen Tod. Fenwicks 2001 publizierte Untersuchung umfasste Interviews mit 300
Personen, die alle Mitglieder der britischen Sektion der IANDS sind. Zudem werden zwei
Schlüsselpersonen verdankt, die massgeblich an der Kontaktknüpfung zu Probanden beteiligt
waren: David Lorimer (Vize-Präsident der Swedenborg Society und Horizon Research Foundation, der britischen Sektion der IANDS) und Margot Grey (Psychologin, hatte selber eine
Nahtoderfahrung, Co-Autorin zum Thema Nahtoderfahrung zusammen mit Kenneth Ring).
Vgl. Fenwick und Fenwick 2011, 1995 S. ix.

[2] Vgl. Fenwick und Fenwick 2011, 1995 S. 187.

[3] Greyson problematisiert diesen Umstand selbst. Vgl. Greyson 1984 S. 56.

[4] «The experiences have a universal quality. If this were a purely psychological experience,
one would expect it to be much more culturally influenced than it seems to be.» Fenwick und
Fenwick 2011, 1995 S. 194.

[5] Van Lommel 2010 S. 27.

[6] Vgl. Stuckrad 2015 S. 180.

Kategorien verstärkten diese umso mehr und generierten dadurch auch Zugehörigkeiten und Identitäten, seien jedoch grundsätzlich Konzepte, die ideologische Überzeugungen repräsentierten.[7] Die Etablierung und Institutionalisierung von Disziplinen führten zu einer «Professionalisierung von Wissen» über Religion, rückten diese in einen neuen Kontext und verliehen ihr neue Bedeutungen und Funktionen. «This attribution of meaning resulted in the emergence of new religious identities and practices, such as paganism, new forms of shamanism».[8] Das Religiöse werde also nicht zunehmend abgelehnt, sondern in einen neuen Bedeutungsrahmen gestellt. Die religiösen Ausprägungen in zeitgenössisch europäischen Gesellschaften werden durch säkulare Dynamiken geradezu generiert: «It is in discursive re-entanglements and cultural negotiations of meaning that European societies generate the conceptual borders between the religious and the non-religious and between religion and science.»[9]

Der Zugang der IANDS entspricht nur einer, wenn auch der prominentesten Deutungsebene der wissenschaftlichen Beschäftigungen mit Nahtoderfahrungen. Sie steht für die religiös-ontologische Position der parapsychologischen Deutungsebene. Der wissenschaftliche Zugang der Neurobiologie, einer anderen Deutungsebene, ist zum Beispiel tendenziell kritisch in der Position und teilt damit die Grundannahmen von religiös-ontologischen Überzeugungen nicht. Sie gehen – im Gegensatz zum Beispiel auch zur christlichen Doktrin – von einer untrennbaren Einheit von Körper und Geist aus, weshalb es sich bei Nahtoderfahrungen lediglich um neurobiologische Vorgänge handeln müsse. Andere Deutungsebenen gehen bei Nahtoderfahrungen von Illusionen oder einem Bestandteil des alltäglichen Bewusstseins und damit einem Produkt der Fantasie aus. Dürr ist zum Beispiel der Meinung, dass Nahtoderfahrungen aus einer sozialanthropologischen Sichtweise als kulturell übergreifendes, alltägliches Erfahrungsmoment betrachtet werden müsse. Für Dürr scheint es keine eigene Erfahrungskategorie zu sein, die auch nicht derart von Todesnähe geprägt sei, wie es der Begriff wohl nahelegen wolle. Über den Begriff der «altered states of consciousness»[10] finden Knoblauch/ Schnettler/Soeffner ein Erklärungsmodell, das als kultureller «Ausgangspunkt des

---

[7] Vgl. Stuckrad 2015 S. 181–182.

[8] Stuckrad 2015 S. 180. Im akademischen Diskurs sei dies Ausdruck und Teil der Suche nach einer europäischen Identität, die besonders im 21. Jahrhundert aus einem Selbstverständnis eines «rational denkenden, demokratischen und toleranten Bürgers der Moderne» entstand. Vgl. Stuckrad 2015 S. 178–179.

[9] Stuckrad 2015 S. 179–180.

[10] Vgl. Ember und Carolus 2017.

anthropologischen Ansatzes [...] die Annahme [vertritt], dass Todesnäherfah-
rungen – wie alle Erfahrungen – in einem sinnhaften Kontext stehen.»[11] Das
Bewusstsein rufe in einem sozialen Kontext dasjenige Wissen ab, das mit der
inhaltlichen Bewertung der Situation verknüpft sei. Somit werde das angeeignete
Wissen um den Tod in einer subjektiven Todesbedrohung relevant: «neurophysiologische Vorgänge, Bewusstseinsprozesse und sozial vermitteltes Wissen [würden
bei einer Nahtoderfahrung] auf eine solche Weise zusammenwirken, dass sie –
sozusagen unwillkürlich – Erfahrungskomplexe erzeugen, die als eigenständige
Wirklichkeit erscheinen.»[12] Diese Deutung entspricht zum Teil der kritischen
Position der psychologischen Deutungsebene, die bei Nahtoderfahrungen von
dissoziativen Zuständen ausgeht. Für Religionsgemeinschaften kann die Aussagekraft von Nahtoderfahrungen eine besondere Herausforderung bedeuten, da der
ontologische Gehalt der Erzählungen in Bezug auf Aussagen über ein Jenseits
auf Konformität mit der eigenen Doktrin geprüft werden muss.

So ergeben sich gegenseitig konkurrierende Positionen von Deutungsebenen:
Einzelne Positionen können sich zum Beispiel gegenseitig Unwissenschaftlichkeit
vorwerfen oder wollen ein neues Paradigma einfordern, indem sie sich vom bisherigen Wissenschaftsverständnis bewusst abgrenzen. Die Deutungsebenen können
als kommunikativer Rahmen verstanden werden, der das Sprechen über Nahtoderfahrungsberichte und im weitesten Sinne auch über Sterben und Tod ermöglicht.
Die Deutungsebenen können für Betroffene Bezugspunkte dafür sein, die Deutung ihrer Nahtoderfahrung zu überprüfen und mit anderen Deutungen in Relation
zu bringen.

Aber zunächst kann der Begriff «Nahtoderfahrung» eine Konfrontation Betroffener mit dem eigenen, überlebten Tod suggerieren. Betroffene können in der
Folge von vor allem aus den Medien bekannten visuellen Phänomenen wie zum
Beispiel Licht- und Tunnelwahrnehmungen berichten.[13] Darüber hinaus kann,
ausgelöst durch eine Nahtoderfahrung, besonders der Gedanke an den eigenen Tod in hohem Masse subjektive Betroffenheit implizieren, zumal er die
eigene Sterblichkeit in Erinnerung rufen und diese mit der Ungewissheit über
ein Fortleben verknüpft sein kann. Die Zuordnung des erlebten Ereignisses zur
Erfahrungskategorie der «Nahtoderfahrung» erfolgt in jedem Falle aber retrospektiv entweder durch das unmittelbare soziale Umfeld oder durch Selbstdeklaration
aufgrund des eigenen, zuvor angeeigneten Wissens. Die betroffene Person spricht

---

[11] Knoblauch und Soeffner 1999b S. 280.
[12] Knoblauch und Soeffner 1999b S. 281.
[13] Vgl. Knoblauch und Soeffner 1999b S. 9.

von einer eigenen Erfahrung, die unter Umständen von der als typisiert empfundenen Nahtoderfahrungserzählung abweichen kann, argumentiert jedoch anhand von selbst ins Feld geführten Kriterien, weshalb die eigene Erfahrung dennoch dem Phänomen zugehörig sein muss. Wenn die inhaltlichen Komponenten der Erfahrung wie zum Beispiel das Erleben von übernatürlichen Begegnungen und die Empfindung von ausseralltäglichen Emotionen, Geräuschen und visuellen Eindrücken als zum Beispiel Teil eines traumähnlichen oder dissoziativen Zustands bezeichnet wird, ist dies durchaus sozial akzeptiert. Werden Nahtoderfahrungen jedoch als tatsächliche Todeserfahrungen verstanden, kann dies in der Erzählung problematisch sein, weil der Tod in der positivistisch geprägten Gesellschaft grundsätzlich weder als erlebbar noch als überlebbar gilt. Dennoch sind viele Betroffene der Überzeugung, sich physiologisch unmittelbar vor dem eigenen, unausweichlichen Todeseintritt befunden oder gar die Schwelle des Todes übertreten zu haben.

Mit einem Nahtoderfahrungsbericht werden aber nicht nur die Grenzen der Selbst-Erzählung in Frage gestellt, indem behauptet wird, über das eigene Ende des Lebens erzählen zu können. Darüber hinaus wird auch die Einheit von Körper und Geist hinterfragt: Diese Überwindung ist nur mit religiösen Deutungen erklärbar, weil sie die Einheit von Körper und Seele auflöst. Erfahrungsberichte müssen aber aus der Perspektive religiöser Gemeinschaften mit einer meist verbindlichen Weltanschauung und Überzeugung einer Jenseitsvorstellung im Einklang stehen. Widerspricht die Erfahrung der religiösen Doktrin, wird sie als religiöse Erfahrung abgelehnt. Damit bieten sich aus Sicht von betroffenen Personen gerade Erklärungsmodelle der New-Age-Bewegung an, die in ihrer Struktur und in ihrer Verbindlichkeit einerseits relativ lose sind und andererseits gerade die individuell-religiöse Erfahrbarkeit des Göttlichen oder Übernatürlichen nicht nur erlaubt, sondern ins Zentrum setzt.

Die Erzählung und Interpretation einer Nahtoderfahrung nehmen dabei implizit Bezug auf die teilweise sich konkurrierenden, im gesellschaftlichen Wissensvorrat vorhandenen Deutungsmuster. Die Deutung mit den grundlegenden lebensweltlichen Implikationen führen unter Umständen dazu, dass Lebensentwürfe möglicherweise biografisch-narrativ neu ausgestaltet und die «Inhalte von Realitätsauffassungen mit einer bestimmten Qualität neu strukturiert»[14] werden müssten, so der Soziologe Horst Stenger. In diesen Konversionserzählungen handle es sich um weitreichende Veränderungen auch in der religiösen Überzeugung, welche die Wahrnehmung des Lebens in ein «vorher» und ein «nachher»

---

[14] Vgl. Stengers «New Age Typus» im Kontext von Konversionserzählungen. Stenger 1998 S. 195.

einteilen lasse. Die narrative Kontextualisierung der Erfahrung beeinflusst die Darstellung bisheriger Erfahrungen und Weltanschauungen und begründet die graduelle Abkehr oder Abweichung davon. Zum Beispiel könne die Person «eine besondere Nachhaltigkeit der Verwandlungsvorgänge» zum Thema machen, aber auch das neue «Deutungsmuster sozialer Wirklichkeit rekursiv» organisieren.[15] Die erzählte Zäsur ist als Zuhörer erkennbar, fügt sich damit in die Erzählsituation als Teil einer Entwicklung und eines fortwährenden Prozesses ein. Gerade in Bezugnahme auf einen «okkulten Kontext beginnt der Weg des inneren Wachstums, das heisst, die 'nachkonversionelle' Zeit wird als Entwicklung konzipiert, bei der durch die Bewältigung von Lernaufgaben der Prozess der geistigen Reife vorangetrieben wird.»[16] Die mentale Entwicklung erfahre dabei eine zielgerichtete Ausrichtung. Dabei sei der Fokus auf das eigene Verhalten durch esoterische Kontextualisierung und die Betonung und Fokussierung auf die Essenz der Weiterentwicklung der eigenen Person gerichtet. Stenger spricht dabei von einer «Radikalisierung der Ich-Zentrierung», die mit einer «Forcierung von Reflexivität» verbunden sei: «So gesehen liesse sich esoterische Konversion auch als plötzlicher Perspektivenwandel beschreiben, bei dem *auf bisher unbekannte Weise* das Innenleben der Person in den Mittelpunkt der Aufmerksamkeit rückt.»[17]

Die narrative Vermittelbarkeit eigener Erfahrungen spielt im Leben eines Subjekts demnach eine zentrale Rolle, da es eine Abweichung von der Norm grundsätzlich als bedrohlich empfindet. Der Mensch ist in einem sozialen Kontext eingebunden und von diesem bis zu einem gewissen Grad auch abhängig. Ereignisse in der Erzählung formen das Narrativ massgeblich in einem grösser angelegten Kontext bzw. werden im Prozess des Erzählens überhaupt erst gebildet. Der Erzähler versucht also im Augenblick, im Prozess des Erzählens, eine Kohärenz und Stringenz zu erzielen, damit die Erzählung glaubhaft und nachvollziehbar für die Zuhörenden ist. Ereignisse des Vergangenen werden mit der Gegenwart verknüpft und vorausschauend für die Zukunft in einen Zusammenhang gebracht: «Menschliches Verhalten ist weniger durch Instinkte und natürliche Umweltreize ('Signale') bestimmt als vielmehr durch eine sinnhafte Strukturierung seiner Erfahrung und durch die Möglichkeiten, dieses Verhalten und einige wahrscheinliche Folgen gedanklich vorwegzunehmen und somit intentional zu handeln.»[18] Wenn bei Nahtoderfahrungsberichten der Bezug zur Biografie des Erzählenden oder des Zuhörenden hergestellt werden soll,

---

[15] Stenger 1998 S. 201.
[16] Stenger 1998 S. 220.
[17] Stenger 1998 S. 217.
[18] Kriz 2005, 2014 S. 19.

erfolgt dieser auch immer im Kontext der kulturellen und sozialen Gegebenheiten. Bei ausseralltäglichen Erfahrungen wie Nahtoderfahrungen kommt der Umstand dazu, dass deren Erzählungen sozial und kulturell in ihrer Bedeutung auf kontroverse Reaktionen stossen könnten, da sie im Weltverständnis des Alltags grundlegende Annahmen mindestens implizit in Frage stellen. Die Erfahrung als «aussergewöhnlich» zu bezeichnen, kann hier eine adäquate Rahmung setzen. Psychologin Christina Schäfer[19] untersuchte in ihrer Studie «aussergewöhnliche Erfahrungen» (AgE)[20] und beleuchtete dabei die «Konstruktion von Identität und Veränderung in autobiographischen Erzählungen»[21], wobei Nahtoderfahrungen zusammen mit ausserkörperlichen Erfahrungen, UFO-Entführungen, Trance-Zuständen bis hin zu luziden Träumen ein «Subtyp [von] Erfahrungen in veränderten Bewusstseinszuständen»[22] seien. Sie analysiert unter anderem die Bewertung von möglichen Veränderungen in der biografischen Erzählung. Hier zeige sich ein sehr breites Spektrum. Gerade im Kontext von Nahtoderfahrungen beschreibt Schäfer die unterschiedliche Gewichtung von «Veränderungen». Die blosse Benennung von Veränderungen könnten aber noch nichts über deren Bedeutsamkeit für die Betroffenen aussagen.[23] Darüber hinaus könne auch nicht der Verlauf spezifischer Veränderungsformen und Bedeutungszuweisungen den verschiedenen aussergewöhnlichen Erfahrungen vorgenommen werden. Das Feld sei zu heterogen:

> Bei den von den Erzählern beschriebenen Veränderungen scheint es sich demnach nicht um 'Eigenschaften' der jeweiligen aussergewöhnlichen Erfahrung zu handeln, sondern die Art und Weise, in der sich diese Erfahrungen 'auswirken', scheint in erster Linie abhängig davon, in welchem Kontext sie gemacht wurden, in welches Weltbild sie integriert oder eben nicht integriert werden und welche Bedeutung die jeweilige Person ihnen zuschreibt.[24]

---

[19] Schäfer weist auf das Definitionsproblem von «aussergewöhnlich» und «Erfahrung» mehrfach hin lässt diese Begriffe auch im Rahmen der Arbeit bewusst offen. Vgl. Schäfer 2012 S. 217.

[20] Im Kontext der klinischen Psychologie nennt Belz dieselbe Bezeichnung und Abkürzung, allerdings reduziert sich die Definition auf eine engere Rahmung des Auftretens einer solchen Erfahrung: Von AgE spreche man bei Erlebnissen, die bei «bewusstseinsverändernden Praktiken» auftreten können. AgE stünden aber auch mit Erfahrungen mit Spuk, Telepathie oder aussersinnlichen Wahrnehmungen in Verbindung. Vgl. Belz 2009 S. 5.

[21] Schäfer 2012.

[22] Schäfer 2012 S. 26–29.

[23] Schäfer 2012 S. 219.

[24] Schäfer 2012 S. 219.

Interviewte Personen hätten zudem nicht nur die aussergewöhnliche Erfahrung für ihre Veränderung verantwortlich gemacht, sondern auch weitere Lebenserfahrungen in einen Zusammenhang gebracht, wobei Schäfer auch darauf hinweist, dass durch die Betroffenen die «Passung zwischen Deutungsmuster und eigener Erfahrung» auch ausgehandelt werde.

Diese Faktoren von subjektiver Empfindung der weltanschaulichen Veränderung in der biografischen Erzählung werden im Anschluss anhand der erfolgten Datenerhebung für die vorliegende Arbeit erörtert. Der Ansatz des Deutungsmusters, die Topologie der Deutungsebenen und die biografische Narrativierung von Brüchen und Kontinuitäten sind zusammen mit der Darstellung der Erzählung massgebend für die Typisierung.

Teil II
Biografischer Kontext von Nahtoderfahrungsberichten

Im vorangehenden Teil wurde zum einen das Phänomen der Nahtoderfahrung in den Kontext der wissenschaftlichen Diskussion über Sterbe- und Todeserfahrungen eingebettet. Zum anderen wurde die theoretische Anbindung an eine Erzählbarkeit einer solchen Erfahrung in einem spezifischen kulturellen Kontext diskutiert. Im nun folgenden Teil werden Berichte von Personen im Zentrum stehen, die eine von ihr so empfundene «Nahtoderfahrung» gemacht haben und bereit waren, diese zu erzählen und der vorliegenden Studie zur Verfügung zu stellen.

Nach einem kurzen Abriss zum Studiendesign und der Beschreibung der grundsätzlichen Herangehensweise werden die Studienergebnisse skizziert und im Rahmen einer Typisierung die Schlussfolgerungen der Analyse aufgearbeitet.

Empirische Studie: Interviews über Nahtoderfahrungen

6

Im Folgenden wird die Fragestellung erläutert und es werden methodische Überlegungen zur Durchführung der Datenerhebung angestellt. Zudem wird geschildert, wie die erhobenen Daten auswertbar gemacht und ausgewertet wurden.

6.1 Fragestellungen und Zielsetzungen

Prämissen und Vorannahmen

Der Autor der vorliegenden Studie ist agnostisch, wenn es um die Beantwortung der Frage nach dem Realitätsgehalt einer als Nahtoderfahrung empfundenen Erfahrung geht. Ein ontologischer Erkenntnisgewinn steht nicht im Zentrum, sondern das Berichten darüber und die damit verbundenen kulturellen und sozialwissenschaftlichen Aspekte und wie diese individuell verortet werden. Die vorliegende Arbeit betrachtet Nahtoderfahrungen als reine Berichte von Erfahrungen. Die Beantwortung der Frage, ob der Tod dabei anhand medizinischer Kriterien tatsächlich und messbar eintrat oder nicht, blendet die Studie aus. Einzig massgeblich ist die subjektive Sicht der erzählenden Person. Der Tod, seine Definition und die Erfahrung selbst werden durch die Berichtenden in der Deutung mit bisherigen Erfahrungen und Wissen in Relation gebracht, also mit erfahrungsbasiertem und angeeignetem Wissen im Austausch mit dem sozialen Umfeld aber auch unter Rezeption und Einbezug zum Beispiel von Ergebnissen wissenschaftlicher Studien. Dementsprechend ist die Nahtoderfahrung einerseits ein subjektives Ereignis, das andererseits in der Aussensicht in verschiedenen, spezifischen Deutungsebenen kontextualisiert werden kann. Diese können

© Der/die Autor(en) 2025
S. Nadile, *Begegnung mit dem eigenen Tod*,
https://doi.org/10.1007/978-3-658-45726-6_6

von der betroffenen Person mit der eigenen Erfahrung ge- und überprüft und gegebenenfalls eingeordnet werden.

Die subjektive Einordnung einer solchen Erfahrung ist kulturell gerahmt und orientiert sich implizit an typisierten Biografien, die besondere Ansprüche an das Erzählen biografischer Brüche stellen, falls diese in der narrativen Beschreibung im Zentrum stehen sollen. Aus der autobiografischen Erzählung können so einerseits Rückschlüsse auf die Selbstdarstellung gezogen, andererseits auch lebensgeschichtliche Bezugspunkte identifiziert werden, welche Ereignisse und Erfahrungen im Erzählmoment als relevant empfunden wurden und in welcher Beziehung diese zueinander subjektiv stehen.[1] Dabei nimmt die erzählende Person nicht nur auf sich selbst Bezug, sondern auch auf die von ihr interpretierten Welt.[2]

Fragestellung

Der individuelle Umgang mit der Erfahrung, ihre subjektive Deutung und Bedeutungsbeimessung zum Zeitpunkt des Erzählens unter Bezugnahme zum angegebenen biografischen Kontext steht im Zentrum der Befragung. Dabei stehen folgende inhaltliche Fragen im Fokus:

- Was wurde während des subjektiv als «Nahtoderfahrung» bezeichneten Erlebnisses konkret erfahren und wie wird diese individuell zu einer solchen klassifiziert?
- Welche lebensweltlichen und biografischen Aspekte empfindet die Person als in diesem Kontext relevant?
- Welche Bedeutung wird der Nahtoderfahrung grundsätzlich aber auch in der subjektiven Bewertung beigemessen? Welche Bedeutungen und Bezüge aus dem gesellschaftlichen Wissensvorrat werden eigeninitiativ thematisiert und/ oder problematisiert?
- Welche Interpretationsmuster (soziale Deutungsmuster) lassen sich aufgrund der gemachten Interviews ableiten?

Die Fragestellungen überprüfen, ob medial verhandelte, vermeintlich individuelle Eigenheiten und Merkmale von Nahtoderfahrungen jeweils einer spezifischen Deutungsebene zugeordnet werden, die spezifischen Eigenheiten im Sinne dieser Deutungsweise auch kultiviert. Das Phänomen der Nahtoderfahrung wird damit

---

[1] Vgl. Kauppert 2010 S. 163.
[2] Vgl. Kauppert 2010 S. 187 und S. 209.

nicht nur kontextualisiert und in einen sozialen bzw. gesellschaftlichen Zusammenhang gestellt. Ebenfalls berücksichtigt werden der biografische Kontext der erzählenden Person sowie die kulturell und gesellschaftlich bedingte Struktur der dabei in Anspruch genommenen Erzählmodi.

Ziel der Datenanalyse

Die Fragestellungen verbinden zwei analytische Ebenen und zeigen deren unmittelbare Verwobenheit auf: Die in der Debatte um Nahtoderfahrungen vorherrschenden Studien spannen ein Spektrum von sozialen Deutungsebenen auf, welche individuellen Erfahrungen eine Rahmung geben können, subjektive Anliegen kommunikativ zu vermitteln und sozial abzusichern. Diese Vermittlung und Absicherung ist von subjektiven Anliegen geleitet und das Narrativ davon massgeblich bestimmt.

«Ziel der Analyse ist die verdichtende Rekonstruktion eines objektivierten Typus sozialen Handelns aus seinen konkreten, fallspezifischen Ausprägungen heraus»,[3] damit eine in diesem Kontext relevante «Rekonstruktion der gesellschaftlichen Konstruktion von Ordnung»[4] gebildet werden kann. Im Rahmen der Analyse der erhobenen Daten werden unter Einbezug der Deutungsebenen «Typen» herausgearbeitet. Der «Typ» versteht die eigene Erfahrung oder Aspekte davon – auf soziale Deutungsebenen implizit oder explizit referenzierend – anhand eines zu definierenden Erklärungsmodells, welches den subjektiven Handlungsspielraum definiert und die gemachte Erfahrung in einen biografischen Kontext setzt, wobei die Kommunikation der Deutung kausal und sinnstiftend auf das Erlebnis verweist. Die Entwicklung von Typen verbindet soziale Deutungsebenen mit Berichten und verknüpft diese mit einem sozialen Deutungsmuster von Erzählungsmotiven. Auch wenn die Deutung der Erfahrung nur mit Blick auf den eigenen biografischen Kontext erschlossen werden kann, lassen sich damit gleichwohl Grundstrategien im Umgang mit Nahtoderfahrungen ausmachen.

Damit lassen sich Deutungen als in einem sozialen Kontext Stehendes erfassen. Damit bieten sie Ansätze für Strukturmodelle und tragen dem Umstand Rechnung, dass sich Deutungsmuster mit der Zeit ändern können – wie z. B. aufgrund von medizinischen und technologischen Entwicklungen. Sie sind keine monolithischen Blöcke, sondern können mit dem Wandel der Zeit und Gesellschaft gehen. Damit sind Deutungsmuster dynamisch. Neue Berichte können Einfluss auf sie nehmen und sie auf die Berichte. Genauso dynamisch ergeben sich daraus abgeleitete und mit individuellen Faktoren angereicherte Typen: Sie

---

[3] Soeffner 2017 S. 172.
[4] Soeffner und Krämer 1995 S. 13 ff.

entstehen nicht einfach so und verschwinden mit einem spezifischen Deutungsmuster, sondern verbinden jeweils mehrere Deutungsebenen, zwischen denen
Spannungen bestehen können.

6.2   Methodisches Vorgehen in der vorliegenden Studie

Es gibt kein vordefiniertes, festgelegtes Verfahren, mit dem hermeneutische Text-
interpretationen vorgenommen werden müssen.[5] Vielmehr umfassen sie mehrere
Möglichkeiten der Datenanalyse (Feinanalyse, Sequenzanalyse, Interpretation der
objektiven Sozialdaten). In der vorliegenden Studie werden in einem hermeneu-
tischen Ansatz transkribierte Interviews als Texte verstanden, die gedeutet und
interpretiert werden sollen. Die Interviews sind Momentaufnahmen und Resultat
mehrerer Faktoren, wie zum Beispiel persönlicher Umstände, welche die Erzähl-
offenheit und Gesprächsdynamik zwischen Forschendem und interviewter Person
ganz grundsätzlich beeinflussen können.

Forschungsdesign
Bei der vorliegenden Untersuchung handelt es sich um eine qualitativ-induktive
Datenanalyse[6] anhand einer retrospektiven Studie[7], welche die verschiedenen
Fälle beschreiben und typisieren möchte. Eine nicht-standardisierte Datenerhebung eignet sich, da sie keine vorgelegten Fragekategorien vorgibt, die das
Gespräch massgeblich lenken. Die Interviewführung erfolgte in biografisch-
narrativer Frageform mit einer möglichst grossen Ergebnisoffenheit.[8] Diese
Offenheit im Fragen sollte den Probandinnen und Probanden die Möglichkeit
geben, selbst zu entscheiden, was sie wie thematisieren – unaufgefordert und
nicht angeleitet. Bei biografischen Interviews wird die Lebenswelt der Erzählenden analysiert und rekonstruiert. Argumentationslinien werden nur anhand
dessen nachgezeichnet, was die erzählende Person über ihre Biografie sagt. Güte-
kriterium für die Analyse ist die intersubjektive Nachvollziehbarkeit[9] in der
Offenlegung der Datenerhebung.[10]

---

[5] Vgl. Reicherz 1997 S. 36. Und S. 40 ff. Vgl. Kurt und Herbrik 2019 S. 545.
[6] Vgl. Hoffmann 2019 S. 220. und Reicherz 2017 S. 278.
[7] Flick 2017 S. 255.
[8] Vgl. Glaser und Strauss 2012.
[9] Vgl. Steinke 2017 S. 324.
[10] Vgl. Flick 2019 S. 483.

Limitationen

In der Folge werden mögliche Gründe für die Skepsis an der Übertragbarkeit und Wiederholbarkeit der gewonnenen Befunde in den Fokus genommen.

Selektion des Umfangs der Erzählung

An den Forschenden gerichtete autobiografische Stegreiferzählungen entstehen in einem Kontext, der es der antwortenden Person erlaubt, eine «Erfahrungsgeschichte» zu erzählen.[11] Dabei wird angenommen, dass die eigentliche Erzählsituation keine kontextunabhängige ist. Die Selektion und Konfiguration der Elemente wurde bereits vorgenommen oder erfolgt bei Übermittlung der Erfahrungsgeschichte.[12] Gezwungenermassen handelt es sich bei der Erzählung nicht nur um eine Selektion inhaltlicher Art, sondern auch um einen Ausschnitt des Lebens als Momentaufnahme zum Zeitpunkt des Gesprächs. Dabei handelt es sich um eine «psychische Wirklichkeit des subjektiven Erlebens»[13], die in diesem einen Moment so erzählt wird. Darüber hinaus hat das Gespräch auch eine soziale Realität als Interaktion mit dem Interviewenden. Nicht nur die Betroffenen von Nahtoderfahrungen haben Einfluss auf den Gesprächsverlauf, qua ihrer Interpretationen ihrer Erlebnisse und Biografie, sondern auch der Forschende, qua seiner Persönlichkeit, selbst wenn er dies nicht beabsichtigt oder nicht unterbinden kann. Bereits durch Attribute, wie zum Beispiel Geschlecht, Alter, Ausstrahlung, Gestik und Mimik, werden die Interviewten in ihrem Erzählen beeinflusst. Die Ausgestaltung einer Erzählung hängt davon ab, inwiefern die zuhörende Person bekannt ist, wie vertrauenserweckend sie auf das Gegenüber wirkt, wie sehr das Umfeld den Erzählfluss hemmen oder begünstigen kann (laute Umgebung, Drittpersonen, die dazustossen und die Aufmerksamkeit der Gesprächspartner einfordern, etc.).

Datenanalyse

Bei der Datenanalyse handelt es sich um eine Interpretation des Forschenden. Er deutet die von ihm erhobenen Daten. In der Datenanalyse betrachtet und reinterpretiert der Forschende die Lebenswelt der betroffenen Person aus der Perspektive seiner eigenen Lebenswelt.

---

[11] Vgl. Kauppert 2010 S. 221.
[12] Vgl. Kauppert 2010 S. 223.
[13] Vgl. Straub 2013 S. 113 ff.

Deutungsmusteridentifikation in der Datenanalyse

Es besteht die grundsätzliche Schwierigkeit, aus einem definierten Datenkorpus Deutungsmuster zu identifizieren, insbesondere, wenn diese aus einer vergleichsweise geringen Zahl von Interviews generiert werden sollen. Schliesslich sind Strukturmerkmale eines Deutungsmusters und deren Erkennungsmerkmale schwer von anderen Mustern zu trennen, wenn es sich um wenige Interviewteilnehmende handelt. Ebenfalls schwierig ist, die eigentlichen Deutungsmuster von ihren Derivationen abzuleiten. Auch Hoffmann problematisiert im Kontext der Deutungsmusteranalyse diese «Bezugsprobleme».[14] Dabei sei zu berücksichtigen, dass die im Endergebnis identifizierten Deutungsmuster eines Datenkorpus von Anzahl, Ausprägung und Unterschiedlichkeit der Interviews massgeblich beeinflusst ist. Wenige, womöglich in der inhaltlichen Struktur und im Verlauf nicht besonders unterschiedliche Interviews können dazu verleiten, Deutungen möglichst kontrastieren zu wollen.[15] Aus diesem Grund sollte ein einzelnes Interview nicht als «Fallbeispiel» repräsentativ für ein Deutungsmuster gelten, sondern in Sequenzen eingeteilt und unabhängig vom Deutungsmuster analysiert werden, um diese Analysen letztlich wiederum mit anderen Beispielen zu Deutungsmustern zu «verdichten».[16]

Formale Rahmenbedingungen des Interviews

Die inhaltlichen Einschränkungen basieren unmittelbar auf den formalen Rahmenbedingungen: Die offene Form der Interviews könnte gerade dazu führen, dass die Ergebnisse durch ihre eingeschränkte Strukturierung kaum auswert- und vergleichbar sind. Die Berichte unterliegen durch Befragung von Deutsch sprechenden Personen zudem kulturellen Einschränkungen, da sich die Interviewprobandinnen und -probanden auf einen geographisch sehr kleinen Teil beziehen. Verstärkt wurde der Effekt, dass der geplante Aufruf an die Medienanstalten gerade von bernischen Redaktionen besonders häufig aufgegriffen wurde und entsprechend gerade im Kanton Bern und in der Stadt Bern besonders Aufmerksamkeit in verschiedenen regionalen Zeitungen erhielt.

Es wurde den Probandinnen und Probanden zwar angeboten, sie in ihrer Wohnung zu besuchen, um das Interview durchzuführen. Doch wenn sie dies nicht wollten, könnten sie die mit der Alternative, selbst an die Universität Bern zu kommen verbundene Anreise als zu weit empfinden und sich daher nicht gemeldet haben. Die Studie hat in der Folge auch aufgezeigt, dass die meisten Personen

---

[14] Hoffmann 2019 S. 204 ff.
[15] Hoffmann 2019 S. 214.
[16] Hoffmann 2019 S. 214.

aus dem Kanton Bern gekommen sind. Die geographische Einschränkung hat sich also in diesem Sinne nochmals verstärkt. Zudem könnte gerade die akademische Verortung der Studiendurchführung Probandinnen und Probanden abgeschreckt, aber auch angezogen haben. Für Letzteres spricht, dass sie aufgrund ihres persönlichen Bezugs zur Nahtoderfahrung einer wissenschaftlichen Herangehensweise an sie wohlwollend entgegentreten oder sich gar herausgefordert fühlen, einer wissenschaftlich fundierten Prüfung ihrer Auffassung ihrer Erfahrung Stand zu halten.

Da der Interviewort nicht einheitlich vorgegeben war, konnte bei Hausbesuchen nicht sichergestellt werden, dass die Interviewsituation ungestört bleibt: Durch Unterbrechungen (Telefon, Haustürklingeln, etc.) hätte die Interviewsituation grundsätzlich nahezu jedes Mal ganz anders ausfallen können. Die Person hätte Schwierigkeiten haben können, wieder an der Erzählung anzuknüpfen, nachdem sie unterbrochen wurde. Dies war aber bei keinem der durchgeführten Interviews der Fall. Es wurde bereits bei der Vereinbarung des Termins darauf hingewiesen, für ein möglichst ruhiges Umfeld zu sorgen.

Das Internet, eine Mailadresse oder ein Telefon galt als indirekte Voraussetzung zur Kontaktaufnahme. In der Schweiz ist das Internet zwar weit verbreitet und der Mobilfunk weit ausgebaut – womit auch mit mobilen Geräten wie Smartphones und Laptops jederzeit und nahezu von überall zugegriffen werden kann. Doch gilt die Voraussetzung, die modernen Kommunikationstechnologien auch nutzen zu wollen. Nur wer Vertrauen in dieses Medium hat, ist bereit, sich darüber zu melden.

Reflektierte Subjektivität

Zum Zeitpunkt der Datenerhebung war es möglich, die folgenden, nicht mit dem Forschungsprojekt zusammenhängenden Informationen über den Forschenden im Internet abzurufen:

– Die berufliche Anstellung an der Berner Fachhochschule als wissenschaftlicher Mitarbeiter und Zuständiger für IT-Anforderungen
– Preisträger des Fritz-Stolz-Preises der Schweizerischen Gesellschaft für Religionswissenschaft (SGR) für die Masterarbeit über Spiritismus und deren Leistung im Kontext von Trauerverarbeitung an einem konkreten Beispiel eines populären Mediums. Die gesamte Masterarbeit steht auf der hiesigen Website zum Download zur Verfügung.
– Mitglied am Graduiertenkollegium «Institute of Advanced Studies for the Humanities and Social Sciences» (IASH) an der Universität Bern

Beruflich, privat und universitär waren und sind die Engagements des Forschers konfessionell neutral. Um gar nicht erst Zweifel daran aufkommen zu
lassen, wurde es zudem vermieden, auf der eigens für das Projekt online gestell-
ten Website nahtod.ch das «Institut für Religionswissenschaft» prominent zu
nennen. Auch im Footer wurde nicht die Postadresse des religionswissenschaft-
lichen Instituts, sondern die Adresse des Graduiertenkollegs genannt. Ziel war
es, die falsche Vorstellung, die Religionswissenschaft sei nicht konfessionsneu-
tral, sondern betreibe dezidiert christliche Theologie, gar nicht erst aufkommen
zu lassen.

Der Forscher, in der Schweiz in einem christlich-reformierten Kulturkon-
text sozialisiert, ist in keiner Weise mit Interessengemeinschaften, Vereinen oder
Organisationen verbunden, welche religiöse Interpretationen von Nahtoderfahrungsberichten und Religion ganz allgemein besonders vertreten oder ablehnen.
Zudem ist er weder Mitglied einer öffentlich-rechtlich anerkannten Religionsgemeinschaft noch fühlt er sich einer anderen Gemeinschaft zugewandt, auch keiner
dezidiert religionskritischen Organisation. Er hat weder selbst eine Nahtoderfahrung gemacht noch befinden sich Personen im Bekanntenkreis, die über solche
oder ähnliche Erfahrungen gesprochen hätten. Das Interesse am Thema erfolgt
aus rein sozialwissenschaftlichem Interesse. Es geht ausschliesslich um die oben
erläuterte Forschungsfrage.

6.3   Stichprobe

Auswahlverfahren
Das Auswahlverfahren, das Sampling und die Fallkonstruktion[17] orientieren sich
am Ziel der Datenerhebung, wobei potenzielle Probandinnen und Probanden
möglichst in ihrer ganzen Breite angesprochen werden sollten. Dabei sollte es
unwesentlich sein, ob sich die Person bereits öffentlich ausführlich zu ihrer
Erfahrung geäussert oder dem Ereignis bereits eine dezidierte Deutung zugewiesen hat oder nicht. Die Offenheit oder Verbindlichkeit zur Deutung der eigenen
Erfahrung bleibt im Aufruf unerwähnt und damit weder Ein- noch Ausschlusskri-
terium für Probanden. Es wurde lediglich deskriptiv darauf hingewiesen, dass die
Meinungen in der öffentlichen Debatte auseinander gehen können. Ausnahmslos alle Personen, welche sich für ein Gespräch bereit erklären, wurden auch zu
einem Interview eingeladen. Es gab lediglich folgende Ausschlusskriterien oder

---

[17] Vgl. Flick 2016 S. 155 ff.

Vorselektionen: Da die Interviews persönlich, im Rahmen eines direkten Face-to-Face-Treffens stattfinden sollten, wurde der Aufruf auf in der Schweiz lebenden Personen begrenzt. Damit sollte die An- und Abreise innerhalb eines Tages stattfinden können. Die Interviews wurden zudem ausschliesslich in deutscher oder schweizerdeutscher Sprache gehalten.

Bei allen Interviewpartnerinnen und -partnern wurde das gleiche Interviewformat angewendet. Sämtliche Interviews wurden vom selben Forscher durchgeführt, idealerweise mit demselben Vorwissen zur Studie. Damit die Vergleichbarkeit des Datenmaterials sichergestellt werden kann, sollten dem Forscher keine Probanden bereits bekannt sein. Die Teilnehmenden mussten sich stets selbsttätig über den Aufruf melden und für ein Interview zur Verfügung stellen. Durch Zusicherung zur Anonymisierung der erhobenen Daten wurde sichergestellt, dass die interviewten Personen bei einer Veröffentlichung, zum Beispiel im Rundfunk oder im Fernsehen, nicht mit direkten Reaktionen aus der Öffentlichkeit zu rechnen hatten. Zudem gab es keinerlei finanzielle oder anderweitige Anreize, sich zur Verfügung zu stellen, da die Teilnahme nicht monetär entgolten wurde oder aber anderweitig kommerzielle Aktivitäten möglich gewesen wären.

Es wurde bei der Suche nach Probandinnen und Probanden darauf verzichtet, religiöse Gemeinschaften oder religionskritische Interessensgemeinschaften oder jedwede weitere weltanschaulich einschlägige Gruppierung explizit anzusprechen. Damit sollte eine Häufung von Personen vermieden werden, deren Überzeugungen nicht im Wesentlichen aus eigenen Erfahrungen entsprungen, sondern von Dritten definiert worden sind. Der Aufruf erfolgte daher über möglichst konfessionell neutrale Massenmedien und wurde neutral aufgesetzt.[18]

Interviewaufruf und Kontaktaufbau
Über eine Medienmitteilung, unter anderem auch an die Schweizerische Depeschenagentur (sda), wurde auf die Studie aufmerksam gemacht. Der Aufruf wurde durch die sda aufgegriffen und daraufhin von einigen Gratiszeitungen in der Schweiz, weiteren Tageszeitungen, Onlineportalen sowie Wochen- und Monatsmagazinen verwendet und ohne Rücksprache mit dem Verantwortlichen für das Forschungsprojekt redaktionell überarbeitet.

Die Betroffenen haben sich aufgrund dieses Aufrufs via Telefon, über den Postweg oder über das Webformular der Projektwebsite gemeldet und sich für ein Gespräch zu ihrer Erfahrung bereit erklärt. Am häufigsten wurde das Webformular gewählt. Dann wurde ein Termin vereinbart, wobei es der betroffenen Person

---

[18] Die elektronische Version dieses Kapitels enthält Zusatzmaterial, das berechtigten Benutzern zur Verfügung steht. Vgl. Anhang 3: Aufruf zur Studienteilnahme.

überlassen wurde, ob sie nach Bern ins universitäre Institut kommt, zu Hause oder an einem anderen Ort interviewt wird. Das Institutsgebäude war unweit des Bahnhofs sehr einfach zu Fuss erreichbar, womit die Anreise mit den öffentlichen Verkehrsmitteln ohne weitere Probleme erfolgen konnte. Die Betroffenen mussten allfällige Kosten für ihre Anreise in Gänze selbst tragen.

Stichprobenbeschreibung

41 Personen haben sich insgesamt gemeldet. 34 davon haben sich über das Kontaktformular auf der Website gemeldet. In 20 Fällen wurden sie über Tageszeitungen[19] auf das Projekt aufmerksam, in vier Fällen über den Newskanal von Bluewin und den restlichen drei Fällen über Google-Suche und Linkverweisungen aus anderen, digitalen, konfessionslosen Medien. Daraufhin wurde entweder via Mail oder telefonisch ein Termin ausgemacht. Mit 32 Personen kam ein Gespräch zustande, davon wurden n = 27 Interviews ausgewertet. Die neun Personen, die sich zunächst ausschliesslich schriftlich gemeldet hatten, waren in der Folge für eine weitere Kontaktaufnahme und eine Terminvereinbarung nicht mehr erreichbar.

Fünf Interviews konnten jeweils aufgrund einer der folgenden Umstände nicht verwertet werden:

- Eine Person lehnte eine Aufnahme des Gesprächs ab.[20]
- Bei zwei Interviews stellte sich heraus, dass die Personen nach eigenen Angaben keine Nahtoderfahrung gemacht hatten, jedoch grundsätzlich an diesem Thema interessiert und auf der Suche nach Kontakten zu Betroffenen waren.
- Zwei Personen wollten ihre Erfahrung nicht als Nahtoderfahrung bezeichnen. In einem Falle sprach die Person von einem «Traum» und lehnte die Bezeichnung «Nahtoderfahrung» ab. Im anderen Falle erfolgte die im Zentrum stehende Erzählung erst in einem mehrwöchigen Abstand zur lebensbedrohlichen Situation und daraufhin im Laufe der nachfolgenden Jahre. Die betroffene Person bezeichnet diese Phase selbst als «Traumzeit» und nicht als Nahtoderfahrung und beschreibt sie als Ahnungen des Todes.

---

[19] Es handelt sich einerseits um kostenlose Tageszeitungen, wie «20 min» (8 Fälle) und der «Blick am Abend» (2 Fälle), andererseits über kostenpflichtige Tageszeitungen, wie die «Berner Zeitung» (9 Fälle) und «Der Bund» (1 Fall). Alle Zeitungen sind in der gesamten deutschsprachigen Schweiz verfügbar, die kostenlosen Zeitungen konzentrierter im urbanen Raum, die beiden bernischen Zeitungen werden vermehrt im Kanton Bern rezipiert.

[20] Dies war das erste Interview und galt als Pretest.

Tabelle 6.1 Datenkorpus mit Angaben zu NTE

Name	Geschlecht	Alter zum Zeitpunkt des Interviews	Alter zum Zeitpunkt der NTE	Jahre zwischen Ereignis und Interview
Alexandra	W	58	25	33
Andrea	W	43	27	16
Anna	W	79	41	38
Caroline	W	59	38	21
Daria	W	46	6	40
Erich	M	60	45	15
Erika	W	73	**72**	**1**
Guido	M	52	8	44
Judith	W	44	36	8
Kathrin	W	55	29	26
Lea	W	41	16	25
Marcel	M	**81**	18	63
Maria	W	70	59	11
Marlene	W	75	24	51
Nathalie	W	61	32	29
Paolo	M	50	27	23
Peter	M	40	23	17
Petra	W	54	23	31
Raphael	M	46	36	10
René	M	58	30	28
Samuel	M	**35**	18	17
Tanja	W	61	30	31
Theresa	W	73	**5**	**68**
Tobias	M	57	52	5
Vanessa	W	56	21	35
Werner	M	76	9	67
Yolanda	W	46	44	2
Mittelwert		*57*	*29*	*28*
Median		*56*	*27*	*25*

(Fortsetzung)

Tabelle 6.1 (Fortsetzung)

Name	Geschlecht	Alter zum Zeitpunkt des Interviews	Alter zum Zeitpunkt der NTE	Jahre zwischen Ereignis und Interview
Min		*35*	*5*	*1*
Max		*81*	*72*	*68*

Die folgenden Personen (10 Männer und 17 Frauen) haben ihre Erfahrung geteilt. In der Tabelle 6.1 wird ersichtlich, wie alt die Probandinnen und Probanden zum Zeitpunkt des Interviews und zum Zeitpunkt der Erfahrung waren. In der rechten Spalte findet sich die sich daraus ergebende Differenz. Am Ende der Tabelle finden sich Mittelwert, Median, Mini- und Maximalwert, die in der Tabelle zudem fett markiert sind. Aus Datenschutzgründen wurden sämtliche Namen geändert und eindeutig zuordbare Personendaten anonymisiert.

6.4   Datenerhebung

Das Gespräch sollte so ungezwungen wie möglich gestaltet werden. Über den formalen Rahmen sollte vorab telefonisch oder schriftlich via E-Mail informiert werden. Bereits bei der Vereinbarung des Termins wurde darauf hingewiesen, dass das Interview nicht so sehr eine klassische Frage-Antwort-Situation sein soll, sondern vielmehr ein offenes Gespräch.

Interviewablauf
Die Gespräche mit den Betroffenen wurden einmalig und mittels narrativer Interviews[21] geführt. Diese wurden in drei Teile gegliedert: einen ersten ungesteuerten und offenen, einen zweiten strukturierten und einen dritten standardisierten. Für den ersten Teil wurde die offene Frageform gewählt, weil sie ermöglicht, jene Aspekte der Erfahrung zu erfassen und zu berücksichtigen, welche Betroffene für besonders erzählenswert halten.[22] In der Folge wurden beim Typisierungsvorgang die relevanten Aspekte entsprechend geclustert.

---

[21] Vgl. Küsters 2019 S. 687 ff.

[22] Die elektronische Version dieses Kapitels enthält Zusatzmaterial, das berechtigten Benutzern zur Verfügung steht. Vgl. Anhang 4: Leitfaden und Fragekatalog zur Datenerhebung.

Erster Teil: Ungesteuert und offen
Die interviewte Person wurde erst unmittelbar vor Gesprächsbeginn dazu eingeladen, über ihre Nahtoderfahrung frei zu erzählen. Dabei entsteht unweigerlich
eine asymmetrische Erzählsituation zwischen Zuhörer und Erzähler[23]. Die interviewte Person wurde darauf hingewiesen, dass sie Reihenfolge, Beginn, Verlauf
und Abfolge selbst wählen kann. Sie wurde zudem darauf aufmerksam gemacht,
dass der Interviewer ab und an Notizen vornehmen und die erzählende Person
bei ihrer Erzählung nicht unterbrechen, sondern mögliche weitere Fragen dann in
der Folge stellen wird.
    Dieser offene erste Interviewteil sollte möglichst lange andauern. Denn er
sollte nicht nur den relevanten Inhalt umfassen, sondern zugleich auch dokumentieren, wie die Person über ein derartiges Ereignis berichtet und welche
Schwerpunkte sie setzt, welche Themen sie als Voraussetzung dafür erachtet,
die Erfahrung überhaupt erzählbar zu machen. Dieser erste Teil legte auch häufig
die Erwartungshaltung frei, mit der die Person ins Gespräch gekommen war.

Zweiter Teil: Immanentes Nachfragen[24]
Der zweite Interviewteil war davon geprägt, Rückfragen zum Gesagten zu stellen.
Die Fragen führten entweder zu ergänzenden Ausführungen zu einem Aspekt oder
zur Klärung von Verständnisfragen. Die die ergänzenden Ausführungen eröff-
nenden Rückfragen wurden so offen wie möglich gestellt, mit dem Ziel, die
Person weiterhin möglichst frei ausführen zu lassen, um ihre Themenschwer-
punkte möglichst autonom zu setzen. Abermals sollte die interviewte Person
mögliche, weitere Schwerpunkte selbst legen und die wichtigen Aspekte selbst
benennen können.
    Die Verständnisfragen sollten nicht nur Unklarheiten verkleinern, sondern
auch eine natürlichere Gesprächsdynamik einleiten, die das Vertrauen zwischen
interviewter Person und Interviewer stärkt. Im Gesprächsverlauf sollten die Personen von sich aus auf weitere Aspekte eingehen. Zusätzlich sollte ein erhöhter
Detaillierungsgrad in den erfragten Bereichen erreicht werden.

Dritter Teil: Exmanentes Nachfragen[25]
    Grundlegende Angaben zur Nahtoderfahrung, falls noch nicht erwähnt, wur-
den explizit erfragt:

– Alter zum Zeitpunkt der Nahtoderfahrung

---

[23] Küsters 2019 S. 689.
[24] Küsters 2019 S. 690.
[25] Küsters 2019 S. 690.

- Alter zum Zeitpunkt des Interviews
- Konkrete Umstände, die zur Nahtoderfahrung geführt haben
- Möglichst präzise Erzählung der Nahtoderfahrung

Inhaltliche und kontextuelle Fragen:

- Mit wem und wie oft wurde die Erfahrung mit anderen geteilt?
- Wie wurde die Deutung der Erfahrung angegangen (Gespräche mit Expertinnen und Experten, eigene Literaturrecherche, o.ä.)?
- Wie ist die Bedeutung der Erfahrung heute einzuordnen und welche Bedeutung wird sie in Zukunft haben?

Fragen zum Zugang zur Studie, zur Erwartungshaltung und Motivation

- Wie wurde die Person auf die Studie aufmerksam (z. B. Medienkanal)?
- Wie ist der Entscheid, an der Studie teilzunehmen, erfolgt bzw. was war die ansprechende Wirkung des Aufrufs auf die interviewte Person zum Zeitpunkt der Rezeption?
- Was ist die Motivation, an der Studie teilzunehmen?
- Welche Erwartungen richten sich an die Studienergebnisse?
- Wie, falls überhaupt, hat sich die befragte Person auf das Gespräch vorbereitet?

Abschliessende Fragen und Ausblick

- Wie wurde das eben gemachte Interview erlebt?
- Gibt es grundsätzliche Ergänzungen, Feedbacks, Dinge, die noch nicht angesprochen wurden?

Interviewort
13 von 27 Interviewpartnerinnen und -partnern entschieden sich, zum Institut nach Bern ins Gartenhaus der Graduate School zu kommen. Das Gartenhaus sorgte für die nötige Ruhe und für ein entspanntes, nicht-akademisches Umfeld. Der Raum war einfach eingerichtet – ein Tisch, Stühle, keine Bilder an der Wand. Die interviewte Person sass mit dem Rücken zur Wand, Blick zum Fenster. Der Interviewer sass um die Tischecke in einem 90-Grad-Winkel zur interviewten Person. Auf dem Tisch standen eine Wasserflasche und Trinkbecher. Zudem lag

ein Block vor dem Interviewer und in der Tischmitte ein kleines, unauffälliges Diktiergerät.

Interviewdurchführung

Nachdem die interviewte Person ohne Aufforderung durch den Interviewer klar verbal signalisiert hatte, dass sie nun im Rahmen des offen erzählten Teils zu Ende gesprochen hat («das wäre es», «so weit mal», «jetzt stehe ich für Ihre Fragen zur Verfügung», o.ä.) – wurden Rückfragen gestellt. Dabei wurde immer auf Gesagtes referenziert, es wurden keine Themen beigezogen, die die interviewte Person nicht selbst erwähnt hatte. Mit diesem initialen, offenen Gesprächsteil gingen die Interviewten unterschiedlich um. Ihr Umgang war auch von ihrer Erwartungshaltung abhängig: Je weniger die Person eine konkrete Vorstellung vom Gespräch hatte, desto weniger war sie irritiert und damit gewissermassen in der Beantwortung der Frage überfordert. Zwei Personen waren ratlos, wo sie anfangen sollen. Der Interviewer erklärte erneut, dass es nicht wichtig sei und es allein darauf ankomme, was ihnen in den Sinn komme – die Gedanken frei und ungezwungen ihren Lauf lassend. Die meisten Personen begannen damit, sich selbst vorzustellen und ihre Personalien anzugeben – wann und wo sie geboren worden sind, wo sie aufgewachsen und in die Schule gegangen sind, welche Ausbildung sie genossen haben, wie sie ihren Partner oder ihre Partnerin kennengelernt, gegebenenfalls geheiratet und eine Familie gegründet haben, etc. Sie skizzierten damit instinktiv die aus ihrer Sicht wichtigsten Lebensstationen, umrissen den Umstand, wie es zu ihrer Erfahrung kam und trennten sie in der Regel mit einer kurzen einleitenden Bemerkung explizit von der biografischen Erzählung ab – meist durch eine Äusserung wie «und dann kam dann eben dieses Erlebnis».

Dauer und Detaillierungsgrad fielen zwar von Interview zu Interview verschieden aus. Doch verhielten sich dieselben Personen über ihr gesamtes Interview recht konstant. Wenn eine Person schon beim ersten offenen Teil nicht sonderlich detailliert erzählte, tat sie dies in den folgenden Teilen auch nicht. Das lässt vermuten, dass der Erzählstil – und der damit verbundene Detaillierungsgrad – mit der ganz generellen Erzählart der erzählenden Person zusammenhängt und vergleichsweise unabhängig vom Thema ist.

Im Interviewverlauf des zweiten Teils konnte die Beobachtung gemacht werden, dass die Personen im Verlaufe des Gesprächs auch intimere, teilweise ganz persönlich bedeutsame Aussagen zu machen bereit waren. Das spricht dafür, dass mit zunehmender Dauer des Gesprächs ein Vertrauensverhältnis aufgebaut wurde. Denn Äusserungen zu diesen sensiblen Bereichen wurden nicht gleich von Beginn an preisgegeben. Deshalb war der strukturiertere Folgeteil mindestens so wichtig wie der erste Teil. Schliesslich lieferte er wichtige Zusatzergebnisse und legte zunächst verborgene Zusammenhänge frei.

Da ausschliesslich auf Themenbereiche eingegangen wurde, die bereits genannt wurden, und dies ebenfalls möglichst offen («Können Sie das bitte noch ausführen?»), blieb die Gesprächsführung auch an dieser Stelle noch verhältnismässig offen. Nichtsdestotrotz blieb die Steuerung keineswegs aus, da einige Personen – vor allem unsichere – das Gefühl bekommen haben schienen, der Interviewer frage etwas ganz Bestimmtes ab oder wolle dies gar hören.

Die grundlegenden Fragen – d. h. inhaltliche und kontextuelle Fragen zur Nahtoderfahrung – wurden bereits in den ersten beiden Teilen beantwortet und mussten im dritten Teil nicht mehr explizit erfragt werden. Vielfach hatte die interviewte Person auch bereits erwähnt, weshalb die Person sich für die Studie gemeldet hat und wie der Kontaktaufbau erfolgte. Deshalb waren auch zu diesem Aspekt die meisten Fragen bereits beantwortet worden.

Die Antwort auf die abschliessende Frage, wie sich die interviewte Person nach dem Gespräch nun fühlt, fiel immer positiv aus. Grundsätzlich und in aller Regel herrschte immer ein sehr entspanntes und durchwegs angenehmes Gesprächsklima. Aus Sicht des Forschers waren die Interviewten nie direkt irritiert oder eingeschränkt.

6.5   Datenauswertung

In der Folge werden die Transkriptionsregeln erläutert, damit die in den anschliessenden Kapiteln aufgeführten Zitate gut lesbar sind. Zudem wird der Datenanalyse- und der darauffolgende Typisierungsvorgang beschrieben, um die notwendige Transparenz und Nachvollziehbarkeit zu gewährleisten.

Transkriptionsregeln
Sämtliche Gespräche sollten vollständig transkribiert werden, damit alle erwähnten Themen in die Datenanalyse einfliessen können. Dabei sollte die Transkription das Gesagte so gut wie möglich abbilden können. Die Transkription orientiert sich grundsätzlich am Gesprächsanalytischen Transkriptionssystem (GAT), das die konversationsanalytischen Notationskonventionen (CA) miteinschliesst bzw. auf ihnen aufbaut:

– Literarische Umschrift (allerdings ohne Abbildung dialektaler Eigenheiten): keine Trennung am Zeilenende, keine Grossschreibung

– Obwohl die Gespräche im Schweizerdeutschen geführt wurden, sollen diese aufgrund der besseren Analysierbarkeit (via f4analyse) ins Hochdeutsche übertragen werden. Satzstruktur, Tempora, Syntax müssen aber selbst dann gleich bleiben, wenn sie im Hochdeutschen grammatikalisch falsch sein sollten.

– Schweizerdeutsche Redewendungen und/oder Begriffe, die im Hochdeutschen kein direktes Äquivalent haben, werden auch so transkribiert. In unmittelbarer Folge kann in geschweiften Klammern ein Übersetzungsvorschlag angegeben werden (siehe Textkennzeichnungen).

– Sämtliche Namen, Orte und Daten werden anonymisiert. Diese werden durch eine Umschreibung in geschweiften Klammern ersetzt. Bsp.: „Ich heisse {Vorname} {Nachname} und bin in {Ort} geboren." Je nach Kontext kann die Umschreibung näher spezifiziert werden (z. B. durch Unterscheidung von Wohnort und Arbeitsort, etc.).

– Die Transkription eines Interviews erfolgt möglichst exakt (ohne Annäherung an die Schriftsprache).

– Nonverbales Verhalten in Form von Geräuschen wird transkribiert.

Die Textkennzeichnungen sind wie in Tabelle 6.2 vorgenommen worden und werden in den folgenden Zitaten grösstenteils wiedergegeben. Stotternde Passagen wurden jedoch entfernt, um den Lesefluss zu verbessern.

Datenanalysevorgang

Die Audiodateien und transkribierten Interviews wurden in die qualitative Datenanalyse-Software «MAXQDA» eingelesen und daraufhin systematisch offen codiert. Gleichwohl dienten die Textpassagen als Inhaltsbausteine. Danach wurden die Codes kategorisiert und strukturiert. Zu Beginn wurden zunächst die ungesteuerten und gesteuerten Interviewpassagen (erster und zweiter Teil) als «freies, ungeführtes Erzählen» und «Gesprächsteil» mit entsprechenden Farbcodes markiert. Damit wurde erstens visuell festgehalten, wie gross der Anteil des ungeführten Teils am Gesamtgespräch ist und welche Aussagen im geführten und welche im freien Teil getroffen wurden. Ebenfalls farblich codiert wurde die eigentliche Erzählung der Nahtoderfahrung, um zu eruieren, welchen Anteil sie am Gesamtgespräch bzw. an der freien Erzählung ausgemacht hat. In der Folge wurden die Transkripte inhaltlich segmentiert, wobei vor allem auf sprachliche Signale geachtet wurde, mit denen die interviewte Person explizit auf andere Aspekte hinweisen wollte – wie z. B., «etwas Weiteres, was mich beschäftigte», «etwas Anderes war auch», «das kam noch dazu» und Ähnliches.

Tabelle 6.2 Transkriptionsregeln

Kennzeichnungen/Beispiel	Beschreibung
betont	Betont, aber nicht laut
LAUT	laut
?	Stimme am Ende hoch wie bei Frage
:u:nd	Dehnung
.	Absenken der Stimme
(.)	Mikropause
,	Pause in Sekunden
( )	Unverständliche Passage; vermuteter Wortlaut oder Silbe kann in Klammern stehen
Wortabbr:	Wortabbruch oder Abbruch der syntaktischen Einheit
i-i-ist	Stottern
dann = also	Verschleifung
((lacht)) ((kratzendes Geräusch))	Nonverbale und paraverbale Handlung / Vokalisationen / Artikulationen / nichtmorphemisierte Expressionen (ausser ähm)
<<lachend> das hat er wirklich so gesagt> <<weinend> das konnte so nicht weitergehen>	Gleichzeitig zu verbalen Handlungen verlaufende nonverbale Handlung / Artikulationen; auch: interpretierende Angaben
sich beeilen {jufle}	Übersetzung(svorschlag) schweizerischer Ausdrücke und/oder Redewendungen, die keine adäquate Übersetzung im Hochdeutschen finden.
I: Wie konnte das [passieren?] B: [ach] wissen sie	Gleichzeitiges Sprechen
((...))	Auslassungen im Transkript

Das Gespräch konnte so in einem ersten Schritt grob in inhaltliche Teile eingegrenzt werden, wobei ganz unterschiedliche Erzählstile zu Tage traten – von strukturiert und kausale Zusammenhänge aufzeigend bis hin zu sehr diffus und redundant. Neben dieser groben inhaltlichen Einteilung wurde daher das gesamte Transkript zusätzlich in kleine Einheiten codiert, und zwar in der Regel offen. Dies wurde zunächst mit allen Transkriptionen gemacht. Kategorisiert

wurde erst danach. So sollte verhindert werden, dass ein anhand eines ana-
lysierten Transkripts erstelltes Kategoriensystem auf die Analyse des nächsten
Transkripts übertragen wird. Kategorisiert wurde stattdessen über den gesamten
Code-Pool – und nicht nur anhand eines einzelnen Gesprächs. Die Codes wurden
Subkategorien zugewiesen, welche wiederum, sofern möglich, Hauptkategorien
zugewiesen wurden.

Typisierungsvorgang
Die Typisierung der Nahtoderfahrungsberichte erfordert nicht nur Kategorisierungen des Datenkorpus, das heisst die Erstellung von gemeinsamen, zusam-
menführenden Kategorien über alle Transkripte hinweg, sondern auch die Kontextualisierung auf biografische Ereignisse im Bericht an und für sich. Hierfür
wurde zusätzliches Analysematerial gebildet, indem sämtliche verwendeten Interviews strukturiert und systematisch zusammengefasst wurden.[26] Dabei wurden
der biografische Kontext, der unmittelbare Lebenszusammenhang der Nahtoderfahrung sowie die Nahtoderfahrung selbst zusammengetragen und die relevanten,
im Gespräch vorherrschenden thematischen Schwerpunkte festgehalten. Diese
konnten von Interview zu Interview variieren, da die Probandinnen und Probanden ihre Fokusthemen aufgrund der offenen Interviewführung weitestgehend
selbst wählen konnten.

Die Gesprächsschwerpunkte pro Interview wurden erst im Nachgang zur Kategorisierung analysiert, damit keine Schwerpunkte schon in der Kategorisierung
vorweggenommen werden. Zudem wird nach der Generierung der Codes kategorisiert, um die Daten ein zweites Mal unter anderen Vorzeichen zu prüfen.
So können etwaige weitere Faktoren herausgearbeitet und bereits bestehende
validiert werden. Dieser Validierungsvorgang findet auch erst nach dem Zusam-
mentragen aller Interviews statt, um die Faktoren und Eigenschaften der Typen zu
identifizieren. Die Konstellation aus Codes, biografischen Abhängigkeiten, narrativer Argumentationslinie und interpretativ zusammenhängenden Deutungsebenen
ergeben dann den spezifischen Typ. Ein Faktor muss kein Alleinstellungsmerkmal
sein, sodass er mehr als einem Typ zugewiesen werden kann. Stattdessen ist es
die Konstellation mehrerer Faktoren, die die Zuordnung zu einem Typ eindeutig
macht.

---

[26] Die elektronische Version dieses Kapitels enthält Zusatzmaterial, das berechtigten Benutzern zur Verfügung steht. Vgl. Anhang 5: Fallbeschreibungen des Datenmaterials.

Studienergebnisse: Gemeinsame Faktoren eines NTE-Berichts

Im Folgenden werden zunächst die Faktoren bestimmt, die die verschiedenen Berichte miteinander verbindet. Diese sind vor allem kulturell bedingte Eigenheiten, die das Erzählen von mitunter unglaublich scheinenden Ereignissen erschweren, ermöglichen oder begünstigen. Zunächst werden die Hauptkategorien des aus dem Datenmaterial generierten Kategoriensystems erörtert.

7.1 Aus dem Datenmaterial generiertes Kategoriensystem

Das Kategoriensystem besteht aus insgesamt 4057 codierten Textsegmenten, woraus die in Tabelle 7.1 aufgeführten, inhaltsorientierten Hauptkategorien generiert wurden.[1]

---

[1] Die elektronische Version dieses Kapitels enthält Zusatzmaterial, das berechtigten Benutzern zur Verfügung steht. Vgl. Anhang 5: Codesystem: Haupt- und Subkategorien.

Ergänzende Information Die elektronische Version dieses Kapitels enthält Zusatzmaterial, auf das über folgenden Link zugegriffen werden kann https://doi.org/10.1007/978-3-658-45726-6_7.

In der Darstellung der Studienergebnisse wird für bessere Lesbarkeit vermehrt auf die Abkürzung «NTE» für «Nahtoderfahrung» zurückgegriffen.

© Der/die Autor(en) 2025
S. Nadile, *Begegnung mit dem eigenen Tod*,
https://doi.org/10.1007/978-3-658-45726-6_7

Tabelle 7.1 Hauptkategoriensystem

Inhaltskategorie	Kurzbeschreibung der Subkategorien
Situationshintergrund NTE	Rahmung und Verortung des Ereignisses in der biografischen Geschichte, welche die Basis für die Erfahrung implizit oder explizit gelegt hat
Erzählung NTE: Elemente der NTE-Berichte	Die eigentliche Erzählung und das Beschreiben der Erfahrung vom – Eintritt in die Erfahrung bis zur Rückkehr aus ihr, einschliesslich der erlebten Erfahrungselemente
Verbalisierung NTE	Über den Prozess, die Hürden, Herausforderungen und Möglichkeiten, das Ereignis überhaupt in Worte fassen und die passende Sprache dafür zu finden
Sprechen über NTE	Beschreibung der Empfänglichkeit und des Austauschs mit der Erfahrung mit dem sozialen Umfeld oder weiteren Personen, wie Fachexpertinnen und -experten (Medizin, Psychotherapie, etc.).
Prozessualer Umgang mit NTE im biografischen Kontext	Gedanken, Beschäftigungen mit dem Thema seit Eintritt des Ereignisses bis zur heutigen, gegebenenfalls davon abweichenden Überzeugung
Bewertung NTE	Beschreibung der subjektiven Bedeutsamkeit des Ereignisses und allfällig besondere Lehren oder Lebenserkenntnisse für die erzählende Person zum Zeitpunkt des Interviews
Veränderung durch NTE	Vergleich der emotionalen, psychologischen und physiologischen Verfassung, von Überzeugungen, Weltanschauungen vor und nach der NTE
Assoziierte Themen zu NTE	Themen, die im Gespräch genannt werden, jedoch nicht direkt mit dem eigentlichen NTE-Bericht zusammenhängen, aber mit diesem assoziiert werden. Dazu gehören zum Beispiel Erfahrungen mit Sterbenden oder der Verlust von nahestehenden Menschen

(Fortsetzung)

Tabelle 7.1 (Fortsetzung)

Inhaltskategorie	Kurzbeschreibung der Subkategorien
Religiöse/spirituelle Kontextualisierung der NTE	Verortung des eigenen Erlebnisses zur Religion und Spiritualität und der grundsätzliche Zugang dazu
Begriffserörterung und Erfahrungsverortung	Erörterung des Begriffs «Nahtoderfahrung», den Bezug dazu und die subjektive Zuordnung der eigenen Erfahrung

In der Folge werden die ersten vier Kategorien systematisch und kontextunabhängig aufgearbeitet, da sie weitgehend typenunspezifisch sind. Einige der Kategorien in den folgenden Zeilen – nämlich die Bewertung der NTE, die subjektive «Veränderung», die Erzählung narrativ verknüpfter Ereignisse, die religiöse Kontextualisierung und die Begriffsdefinition – nehmen hingegen eingehend Bezug auf den Typ und werden im Anschluss im Rahmen der Typologie aufgearbeitet.

7.2 Situationshintergrund der NTE-Berichte

Massgebend für die Bestimmung des Kontexts der NTE ist die subjektiv empfundene Situationseinschätzung durch die Personen selbst. In keinem Fall wurden medizinische oder anderweitige Diagnosen hinzugezogen, um tatsächliche physiologische Bedingungen der Berichte zu überprüfen.

In Tabelle 7.2 findet sich eine Gruppierung der von den Probandinnen und Probanden angegebenen Umstände ihrer Erfahrung.

7.3 Elemente der NTE-Berichte

Die befragten Personen wurden nicht eigens gebeten, ihre Erfahrung in Aspekte oder Einzelheiten zu segmentieren oder diese gar explizit aufzuzählen. Stattdessen wurde ihnen Raum gegeben, frei von ihrem Erlebnis zu berichten. Dementsprechend sind die Aggregation der Elemente und die für sie gewählten Bezeichnungen nur das Resultat des Kodiervorgangs. Die Erfahrung war für viele mit allen Sinnen erlebbar, wenngleich in unterschiedlicher Ausprägung. In Tabelle 7.3 werden die Merkmale anhand von einzelnen Zitaten aufgegliedert und in der zweiten Spalte näher beschrieben. Es wird deutlich, dass die verschiedenen

Tabelle 7.2 Subkategorien der Situationsumstände der NTE

Subkategorie (Anzahl Nennungen)[2]	
Körperlicher Erschöpfungszustand und akute Notsituationen (6)	Dehydrierung (1)
	Lebensbedrohung durch Dritte (1)
	Drogeneinnahme (1)
	Kreislaufkollaps (1)
	Herzstillstand (2)
Krankheiten (8)	Darmverschluss (1)
	Malaria (1)
	Geplatzter Blinddarm (1)
	Meningitis (1)
	Scharlach (1)
	Blutvergiftung (1)
	Salmonellen-Erkrankung (1)
	Kolitis (1)
Unfälle (5)	Verkehrsunfall (4)
	Ertrinken (1)
Komplikationen bei oder in Folge von medizinischen Handlungen oder chirurgischen Eingriffen (7)	Komplikationen bei Geburt (4)
	Komplikationen bei Herzoperation (1)
	Komplikation nach Lungenkrebs-Operation (1)
	Falsche Injektion (1)
Psychische Belastung (2)	Emotionales Dilemma (1)
	Existenzangst (1)

Erfahrungen zum Teil übereinstimmende Elemente haben. Zudem werden darüber hinaus gehende Aspekte beleuchtet, wie zum Beispiel der Kampf mit dem Tod, das Abwägen zwischen dem Genuss des Wohlgefühls einerseits und dem Pflichtgefühl oder der Sehnsucht, wieder zurückzukehren, andererseits. Die Angabe der Personenanzahl in der rechten Spalte ist vollständig und dient der Übersicht und Validierung der Interviews.

---

[2] Die Gesamtzahl entspricht nicht der Zahl der Probandinnen und Probanden, da eine Person zwei Nahtoderfahrungen erlebt hat. Damit beläuft sich das Total auf 28.

Tabelle 7.3 Subkategorien und Elemente der NTE

Subkategorie	Beschreibung	Zitate (Auswahl)	Anzahl Personen
Interaktion mit sich selbst – Bewusstwerdung mit dem Geschehen	Während dem Erleben der NTE wird der Person bewusst, dass sie sich im Sterbeprozess befinden. Sie empfindet dies teilweise als angenehm, sträubt sich teilweise auch dagegen. Die Empfindungen sind dabei nicht eindeutig, sondern ambivalent, da die Erfahrung grundlegend als positiv empfunden wird, jedoch Pflichtgefühl oder Sehnsucht die Betroffenen wieder zur Rückkehr bewegen kann.	Akzeptanz der Situation: – habe gedacht, ja da bleibe ich Widerstand: – das kann nicht sein ich möchte noch einmal die eltern sehen – das darf doch nicht wahr sein [...] es ist viel zu früh – dann habe ich die organe beschwört – ich darf jetzt wirklich noch nicht sterben Abwägen: – ich könnte mich allerdings jetzt entscheiden möchte ich das jetzt ehm. möchte ich jetzt noch weiter (.) leben oder möchte ich möchte ich nun sagen ok das reicht mir jetzt was ich erlebt habe und ich möchte hier bleiben – dann habe ich gedacht, ja was mach ich da überhaupt – so ein. innerer dialog (.) äh soll ich über dieses mäuerchen oder soll ich nicht Zeit– und Raumlosigkeit: – zeit und raum keine rolle mehr spielte – andere achse von zeit und raum – gleichzeitigkeit	14

(Fortsetzung)

Tabelle 7.3 (Fortsetzung)

Subkategorie	Beschreibung	Zitate (Auswahl)	Anzahl Personen
Interaktion mit Dritten	Die Probandinnen und Probanden betonen, dass die Kommunikation nicht eindeutig über das Stimmorgan, über die Sprache erfolgte, sondern über einen anderen, schwer zu beschreibenden Kanal. Eine Person umreisst es folgendermassen: «kommunikation lief nicht über sprache ab (.) (ich würde) sagen vielleicht mehr,, herz oder gehirn ich kanns nicht genau sagen».	Stimmen: – bis ich plötzlich meinen namen habe rufen hören – dann habe ich eine stimme gehört – nachher redet plötzlich jemand zu mir und sagt was willst du hier? – sagt zu mir (.) du darfst nicht hier sein. du musst wieder gehen – habe eine stimme gehört weil ich habe niemanden gesehen., ((atmet) – habe ich eine stimme gehört und er hat mir gesagt (.) oder s:i:e weiss ich nicht, maskulin oder feminin weiss ich nicht. ((atmet) hat mich gefragt ob ich = :ä:hh hier bleiben will – licht hat zu mir geredet Gestalten: – lichtgestalt hat mich dann berührt – gestalten sind mir im weg gestanden und haben mich eigentlich dazu gebracht wieder zurückzugehen – IRGENDWANN hat eben die jesusgestalt mich angeschaut also mir direkt in die augen geschaut und mir gesagt das weiss ich noch du musst wieder zurück – dann ist eine gestalt eine weisse gestalt, von links so zu mir gekommen (.) und hat mich angeschaut – von hinten (.) es war so wie hinter diesem licht sind zwei oder drei personen gekommen ((atmet ein)) es waren silouhetten	12
Nicht zuordbare, auditive Wahrnehmungen	Betroffene berichten von Geräuschen, Musik oder bislang unbekannten Sphärenklängen, die unvermittelt wahrgenommen wurden und im Gegensatz zur Interaktion mit Dritten keine weitere, direkte Bedeutung hatten.	– es sind töne gewesen die ineinander geflossen sind. Ganz schöne harmonisch aber nicht irgendwie rhythmisch – je weiter nach oben ich gekommen bin umso mehr habe ich,, töne gehört. musik gehört könnte dem sagen ich wüde das so als sphärenklänge bezeichnen – habe ähm einen klang gehört so wie eine kristalllampe – musik gehört (.) und zwar wie feine-feine trompeten – in den ohren:s:o einen laut gehabt, aber stärker als mehrere flugzeuge – dann hat das surren aufgehört	11

(Fortsetzung)

Tabelle 7.3 (Fortsetzung)

Subkategorie	Beschreibung	Zitate (Auswahl)	Anzahl Personen
Positive, emotionale Empfindungen	Alle interviewten Personen empfanden ihre Erfahrung als positiv, selbst wenn im Verlauf der NTE auch negative Emotionen aufgetreten sind, fehlte die offenkundig kaum zu übertreffende, positive Empfindung in keinem Bericht.	– absolute zufriedenheit – unbeschwertheit – glücklichkeit – zärtlichkeit – geborgenheit – freundschaft – leichtigkeit – absolute glückseligkeit – keine angst, gar nichts – so etwas von angenehm – wohl gefühlt, keine schmerzen – umschlingende, göttliche liebe – es ist wahnsinnig schön gewesen – leute sagen das sei liebe weiss ich was aber (.) ich würde es nicht l:i:ebe oder gl:ü:ck oder weiss ich was das sind ((atmet ein)) menschliche ausdrücke und die reichen nicht von dem was dort ist – habe mich total schön gefühlt – völlig behütet – reine liebe – losgelöst von allem – mir ist […] noch nie so gut gegangen auch gesundheitlich friedlich – superschönes gefühl – wirklich unbeschreiblich schön – etwas überirdisches – eine ruhe – einfach wunderbar – habe einfach gewusst es ist jemand bei mir es kann mir nichts passieren	27

(Fortsetzung)

Tabelle 7.3 (Fortsetzung)

Subkategorie	Beschreibung	Zitate (Auswahl)	Anzahl Personen
		– es ist richtig herrlich gewesen – schwerelos – keine verpflichtungen – pudelwohl – komplettes einverstanden sein – alles stimmt – komplette sinnhaftigkeit – diese welt ist perfekt – das ist unerschöpflich – gut und böse ist aufgehoben – es ist ein zustand gewesen von absoluter freiheit – gefühl gehabt ich bin da völlig daheim – wie eine so eine erlösung – vollkommenheit – erhabenheit	
Negative, emotionale Empfindungen	Wenige Probandinnen und Probanden erzählen von unangenehmen und furchteinflössenden Aspekten.	– habe so eine angst vor den menschen empfunden – todesangst – panisch	3

(Fortsetzung)

Tabelle 7.3 (Fortsetzung)

Subkategorie	Beschreibung	Zitate (Auswahl)	Anzahl Personen
Sensorische Wahrnehmungen	Die meisten Probandinnen thematisieren in ihrer Erzählung die Befindlichkeit ihres Körpers und nehmen wahr, dass dieser nicht mehr mit dem Geist oder mit dem Selbst verbunden ist und dass sie in eine Richtung gezogen oder gedrückt werden. Nur wenige beschreiben, selbst und aktiv körperliche Handlungen ausführen zu können.	Körperliche Empfindungen: – ich bin wirklich (…) aus meinem körper hinaus, ich bin weggeschwebt – wie in einem sog – bin ich [mit einem druck] herausgestossen worden aus einem schlauch hinaus oder irgendwie so in diese weite hinein – ich habe meinen körper (.) wie eine hülle um mich herum wahrgenommen – der körper ist mir absolut fremd gewesen – wärme – langsam gegen das licht nach vorne gerutscht worden – gewaltige energie durch den körper – elektrisch gewesen am ganzen körper – ich bin aus meinem körper rausgeleitet – in eine richtung gezogen – körperloses existieren Berührungen: – dieses licht […] hat mich angefasst – das licht durch mich durch Körperliche Aktivitäten: – habe angefangen zurückzurudern – ich fasse mich an ob ich wirklich d:a: physisch da bin? (.) ich habe das einfach fast nicht können glauben	21

(Fortsetzung)

Tabelle 7.3 (Fortsetzung)

Subkategorie	Beschreibung	Zitate (Auswahl)	Anzahl Personen
Visuelles Empfinden	Eine Minderheit der Probandinnen und Probanden erzählen davon, visuell nichts wahrgenommen zu haben, sondern lediglich emotional überwältigt worden zu sein. Die meisten erzählen jedoch von den populär bekannten Aspekten, wie das Durchschreiten von Tunnels, Antreffen von Verstorbenen und übernatürlichen Wesen, einer Retrospektive aller bisher erlebten Lebensstationen.	Landschaften/Orte: – dann habe ich wirklich (z) zuerst einmal den den berg, der vor mir gewesen ist in anderen farben gesehen – ich habe so ein tunnel gesehen (.) – steinchen um mich herum in der wüste und plötzlich ist so ein berg gekommen und dort ist eine höhle gewesen – ich habe ein schwarzes loch gesehen, alles dunkel. ich sehe schwarz – dunklen und hellen schlauch – das ist wie eine membran gewesen. durch das ich hinaufgeschaut habe – bin ich in eine grosse bahnhofshalle gekommen – unten ist es so wie, dreckig gewesen. staubig., man könnte vielleicht fast sagen eine art wie kleberig – ich habe in die erde geseːhen wie heute ein astronaut – nachher ist so ein weisser gartenzaun – sand palme meer – riesengrosses holztor – universum aus schwarzem samt Lichtempfindungen: – rosarotes lichtlein – das ist so ein weiss blaues licht gewesen – heller strahl – weisse licht ähm gesehen – wahnsinnig warme farben	24

(Fortsetzung)

Tabelle 7.3 (Fortsetzung)

Subkategorie	Beschreibung	Zitate (Auswahl)	Anzahl Personen
		Menschen/Lebewesen:	
		– eine raupe auf so einer nische mit einem MENSCHENgesicht	
		– dort hat es so gestalten gehabt wo = herumgesessen sind. wenn die so gehockt sind hat man sie einfach bis dahin gesehen. beine. füsse haben sie nicht gehabt. (.) das sind nicht in dem = also es sind menschen gewesen. keine monster. es sind alles zusammen menschen gewesen. es hat verkrüppelte gehabt. es hat <<einatmend> alte> gehabt es hat junge gehabt (.) es hat gro:sse kle:i:ne gehabt (.)	
		– mein grossvater	
		– meine freundin die 6 monate zuvor an krebs gestorben ist	
		– sehe ich dahinter ein lächeln	
		– gott dort in diesem licht ist und dass dieser gott männlich ist	
		– wo der vati gestorben ist bin ich mit dem vati, gegangen	
		– mönche gesehen ohne gesichter	
		– es hat ganz einen haufen kinder gehabt die aber alle jünger sind gewesen als ich (.) und die haben so auf der linken seite haben die gespielt auf dieser wiese irgendwie., die sind dort rumgehüpft	
		– habe ich mich so auf dem boden gesehen liegen	
		– habe ich mich selber gesehen (.) immer noch auf dem schragen und ich habe gesehen wie ärzte und die krankenschwester um mich herumgegangen sind und mich versucht haben zurückzuholen	
		Lebensrückschau:	
		– wie so ein leporello wenn man das ausklappt das sind ja so bilder und dann macht man das auseinander und das ist aber wirklich, also man man sieht einfach alles. das, <<mit zittriger stimme>das ganze leben sieht man>., sachen die man als kind erlebt sachen die man als erwachsener aber, das ganze spektrum (.) aber auf einmal	
		– dann habe ich einfach mein leben gesehen ablaufen wie in einem film	

7.4   Verbalisierung der NTE

Die in der Folge aufgeführte Einteilung bezieht sich auf die verschiedenen Aspekte der für die Erzählenden besonders herausfordernden Versprachlichung der Nahtoderfahrung. Im Zentrum steht dabei die subjektiv emotionale und rationale Begreifbarkeit der Erfahrung. Diese kann mit Selbstzweifeln einhergehen, wenn zum Beispiel die eigenen Sinne und die eigene psychische Gesundheit in Frage gestellt werden, wie es zum Beispiel Caroline macht: «eine weile habe ich schon gedacht (.) wie kommt das wohl raus mit mir?, einfach an meinem meinem verstand auch gezweifelt» (Caroline, Pos. 37).

Unfassbarkeit
Die Erfahrung wird vielfach als unfassbar begriffen. Unfassbar mache sie die Einzigartigkeit und damit verbundene Unvergleichbarkeit: «das ist einfach für sich einzigartig» (Lea, Pos. 300). Sie ringen um Worte: «es ist unglaublich aber man kann es nicht erklären» (Yolanda, Pos. 185). Unfassbar sei nicht nur das visuell Erfahrene, sondern vor allem die emotionale Überwältigung, von der die Probanden auch dann noch ergriffen werden, wenn sie sich zum Zeitpunkt der Erzählung an sie zurückerinnern. Samuel war zum Beispiel beim Interview sichtlich berührt. Er weinte und rang nach Worten: «ja es ist eine <<mit zitternder stimme> unglaubliche,,,,,,, es ist ein unglaublicher sog» (Samuel, Pos. 7). Gemeint ist das Gefühl, das nicht nur Erika als «besondere Liebe» beschreibt: «die man nicht erfassen kann. die man gar nicht fassen kann. aber wo sie gerne wären. einfach gerne bleiben würden» (Erika, Pos. 75). Auch Caroline staunt «noch heute» darüber. Maria bezieht sich explizit darauf, dass es keine Erklärungen für diese Art von Emotion geben kann. Bei ihr war es ein vor allem durch Geborgenheit geprägtes Gefühl: «das kann ich nicht wissenschaftlich erklären das ist einfach so [...] [das] ist (.) es i:s:t (.) ein starkes gefühl das ist einfach <u>da</u>.» (Maria, Pos. 85–87).

Unbeschreibbarkeit
Die Schwierigkeit, das Erlebte zu beschreiben, zeigen die folgenden Äusserungen von Caroline. Sie erzählt fragmentiert und springt von einem zum anderen Gedanken:

und das was=wunderschön ist einfach durch diesen tunnel durch und , wirklich geborgenheit liebe (.) das=und wieso dass ich das so habe empfunden (.) das ist mir noch heute ein rätsel? [...] es hat niemand zu mir geredet komm das ist liebe oder so [...] das habe ich wirklich in mir drin (.) ((schnalzt mit der zunge)) einfach unvorstellbar.

wirklich dass das einem s:o: einfährt , [...] wenn wir als menschen von liebe reden und zärtlichkeit ja eben das sind berührungen? , und vielleicht auch wie soll ich sagen (.) schon ein offen sein also das herz ein wenig öffnen für das gegenüber für einen menschen das mag liebe und zärtlichkeit sein (.) aber was ich dort habe erfahren , nein und ich=das habe ich auch noch=habe ich lange gesucht nachher , wieder als mensch (Caroline, Pos. 67-73)

Die Unsagbarkeit dessen, was an Liebe erfahren wurde, kenne keinen Vergleich und steht damit einher mit der Erfahrung an sich. Petra ist der Überzeugung, dass man die Erfahrung gar nicht in Worte fassen kann. Die Erklärung bleibe «zwangsläufig» hinter der Erfahrung zurück: «es geht einfach nicht man kann das nicht gar nicht fassen also das ist doch also da geht zwangsläufig gehen dinge verloren und dinge schliesst man aus» (Petra, Pos. 289).

Von der schieren Unmöglichkeit, die Erfahrung oder mindestens Teile davon in Worte zu fassen, sprachen 15 Personen explizit. Besonders die adäquate Umschreibung der emotionalen Komponenten scheint ihnen Mühe zu machen: «das ist noch schwierig das <<leise bis sehr leise>auszudrücken einfach so (.) in so banalen worten>» (Maria, Pos. 175). Tanja kann die unvergleichbare Liebe nur schwer erklären, die Worte, die der Beschreibung des Gefühls gerecht würden, finden sich kaum: «aber ich kann nicht mit worten sagen dass das die liebe ist (.) weil es ist eine liebe die wir hier auf der welt nicht kennen,,es ist eine liebe die, die durchdringt, eine liebe die alles liebe ist,, und (.) und es ist so ein schönes gefühl» (Tanja, Pos. 29). Auch Peter erklärt: «es ist noch mehr also ich kann das gar nicht richtig beschreiben, es ist mehr als (.) als das ich es hier irgendwie darf (.) beschreiben kann. Es ist einfach ein,, ein zustand von absoluter glückseligkeit.» (Peter, Pos. 3) Auch Guido hält fest: «vom gefühl her. Ich finde keine worte.» (Guido, Pos. 305) und bekräftigt später erneut: «es gibt keine worte. Ich sage immer alle gefühle mal hoch 27» (Guido, Pos. 307). Diese vermeintliche Unmöglichkeit, überhaupt die richtigen Worte zu finden und sich damit der gegenüberliegenden Person verständlich zu machen, führe zu einem Gefühl der Einsamkeit: «dort merke ich auch vielmal das ich so einsam bin = wei:l ((atmet)) ja. ich finde einfach keine worte» (Guido, Pos. 311). Maria versucht es mit einem Vergleich zur unergründlichen Sympathie und Antipathie für andere Menschen, um die Erfahrung zu beschreiben: «das ist wie, ja (.) es gibt viele sachen die kann man einfach nicht erklären oder man (.) wie sympathie für eine person (.) das kann man einfach (.) zu tiefst auch nicht erklären oder antiphatie das sind einfach sachen das ist einfach da» (Maria, Pos. 75–77).

Aber nicht nur emotionale, sondern auch perzeptive Elemente der Erfahrung scheinen äusserst schwierig zu beschreiben zu sein. So hat Erika in ihrer Erfahrung zum Beispiel mit einem raupenähnlichen Wesen gesprochen, das ein menschenähnliches Gesicht hatte. Sie meint: «das i:st kann man fast nicht beschreiben wie der geredet hat (.) mit mir und das gesicht kann ich niemandem zuordnen, niemandem bekanntem oder so» (Erika, Pos. 195). Tanja hat auch eine Stimme vernommen, kann diese jedoch auch nicht eindeutig identifizieren bzw. verorten: «die stimme die ich gehört habe dann kann ich nicht sagen das war eine stimme (.) weil es ist eine stimme,, es gibt keine worte zum definieren (.) diese stimme ist eine stimme, die man draussen hört aber man ha: hört sie gleichzeitig drinnen» (Tanja, Pos. 29). Werner hat keine Stimmen, jedoch Instrumentalmusik gehört. Auch diese lasse sich kaum in Worte fassen:

> musik ist gewesen und dass kann ich nicht (.) das lässt sich nicht ((atmet hörbar)) irgendwie beschreiben (.) man kann auch nicht ((atmet hörbar ein)) nicht sagen es ist ((atmet hörbar aus)) ((räuspert sich)) ((atmet hörbar ein)), m:o:zart gewesen oder so sonst bach gewesen oder irgendwie so. nichts bestimmtes und es sind dann töne gewesen die ineinandergeflossen sind. ganz ((atmet hörbar ein)) schön harmonisch aber ((atmet hörbar ein)) nicht irgendwie rhythmisch sondern=ist immer wieder ahh (.) <<schmunzelnd>ich kann es nicht beschreiben> […] ich habe auch nicht das gefühl dass man dies könnte komponieren (Werner, Pos. 18-20)

Auch die Inhalte visueller Erfahrungen, vor allem Lichtempfindungen, scheinen gleichermassen sehr hell und nicht minder angenehm gewesen zu sein. Theresa beschreibt es als Licht, das nicht von dieser Welt sein kann: «und das licht (.) ja (.) es zieht einen richtig an (.) man will dorthin gehen, ja (.) weil es ist etwas,, wunderschönes, es ist nicht wie hier auf der welt (.) oder (.) wie = da (.) wie=man das erlebt (.) das leben (.) sondern es ist etwas überirdisches, weiss nicht wie ich das erklären muss, es ist überirdisch» (Theresa, Pos. 23). Andrea findet die folgenden Worte für visuelle, mit Emotionen verbundene Erscheinungen: «es ist schwierig zu beschreiben. ich war auf einmal woanders, hatte das gefühl dass ich ehm,, ja von von wärme von licht umgeben bi:n: ich fühlte mich sehr woh:l: (.) eh:m: (.) das licht war jetzt nicht wie eine lampe anschalten sondern es w:a:r es war aber auch kein grelles licht.» (Andrea, Pos. 3). Daria beschreibt intensive Farben und Lichter: «es ist alles sehr intensiv gewesen? also von den farben und von den lichtern und, also das das kann man irgendwie nicht so beschreiben das ist, das ist so intensiv gewesen dass das,, ((Zungenschnalzen)) j:a: das das kann man gar nicht so richtig sagen» (Daria, Pos. 33). Anna beschreibt die Wirkung des Lichts, das «Ruhe» ausgestrahlt habe:

das ist das gleissende,, licht=das man kanns eigentlich nicht beschreiben (.) das ist
s:o: eine ruhe (.) eine s:o: eine helligkeit, eben s:o: eine stille [...] einfach wunderbar,
ich wäre am liebsten dort auch grad dabeigewesen (.) [oder] [...] geblieben,, nein man
kann es eigentlich nicht beschreiben,, das ist unglaublich=einfach eben diese ruhe,,,,
und auch das licht (Anna, Pos. 61-65).

Jahre später habe sie versucht, dieses Licht zu zeichnen, da es doch mit Worten
nicht fassbar sei. Sie kommt aber zu dem Schluss, dass auch das nicht gehe:
«man kann es einfach nicht zeichnen wie es gewesen ist = ich meine das ist,,,
nicht einmal ein bruchteil davon [...] (.) das i:s:t (.) ist einfach unbeschreiblich
dieser glanz (.) [...] und trotzdem, es blendet nicht = es ist so etwas wohltu-
endes» (Anna, Pos. 291–295). Nach dem Gespräch holte sie das Bild hervor,
das sie gezeichnet hatte. Es zeigt auf der linken Seite eine Schranke aus Holz,
am Boden liegen Steine, auf der rechten oberen Ecke befindet sich ein weisses,
sonnenähnliches Licht und in der Mitte steht schemenhaft ihr verstorbener Vater.
Am unteren rechten Rand steht «Ruhe» und vier Bindestriche, die – so führt sie
aus – für die Sprachlosigkeit stehen. Petra habe man stattdessen nahegelegt, diese
Sprachlosigkeit zu durchbrechen versuchen:

> viele personen haben auch gesagt ich solle versuchen worte zu finden weil das sei
> wichtig und mit worten ähm und ja um das irgendwie auch einzuordnen oder zu
> bewältigen oder so (.) aber ähm (.) aber es hat das erlebnis natürlich geschmälert
> weil das ähm das kann man einfach nicht erzählen (.) eigentlich ist das eine komplett
> andere dimension (Petra, Pos. 41).

Unteilbarkeit

Petra hat es angemerkt: Sie seien im Dilemma, die Erfahrung mit anderen teilen zu wollen, jedoch nicht zu können. Samuel beschreibt es so: «dann haben
sie eigentlich so das problem dass sie eigentlich das nicht teilen können und es
ist aber etwas was man gerne teilen will» (Samuel, Pos. 93). Die Erfahrung sei
nicht nur unfassbar und unbeschreibbar, sondern deshalb auch für andere nicht
nachvollziehbar. Betroffene möchten mit ihrer Erzählung verstanden werden, die
Unfassbarkeit und Unbeschreibbarkeit soll nachvollzogen werden: «man kann das
nicht teilen oder. und das ist irgendwie (.) ähm (.) ja (.) es ist diese schönheit,,, die
vollkommenheit wo irgendwie einfach ähm (.) ja (.) einfach unser,,, es übersteigt
irgendwie tatsächlich irgendwie den mensch = das menschliche gehirn» (Samuel,
Pos. 85). Caroline hat, als sie von ihrer Erfahrung gesprochen hat, nach eigenen
Angaben immer gewusst, dass grundsätzlich niemand nachempfinden kann, was
sie erlebt hat, wenn es nicht selbst erlebt wurde: «ich habe einfach gewusst wer es

nicht hat erfahren? (.) kann nicht mit mir fühlen.» (Caroline, Pos. 31) Selbst von den engsten Verwandten erwartete sie kein Verständnis: «mit meinen geschwistern und dem mann zu reden das ist, sie hören das aber sie können nachher auch nicht (.) wie soll ich sagen es nicht weiter (.) weiter ziehen (.) oder es ist ja fast nicht möglich.» (Caroline, Pos. 89) Kathrin vermutet, dass es daran liegt, dass die Erfahrung nicht adäquat beschrieben werden könne: «man kann eigentlich auch gar nicht wirklich das ganz genau (.) so hinüberbringen dass es der andere eben auch kann nachfühlen» (Kathrin, Pos. 171). Auch Judith meint festzustellen: «man kann ja nicht jemandem ein nahtoderlebnis erklären. […] also ist es schwierig für mich das zu erklären» (Judith, Pos. 257–259), weil die Erfahrung nicht durch die Gesprächspartner nacherlebt werden könne.

Unvergessbarkeit
Im Durchschnitt aus den Daten der 27 Interviewten liegt die Nahtoderfahrung zum Zeitpunkt des Interviews 30 Jahre zurück. Die Erfahrung ist demnach nicht in Vergessenheit geraten, sonst hätten sie sich Jahrzehnte danach wohl kaum zum Interview gemeldet. Caroline stellt fest: «das sind jetzt 21 jahre., und das wird mich nie verlassen (.) wirklich nicht» (Caroline, Pos. 59). Auch Erika ist der Überzeugung: «das ist ein erlebnis das kann man nicht einfach so (.) vergessen oder weg tun oder (.) einfach so in die schublade und dann zu […] ja. das geht nicht» (Erika, Pos. 307–309). Erika erklärt auch, weshalb das Ereignis unvergessen bleibt und inwiefern es von einem Traum abzugrenzen sei: «ein normaler traum wäre schon lange vergessen. oder weil die haben sie an denen klammern sie sich ja nicht die oder die berühren sie nicht (.) vielleicht denken sie am morgen au <<lacht> habe ich wieder für ein, zeug zusammengeträumt> aber dann ist es weg […] und das ist nicht weg» (Erika, Pos. 217–219). Die damit verbundene Emotionalität, aber auch die Klarheit der Erinnerung sprechen dafür, dass die Erfahrung «eingraviert» (Daria, 29) ist. Wohl trägt die Ausserordentlichkeit der Erfahrung dazu bei, sie nicht mehr vergessen zu können, selbst wenn sich andere einschneidende Dinge ereigneten, wie im Falle von Kathrin. Sie hatte viele Schicksalsschläge zu verkraften, da sie immer wieder mit teils schweren, chronischen Krankheiten konfrontiert war und bis heute ist. Ihre NTE nehme dabei aber eine ganz eigene Kategorie ein: «heiland donner {gopferdeli} (.) ich habe doch schon manchmal lebensbedrohliche krankheiten gehabt oder so, habe ich das schon mal erlebt (.) nein (.) das würde ich wissen., weil das bleibt dir das vergisst du nie wieder» (Kathrin, Pos. 169). Auch Paolo bestätigt: «ich vergesse das auch nicht mehr (.) das war sehr eindrücklich» (Paolo, Pos. 9). Nathalie sagt nahezu das Gleiche: «so ein erlebnis vergessen sie nie oder = das ist so eindrücklich» (Nathalie, Pos. 7). Vor allem die Intensität des Erlebnisses scheint

Anna beeindruckt zu haben: «das ist so ein intensiverlebnis das vergisst man einfach n:i:cht» (Anna, Pos. 451). Auch für Maria ist die Erfahrung vor elf Jahren «unvergesslich» (Maria, Pos. 13). Sie erwähnt im Interview gleich sieben Mal die Unvergessbarkeit ihrer Erfahrung:

> habe dann immer wieder ab und zu daran gedacht ja das vergisst man nicht. (.) wenn etwas starkes erlebnis jetzt wirklich stark unter die haut geht das vergisst man einfach nicht (.) das ist einfach schon nicht eh (.) ((...)) ja andere sachen muss man wieder (.) so ein wenig hervorholen muss man sich manchmal (.) ja-a (.)und auch erinnerungslücken hat man immer wieder oder eh gewisse sachen vergisst man wieder und so (.) aber wenn etwas stark ist vergisst man es einfach dann schon nicht (Maria, Pos. 121)

Werners Erfahrung liegt zum Zeitpunkt des Interviews fast 70 Jahre zurück. Er erinnert sich, wie er für sein Erlebnis zunächst gar keine Bezeichnung fand und erst 30 Jahre später, dank der Lektüre der Bücher von Elisabeth Kübler-Ross, einen Zugang gefunden hat. Aufgrund der populären Debatte, die sie als Sterbeforscherin mitgeprägt hatte, konnte Werner seiner Erfahrung einen Namen geben: «aber ich meine ich habe das schon immer wieder ((atmet hörbar ein)),, gewusst gehabt dass ich das s:o: mindestens (.) sagen wir jetzt einmal einen traum gehabt habe. das (.) ((atmet)) habe ich nie vergessen» (Werner, Pos. 80).

Unveränderbarkeit der Erinnerung

Die Erinnerung scheint für die Betroffenen nicht nur unvergessbar, sondern sich auch an Klarheit und Detailliertheit über die Jahrzehnte hinweg nicht zu verringern oder zu verändern. Daria beschreibt diesen Umstand und betont diese Aussergewöhnlichkeit:

> ich weiss es noch ganz genau das ist jetzt wirklich vierzig jahre her oder? und normalerweise verblasst ja irgendwie die erinnerung an etwas [...] und die erinnerung an das ist einfach nie verblasst , also das ist noch interessant also ich kann das genau noch so erzählen (.) wie ich es dann habe gesehen [...]wie wenn das gestern gewesen wär (Daria, Pos. 21-29)

Andreas Erinnerung habe sich seit 15 Jahren nicht verändert: «da:s: hätte gestern sein können» (Andrea, Pos. 323). Auch Vanessa erinnert sich 35 Jahre später: «wie gestern ja. [...] ich kann mich an alles erinnern., an alles» (Vanessa, Pos. 320–322).

7.5   Sprechen über NTE

Die Interviewten haben nur mit wenigen Personen über ihre Erfahrung gesprochen. Niemand hatte sich zum Zeitpunkt des Interviews mit der eigenen Geschichte an die Öffentlichkeit gewandt oder sie schriftlich aufbereitet und anderen zugänglich gemacht. Die meisten Personen geben an, nur mit dem unmittelbaren sozialen Umfeld, wie zum Beispiel den Eltern, Geschwistern, Freundinnen und Freunden, Partnerinnen und Partnern und eigenen Kindern darüber gesprochen zu haben. Ängste und schlechte Erfahrungen sind gemäss Aussagen der Probandinnen und Probanden der häufigste Grund, die Erfahrung möglichst unerwähnt zu lassen. Nichtdestotrotz scheint ein grosses Bedürfnis zu bestehen, das Erlebnis mit anderen zu teilen, zumal das Mitteilen ein wichtiger Bestandteil der emotionalen Beschäftigung mit der Erfahrung ist. Die Ambivalenz, darüber sprechen zu wollen, aus verschiedenen Gründen jedoch nicht zu können, wird in den folgenden Abschnitten erörtert.

Bedürfnis, darüber zu sprechen
Es «beflügelt mich wenn ich es erzählen darf (.) weil es eben so etwas schönes war» (Theresa, Pos. 105). Nicht nur Theresa spricht gerne von ihrer Erfahrung, auch Yolanda bekundet ein ausgeprägtes Bedürfnis, darüber sprechen zu wollen. Sie machte ihre NTE während einer grossen persönlichen Krise. Die Erinnerung an die Erfahrung bestärkt sie im Alltag: «ich habe auch den drang gehabt wirklich eine weile lang (.) später (.) über das zu reden mit leuten die mir sehr nah sind» (Yolanda, Pos. 11). Sie wollte vor allem über den als überwältigend und zugleich als angenehm empfundenen Charakter ihrer Erfahrung sprechen. Petra hat hingegen noch nie mit jemandem derart ausführlich über ihre Erfahrung gesprochen, obwohl diese bereits 31 Jahre zurückliegt: «ich habe eigentlich noch nie so ausführlich wie ich jetzt darüber rede (.) darüber geredet» (Petra, Pos. 17). Petra hatte auf den richtigen Rahmen gewartet, der ihr das Sprechen über ihre Erfahrung ermöglicht und erwähnt, dass der Aufruf der vorliegenden Studie ein solcher Rahmen sei: «und irgendwie ich weiss auch nicht ich habe einfach das gefühl gehabt wo ich das gesehen h:a:be ähm (.) irgendwie habe ich das gefühl gehabt es stimmt oder es ist der rahmen wo ich mir vorstellen kann das wieder wachzurufen» (Petra, Pos. 19).

Verbot, darüber zu sprechen
Theresa war noch ein Kind, als sie ihre Erfahrung gemacht hatte. Sie musste als Kind bereits gespürt haben, dass etwas mit ihr passiert war, was nicht der Norm

entspricht. Sie hätte es aus diesem Grunde erst ihrer Mutter gegenüber erwähnt, als sie zu Hause waren:

> habe der mama gesagt (.) aber erst zuhause,, d:u:, ich habe s:o: schönes licht gesehen und war dort und war g:a:nz leicht und konnte fliegen (.) und dann hat sie so zugehört und dann hat sie gesagt (.) <<mit gesenkter stimme> du, das darfst du niemandem sagen>,, sie hat eben gedacht (.) wenn das jemand hört denken die, das kind ist nicht ganz normal (.) und das habe ich n:ie:-n:ie: jemandem gesagt (.) bis zu dem zeitpunkt als ich das einmal in einem büchlein gelesen habe, dass es das gibt und dass man von dem gar nichts hört (.) und dann habe ich gedacht, ah:a: jetzt kann ich doch das auch sagen oder (.) jetzt tut man mich nicht für verrückt erklären (Theresa, Pos. 5)

Alexandras Erfahrung reicht 33 Jahre zurück. Sie wähnt sich zu erinnern, dass es für sie keine Möglichkeit gab, überhaupt darüber zu sprechen, da es ihr Umfeld nicht zugelassen hat. Ihr wurde es sogar explizit abgeraten:

> ich habe das dann einmal einer assistenzärztin erzählt. nachher hat sie zu mir gesagt sie glaube mir das (.) aber ich solle das ja keinem arzt sagen ((atmet ein)) weil (.) die sagen ich spinne. das ist eine zeit gewesen wo man noch nicht über das gesprochen hat. ich habe ja dann nicht gewusst was ich machen soll. das hat mein leben geprägt und ich habe das nirgends s:age:n dürfen. ((atmet ein)) und das ist eigentlich dann recht eine schwierig:e: zeit gewesen von dem her für mit dem umzugehen. ich habe das,, wie soll ich sagen? irgendwie versucht um den heissen brei herumzureden (.) wenn ich jemandem davon erzählt habe (Alexandra, Pos. 32)

Für die heutige Zeit meint Anna aber eine gesellschaftliche Veränderung festgestellt zu haben. Man gehe viel offener mit Themen wie diesem um: «heute redet man sowieso über mehr als man früher geredet hat» (Anna, Pos. 101).

Angst vor Desinteresse

Einige Personen suchten den Kontakt zu Fachpersonen wie Psychotherapeuten, Pfarrern, Krankenschwestern, Hausärzten oder Chirurgen, um ihre Erfahrung zu deuten. Die Rückmeldungen seien eher zurückhaltend ausgefallen. Der Pfarrer, dem es Marcel erzählte, habe es einfach zur Kenntnis genommen (Marcel, Pos. 88). Zu seiner Ernüchterung sei das Thema damit erledigt gewesen, woraufhin er kein Bedürfnis mehr gehabt habe, möglichst vielen Menschen von seiner Erfahrung zu erzählen. Auch Nathalie bemängelt, dass es oftmals an den adäquaten Gesprächspartnerinnen und -partner gefehlt habe:

> erstens habe ich nicht so einen menschen getroffen mit dem hätte über das reden können. (.) und zweitens wenn man jemanden gefunden hätte hätte er keine zeit (.) es hat

sich einfach nicht ergeben dass man (.) einfach hat darüber reden können weil solche erlebnisse oder das (.) da müsste man schon jemanden finden der wie sie interesse hat oder der das gleiche erlebt hat und (.) sozusagen mit dem ganz normalen menschen kann man darüber nicht reden (Nathalie, Pos. 99)

Angst vor Blossstellung

Mit ihrer Erfahrung an die Öffentlichkeit zu gehen, mit Bekannten und Verwandten darüber zu sprechen oder Fachpersonen, wie zum Beispiel den Hausarzt, einzubeziehen, scheint mit einem grossen sozialen Risiko behaftet zu sein. Betroffene Personen erwähnen verschiedene Ängste, lächerlich und ausgelacht, für verrückt erklärt zu werden. Sie befürchten zudem, man könne die Bedeutsamkeit der eigenen Erfahrung durch abwertende Urteile in Abrede stellen. Womöglich würden sie dann selbst davon ausgehen, verrückt geworden zu sein: «du hast geträumt. du bist verrückt oder was denkst du? ((atmet ein)) und deswegen habe ich das,, fast niemandem erzählt» (Vanessa, Pos. 35), so begründet es Vanessa, weshalb sie über ihre Erfahrung lieber geschwiegen habe. Schamgefühle hinderten sie daran, überhaupt darüber zu sprechen. Peter beschreibt es ähnlich: «vielleicht eine gewisse scham ((kurzes tiefes einatmen)) wenn ich dann irgendwie erzähle ja ich sei da irgendwie äh mit einer vogelperspektiv:e äh richtung ((tiefes atmen)) HImmel weg und so […] der ist nicht ganz gaga» (Peter, Pos. 64).

Gerade weil es für Anna ein äusserst persönliches Erlebnis ist, meint sie, dass sie es nicht ertragen hätte, wenn man sie deswegen ausgelacht hätte. Man hätte dann nicht nur über ihre Erzählung gelacht, sondern auch über sie als Person. Auch sie hatte zunächst Bedenken und ging davon aus, dass sich die Leute wohl denken würden, sie sei verrückt geworden.

> am anfang […] haben vielleicht viele gemeint ja also=die hat einen ecken {frick} ab gehabt=die hat ja (.) ja ((hörbar einatmend)) ist ja nicht möglich so etwas aber, für mich ist es einfach mein erlebnis das ich einfach habe gemacht=es ist so […] „ und ich glaube das ist der grund gewesen=dass ich jedenfalls ja nicht ausgelacht werde (.) (denn das hätte) mir weh getan (Anna, Pos. 81-83)

Raphael hatte an sich selbst gezweifelt und hatte Angst davor, tatsächlich krank zu sein: «wenn sie all diese informationen lesen (.) oh mein gott. bin ich krank?» (Raphael, Pos. 35). Auch Werner zweifelte an sich selbst und glaubte, ihm würde wohl niemand glauben können: «ich habe gefunden ja das glaubt ja sowieso niemand oder?» (Werner, Pos. 32). Andrea wollte sich nicht blossstellen und fürchtete, nicht ernst genommen zu werden:

blamieren ist vielleicht noch ei:n: gefühl dass man dann irgendwann wieder vergisst aber das gefühl (.) nicht ernst genommen zu werden „„ ja so nach dem motto ach und dann vielleicht so in die esoterikecke geschoben wird?„„, ja das also die angst vor allem nicht ernst genommen (.) zu werden (Andrea, Pos. 211)

Explizit mit der Unterstellung konfrontiert, Drogen genommen zu haben, wurde Petra, als sie in ihrer Psychotherapieausbildung, als es um Selbsterfahrung ging, davon erzählte:

der habe ich das auch erzählt aber ich habe das gefühl gehabt die hat nicht so viel damit anfangen können also die hat nachher auch gefragt ob ich drogen genommen hätte und ähm bei einem homöopathischen arzt bin ich auch mal gewesen der hat das gleiche gefragt das macht mich so wütend es stimmt nicht aber ich habe so das gefühl die sind so beschränkt <<lachend>also ist das das einzige> was ihnen dazu einfällt (Petra, Pos. 271)

Daria hatte ihre Erfahrung ihrer Mutter erzählt, stiess dann auf dezidierte Ablehnung und wurde als «naiv» bezeichnet (Daria, Pos. 1011). Eine ähnliche Enttäuschung erfuhr Caroline: Sie wollte sich bei ihrem Arzt dafür bedanken, dass er ihr das Leben gerettet habe und hatte ihm zunächst einen Brief geschrieben, in dem sie auch von ihrer Erfahrung erzählt hatte. Der Arzt mochte sich jedoch weder an sie erinnern, noch konnte er ihrer Geschichte etwas abgewinnen und empfahl ihr, weniger zu lesen: «nachher hat er gesagt ihr lest doch viel zu viele bücher. und wissen sie das gehirn spielt einem dann noch gerne einen streich [...] so hat er mich abgefertigt oder? [...] ja ich bin mir irgendwie dann schon ein wenig blöd vorgekommen» (Caroline, Pos. 47–53).

Angst vor Bevormundung
Viele der interviewten Betroffenen haben einen unsicheren Zugang zur eigenen Erfahrung oder erzählen von einem langen Prozess, Erklärungen erarbeitet und Strategien entwickelt zu haben, der unglaublich anmutenden und doch so wahrhaftig erscheinenden Erfahrung eine Bedeutung, eine Interpretation und einen Sinn abzugewinnen. Umso grösser ist auch die Angst, dass ihre Deutung verworfen werden könnte – durch Interpretationen oder Ausdeutungen, zum Beispiel von Kirchenoberhäuptern, die Nahtoderfahrungen in einem fest gelegten, vor allem religiösen Kontext verstehen wollen. Zudem wollen sie die Deutungshoheit bewahren und die Kontrolle über die Auslegung ihrer Erfahrung nicht verlieren, weshalb ein umsichtiger Umgang mit den Erzählungen angezeigt scheint.

Die Betroffenen sind der Überzeugung, dass ihre Erfahrung für sich selbst sprechen kann. Nur sie selbst können sie in ihrer Tragweite deuten. Fremddeutungen sind aus Sicht von Caroline gar unerwünscht:

> es ist noch lustig ich muss nicht getröstet werden im ganzen ding (.) ich muss nicht (.) wie soll ich sagen von jemandem rat bekommen aber dort sieht es dann so und so und dort sind sie von gott so und so aufgenommen (.) überhaupt nicht (.) für mich ist das allergrösste rätsel an dem erlebnis was ist auf der anderen seite dieses tunnels (Caroline, Pos. 442)

Zudem wurde mehrfach die Befürchtung geäussert, durch das Mitteilen der Erfahrung – was sie aus den Medien kennen – in einen bestimmten, öffentlich abgewerteten und als religiös begriffenen Diskurs gedrängt zu werden. Namentlich wurde die Befürchtung geäussert, «in die Esoterikecke geschoben» (Andrea, Pos. 211) und damit vorschnell beurteilt zu werden. Vor allem die empfundene Beanspruchung der Deutungshoheit durch die vielfach pejorativ als «Esoterikszene» bezeichneten Deutungen, werden von Maria als oberflächlich und als minderwertig eingeschätzt. Denn dabei sei kein Unterschied zu «Religion» auszumachen: «so pseudo eh ja esoterik und solches zeug das ist wie bei den religionen also <<in hochdeutsch>hände weg davon> das ist mir zuwider {schnägglet mi a} und das nervt mich» (Maria, Pos. 205). Ihre religionskritische Haltung zeigt sich darin, dass sie ihre Erfahrung ganz bewusst dem ihr bekannten Pfarrer nicht erzählt hat, da sie befürchtete, bevormundet zu werden: «dem pfarrer habe ich es nicht gesagt = ich habe so ein bisschen sondiert (.) und da kommt er grad mit bibelsprüchen = und = und = und = und ((atmet hörbar ein)) und das habe ich nicht gern […] das ist irgendwie so, ach = nicht die realität» (Anna, Pos. 175–177). Daria teilt diese Einschätzung und bemerkt, dass sie Angst davor habe, dass man ihre Erzählung gegen ihre Intention plötzlich in ein ganz anderes Licht rückt:

> ich habe eigentlich fast ein bisschen angst vor dem=also ich hätte jetzt irgendwie nicht lust dass jemandem zu erzählen der das nachher einfach würde zerpflücken und mir das quasi nachher irgend:entweder ausr:e:den oder das irgendwie in alle einzelteile würde sezieren und findet das sei jetzt also das hinterletzte und das sei alles nur einbildung und so das würde mich irgendwie glaub schockieren (Daria, Pos. 1067)

Peter schätzt die neutrale Haltung seines Arztes und einer Krankenschwester, die sehr «verständnisvoll zuhörend nicht wertend» (Peter, Pos. 82) waren. Das schätzte auch Tanja, die ein Gespräch mit einer Naturärztin führte (Tanja,

Pos. 266–270). Lea hat mit Gesprächen über ihr Erlebnis sowohl gute als auch schlechte Erfahrungen gemacht und geht daher fortan selektiv vor beim Erzählen:

> die meisten eh sind sehr fasziniert gewesen davon also irgendwie „ gut ich habe eben=ich erzähle es auch nicht irgendwie jedem , <<lachend> dahergelaufenen {habasch}> manchmal kommt man fast beiläufig auf dieses thema und dann erzähle ich es auch ich sehe glaube ich keinen grund das irgendwie zu verschweigen oder so (Lea, Pos. 270)

Es gebe auch Menschen, denen sie ihre Erfahrung niemals erzählen werde: «also es gibt auch leute denen erzähle ich es nicht weil sie einfach das gefühl haben ja was erzählt jetzt die,, da ist jedes wort verschwendet [...] ich erzähle sehr situativ aus einem gespräch heraus, aber es gibt leute die werden von mir nie erfahren dass ich mal so ein nahtoderlebnis habe gehabt» (Lea, Pos. 290–294).

7.6   Schlussfolgerungen: NTE als eigene Erfahrungskategorie, der Bericht darüber als soziales Risiko

Die NTE-Erzählung im Einfluss ganz unterschiedlicher Hintergründe wie Krankheit, psychische Belastungen, akute Notsituationen, Unfälle und medizinische Komplikationen scheinen grundlegende Vertrautheiten des Alltags mitunter vollständig in Frage gestellt zu haben: Ein plötzlicher Szenewechsel ist möglich, Fortbewegung in Schwebeform, die Wahrnehmung von in der Intensität unbekannter und ungekannter Lichter, Bilder, Töne, visuelle Empfindungen, sensorische Wahrnehmungen bis hin zu Interaktionen mit Dritten. Die Verteilung der Elemente ist nicht gleichmässig, die einzelnen Erfahrungen fallen äusserst heterogen aus: Homogen war nur das Aufkommen starker positiver Emotionen. Sie kamen in jedem der 27 Berichte vor.

Neben diesen emotionalen Aspekten seien auch Licht- und Tonwahrnehmungen kaum in Worte zu fassen. Selbst für die Betroffenen seien sie in ihrer Intensität zunächst nicht fassbar und daher auch nicht für Dritte nachempfindbar. Zudem sind die betroffenen Personen der Überzeugung, sie haben die von ihnen beschriebene Szenerie und die von ihnen beschriebenen Empfindungen wahrhaftig, echt und genau so erlebt. Das Erinnerte ihrer Erinnerung daran habe eine unvergleichbare Qualität, die keinerlei Vergleiche zulässt. Die Erinnerung daran ist auch nach Jahrzehnten unverändert klar.

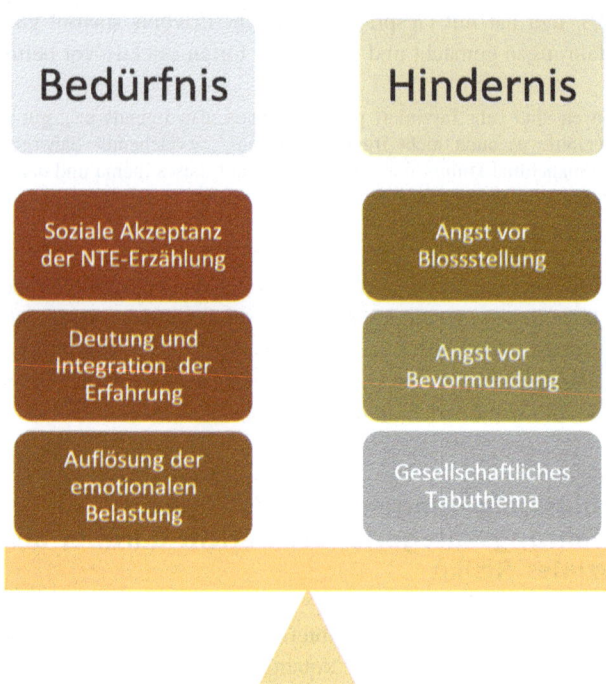

Abbildung 7.1 Bedürfnisse und Hindernisse, über eine Nahtoderfahrung mit Menschen sprechen zu können

Die Unumstösslichkeit der Erfahrung und ihr surreal anmutender Charakter kombiniert mit ihrer Unbeschreibbarkeit machen ihr Erzählen zu einer bedeutenden Herausforderung. Nichtdestotrotz ist das Bedürfnis gross, die neuen Erkenntnisse, die Eindrücke – vor allem auch mit dem sozialen Umfeld, gegebenenfalls auch mit Experten oder weiteren Personen – zu teilen, um das Erlebte einzuordnen und fassbarer zu machen. Das Sprechen über die Erfahrung ist aber mit einem sozialen Risiko bzw. der Befürchtung dieses Risikos verknüpft. Betroffene haben Angst, nicht ernst genommen, ausgelacht oder aufgrund ihrer Ansichten und Erkenntnisse vorschnell mittels Stereotypen verurteilt zu werden. Abbildung 7.1 zeigt dieses Dilemma auf: Auf der einen Seite besteht ein starkes Bedürfnis nach Akzeptanz im sozialen Umfeld, nach Einordung und einer damit verbundenen Verringerung der emotionalen Belastung. Andererseits herrscht Angst vor Blossstellung.

Den Betroffenen geht es also darum, sich Möglichkeiten und Strategien anzu-
eignen, wie sie der Erfahrung begegnen könnten. Trotz Selbstzweifeln soll die
Deutungshoheit und die abschliessende Bewertung der NTE aber den Betroffenen
selbst überlassen bleiben, so der Anspruch der Erzählenden.

Typologie der NTE-Deutungen im biografischen Kontext

8

Dass die Erfahrungen tatsächlich gemacht wurden, daran scheint für die Betroffenen kein Zweifel zu bestehen. Wie dieser Eindruck jedoch bewertet wird und welche Relevanz seine Bewertung im biografischen Kontext hat, wird in den folgenden Kapiteln behandelt.

Beim Typisierungsvorgang wurden die Berichte anhand definierter Kriterien einem spezifischen Typ zugewiesen. Zunächst wurden spezifische Erzählungstopoi identifiziert, welche die Deutung und biografische Kontextualisierung ins Zentrum stellen. Diese sind sowohl von definierten, subjektiven Bewertungen der Erfahrung als auch spezifischen Zugängen zu Religion und Spiritualität gekennzeichnet. Der NTE-Bericht enthält zudem spezifische Tendenzen von Konstellationen von Erfahrungselementen sowie mögliche Umstände, wie es zur NTE kam, welche die grundlegende Erzählung stützen. Diese bestimmt die narrative Argumentationslinie und referenziert implizit auf soziale Deutungsmuster. Diese können eine spezifische Deutungsebene sowohl kritisch beleuchten als auch bestätigend untermauern, wobei nicht immer alle Deutungsebenen relevant sein müssen. Die Zusammensetzung des Typs erfolgt anhand der folgenden drei Spezifika mit den ihnen zugeordneten Faktoren: Typspezifika (biografischer Kontext, Veränderung der Weltanschauung, Bewertung und Aussagekraft der NTE, Zugang zu Religion und Spiritualität), NTE-Berichtsspezifika (NTE-Umstände,

Ergänzende Information Die elektronische Version dieses Kapitels enthält Zusatzmaterial, auf das über folgenden Link zugegriffen werden kann https://doi.org/10.1007/978-3-658-45726-6_8.

Ausprägung NTE-Erfahrung, narrative Argumentationslinie) und Deutungsmusterspezifika (religiös-ontologische Positionen, agnostische Positionen, kritische Positionen). Abbildung 8.1 umreisst die verschiedenen Aspekte und relevanten Faktoren der definierten Typen und deren Merkmale, die anschliessend systematisch entwickelt werden. Die Kategorien ohne Einfärbung sind aus dem Datenmaterial generiert worden. Die Kategorien mit gelber Einfärbung sind interpretativ den Typen zugeordnet, da weder die Narrativierungskategorisierung der Erzählung noch die Einteilung der Ebenen der sozialen Deutungsmuster auf explizite Aussagen der Probandinnen und Probanden zurückgeht.

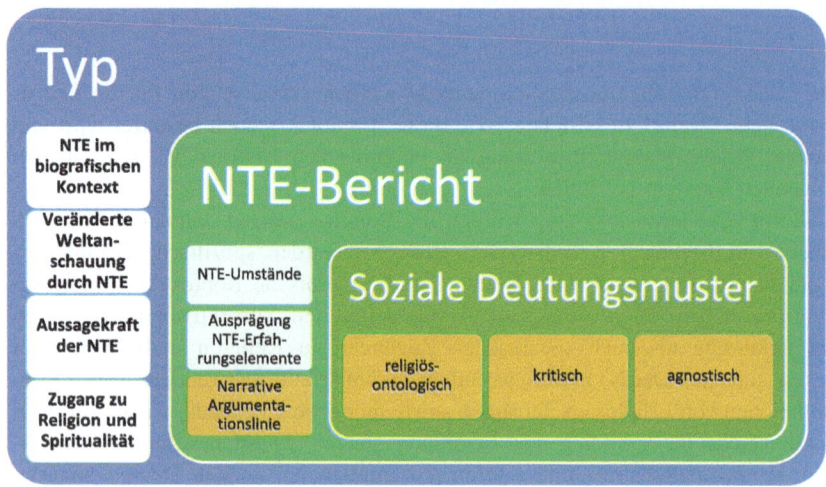

Abbildung 8.1   Raster zur Charakterisierung eines Typs

Bei der in den folgenden Kapiteln dargestellten Typen werden in Tabelle 8.1 die typspezifischen Kategorien, der NTE-Bericht und die damit verknüpften, jeweils relevanten sozialen Deutungsmuster expliziert. Dabei umfasst jeder Typ eine Darstellung der relevanten Eigenschaften, die entweder Alleinstellungsmerkmal oder zumindest Schwerpunkt des Berichts sind. Die Typen umfassen daher eine Konstellation von Eigenschaften, die den jeweiligen Typus identifizieren lässt. Das heisst im Umkehrschluss, dass Aspekte durchaus typübergreifend auftreten können, jedoch in ihrer Zusammensetzung einmalig sind.

Tabelle 8.1 Spezifizierung der Faktoren zur Charakterisierung der Typen

NTE im biografischen Kontext	Darstellung der NTE-Berichte im jeweiligen biografischen Kontext, welche typenspezifisch einem Muster folgen
Weltanschauliche Veränderung durch NTE	Lebensbereiche, die sich aufgrund der NTE subjektiv und typenspezifisch verändert haben
Bewertung und Aussagekraft der NTE	Konsequenzen und Sinnstiftung der möglichen Veränderungen bzw. der aufgrund der gemachten Erfahrung erlangten Erkenntnisse – dies umfasst aber auch darüberhinausgehende, mit der NTE indirekt im Zusammenhang stehende Aspekte, wie zum Beispiel der Umgang mit Tod und Sterben
Zugang zu Religion und Spiritualität	Grundlegender, typspezifischer Zugang zu und Abgrenzung von Religion und Spiritualität, insbesondere im Kontext der gemachten Erfahrung
NTE-Berichte	Generische Spezifika, die sich ausschliesslich auf den eigentlichen NTE-Bericht beziehen: – Situationsbezogener Umstand und Kontext der gemachten Erfahrung – Ausprägungen der Erfahrungen, unter Umständen auch in Bezug auf Erfahrungselemente der eigentlichen NTE-Erfahrung – Explizit genannte Bedeutsamkeit der Erfahrung im Bericht und interpretativ gemäss der Typologie von Kauppert im Kontext der Argumentationslinien biografischer Kontinuitäten und Brüche
Soziale Deutungsmuster	Konstellation der relevanten Deutungsebenen und der jeweiligen – religiös-ontologischen, – kritischen oder – agnostischen Grundhaltungen

Anhand der gewonnenen Daten liessen sich fünf verschiedene Typen herausarbeiten, die systematisch entsprechend der Darstellung und der obenstehenden Tabelle vorgestellt werden. Zu Beginn werden die Pseudonyme der Personen des jeweiligen Typs explizit genannt. Im ersten Unterkapitel wird daraufhin der biografische Kontext der Personen jeweils aufgeführt. Dabei wird insbesondere der Umstand, wie es zur NTE kam, und die eigentliche NTE pro Person kurz zusammengefasst. Darüber hinaus kann der gesamte Lebenszusammenhang, der im Gespräch geschildert wurde, jeweils in einer systematisierten Zusammenfassung pro Person im Anhang[1] eingesehen werden. Auf diesen jeweiligen Zusammenzug wird bei der expliziten Erwähnung der Person jeweils verwiesen.

8.1   Typ I: NTE als Transformation

Zugewiesene Probandinnen (Gesamt: 3, davon 3 weiblich, 0 männlich): Tanja, Yolanda, Alexandra
Der Nahtoderfahrungsbericht dieses Typs in Abbildung 8.2 hat für die Erzählenden explizit symbolische Aussagekraft, mit zum Teil sehr ausgeprägten, visuellen Elementen. Sie steht für die grundlegende Botschaft, die aus der Erfahrung gezogen wird. Sie ist die Legitimation für das eigene Handeln, das einen initialen emotionalen Konflikt oder ein Dilemma lösen kann. Dabei gewinnt die Person eine Einsicht, eine Erkenntnis, die über allem zu stehen scheint: Sie erhält Einblick in übergreifende Lebenszusammenhänge und erwirbt so ausseralltägliches Wissen, das weitergegeben werden soll.

In der Folge wird deutlich, wie stark die Erfahrung das Selbstverständnis des bisherigen Lebenslaufs verändert. Dabei wird die Erfahrung überaus positiv wahrgenommen und es werden grundlegende, lebensessenzielle Auffassungen für den weiteren Verlauf des Lebens abgeleitet. Neben der einmaligen Überwindung des Todes scheinen sie zudem die Gewissheit erlangt zu haben, den Tod auch dauerhaft überwunden zu haben, indem ihre Überzeugung zur Gewissheit geworden zu sein scheint, nach dem physischen Tod weiterleben zu können.

---

[1] Die elektronische Version dieses Kapitels enthält Zusatzmaterial, das berechtigten Benutzern zur Verfügung steht. Vgl. Anhang 6: Fallbeschreibungen des Datenmaterials

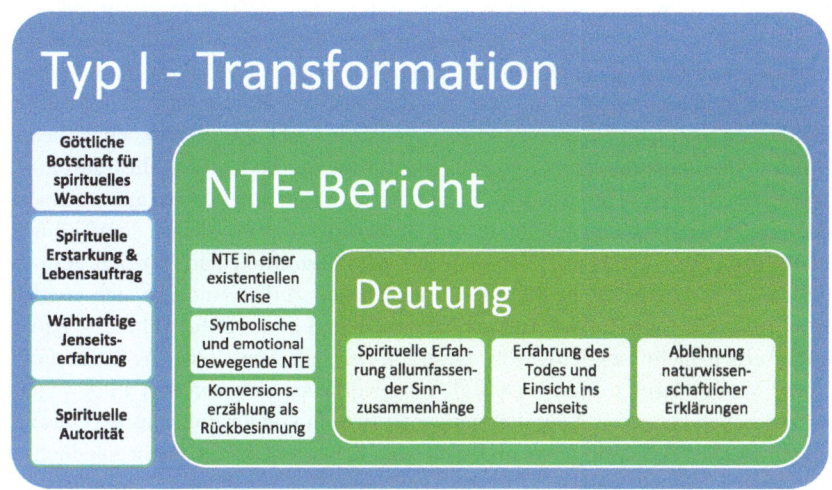

Abbildung 8.2 Raster zur Charakterisierung des Typs „Transformation"

8.1.1 NTE im biografischen Kontext: Eine göttliche Botschaft für spirituellen Wachstum

In der Folge werden die Erfahrungen mit den Biografien in Zusammenhang gebracht. Ferner wird aufgezeigt, wie die NTE für die Probandinnen einer Botschaft gleichkommt, aus der sie spirituelles Wachstum schöpfen. Die Botschaft zeige ihnen implizit oder explizit auf, wie einer ihrer Konflikte mit einer Lebenssituation oder ihrer bisherigen Weltanschauung aufzulösen ist. Ihre Bindung an die von ihnen einst als unverrückbar betrachteten Gesellschaftskonventionen können sie so überwinden. Dabei kann der innere Konflikt gar Auslöser der eigentlichen NTE sein.

NTE als Auflösung eines spirituellen Konflikts
Yolandas[2] Nahtoderfahrung stand im Kontext physischer und psychischer Bedrängnis: Sie hatte «Schmerzen mit den Nieren» und habe sich körperlich immer schwacher gefühlt. Zudem gibt sie an, sich schon immer mit Themen wie Tod, Sterben und Religion im Allgemeinen beschäftigt zu haben, ohne jedoch

---

[2] Die elektronische Version dieses Kapitels enthält Zusatzmaterial, das berechtigten Benutzern zur Verfügung steht. Vgl. Anhang 6.27 Yolanda.

Teil einer Religionsgemeinschaft sein zu wollen. Yolanda war weder in medizinischer noch in psychologischer Behandlung, beschreibt aber, emotional äusserst gestresst und belastet gewesen zu sein. Daraufhin wollte sie zusammen mit Freunden Campingferien machen, um sich zu erholen. Eines Nachts habe sie plötzlich die Gewissheit gehabt, sterben zu müssen. Zunächst erblickte sie ein helles Licht, sei dann den Lichtstrahl empor gegangen und habe am Ende des Lichtstrahls eine Silhouette eines Gesichts gesehen, ohne dass sie darin eine ihr bekannte Person erkannte. Währenddessen fühlte sie sich außerordentlich wohl und empfand ein Gefühl der Liebe. Dabei habe sie sich wieder völlig erholt und letztlich gesund gefühlt. Dann kehrte sie in das alltägliche Erleben zurück und sah sich wieder im Bett liegend. Unmittelbar nach dem Erlebnis und in der Folge fühlte sie keine Beschwerden mehr, sondern habe «gestrahlt wie ein Maikäfer» (Yolanda, Pos. 9). Zur Verwunderung ihrer Reisebegleitung wollte sie sich von nun an bewegen und körperlich betätigen. Laut ihrem eigenen Bericht konnte Yolandas psychische und physische Verfassung vor und nach der Erfahrung kaum unterschiedlicher sein: Zuvor war sie gedrückt, fühlte sich körperlich geschwächt, wohingegen sie am Folgetag sie überaus gut gelaunt war, mit ihrer Freundin fortwährend über ihr äusserst positiv empfundenes Erlebnis sprach und einen regelrechten Bewegungsdrang verspürte.

In der Folge stellt sie fest:

> für mich ist , klar geworden dass es wie eine höhere macht gibt „ also (.) ich bin atheist. also , bin reformiert aufgewachsen. (.) ganz normal wie man (.) halt das früher gemacht hat oder dürfen machen hat müssen? (.) ((lacht)) ehm „ und bin dann ausgetreten (.) weil ich einfach mich mit dem (.) auch nicht habe könne auseinandersetzen mit dem glauben (.) so an sich. , nach dem erlebnis habe ich„ denke schon dass es eine andere macht gibt. , das denke ich ja. und darum rede ich immer wenn dieses thema kommt rede ich immer über eben diese (.) die wolke ist noch <<mit unsicherer stimme>nicht frei gewesen> oder die harfe ist noch nicht (.) muss ich zuerst da unten üben. [...] also ja es ist nichts schlimmes,„ und (.) das hat an bedeutung gewonnen,, wenn auch , jemand stirbt,, als:o: letztes jahr ist meine mutter palliativ betreut worden? „ und eh sie haben mir dann auch gesagt ja jetzt geht es nicht mehr lange oder und das merkt man ja auch beim atmen bei den hautveränderungen alles. und dann sage ich j:a:? (.) freue dich ich habe zu ihr gesagt gehabt freue dich es ist so schön [...] und mein vater ist eben schon länger verstorben also [Jahreszahl], und dann habe ich gesagt j:a: sagst du de:m: vater einen gruss also völlig? , j:a: es i:s:t=der verlust sicher von meiner mutter „ aber eh um den weg habe ich sie fast so ein wenig beneidet (Yolanda, 45–49)

Yolanda beginnt ihre Aussage mit einem Verweis auf eine neue Erkenntnis («es gibt eine höhere macht»), die durch ihre Nahtoderfahrung gewonnen habe. Dabei signalisiert sie zugleich, bis dato eigentlich vom Gegenteil ausgegangen zu sein («ich bin atheist»), wenngleich sie hinzufügt, in ihrer Kindheit mit christlichen Werten aufgewachsen zu sein, obschon dies wiederum normal sei. Sie hatte offenkundig Mühe mit der christlichen Praxis und empfand es als Zwang. Später distanzierte sie sich davon und trat auch aus der Kirche aus. Ferner bezeichnet sie sich als «Atheist», was sie – wie sich dann später im Gespräch herausstellt – für synonym mit «konfessionslos» hält. Yolanda setzt dann an, dass sie aufgrund des Erlebnisses einen eigenen Zugang dazu fand. Sie hat eine klare Position zu ihrer eigenen Erfahrung entwickelt. Die Begleitung ihrer vermeintlich im Sterben liegende Mutter, die Grussbotschaften an den verstorbenen Vater zeigen, welche positive emotionale Bedeutsamkeit das Ereignis für sie hat. Diese scheint alles zu überstrahlen und im Vordergrund zu stehen. Das zeigt sich auch in ihrer abschliessenden Bemerkung. Sie sehnt sich nach diesem Ort und «beneidet» Personen, die an diesen Ort gehen können – also allem Anschein nach sterben werden. Aber zum Zeitpunkt der NTE scheint die Zeit für Yolanda noch nicht gekommen. Denn sie hatte sich auf dem Weg zu dem freundlichen Gesicht wieder umgedreht und ist fortan davon überzeugt, dass es eine Mission im Diesseits zu erfüllen gibt, denn die «Wolke» sei noch «besetzt» gewesen.

Es schien, als habe sie sich von der Schwere der Ungewissheit, was im und nach dem Tod geschehe, völlig gelöst. Denn schliesslich verfügte sie nun über das Wissen, dass es einen Ort und eine «höhere Macht» gebe. Der innere Konflikt schien gelöst: Yolandas Verzweiflung, keinen Ausweg zu finden, die Religion als solche, wie sie die Institution in ihrer Kindheit und Jugend kennengelernt hatte, nicht annehmen zu können – dies schien durch die in der Nahtoderfahrung gewonnene Erkenntnis überwunden zu sein. Das Bedürfnis, Zugang zu Spiritualität und Religion zu finden, ohne an die einst von ihr als sozial verbindlichen Normen gebunden zu sein, kann sie nun fortan ohne innere Widersprüche ausleben.

NTE als Resultat einer existentiellen Krise
Auch Tanjas[3] NTE ist geprägt von der Auflösung eines inneren Konflikts, der in einer existentiellen Krise mündet: Ihre damalige finanzielle Lage liess es nicht zu, dass sie und ihr Partner gleichzeitig ein Studium an der Universität beginnen. Es lief aus ihrer Sicht darauf hinaus, dass ihr einzig eine Zukunft als Mutter als Lebensperspektive zur Verfügung steht und ihr Partner ein Studium weiterverfolgen kann. Bildung spielte in ihrer Biografie schon immer eine grosse Rolle. Ausbildung gilt in ihren Augen als gesicherter Zugang zu vielen Zukunftsmöglichkeiten, als Symbol

---

[3] Die elektronische Version dieses Kapitels enthält Zusatzmaterial, das berechtigten Benutzern zur Verfügung steht. Vgl. Anhang 6.22: Tanja.

der Emanzipation und damit gleichsam als Antithese zur traditionellen Rollenver-
teilung, die im konservativ-katholischen Umfeld ihrer Kindes- und Jugendjahre
vorherrschend war. Als Kind hatte sie sich heimlich den Zugang zu Büchern ver-
schafft, obwohl ihr dies als werdende Frau verboten wurde. Das Umfeld schien ihren
Weg schon vorgezeichnet zu haben: Sie sollte heiraten, Kinder bekommen und einen
Haushalt führen. Damit stellte sich ihr das Familienleben bereits von Kindesbeinen
an als in Widerspruch stehend zu ihren eigentlichen Bedürfnissen dar. Aus diesem Grunde hatte sie sich als junge Erwachsene vom Christentum abgewandt und
wurde Mitglied der sozialistischen Partei, die Atheismus im Parteiprogramm geführt
habe. Ihr damaliger Partner teilte ihre Weltsicht.

> ich habe in der kommunistischen partei aktiv mitgewirkt, und ich war total atheist
> (.)und für mich war klar die religion ist einfach ein märchen ((lacht dezent)) [...]
> und :i:ch wollte gar nichts zu tun haben mit religion oder ich habe gar nicht an gott
> geglaubt oder so sachen das war für mich fremd,,, und eben ich bin in einer umgebung,
> äh ich habe in einer umgebung gelebt wo alles, äh marxistisch war und alles materia-
> listisch und äh gott kam gar nicht in frage und übersinnliche Erlebnisse auch gar nicht,
> also das war für mich tabu es war nicht=es existierte nicht (Tanja, Pos. 13–16)

Rund zehn Jahre später befindet sich Tanja in der für sie sehr schweren Konfliktsi-
tuation, das Mutter-Werden dem Studium vorziehen zu müssen. Die Entscheidung
war derart von existenzieller Natur, dass sie in ihrer grossen Unruhe kaum mehr
Schlaf finden konnte. An einem Abend, als sie sich ins Bett legte, erinnerte sie sich
zunächst an ihre Grossmutter, bevor sie dann plötzlich den Eindruck hatte, sterben
zu müssen:

> als ich so beunruhigt war dann habe ich mich erinnert dass meine grossmutter hat
> mir immer gesagt wenn du einmal nicht schlafen kannst <<leicht weinend> jetzt
> muss ich=werde ich emotional> dann musst du einfach das unservater beten [...]
> und dann habe ich das unservater gebetet [...] und auf einmal,,habe ich einen star-
> ken schmerz in der brust gehabt so einen schrecklich starken schmerz dass ich nicht
> mehr atmen konnte,, und ich habe so in den ohren :s:o einen laut gehabt,,aber stärker
> als mehrere Flugzeuge [miteinander] [...] für mich war es total bewusst obwohl ich
> gar nicht geglaubt habe obwohl für mich übernatürlich oder ein leben nach dem tod
> äh total ausgeschlossen war,, ich habe gewusst hier ist eine energie,, die raus will und
> wirklich, ich habe mich empfunden als eine schrecklich starke,, übe:r:mässige ener-
> gie,, die aus meinem körper rausgeht,, und auf einmal habe ich mich aber wirklich das
> waren keine bilder wie ich was ich vorher erlebt habe das ist eine realität [...] und das
> ist wirklich keine halluzination,, auf einmal habe ich gespürt wie ich langsam von den
> füssen bis zum kopf raus will „wie langsam rausgeht,, und durch diese Energie (die
> sehr warm war) die aus dem körper geht,, und mir war schon bewusst dass ich aus
> meinem körper gehe dass ich habe an meinen freund g:e:dacht und ich habe gesagt
> nein nein das kann nicht möglich sein <<hörbar einatmend>> ich sterbe> was wird=er
> kann nicht morgen aufwachen und sehen dass er neben einer leiche ist <<lächelnd>

liegt> ich wollte nicht ich wollte nicht„ ich habe an meinen freund gedacht und ich habe gedacht das ist nicht möglich ich will nicht raus ((einatmend)) und natürlich konnte ich nichts dagegen tun„ man geht raus man ist sich ganz bewusst was passiert ((einatmend)) ((räuspern)) das ist schrecklich zu wissen dass man gar nichts dagegen tun kann, dass man einfach geht es ist=man gleitet einfach raus„ und ich bin rausgegleitet und ich bin in ein tunnel gelandet :n:icht gelandet, der tunnel hat angefangen sofort nach meinem kopf, ((lacht kurz auf)) es ist so diese=aus dem kopf zu gehen die ganze energie und in diesen tunnel zu gehen„„ und als ich in dem tunnel war (.) da, war ich kein mensch mehr (Tanja, Pos. 16–25)

In der Folge reist sie durch verschiedene Räume und Welten. Durch diese Reise hat sie sich zum einen mit dem Glauben an Jesus versöhnt und ihre religiöse Weltanschauung korrigiert. Zum anderen hat sich ihr Dilemma durch eine symbolische Darstellung ihres göttlich vorbestimmten Zukunftsplans aufgelöst. Diese bestand aus drei Stühlen, die je ein Kind versinnbildlichten. Vor ihrer NTE verband Tanja die Familie unweigerlich mit dem katholischen Dogma und dem christlichen Glauben. Deshalb war eine Familiengründung bis zum Zeitpunkt der NTE für sie inkompatibel mit ihrem Bedürfnis nach freier Selbstbestimmung. Die Lösung war, dass sie sich nicht der katholisch geprägten Weltanschauung unterwerfen, sondern sich darüber stellen sollte. Damit war es auch möglich, ohne inneren Konflikt, eine Familie gründen zu können. In der Folge ist sie sich sicher: «gott hat mich gerufen in dem moment wo ich am wenigsten von meinem leben an gott geglaubt habe (.) und ich war für ihn ok„ <<weinend>>er hat mich geliebt» (Tanja, Pos. 70). Der ursprüngliche, als existentiell bedrohlich empfundene Konflikt wird aufgelöst und mündet in einer erstarkten Selbstsicherheit, da die Selbstintegrität emotional und narrativ wiederhergestellt zu sein scheint: «das gibt mir so eine sicherheit […] dieses erlebnis hat mir sicherheit gegeben„„ seither bin ich anders„„ bin ich irgendwie selbstsicher geworden„ weil ich habe gewusst„ weil ich kenne die wahrheit» (Tanja, Pos. 532–534). Ein Leben nach dem Tod hält sie nun für gesichert: «ich konnte nicht mehr sagen jetzt glaube ich nicht mehr an gott wenn ich gott erlebt habe […] ich konnte nicht sagen nach dem tod ist nichts wenn ich erlebt habe dass es nach dem tod etwas gibt» (Tanja, Pos. 184–186).

NTE als Loslösung von gesellschaftlichen Konventionen und neue Autorität universeller Natur

Alexandra[4] hatte sich seit ihrer Kindheit immer wieder mit Sterben und Tod beschäftigen müssen. Der frühe Tod ihres Vaters ist ihr noch sehr gut in Erinnerung.

---

[4] Die elektronische Version dieses Kapitels enthält Zusatzmaterial, das berechtigten Benutzern zur Verfügung steht. Vgl. Anhang 6.1 Alexandra.

Unmittelbar danach habe sie bereits Momente erlebt, in denen sie ihren Körper verlassen habe. Dem habe sie aber nie besondere Aufmerksamkeit geschenkt. Nach ihrer Nahtoderfahrung sei sie wiederkehrend in einem solchen Zustand der ausserkörperlichen Erfahrung gewesen.

Alexandras eigentliche Nahtoderfahrung steht allerdings im Zusammenhang mit Komplikationen während ihrer Schwangerschaft. Bereits vor der Geburt musste sie sich immer wieder in ärztliche Behandlung geben, weshalb sie zur Geburt physisch und psychisch deutlich geschwächt war. Während der Geburt kam es dann auch zu schwerwiegenden Komplikationen. Das Kind wurde durch einen Kaiserschnitt geboren. Zunächst kann sich Alexandra an den Augenblick der erfolgreichen Geburt ihres Sohnes erinnern. Sie bekam mit, dass das Kind zur Welt gekommen ist und gesund sei, und war Zeugin von Diskussionen zwischen behandelndem Arzt und den involvierten Krankenschwestern. Danach schien sie kurz das Bewusstsein zu verlieren, woraufhin sie ihren Körper wie eine nicht zu ihr gehörende Hülle wahrnahm. Sie stellte fest, dass ihre Atmung und ihr Herzschlag gegen ihren Willen stoppten. Danach fand sie sich in einem Raum mit einem grellen Licht, vermutlich die Lampe im OP-Saal, über ihrem Bauch, mutmasste Alexandra. Sie hatte die Empfindung, aus ihrem Körper zu treten, als gehörte dieser nicht zu ihr. Dann schaute sie zur Decke, empfand, dass sie dorthin gleite und durch eine Art Membran dringe, die sich oberhalb an der Decke befand. Danach sah sie sich zunächst einen bedrohlichen, dunklen, beängstigenden Ort voller Menschen, die nicht richtig sterben konnten. Sie überwand diesen dunklen Ort und erhob sich in einer Spirale gegen eine helle Kuppel. Dabei habe sie ständig mehr über die Welt, das Menschsein und die essenziellen Fragen des Lebens gelernt. Sie meinte nun sämtliche Zusammenhänge zu verstehen und war verblüfft ob ihrer Einfachheit. Sie sah dann von oben, vom Weltall aus, wie die Menschen wertlosen Kleinigkeiten nacheiferten und beschloss daraufhin aus der NTE in die Normalität zurückzukehren, um die Menschen aufzuklären und auf den richtigen Weg bringen.

Alexandra gelingt es anhand ihrer Nahtoderfahrung ihre Andersheit in einen für sie sinnvollen Kontext zu rücken. Sie meint gar, allumfassendes Wissen erworben und deshalb die Autorität zu haben, Menschen wieder auf einen adäquaten Weg zurückbringen zu können. Stets wissensdurstig wie sie bis zur Erfahrung war, wähnt sie sich nun in der Gewissheit, die wichtigsten Zusammenhänge zu kennen, auch wenn sie sich an diese nach ihrer Rückkehr nicht oder nur noch zu Teilen erinnern kann.

8.1.2   Weltanschauliche Veränderung durch NTE: NTE als spirituelle Erstarkung und Lebensauftrag

Für ihre weltanschauliche Veränderung benötigen Personen dieses Typs, die eine NTE gemacht haben, immer wieder Vergewisserung, auf dem richtigen Weg zu sein. Diese Sicherheit gibt ihnen die Erinnerung an die Erfahrung, die sie aktiv abrufen können. Dann meinen sie sich wieder in der Gewissheit um ihre Aufgabe und ihr Ziel, die Erkenntnisse an andere Menschen weiter zu tragen, sicher zu sein.

NTE als Auftrag an das Leben
Alexandra stösst nach ihrer Rückkehr ins Leben bereits auf den Widerstand, dass man ihre Botschaft nur ungern höre. Sie hat zudem Angst, für verrückt erklärt zu werden. Sie würde gerne intervenieren, den Menschen «ihre Lektion» lehren, dürfe es aber nicht, beziehungsweise nur dann, wenn sie darum gebeten wird:

> es ist manchmal nicht einfach für m:i:ch zum umgehen mit dem (.) wenn ich sehe dass leute die wahrheit nicht sagen., und ich sehe wie sie es eigentlich (.) wie sie es eigentlich würden meinen […] und ich darf ihnen das nicht ins gesicht sagen. ((atmet ein)) ich sehe andere situationen. ich sehe w:o: und warum jemand w:ah:nsinnig leidet im leben., ((atmet)) und ich darf es ihnen nicht sagen. es wäre so <u>einfach</u> (.) und ich darf es ihnen nicht sagen weil das ist ihre lektion. ((atmet ein)) ich darf ihnen helfen wenn sie mich <u>frag:en:</u>. wenn sie mich <u>nicht</u> fragen darf ich kein wort sagen (Alexandra, Pos. 42–44)

Trotz den Einschränkungen, die Alexandra erlebt hat, ist sie entschlossen, die ihr von ihr als aufgetragen empfundene und auch selbst auferlegte Aufgabe zu erfüllen. Denn auch wenn Alexandra nicht aus eigener Überzeugung zurückgekehrt wäre, dann hätte sie dennoch zurückkehren müssen. Das habe ihr ein Wesen mitgeteilt, das sie nach der NTE angetroffen habe.

> ich glaube es ist gut gewesen bin ich zurückgekommen. und zwar einfach: ich glaube wir leben hier auf dieser welt so sollte: ist das unser prozess zu lernen dass wir nicht für uns leben., ((atmet)) unser beitrag ist (.) für das wir als soziales <u>gefüge</u> einander helfen. das man sich weiterentwickelt. das man ((atmet ein)) eben es geht überhaupt nicht :um: materielle güter zu sammeln. ((atmet ein)) die indianer sagen, was wirklich zählt ist das was man füreinander tut. ((atmet)) ich möchte jetzt nicht ((atmet aus)) ehm das jetzt werten. aber es geht irgendwie darum das man ((atmet ein und aus)) also wir sind auf dieser welt,, ((atmet)) zum lernen. das eigene ego (.) können wegzu- stecken und als person als persönlichkeit als das das man wirklich ist zu leben. und nicht als eg:o: ((atmet und gestikuliert)) hunger hat und überall sich bereichern muss. ((atmet)) ehm. wenn ich weitergegangen wäre, hätte ich zwar (.) mehr dürfen wissen,,

((atmet)) aber ich wäre wahrscheinlich wieder gekommen. ((atmet)) und jetzt muss
ich wirklich sagen ich habe (.) viel später einmal. also einfach seither (.)
ja das ist
((atmet ein)) weil ich nicht mehr so ver-verbunden bin mit mir selber. gibt es das ich
(.) träume in anführungszeichen habe wo eben keine träume sind. und da ist einmal
so ein wesen gekommen und hat mir versprochen das sei mein letztes mal ((lacht)).
((atmet ein)) also. glaube ich das. wäre ich aber dort weitergegangen denke ich hätte
ich noch einmal kommen müssen (Alexandra, Pos. 116)

Damit fasst Alexandra ihre Aufgabe als Teil eines grösseren Plans auf. So gelingt es
ihr, die Spannung zwischen Helfen-Wollen und Nicht-Helfen-Dürfen auszuhalten.

Mit ihrer Erfahrung meint Tanja eine göttliche Botschaft erhalten zu haben, die
nicht nur ihr Dilemma aufgelöst, sondern sie auch als spirituelle Autorität nominiert
hat: «jetzt bezeichne ich mich einfach als,„ eine nachfolgerin jesus» (Tanja, Pos.
382). Und präzisiert: «der jesus den ich erlebt habe, nicht den des christentums»
(Tanja, Pos. 384). Legitimität hierfür bietet ihr die Bibel selbst, da sie die Stimme,
die zu ihr gesprochen habe, einem spezifischen Evangelium zuweisen kann: «die
stimme die zu mir geredet hat ist die stimme vom johannes evangelium» (Tanja,
Pos. 64).

NTE als Kraftort und Bereicherung

Alexandra schwärmt von ihrer Erfahrung und spricht von einer

ungeheure[n] bereicherung.„„ muss ich ehrlich sagen also, ich möchte es jedem menschen gönnen. weil (.) ((atmet)) das leben viel mehr tiefe bekommt und eine völlig
andere dimension. oder dimension. das ist so blöd wenn man das sagt. ((atmet)),„ ein
neuer horizont. [...] die werte sind völlig anders., ((atmet)) es tut einem viel weniger
irgendwie aus der bahn werfen w:ei:l , ((atmet)) weil man so einen grösseren rahmen
gesehen hat (Alexandra, Pos. 256–258)

Sie betont die verändernde Kraft der Erfahrung, andere Ereignisse sehr unbedeutend
erscheinen zu lassen. Grund dafür sei nicht nur die Intensität der Erfahrung, sondern
insbesondere auch die gewonnene Erkenntnis. Auch Tanja schwärmt: «es war ein
glücksgefühl» (Tanja, Pos. 148).

Die NTE ist auch für Yolanda eine durchweg positive Erfahrung. Sie fühlte sich
regelrecht losgelöst von ihren körperlichen und psychischen Beschwerden, bezeichnete sich im Nachgang auch als «weicher», da sie sich viel mehr mit spirituellen
Themen beschäftige und diese ihrem sozialen Umfeld auch mitteile. Dies sei eine
Seite, die sie von sich selbst bislang kaum kannte. Diese Seite an ihr konstatierte
auch ihr Umfeld als Novum. Das Erlebnis spiele eine zentrale Rolle in ihrem Leben,
es sei Kraftort und die Erinnerung daran könne sie jederzeit auch zum Beispiel mit
einem Blick aus dem Fenster abrufen. Dann könne sie wieder die gesamte, damals

erfahrene Kraft spüren: «ich behalte es einfach in mir wirklich in mir drin und , es
ist , eine spezielle erfahrung. sehr eine spezielle erfahrung. , aber es ist auch etwas
das ich (.) hier unten ich sage es jetzt extra so hier unten brauchen kann.[...] dieser
mut die stärke» (Yolanda, Pos. 17–19).

Die Nahtoderfahrung bewahrt für die Probandinnen ihren besonderen emotionalen Wert lange über den Zeitpunkt der Erfahrung hinaus. In Phasen, in denen sich
die Probandinnen selbst als emotional labil empfinden, biete die Erinnerung an die
Erfahrung einen Rückzugsort. Sobald sie sich emotional belastet oder sich unter
Druck gesetzt fühlen, wird die Erinnerung – teilweise aktiv – wieder abgerufen,
um das durchwegs positive Gefühl wieder zu vergegenwärtigen. Die Ausprägung
der «Vollkommenheit», der «Geborgenheit», die in einer derartigen Situation erlebt
wurde, scheint sehr prominent in der Erinnerung repräsentiert zu werden und fungiert mitunter auch als erinnerbare Sicherheit in Notlagesituationen: «es gibt tage
an denen es (.) einfach da ist. aber es gibt eh wenn es sehr hektisch ist oder wenn ich
mich verliere im alltag drin (.) dann ist das wie so ein anker für mich. [...] und dann
eben dann schaue ich einfach hoch und dann (.) schon gut. kommt gut» (Yolanda,
Pos. 67–69). Die auch in der Nahtoderfahrung imaginierte Körperbewegung wird
also übernommen und als Hilfsmittel dazu verwendet, die damit verknüpfte Emotion wieder zu erinnern. Die Bezeichnung der Erfahrung als «Anker» symbolisiert
hier die Stabilität und Stimmigkeit der Gefühlslage.

8.1.3 Bewertung und Aussagekraft der NTE: Wahrhaftigkeit der Jenseitserfahrung

Im Wesentlichen bewerten die Probandinnen die NTE als Legitimationsquelle
der Initiierung einer transformatorischen Abkehr ihrer bisherigen Überzeugungen. Dabei handelt es sich nicht um einen grundlegenden Wandel hin zu einer
völlig neuartigen, den Probandinnen bisher gänzlich unbekannten Überzeugung,
sondern um eine Aufhebung eines Widerstands, von dem sie immer vermuteten, dass er in der Gesellschaft herrscht. Die Erfahrung beeinflusst damit ihre
bisherige Weltanschauung und revitalisiert vormals abgelehnte, mit dem sozialen Gefüge vermeintlich unvereinbare Überzeugungen. Die Probandinnen gehen
davon aus, tiefgreifende und allumfassende Einsicht in die Zusammenhänge des
menschlichen Lebens erlangt zu haben. Die religiös-spirituelle Überzeugung ist
mit der vermeintlichen Gewissheit einer Existenz im Jenseits verknüpft. Um diese
als sozial weitreichend betrachtete Transformation zu vollziehen, müssen die Probandinnen wohl tief davon überzeugt sein, dass ihre Erfahrung wahrhaftig war.
Sie wissen um die möglichen Widerstände in ihrem sozialen Umfeld und nehmen

mögliche Auseinandersetzungen in Kauf. Dass sie sich damit beauftragt sehen, die Menschheit gleichsam aufzuklären, legitimiert ihnen ihren Bruch mit der bisherigen Weltanschauung und unter Umständen – falls notwendig – sogar mit dem sozialen Umfeld.

Prozessuale Wiedererlangung der emotionalen und körperlichen Integrität als Wahrhaftigkeitsbestätigung der Erfahrung
Der Prozess der Verortung und Bewertung der eigenen Erfahrung erfolgte bei keiner der drei Probandinnen linear. Alle drei sprechen von einigen vor allem emotionalen, aber auch körperlichen Schwierigkeiten, wieder Anschluss an ein für sie konformes Leben zu finden. Besonders Tanja beschreibt eine intensive Lebensphase nach der NTE, die stets von Unsicherheiten und kompromisslosen Überzeugungen und Weltanschauungen geprägt war. Sie zeichnet ein regelrechtes Wechselbad der Gefühle: Einerseits sei die Rückkehr ins Leben eine Enttäuschung gewesen, da sie doch so gerne geblieben wäre, andererseits habe sie kaum mehr Schlaf finden können – aus Angst, sie würde dann wieder sterben:

> am anfang war so eine enttäuschung, ich wollte das nicht ich wollte nicht mehr hier sein dass ((ausatmen)), ich habe mich gefragt warum bin ich wieder zurück? da war mir mein freund wieder egal ob er neben einer leiche schläft oder nicht (.) ich wollte nicht mehr zurück sein, aber äh„ langsam habe ich das leben als ein geschenk empfunden (.) und ich habe mich gefreut wieder zu leben (.) und ich habe gott ich habe mich bedankt bei gott dass er mir das leben geschenkt hat (Tanja, Pos. 41)

Nachdem sie das Leben wieder schätzen gelernt hatte, ergriff sie Panik, dieses auch wieder verlieren zu können:

> auf einmal es ist mir„ so klar geworden dass es so einfach ist zu sterben„„ […] es kann jeden moment passieren man kann nichts dagegen tun„„ und man kann das nicht steuern, und ich habe auf einmal panik gehabt dass ich wieder sterbe (.) wenn ich wieder schon hier total auf der erde war da wollte ich auf einmal nicht mehr gehen (Tanja, Pos. 45–47)

Yolanda scheint nicht derart existentielle Ängste gehabt zu haben. Gleichwohl erzählt sie auch von einer Überforderung – von Gefühlen, die sie nach der NTE überwältigt haben: am «anfang habe ich […] wirklich mühe gehabt weil (.) ich habe dann auch nicht gewusst wie ich mit dem umgehen soll? (.) also plötzlich kommen so „ so gefühle hoch? und dann denke ich ja ehm was mache ich jetzt mit dem? also (.) ja bin teilweise selbst überfordert gewesen» (Yolanda, Pos. 107).

Tanja und Alexandra berichten, bereits als Kind – noch vor ihrer NTE – ausserkörperliche Wahrnehmungen gehabt zu haben. Tanja habe zum Beispiel ihre verstorbenen Eltern angetroffen, die sehr früh gestorben sind:

> war ich sehr traurig und aufeinmal ist [mein Vater] neben mir im bett gesessen,,,,und dann hatte ich wahnsinnige angst, weil ich habe ge:=ich war ein kind und ich habe gewusst mein vater ist tot, er kann nicht hier sein,. und :ä:h, ich habe angst gehabt [...] später als ich 13 jahre alt war habe ich ein schreckliches erlebnis gehabt und ich habe meine beiden eltern vater und mutter neben mir,, gespürt (.) und gehört, nicht gesehen aber gespürt und gehört. und heute,,, ja,, ich spüre viele sachen,, und darum kann ich nicht sagen das gibt es nicht (Tanja, Pos. 428)

Auch Alexandras erlebte Verbindung ihres Geists mit ihrem Körper scheint bereits im Kindesalter unstet gewesen zu sein. Sie erzählt von einem Erlebnis als Sechsjährige, kurz nachdem ihr Vater gestorben war, als sie eine Ausserkörperlichkeitserfahrung hatte. Sitzend unter einem Zwetschgenbaum habe sie plötzlich ihren Körper von oben betrachten können:

> wir haben immer müssen gehen einkaufen für die grossmutter und die mutter ((atmet ein)) und ich weiss genau unter welchem zwetschgenbaum ich bin ich plötzlich dann einmal in dem zwetschgenbaum oben gewesen ((atmet ein)) [...] und habe meinen körper aber unter dem zwetschgenbaum gesehen. [...] aber das ist für mich nicht ein nahtoderlebnis., aber einfach ich bin getrennt gewesen vom meinem körper. ((atmet ein)) und dann habe ich gedacht (.) :oh: jetzt hat meine mutter so leiden müssen weil mein vater gestorben ist. ((atmet ein)) das kann ich der nicht zu leide tun das ich jetzt einfach fortgehe. ((lacht und atmet)) ich muss wieder zurück (Alexandra, Pos. 62–66)

Danach sei sie wieder in ihren Körper zurückgekehrt. Seither, und vor allem seit ihrer Nahtoderfahrung, wisse sie einfach, dass sie

> zugang habe zu sachen wo, ((lacht)) ((atmte ein)) j:a:=wo ich wirklich als mensch nicht darf sagen auf dieser erde. ((atmet ein)) :e:hm (.) was ich auch könnte s:a:gen, ((atmet ein)) wenn man ein nahtoderlebnis hat wenn man es sieht., ((atmet ein)) wenn man es hört. wenn man es w:ahr:nimmt. hat mehr dimensionen als wir hier haben und deshalb ist das so schwierig zum ausdrücken. ((atmet ein)) und es gibt mir momente wo ich einfach (.) mehr dimensionen wahrnehme als (.) der normale mensch (Alexandra, Pos. 44)

Auch Yolanda überkommen unvermittelt Gefühle. Sie habe einen Zugang erlangt, der ihr selbst bislang noch unbekannt gewesen sei. Sie formuliert es so: «plötzlich rede ich über gefühle (.) und dann haben sie mich jeweils auch mit grossen augen angeschaut also , ja bei situationen [bin ich] viel feinfühliger geworden und (.)

manchmal ahne ich schon (.) oder ja weiss einfach gewisse sachen (.) die andere
vielleicht gar nicht ahnen» (Yolanda, Pos. 101). Sie erwähnt, eine grundsätzliche
Veränderung ihrer Emotionalität wahrgenommen zu haben:

> nach dem erlebnis (.) bin ich viel weicher geworden viel sensibler. , wo ich vorher
> sehr(.)=ja halt durch auch durch den beruf [als Dozentin] sehr eh (.) ja sehr strukturiert
> sehr ehm (.) faktenbezogen , und das hat sich jetzt in dieser zeit sehr verändert. (.) also
> da ist wie (.) ein weicher kern rausgekommen. und kann auch viel besser zulassen. ,
> was ich vorher gar nicht habe gekonnt (Yolanda, Pos. 25).

Die mühselige Wiedervereinigung von Geist und Körper in ihrem Erleben und das
Hadern mit Gefühlen wird gleichermassen von den Betroffenen als Beleg dafür
verwendet, dass die NTE und der Glaube an den mit ihr einhergegangenen Erkenntnisgewinn wahrhaftig ist. Denn dass sie körperliche und psychische Folgen weit
nach der Erfahrung nach sich ziehen, legt nahe, dass die Veränderung tatsächlich
einschneidend war. Für Tanja und Alexandra sind ihre eigenen Wahrnehmungen
bereits vor der NTE Beleg dafür, mit anderen «Dimensionen» verbunden zu sein.

Gewissheit der Existenz eines Jenseits
Yolanda habe keinen Zweifel daran, dass das Ereignis ein Sterbevorgang und ein
Zurückkommen ins Leben war: «ich sage heute klar also seit längerem sage ich klar
und deutlich ja , eh ich bin auf dem weg gewesen zu gehen» (Yolanda, 23). Sie freue
sich geradezu darauf, an den Ort, den sie seit der NTE kenne, zu gegebener Zeit
zurückzukehren. Schliesslich habe ihr ihre Erfahrung «die angst genommen auch
vor dem tod also ich habe keine angst vor dem tod» (Yolanda, Pos. 19). Auch Tanja
bringt eine Vorfreude auf den Tod zum Ausdruck, denn sie wisse ja nun, was einen
dabei erwarten würde: «jetzt habe ich keine angst mehr <<lachend>> vor sterben>
ich freue mich wenn ich einmal gehen darf, und ich lebe so in dieser ruhe und in
dieser zuversicht dass ich habe erlebt wa:s: es wirklich ist» (Tanja, Pos. 74). Die
Gewissheit, dass es sich um eine authentische, echte Erfahrung gehandelt haben
muss, ist auch für Alexandra unerschütterlich:

> es ist mir eg:a:l (.) was jemand anderes sagt. es ist mir egal was jemand anderes erlebt
> hat. ich weiss was ich erlebt habe (.) und das stimmt für mich zu hundert prozent,
> ((atmet ein)) und zu dem darf ich auch stehen. ((atmet) :u:nd mit dem habe ich es
> recht gut verarbeitet möchte ich sagen bis heute. ((atmet aus)) ich merke einfach (.)
> wenn mich heute jemand fragt. ich bin ja schwer krank gewesen wo ich wirk:= also
> ich habe krebs gehabt ((atmet)) habe ich müssen sagen (.) das ist mir völlig egal ob
> ich sterbe oder nicht. weil (.) eigentlich bin ich unsterblich., gestorben bin ich schon.
> (Alexandra, Pos. 38)

Auch Tanja ist sich sicher, sie sei tot gewesen und nun wieder zurückgekehrt: «ich habe mit meinem freund geredet, und ich habe gesagt, du ich bin tot gewesen und gott hat zu mir geredet und er hat mich ehm angefasst und gesagt, ja was ist mit dir du bist total kalt (.) und ich habe gesagt ja eben ich habe dir gesagt ich war tot und darum bin ich kalt» (Tanja, Pos. 39).

NTE als Bruch mit dem sozialen Umfeld
Während ihrer NTE sei Tanja auf ein göttliches Wesen getroffen, das sie durch mehrere Räume geführt und ihr dann drei kleine Stühle gezeigt habe. Sie deutet dies als Symbol dafür, dass ihre Zukunft so vorbestimmt sei, drei Kinder auf die Welt zu bringen, was ihr innerer Konflikt aufgelöst habe. Unmittelbar nach der Erfahrung ging es ihr aber psychisch und physisch weiterhin sehr schlecht. Sie befand sich während mehrerer Monate in einer desolaten Verfassung, weil sie das Erfahrene und die daraus entstandenen Konsequenzen erst für sich zurechtlegen musste. Sie fühlte sich mit dem Erlebten zunächst überfordert, da die Erfahrung ihrer bisherigen, eigens angeeigneten atheistischen Weltanschauung und der ihres sozialen Umfelds widersprach. Sie sah sich ausser Stande, sich jemandem anzuvertrauen. Sie beschreibt dann auch, wie sie später mit einem Großteil ihres sozialen Umfelds, mit Freunden brechen musste, da sie nun religiöse Überzeugungen hatte, die mit ihrer Parteizugehörigkeit nicht vereinbar waren: «weil ich habe gesucht, ich habe gott gesucht, aber […] ich musste zu mir stehen (.) zu meinem erlebnis» (Tanja, 58–60). Tanja beschreibt eine intensive «Suche nach Gott», die sie nach ihrer Erfahrung stark beschäftigt habe. Dabei erwähnt sie auch einen Prozess, der sie zahlreiche, von ihr nun als Irrwege aufgefasste Wege einschlagen liess. Sie erwähnt weitere Götter und habe stets danach gesucht, ihre Erfahrung in den heiligen Schriften wiederzuerkennen. Schliesslich wurde sie in der Bibel in einem ganz spezifischen Evangelium fündig. Damit konnte sie ihre Erfahrung einordnen und so referenzieren und legitimieren. Die Wiedererkennung in einer heiligen Schrift gibt ihr aus ihrer Sicht die Autorität, ihre Erkenntnis als allgemeingültig und universell zu erachten.

Durch ihre Zuwendung zu religiösen Überzeugungen entfremdete sie sich selbst von ihren Bekannten und ihrer Familie. Ihr gesamtes Umfeld habe sich von ihr abgewandt:

> die ganze familie und die familie von meinem mann, hat mich ab dem moment war ich für sie nichts weil die sind alle kommunisten gewesen,,, und äh,, habe ich alle freunde verloren,, auf einmal bin ich alleine gewesen,, und ich habe keinen anderen mensch gefunden, weil ich konnte keinen anderen menschen finden ((hörbar einatmend)),, die auch dieses erlebnis gemacht hätte und äh,, in der kirche selber nachher als ich in der freikirche war ich konnte das nur mit diesem pfarrer bereden mit anderen menschen nicht ,, […] weil auch die christen selber man kann nicht darüber reden mit

den christen,weil„ das erste was sie fragen wer bist du dass gott zu dir reden konnte„ […] ich war niemand oder? warum sollte gott zu mir reden„„ die die gerade nicht so gut war„ die auch in der freikirche bin ich diejenige gewesen die mit einem mann zusammen mit dem ich nicht verheiratet bin weil ich war schon geschieden also ich war getrennt von einem anderem mann und ich hatte noch nicht die scheidung weil in {Herkunftsland} damals, m:h es noch nicht die scheidung gab (Tanja, Pos. 188–192)

8.1.4   Religion und Spiritualität: Spirituelle Autorität als Überwindung institutioneller Religion

Die Betroffenen eint, dass sie die eigene Erfahrung als einzige Legitimationsquelle für religiöse und spirituelle Vorstellungen betrachten. Für sie ist sie die alleinige Referenz, um die Wahrheit und Wahrhaftigkeit möglicher Glaubensüberzeugungen zu bestimmen. Institutionelle Religionen lehnen die Betroffenen aufgrund ihrer bevormundend empfundenen Vormachtstellung grundlegend ab – mit der Begründung, dass die göttliche Autorität allein bei der erfahrenden Person liege. Damit entsteht eine neue Essenz der Religion, vielmehr der Spiritualität. Gleichwohl betrifft dies auch die Religion, da der Begriff der «Religion» meist als Synonym für die institutionalisierte Form der Spiritualität verwendet wird.

Neue Essenz der Religion
Obwohl Tanja die Stimme, die zu ihr gesprochen habe, inzwischen gefunden habe, sei sie dennoch überzeugt, dass alle Formen von Religion lediglich für diese Welt vorgesehen seien. Aber das habe «gar nichts zu tun„ mit religion„ mit der ganzen„ sünden nicht sünden„ mit den ganzen„ und äh religion wie wir hier es erleben» (Tanja, Pos. 64). Das, was sie erlebt hat, steht darüber:

> weil ich glaube hier auf die erde gibt es (.) gar keine„ gar keine theorie gar keine philosophie„„ und die irgendwie sich auf das annähern kann„ mit der zeit (.) natürlich das ist eine interpretation von mir selber„„ eine interpretation von meinem irdischen dasein, nicht von meinem was ich erlebt habe, weil da:s:, es ist etwas anderes […] was ich jetzt spüre ist das:s: das es nichts hier auf der erde gibt„„ was erklärt„ was dort auf der anderen seite ist„ […] dass alle religionen auf dieser erde dienen nur dem diesseits (Tanja, Pos. 62–66)

Genauso sehen es Alexandra und Yolanda: Die religiöse Institution, sämtliche Formen der organisierten Religion seien bloss Hilfsmittel für Menschen, die den Zugang zur Göttlichkeit nicht bzw. noch nicht erfahren haben.

Institutionalisierte Religion als Bevormundung, Spiritualität als menschliches Attribut

Alexandra könne mit den kirchlichen Institutionen nichts anfangen, denn diese, so sagt sie, hat mit der eigentlichen Spiritualität, die dem Menschen inhärent sei, nichts zu tun. Gerade diesen Umstand aufzuzeigen sei ihre Mission:

> die verschiedenen kircheninstitutionen= ah. die geben mir auf den wecker denn das ist so eng. ((atmet)) [...] aber spiritualität.„„ da habe ich gar keine wahl. das ist eine lebensform.„ und ich denke das man in :e:rster linie ein spirituelles wesen ist und alles andere ist sekundär. [...] ich denke das ist das, eben noch habe ich das gefühl gehabt ich müsse zurück das den leuten sagen kommen. aber einfach wenn man das nachher missionieren geht:„ dann wird es einfach zu einer farce und dann ist es nicht mehr echt (Alexandra, 286–293)

Yolanda sträubt sich vehement gegen christliche Bekenntnisse. Mit der Institution Kirche wolle sie nichts zu tun haben. Sie habe sich zwar immer mit Religion und Spiritualität beschäftigt, jedoch missbillige sie die Vormachtstellung der Oberhäupter kirchlicher und religiöser Institutionen. Das sei der Grund dafür gewesen, weshalb sie aus der reformierten Kirche austrat, nachdem sie als Kind getauft und mit dem kulturellen Erbe der christlichen Kirche vertraut gemacht wurde. Spätestens seit ihrer Nahtoderfahrung hält sie eine «andere Macht» für gesetzt, wenngleich sie seither auch ihre christliche Prägung aus der Kindheit einräumt, in einem protestantischen Umfeld aufgewachsen zu sein. Durch ihre Erfahrung habe sie den Zugang zu Religion selbst erfahren und möchte zu Nahtoderfahrungen und deren Erkenntnispotential «Fachvorträge» halten, um ihr Wissen zu teilen.

8.1.5 NTE-Berichte

Die Gespräche dieses Typs «Transformation» sind umfassend geprägt von der Erfahrung selbst und dem unmittelbaren biografischen Kontext und deren zugewiesene Aussagekraft. Dabei sahen die Probandinnen ihre Erkenntnis als alleiniges Zentrum des Gesprächs und waren beim Interview kaum an alternativen Erklärungsmöglichkeiten interessiert, obschon sie angaben, diese rezipiert zu haben.

Bezugnehmend auf Kaupperts Einteilung der Enttäuschungsvarianten lässt sich dieser Typ in der folgenden Tabelle als «Konversionserzählung» taxieren, allerdings nicht uneingeschränkt. Denn bedeutend, wenn nicht gar entscheidend ist der Umstand, dass die Phase nach der Einordnung der eigenen Erfahrung keine komplette Neuorientierung, sondern in der Funktion eine Rückbesinnung auf bereits vertraute Wertvorstellungen ist, die lange abgelehnt wurden und nun in adaptierter Form in die Lebenspraxis eingebunden werden. Die Personen rücken sich die ihnen bereits bekannte religiös-ontologische Weltanschauung nach einer Phase der Ablehnung anhand der NTE zurecht und integrieren sie in ihre sonstige Weltanschauung. Diesen Wandel ihrer Weltanschauung erachten sie nicht nur als für sie selbst bedeutsam, sondern auch für ihr soziales Umfeld und gar der Öffentlichkeit (Tabelle 8.2).

Tabelle 8.2 Charakterisierung NTE-Berichte des Typs „Transformation"

Enttäuschungsvariante	**Angst**
Umdeutung	Erfahrung suchen
Darstellung	**Konversionserzählung** – Neuorientierung des Lebenslaufs mit NTE als Referenzpunkt – Neudefinition der eigenen Haltung zu religiös-ontologischen Zugängen – Ablehnung bisheriger, bis zur NTE unvoreingenommener Traditionsbestände und Gewohnheiten der Lebenspraxis – Darstellung einer Kehrtwende in gewissen Lebensbereichen
Funktion	Rückbesinnung auf vertraute Werte: Partielle Abkehr von bis zur NTE geltenden Welt- und Selbstvertrautheit durch weitgehende, auf bekannter Weltanschauung basierender Neuorientierung

Umstände der NTE: Existentielle Krise

Der Lebenszusammenhang war für alle Probandinnen von tiefgreifendster Tragweite, die mit Todesangst und Todesgewissheit unmittelbar verknüpft sind: Alle waren überzeugt, tot gewesen zu sein. Ob die Umstände zum Beispiel aus medizinischer Sicht lebensbedrohlich waren, wird von niemandem weiter erörtert oder in Erwägung gezogen. Geschweige wird bezweifelt, dass sie es waren. Aus diesem Grund ist aus Sicht der Person auch nicht weiter relevant, ob sie im Nachgang der Erfahrung zum Beispiel mit Reanimationshandlungen wieder zurückgeholt werden musste. In allen Fällen sei die Rückkehr beschwerlich gewesen, da die Erfahrung überaus positiv gewesen sei. Nichtsdestotrotz habe die Rückkehr ebenfalls etwas Positives, da sie durch die Auflösung ihres Konflikts spürten, von ihm befreit zu sein. Tanja sei unvermittelt zurückgekehrt. Yolanda und Alexandra seien dagegen willentlich beziehungsweise kontrolliert zurückgekehrt.

Ausprägung der Erfahrungen: Visuell-symbolische und emotional bewegende NTE

Die Berichte sind von intensiv visuellen Ereignissen bestimmt, die weitgehend von der individuellen Lebenswelt geprägt zu sein scheinen, in der sich die Erfahrenden befanden. Die Erfahrung ist für sie Legitimation für die erweiterte Erkenntnis, die sie fortan daraus gezogen zu haben meinen. Dabei dient die Erfahrung den Erfahrenen als Bezugspunkt für die sich eigens ihnen stellenden Fragen: Tanja meint, symbolisch ihre Zukunft gesehen zu haben, Yolanda wähnt sich in der Gewissheit über ein Leben nach dem Tod, weil sie meint, es gesehen und erfahren zu haben und Alexandra will der Menschheit zeigen, wie ein lebenswertes Leben auszusehen habe, da sie glaubt, es durch ihren Blick auf die Erde aus dem Weltall gesehen zu haben. Bei Alexandra standen nicht die spezifischen Erkenntnisse im Zentrum, die sie durch eine Dynamik aus Fragen und Antworten gewonnen zu haben schien, da sie sie nach ihrer Rückkehr vergessen habe. Stattdessen im Zentrum stand für sie die eklatante Kluft zwischen der vermeintlichen Essenz des Lebens, um die sie zu wissen glaubte, und der tatsächlichen Lebensweise der Menschen. Damit steht zwar zunächst der persönliche Bezug der Erfahrung im Zentrum und nicht generische, universelle Aspekte. Gleichwohl wird diese dann in der Interpretation und Deutung vor allem in Bezug auf die Essenz des Lebens in Anspruch genommen.

8.1.6 Soziale Deutungsmuster

Alle drei Probandinnen bekunden ein grosses Interesse an Bildung und Wissen. Sie haben sich alle, im Falle von Yolanda auch beruflich, mit Wissenschaft beschäftigt und haben sich mit den Interpretationsmöglichkeiten ihrer Erfahrung auseinandergesetzt, diese aber am Gespräch nicht weiter ausführlich erörtert. Alexandra gibt an, Kenntnis von Moodys Studie zu haben, Tanja hat sich in einem religiös-ontologischen Kontext äusserst intensiv mit der Bedeutsamkeit ihrer Erfahrung beschäftigt. Sie referenzieren dabei zum Teil auch explizit auf populärwissenschaftliche Zuwendungen zum Phänomen. Tanja hat vor allem im christlichen Kontext selbst Nachforschungen angestellt.

Tabelle 8.3 zeigt für den hier behandelten Typ auf, welche Positionen in welcher Deutungsebene relevant (bestätigt (+) oder abgelehnt (–)) und welche unentschieden/nicht relevant (o) sind. Die Ausprägungen der Grundhaltungen werden in der Folge in den entsprechenden Unterkapiteln expliziert.

Die tabellarische Übersicht macht bereits deutlich, dass dieser Typ entschiedene Positionen einnimmt und rein deskriptiven, sich weitergehenden Einlassungen versagenden Untersuchungen des Phänomens kaum etwas abgewinnen

Tabelle 8.3 Positionen zu sozialen Deutungsebenen des Typs „Transformation"

Soziale Deutungsebene	Grundanliegen	Positionen		
		Religiös-ontologisch	*Skeptisch*	*Agnostisch*
Religiöse Erfahrung	NTE ist als religiöse Erfahrung im Kontext einer historisch herleitbaren Entwicklung zu verstehen.	+	–	o
Parapsychologisch bedingter Bewusstseinszustand	NTE sind Belege für eine übersinnliche Erscheinung ausserhalb des Wahrnehmbaren.	+	–	o
Theologische Herausforderung	NTE können das religiöse Dogma stützen. Widersprechen sie diesem, kann es sich dogmaimmanent nicht um eine authentische, religiöse Erfahrung handeln.	–	+	o
Alltäglicher Bewusstseinszustand	NTE lassen sich als alltägliche Erfahrungen erklären, die das Phänomen entmystifizieren.	o	–	o
Neurobiologischer Vorgang	NTE haben hirnorganische Ursachen, die durch Stoffwechselstörungen, dissoziative Zustände und u.U. auch durch Sauerstoffmangel ausgelöst werden.	+	–	o
Psychologische Perspektive	NTE werden im Hinblick auf veränderte, psychologische Wahrnehmungen von Körper und Raum untersucht.	+	–	o

kann. Die Schwerpunkte liegen auf religiös-ontologischen Positionen, indem sie sich aber gegen dezidiert theologische Deutungen richten, da sie eine eigene ontologische Autorität für sich beanspruchen.

Religiös-ontologisch: Erkenntnis allumfassender Sinnzusammenhänge
Die Berichtenden lassen keinerlei Zweifel daran, dass es sich um eine authentische Erfahrung gehandelt hat, und sind davon überzeugt, einen Einblick in ein Jenseits bekommen zu haben. Ihre Erfahrung habe sie zur Gewissheit geführt, nach dem Tode weiterleben zu können, wenn auch in gegebenenfalls anderer Form. Ihre konkrete Auslegung richtet sich dabei auf den biografischen Zusammenhang und den Versuch aus, diesen zu interpretieren.

Tanja lehnt ihre Deutung unmittelbar an die Bibel an. Sie stellt ihre Interpretation in den Kontext der Bibel und verleiht ihr so Legitimation. Während sich Tanja intensiv dem Bibelstudium widmete, um herauszufinden, welche Stimme welches Evangeliums mit ihr gesprochen hatte, bezieht sich Alexandra auf eine Lektüre von Raymond Moody. Sie erfuhr erst einige Jahre nach ihrer Erfahrung von Moodys Arbeit. Die Hinwendung zu seiner Forschung empfand sie nach einer von Unsicherheit und emotionalem Ungleichgewicht geprägten Zeit als Befreiung, da sie ihrer Beschäftigung mit ihrer Erfahrung nun nach einem längeren «Schlafzustand» (Alexandra, Pos. 138) wieder einen Platz gab.

> ich habe einfach so müssen sagen, ja die eine person hat es ein wenig s:o: beschrieben (.) die andere s:o:. aber ich konnte sagen im grossen und ganzen (.) ja das kann ich alles zusammen unterschr:ei:ben. zum teil habe ich können sagen=ja (.) ich habe noch viel mehr mitbekommen. bei andern musste ich sagen j:a:ja. (.) es ist ein wenig anders gewesen als bei mir ((atmet ein)) aber im grossen und ganzen ((atmet)) ist für mich einfach wirklich eine grosse erleichterung gewesen. und ich habe können sagen ich bin nicht die einzige auf der welt (Alexandra, Pos. 144)

Tanja und Alexandra haben je auf ihre Weise nach einer Einbettung in einen historischen oder wissenschaftlichen Zusammenhang gesucht und infolgedessen Deutungen geprüft, verworfen oder validiert. Dabei stand die eigene Erfahrung nach wie vor im Zentrum. Sie steht als Befreiung und Legitimation ihrer Erfahrung in einem sozialen Deutungskontext, auch wenn dieser bei Alexandra und Yolanda nicht direkt in einem ganz spezifischen, religiösen Kontext liegt. Sie sind alle der Auffassung, dass die Erfahrung wahrhaftig war und ein Leben nach dem Tod gewiss ist.

Eine rein naturwissenschaftlich-kritische Erklärung des Phänomens schliessen alle damit für sich aus. Eine solche Erklärung erscheint ihnen wohl als zu einfach und zu beschränkt. Die eigene Erfahrung habe den Beweis dazu angetreten, dass naturwissenschaftliche Methoden überholt sind. Dies ist eine an die parapsychologische Deutungsebene angelehnte religiös-ontologische Grundposition. Selbst christlich geprägte Interpretationsmodelle grenzen sich von allen Fremdinterpretationen ab, auch von theologischen: Die Erfahrung stehe für sich. Abschliessend deuten könne sie nur die erfahrene Person selbst.

Agnostisch: Erfahrung des Todes und Einsicht ins Jenseits
Yolanda ist sich sicher, dass sie gestorben und wieder zurückgekehrt ist. Gleichwohl sieht sie die Schwierigkeit, dies zu beweisen: «für mich ist es wirklich (.) ein gehen gewesen und wieder kommen , ganz kl:a:r eigentlich (.) aber durch das dass , es ist alles eine hypothese (.) das thema ist=man kann es nicht beweisen oder das ist jetzt so oder , das muss jetzt so laufen. es gibt keinen ablauf» (Yolanda, Pos. 23). Die Überzeugung basiert auf der eigenen Erfahrung, weshalb agnostische Standpunkte in den Interviews kaum in Erwägung gezogen werden.

Kritisch: Ablehnung naturwissenschaftlicher Erklärungen
Da alle drei Probandinnen der Überzeugung sind, gestorben und einen Einblick ins Jenseits erhalten zu haben, stehen sie in einem Spannungsfeld zu einer Deutung von religiös-ontologischen Positionen, die eine andere Interpretation vertreten. Gerade mit diesen Menschen ins Gespräch zu kommen, sei für Tanja schwierig gewesen. Diese Menschen lassen sich nicht beirren, um ihre Ausbildung, ihr Studium nicht in Frage zu stellen: «gerade für die leute von der kirche ist es so schwierig daran zu glauben […] weil sie studiert haben ((lacht dezent)),, denn sie müssten ja mehr wissen» (Tanja, Pos. 326–328) als sie. Damit sind für sie alle religiös-ontologische Positionen konfliktbehaftet, die den eigenen Überzeugungen widersprechen oder religiösen Erfahrungen Nicht-Gelehrter die Aussagekraft absprechen. Das Gleiche gilt auch für kritische, nicht religiös-ontologische Positionen. So äussert Alexandra die Hoffnung, dass die vorliegende Studie die Möglichkeit biete, «rein wissenschaftliche» Studien und deren Gepflogenheiten zu überholen:

> vielleicht (.) ((atmet)) ist es für die eine oder andere person diese studie in die finger
> nimmt effektiv auch wie ein törchen., ((atmet)) vom rein wissenschaftlichen wegzu-
> kommen.,, und zu sehen dass es (.) ich möchte nicht sagen etwas gibt das weniger
> wissenschaftlich ist. ((atmet)) aber mir tun normalerweise mit (.) wie soll ich sagen?
> naturwissenschaftlichen massstäben rechnen. das es gesetzmässigkeiten gibt die dem
> übergeordnet sind (Alexandra, Pos. 320).

8.1.7 Schlussfolgerung: NTE-Bericht als Transformation zur spirituellen Autorität

Alexandras, Tanjas und Yolandas Berichte verbindet, dass ihre Nahtoderfahrung eine starke Neuorientierung ihrer bis dato vertretenen Weltanschauung initiiert habe. Sie lehnen allesamt traditionelle, religiös-konservative Lebensformen ab, distanzieren sich deutlich von institutionalisierten Formen von Religionen und treten im Selbstverständnis spiritueller Autorität in Erscheinung. Sie sind bereit und gewillt, anderen Menschen die von ihnen als Erkenntnisse begriffenen Auffassungen mitzuteilen. Alexandra sei nur deswegen ins Leben zurückgekehrt, Tanja sieht sich als Nachfolgerin von Jesus Christus und Yolanda möchte Fachvorträge zu diesem Thema halten. Sie sind sich allesamt bewusst, dass ihre Überzeugungen in Spannung stehen zu naturwissenschaftlich-medizinischen und bestimmten religiös-ontologischen Sichtweisen, weshalb sie einen umsichtigen und teilweise pragmatischen Umgang damit pflegen – wohl wissend, welche Widerstände ihre Äusserungen provozieren könnten. Ihre Erkenntnis glaubhaft zu vermitteln, erscheint für die Berichtenden ein mit möglichen Schwierigkeiten verbundenes Unterfangen zu sein. Erste Erfahrungen im Austausch mit dem sozialen Umfeld, mit Expertinnen und Experten, stiessen zum Teil auf sehr starke Ablehnung. Das liess sie zwar nicht an ihrer Überzeugung zweifeln, doch im Verbalisieren und Kommunizieren äusserst vorsichtig werden.

Alle drei erzählen und betonen, wie sie sich durch die NTE in ihrem Selbstbewusstsein bestärkt fühlten, und wie sich ihre Weltanschauung verändert habe. Zieht man den biografischen Kontext hinzu, wird deutlich, dass es sich vielmehr um eine Rückbesinnung oder eine prägnante Ausprägung ihrer spirituellen Haltung als um eine komplette weltanschauliche Neuorientierung gehandelt haben muss, die sie zuvor aufgrund von sozialem Druck oder anderen Gründen nicht explizit ausleben konnten oder wollten. Die Nahtoderfahrung scheint dann dazu geführt zu haben, sich auf die ursprünglichen, bereits vor der Erfahrung besessenen Grundüberzeugungen oder Bedürfnisse zurückzubesinnen und sie zu stärken. Die Transformation scheint nur deshalb als solche, weil sich den betroffenen Personen ihre innersten Überzeugungen und Prägungen über eine gewisse Zeit nicht zeigten. Die Nahtoderfahrung, entstanden aus der Angst und Überzeugung, nun sterben zu müssen, weil sie keinen anderen Ausweg mehr aus ihrem Konflikt sahen, eröffnete ihnen eine Möglichkeit, dem Konflikt konstruktiv zu begegnen. Durch die Überwindung des Todes, die zum Teil aktive, subjektiv willentlich herbeigeführte Rückkehr ins Leben, konnten sie ihrem eigentlichen Anliegen, den Konflikt zu lösen, Raum geben. Tanja konnte den Konflikt zwischen traditionell-religiösen Werten und eigener Religiosität auflösen, indem sie eine vollständige

Ablehnung von Religion überwand und religiöse Werte wieder annahm, die ihr bereits in der Jugend vertraut waren. So löste sie einen für sie lange als unauflösbar erschienenen Widerspruch auf: Eine religiöse Überzeugung vertreten zu können, die integraler Bestandteil ihrer Jugend war, ohne sich zugleich an Dogmen und katholische Weisungen halten zu müssen, die ihr bis heute zutiefst widerstreben.

Auch Yolanda konnte mit institutionalisierten Religionsformen wenig anfangen und trat aus der Kirche aus. Sie war jedoch, wie sie selbst erzählt, immer von Religion und Spiritualität sehr fasziniert. Die Enttäuschung über die institutionalisierte Form der Religion habe sie durch ihre eigene Erfahrung auflösen können. Sie sei freiwillig zurückgekehrt – in der Überzeugung, noch eine Aufgabe erfüllen zu müssen. Durch die Erfahrung ist es ihr gelungen, einen emotionalen Konflikt zu befrieden. Auch Alexandra sieht ihre NTE nicht nur als persönliche Offenbarung einer göttlichen Botschaft, sondern auch als Erkenntnisgewinn grundlegender Sinnzusammenhänge der Welt, was für die gesamte Menschheit von Bedeutung sei. Sie ist überzeugt, dass ein Leben mit dieser Einsicht einfacher und sinnvoller ist als ein vermeintlich allgemeingültiges, standardisiert anmutendes Leben, das auf eine beruflich und ökonomisch möglichst erfolgreiche Laufbahn setzt und sich oberflächlichen Werten verschreibt.

Die Nahtoderfahrung wird zu einem Schlüsselereignis, um dem Widerspruch zu begegnen und einen Umbruch einzuleiten. Die Nahtoderfahrung legitimiert die betroffene Person in ihrem Anliegen, ihr Weltbild neu zusammenzusetzen und dieses auch nach aussen zu tragen, was zu massiven Veränderungen im Umgang mit dem sozialen Umfeld führen kann. Tanja sah sich gezwungen, mit ihrem ganzen Umfeld zu brechen. Der Atheismus ihres Umfelds sei nicht mehr kompatibel damit gewesen, was sie an neuer Erkenntnis für sich gewonnen zu haben glaubte. Die eigentliche Herausforderung bestand nicht nur in der Wiederherstellung der eigenen, persönlichen Integrität, sondern in der Integration von ihr mit ihrer veränderten Weltanschauung in ihr Umfeld.

8.2   Typ II: NTE als Befähigung zur Selbstwirksamkeit

Zugewiesene Probandinnen und Probanden (Gesamt: 4, davon 3 weiblich, 1 männlich): Vanessa, Andrea, Lea, Samuel
Der Nahtoderfahrung dieses Typs in Abbildung 8.3 geht ein subjektives Gefühl der Ausgegrenztheit und der Eindruck voraus, kaum mehr eine sinnvolle Perspektive im Leben zu sehen, die den gesellschaftlichen Anforderungen genügt. Dieser Eindruck kann sowohl physische Notsituationen oder psychische Belastungen als

Ursachen haben. Die Person meint, verinnerlichten gesellschaftlichen Erwartungen nicht standhalten bzw. nicht mehr damit rechnen zu können, in der eigenen angeschlagenen Situation Unterstützung zu erfahren. Die Weltanschauung, in deren Besitz die NTE gemacht wird, steht im Zentrum dieses Typs Erfahrender, da sie sich im Nachgang sich von vermeintlichen Abhängigkeiten loszusagen meinen. Sie verstehen sich dann nicht mehr als der Gesellschaft Untergeordnete, die von ihr vermeintlich auferlegte Aufgaben und Erwartungen zu erfüllen hat, sondern als Personen, die das eigene Leben selbst proaktiv steuern wollen. Sie schöpfen Selbstvertrauen und wissen um die Kraft in sich selbst, worauf sie aufbauen können und wollen. Dieses neue Selbstvertrauen, das erstarkte Selbst steht in Kontrast zum von Entbehrungen und Perspektivenlosigkeit geprägten Selbstverständnis, das sie vor der NTE hatten.

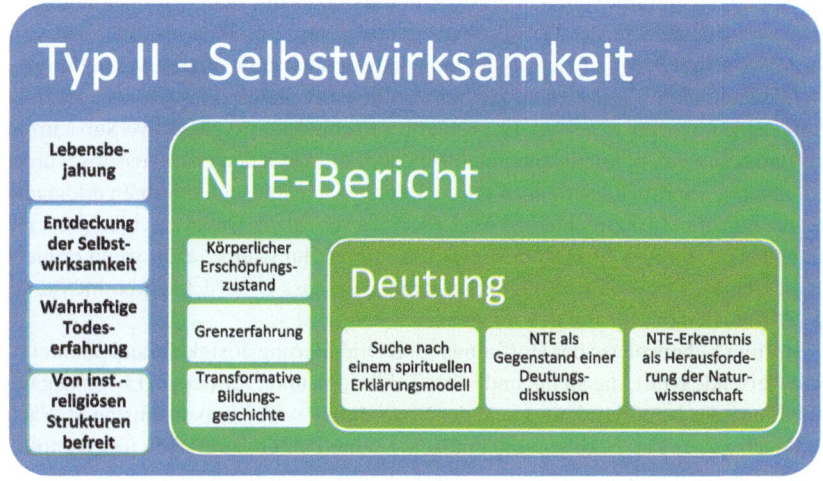

Abbildung 8.3 Raster zur Charakterisierung des Typs „Selbstwirksamkeit"

8.2.1 NTE im biografischen Kontext: Lebensbejahung

Bei diesem Typus wird die NTE ähnlich wie beim vorangehenden Typ zum Dreh- und Angelpunkt im Leben der Betroffenen. In einer Situation empfunderer Ausweglosigkeit markiert die Erfahrung einen emotionalen Wendepunkt. Die NTE ist zwar nicht Auslöser eines inneren Konflikts, setzt jedoch im Nachgang und in der Beschäftigung damit grundlegende Impulse, um die Lebensorientierung neu zu schärfen. Ferner scheinen die Personen durch sie den Wert des Lebens zu entdecken und diesen schätzen zu lernen. Sie meinen sich von als starr empfundenen Lebensvorstellungen zu befreien, sich mit sich selbst zu versöhnen und gestärkt aus der schwierigen Situation hervorzugehen, um fortan selbst die gestaltende Kraft des eigenen Lebens zu sein.

NTE als Auslöser zur Perspektiveneröffnung des Lebens
Am Anfang seines Erwachsenenlebens sah Samuel[5] kaum Perspektiven in seinem Leben. Er fühlte sich als Sonderling, geriet in der Schule öfter unter Bedrängnis, hatte Schwierigkeiten, seinem Leben einen Sinn abzugewinnen und haderte mit seinem familiären Umfeld. Besonders die eher konservativ-katholische Weltanschauung seines Elternhauses bereitete ihm Mühe. Er konnte sich weder mit den Werten seines unmittelbaren sozialen Umfelds noch mit dem erfolgsorientierten Konkurrenzdenken in der Gesellschaft identifizieren, das ihm oberflächlich vorkam. Von seiner beruflichen Entwicklung hatte er auch keine klaren Vorstellungen. Im Glauben, nichts verlieren zu können, wollte er als junger Erwachsener an einer Party seine Grenzen austesten. Er probierte verschiedene psychoaktive Substanzen aus und nahm einen ihm unbekannten Mix zu sich, durch den er bewusstlos wurde. Er hatte den Eindruck, sterben zu müssen, fühlte sich von seinen Sorgen erlöst und meinte nun alle Zusammenhänge des Lebens zu verstehen. Dabei erschien ihm eine Lichtgestalt, die ihm zu verstehen gab, dass sie an ihn glaube, auch wenn er nicht an sie glaube. Diese Gestalt sagte ihm dann aber, dass er zurückkehren müsse, da die Zeit noch nicht für ihn gekommen sei.

In einer Lebensphase der Hoffnungs- und Orientierungslosigkeit fand Samuel so eine weisende Kraft, die an ihn und seine Zukunft glaubte. Zurück im Leben begann eine Phase der Neuorientierung und der Neuordnung seiner Lebensumstände. Nach und nach sah er Perspektiven und entdeckte seine Fähigkeiten, ohne das Weltbild, das ihm vom Elternhaus mitgegeben wurde, übernehmen zu müssen. Er machte sich später im Berufsleben selbständig und gründete erfolgreich sein eigenes Unternehmen. Seine unerschrockene Haltung, die sich durch die NTE gefestigt hatte, half ihm, seine Ziele zu verfolgen und zu erreichen.

---

[5] Die elektronische Version dieses Kapitels enthält Zusatzmaterial, das berechtigten Benutzern zur Verfügung steht. Vgl. Anhang 6.21 Samuel.

NTE als Auslöser für eine Lebenssinnsuche

Leas[6] Nahtoderfahrung ging eine beschwerliche Zeit voraus: Sie beschreibt, wie sie aufgrund von familiären Problemen eine Essstörung entwickelte. Im Alter von sechzehn Jahren und mehrjähriger Krankheit war sie durch ihre Anorexie psychisch und physisch derart geschwächt, dass sie durch Infusion zwangsernährt werden musste. Die dafür mit einer Nadel anvisierte Blutader wurde nicht getroffen, was zu weitreichenden Komplikationen führte. In diesem Moment hatte sie die Gewissheit, sterben zu müssen. Sie hatte den Eindruck, wie in Watte eingepackt zu sein und den gesamten Lebenszusammenhang zu verstehen. Dabei fühlte sie sich in eine Richtung gezogen. Sie war sich sicher, ins Jenseits zu driften. Doch ihr bekannte Gestalten hielten sie dann davon ab, den Sterbeprozess abzuschliessen: Sie kehrte zurück.

In der Folge betont Lea: «das ist für m:i:ch sehr ein prägendes erlebnis» (Lea, Pos. 296). Kurz darauf konkretisiert sie, dass sich ihre Erfahrung nicht mit anderen, bisher gemachten Erfahrungen vergleichen lasse: «es ist e:es ist einfach anders gewesen ich kann nicht sagen es ist das prägende erlebnis gewesen aber es ist einfach etwas es steht einzigartig da also es ist etwas das das man nicht mit anderem kann vergleichen» (Lea, Pos. 300). Sie habe sich nach der NTE auf eine Sinnsuche begeben. Die NTE fungierte als Auslöser, ihren bisher eingeschlagenen Lebensweg zu überprüfen, den Sinn in der Rückkehr zu finden und das Leben schätzen zu lernen. Lea hat sich über eine lange Zeit mit verschiedenen Gruppierungen im neureligiösen Bereich beschäftigt, hat stets deren Glaubenssätze überprüft und fand nirgends richtig Anschluss, bis sie erkennen konnte, einen eigenen Zugang zu ihrem Erlebnis zu finden, der nur für sie allein stimmen müsse. Gestärkt und mit einem selbstbewussteren Mindset scheint es ihr gelungen zu sein, mehr Tiefe in ihrem Leben zu finden und mehr auf sich selbst zu vertrauen.

Entscheidung für das Leben

Themen wie «Sterben» und «Tod» haben Andrea[7] schon sehr früh beschäftigt. Ihre Grossmutter, als damals primäre Bezugsperson für sie, verstarb, als sie fünf Jahre alt war. Immer wieder gab es Todesfälle in ihrem näheren Umfeld und auch sie selbst habe mehrere ernste Begegnungen mit dem drohenden Tod gehabt. Eine dieser Begegnungen, im Rahmen eines Autounfalls, hatte eine NTE zur Folge: Unvermittelt fand sie sich an einem anderen Ort wieder. Zeit und Raum haben dort keine Rolle mehr gespielt, Licht und Wärme habe sie umgeben und sie habe sich sehr

---

[6] Die elektronische Version dieses Kapitels enthält Zusatzmaterial, das berechtigten Benutzern zur Verfügung steht. Vgl. Anhang 6.11 Lea.

[7] Die elektronische Version dieses Kapitels enthält Zusatzmaterial, das berechtigten Benutzern zur Verfügung steht. Vgl. Anhang 6.2 Andrea.

wohl gefühlt. Sie vernahm eine Stimme, die ihr sagte, dass sie beim Weitergehen den Körper verlassen und damit ihre «Individualität aufgeben» müsse. Daraufhin habe sie kurz Panik bekommen. Dieses Gefühl wich aber wieder dem sehr positiven Empfinden des Aufgehobenseins, sodass sie sich sehr zum Licht hingezogen fühlte und den Eindruck hatte, «endlich» Aussicht auf ein Zuhause zu haben, in dem sie unter Gleichgesinnten weilen könne. Sie gab daraufhin ihr Einverständnis, den Körper aufzugeben und löste sich in ihrer Empfindung gewissermassen auf. Dabei fühlte sie sich «omnipotent» und schien willentlich steuern zu können, wo sie war. Sie habe gleichzeitig an mehreren Orten sein können, alle Sprachen verstanden, sofort alle Erinnerungen bildlich abrufen und die Zukunft sehen können, in der ihre Eltern um sie trauern. Plötzlich kam wieder die Stimme, die sagte, sie habe sich da reingemogelt, ihre Zeit sei noch nicht gekommen, sie habe noch Dinge zu erleben. Dennoch könne sie frei entscheiden, ob sie bleiben oder zurück auf die Erde gehen wolle. Andrea hatte sich zunächst gegen, am Ende aber doch für das Leben entschieden. Danach gab es eine Abschiedsszene, einen «Moment der Umschau, der Einkehr», bevor sie langsam wieder zurück in den eigenen Körper geglitten sei.

Andrea hatte den Eindruck, noch Aufgaben erledigen zu müssen. Ihre Entscheidung empfand sie als völlig frei, demnach war es auch an ihr, diese Aufgaben zu finden: «ich hatte das gefühl ich habe noch eine aufgabe. und (.) ehm , und eher mehr wieder so dieses (.) auf der einen seite dieses gefühl (.) ich will mit der stimme verschmelzen und dann aber auch wieder das gefühl ja , ich weiss (.) eigentlich , ist es noch nicht mein zeitpunkt» (Andrea, Pos. 257). Andrea weiss um ihre Entscheidung, sich für das Leben entschieden zu haben und ist auch gewillt, es zu leben. Sie kann fortan die schönen Seiten davon entdecken, obwohl sie – wenn sie unter Druck steht – immer wieder fast sehnsüchtig an ihre Erfahrung und den darin erlebten Ort denken muss.

NTE als Befreiungsschlag

Vanessa[8] ist Mutter von drei Kindern, die sie grösstenteils allein aufgezogen hat. Mehrere Ehen gingen in die Brüche, zudem wechselte sie gleich mehrmals zunächst den Kontinent und zog als Südamerikanerin nach Südeuropa und später in die Schweiz. Wegen vieler emotionaler Belastungen und Erschütterungen, vor allem in Verbindung mit ihrer Rolle als alleinerziehende Mutter, musste sie früh lernen, Verantwortung zu übernehmen, allein zu kämpfen, Entbehrungen zu ertragen und durchzuhalten, was auch im Hinblick auf ihre NTE eine Rolle spielte.

---

[8] Die elektronische Version dieses Kapitels enthält Zusatzmaterial, das berechtigten Benutzern zur Verfügung steht. Vgl. Anhang 6.25 Vanessa.

Bei einer unbemerkten Eileiterschwangerschaft erlitt Vanessa äusserst grosse Schmerzen. Sie wurde mit der Ambulanz ins Spital gebracht. Bereits während der ärztlichen Untersuchung machte sie ihre NTE. Die Schmerzen verschwanden abrupt, sie sah ein Licht und fühlte sich geborgen. Sie hörte einen Klang und danach eine Stimme, die sie fragte, ob sie an diesem Ort bleiben wolle. Sie war zunächst unentschieden, da es zwar einerseits für sie eine «Befreiung» (Vanessa, Pos. 71) war, die Schmerzen los zu sein und an einen Ort gekommen zu sein, der weder Not noch Bedrängnis kannte, sie aber andererseits ihre Tochter nicht allein lassen wollte. Sie sah bereits Silhouetten, die sie empfangen wollten, jedoch bekam sie dann Angst, ihre Tochter zu verlassen und zu verlieren, weshalb sie zurückkehren wollte. Daraufhin erwachte sie wieder und sah in die ängstlichen Gesichter der Ärzte.

Die Erinnerung an ihre Erfahrung ist durchwegs positiv. Sie habe nun keine Angst mehr vor dem Tod und dem Sterben. Der Gedanke an den Ort, an den sie zurückkehren werde, erfüllte sie mit Freude und Zuversicht. Im Gegensatz zum beschwerlichen Leben, das sie bislang geführt hatte, den diesseitigen Strapazen, immer kämpfen, weitermachen und Schmerzen erleiden zu müssen, sei die Aussicht auf ein schmerzfreies, freudiges Leben danach befreiend. Das wiederholte sie gleich mehrfach.

8.2.2 Weltanschauliche Veränderung durch NTE: Entdeckung der Selbstwirksamkeit

Die NTE hat zur Folge, dass die Probandinnen und Probanden davon erzählen, einen anderen Fokus auf das Leben gewonnen und sich und ihr Leben akzeptieren gelernt zu haben. Sie könnten das Leben nun wertschätzen und realisierten, dass sie dieses selbst in der Hand haben.

Grenzerfahrungen als Möglichkeit der Neuorientierung
Jegliche Grenzerfahrung und die NTE im Besonderen ist aus Sicht von Andrea eine Möglichkeit, sich im Leben neu zu orientieren. Die Erfahrung ereile einen abrupt. Man werde aus dem Lebenszusammenhang gerissen und die Erfahrung könne Möglichkeit und Anlass sein, innezuhalten, um den eingeschlagenen Lebensweg zu überprüfen: «ich habe das eher immer so das gefühl gehabt (.) jetzt bist du wieder an einen punkt gekommen wo du (.) in einer sackgasse bist und du musst dich jetzt neu orientieren» (Andrea, Pos. 127). Dabei sei die NTE für sie zwar eine ausserordentliche, aber keine grundlegend erschütternde Erfahrung gewesen, die ihr Leben umgekrempelt hätte, da sie davor schon öfters Grenzerfahrungen gemacht hatte:

ich habe mehrere unfälle (.) hinter mir die, (.) lebensbedrohlich waren. also meinen ersten unfall hatte ich als kleinkind ich bin aus de:m: 1. stock gestürzt.„ mehrere fahrradunfäll:e: bei denen ich immer wieder an die lebensgrenzen gekommen bin. , und nach dem unfa:ll: {Jahreszahlen} weiss nicht mehr genau hatte ich dann nochmal einen unfall {Jahreszahl} wo es tatsächlich dann so weit war dass ich„ hirnblutungen hatt:e: und da dann auf intensiv war und da dann eher die frage war ob ich eh zu:m: möglichen organspender werde oder nicht. also„ der prozess ist ist da eingeleitet worden mich für hirntot zu erklären (Andrea, Pos. 107)

Selbstvertrauensgewinn
Samuel sagt über sich, immer schon «etwas speziell» (Samuel, Pos. 17) gewesen zu sein. Nach der NTE habe er diesen Umstand viel mehr akzeptieren können: «also es ist nicht so dass sich durch das ereignis alles geändert hat (.) sondern es ist eigentlich mehr dass eigentlich dann mich bestärkt hat dass es okay ist» (Samuel, Pos. 17). Das Gefühl von Entfremdung kenne Samuel gut. Die Erfahrung habe dieses Gefühl und das Leben als Ganzes in eine andere Dimension gerückt: «ich habe aber auch eine zeitlang ziemlich schwierigkeiten gehabt (.) ähm, mit dem leben (.) aus dem grund, weil ich habe es wie nicht mehr ernst nehmen können» (Samuel, Pos. 19). Er habe zunehmend Mühe mit Autorität und hierarchischen Strukturen – auch im Privat-, aber vor allem im Berufsleben.

eben im militär […] autorität (.) das ist irgendwie=das sagt mir nichts und so (.) und ähm (.) ich habe auch mit kunden wo wir haben das sind zum teil sehr so persönlichkeiten wo man kennt (.) und irgendwie ((lacht)) mir fehlt manchmal so der respekt also irgendwie ich bin nicht derjenige der auf die knie geht und so und ah du und so sondern bei mir ist es eher so etwas (.) irgendwie (.) ja (.) ist auch nur ein mensch (Samuel, Pos. 19)

Samuel habe in seiner NTE erfahren, dass alles «miteinander verbunden» sei. Das habe ihn zu dem Schluss geführt, auf seine Intuition und auf seinen Instinkt zu vertrauen. Mit der nötigen Aufmerksamkeit könne man Dinge «bewegen», das Leben selbst in die Hand nehmen und dabei auch ein gewisses Risiko eingehen.

NTE als Eingeständnis für eigene Werte
Vanessa und Samuel beschreiben ihr neu gewonnenes Lebensgefühl als «Freiheit», den eigenen Intentionen freien Lauf lassen und Entscheidungen unbeschwert von vermeintlichen Einschränkungen und Bedenken treffen zu können: «es ist eine art freiheit (.) im denken=ja (.) […] ich fange erst jetzt an davon zu profitieren weil das ist genau dort wo die meisten leute sagen ja das geht doch nicht das kannst du nicht machen und so (.) da finde ich doch das machen wir das könnte man jetzt ausprobieren» (Samuel, Pos. 21). Seine Erfahrung habe ihn also frei gemacht

von gesellschaftlichen Verpflichtungen und Regelwerken, von denen er retrospektiv glaubt, dass sie seine Selbstwirksamkeit eingeschränkt und seine Möglichkeiten im Leben reduziert hatten.

Auch Lea erklärt, dass sie seit ihrer Nahtoderfahrung nun wisse, wofür sie sich einsetzen wolle und wofür nicht. Dabei handle es sich um bewusste Entscheidungen, die sie seitdem immer fälle: «wenn man etwas macht dann mache ich es jetzt richtig ((lacht kurz)) also , dann mache ich keine halben sachen» (Lea, Pos. 310). Sie hätte eine Art «ehrenkodex in mir drin den ich nicht hätte wenn ich das nicht erlebt hätte» (Lea, Pos. 320). Das erfordere aber mitunter eine Durchsetzungskraft: «ich bin nicht irgendwie zu einem friedfertigen buddah geworden wegen dem nahtoderlebnis im gegenteil , zum teil eher zu einem knallharten fighter» (Lea, Pos. 256). Ihre Erfahrung sei zu einem steten Teil ihres Lebens geworden: «es ist für mich so wie ein stummer begleiter eigentlich das ist ein teil von mir auch ein teil von meiner persönlichkeit das gehört zu mir wie, die haarfarbe der chromosomensatz» (Lea, Pos. 308).

8.2.3 Bewertung und Aussagekraft der NTE: Wahrhaftige Todeserfahrung als Fokus auf das Leben

Die NTE-Erfahrenen beschreiben eine Dankbarkeit, Einblick in das erhalten zu haben, was Menschen eigentlich erst am Ende ihres Lebens erwartet. Das habe ihnen die Angst vor dem Tod, wenngleich nicht auch zwingend die Angst vor grossen Schmerzen genommen, die das Sterben mit sich bringen kann.

NTE als Privileg und Kostbarkeit
Samuel und Lea bringen eine grosse Wertschätzung gegenüber dem Erfahrenen zum Ausdruck:

> das i:s:t eben mit dem grossen unterschied dass das sehr eine prägende und eine einzigartige , also ich sehe das auch als privileg (.) ich habe das gefühl ich sei ein privilegierter mensch dass ich einfach etwas das man ((lacht)) <<sanft lachend>eigentlich normalerweise erst am schluss hat bereits am anfang hat> bekommen (Lea, Pos. 308)

Samuel hat den Eindruck, einen Blick in etwas Kostbares geworfen zu haben: «das ist wie wenn sie da irgendwie so s: (.) das edelste=nicht das edelste aber so irgendwie :sch:atulle aufmachen und irgendwie (.) ähm das kostbarste präsentieren» (Samuel, Pos. 83).

Bezug zum Leben und zum Tod

Andrea sieht ihre Erfahrung als Impuls, sich weiterhin mit dem Tod und dem Leben zu beschäftigen, um damit beides noch vertiefter kennen zu lernen. Schliesslich sehnt sie sich in schwierigen, sie belastenden Momenten nach dem Ort der Erfahrung. Sie wisse noch nicht genau, wohin sie dieser Weg führe, will aber weiterhin ihrer Intuition folgen:

> es ist nach wie vor ein positives erlebnis für mich und, ich würde,,,,,,,,, also ich glaube eine bedeutung schaffe ich indem ich jetzt mich in medialität weiter ausbilde. [...] diesem gefühl einfach nachgehe dass ich eine enge verbindung zum tod habe. wie auch immer die gestaltet ist. ob ich einfach nur mit sterbenden arbeite oder tatsächlich eine verbindung z:u: toten habe die kontakt zur (jenseitigen welt) haben das weiss ich nicht. (Andrea, Pos. 49–51)

Vanessa will sich auf das Leben konzentrieren und das Angenehme ihrer Erfahrung in Erinnerung behalten: «ein schönes erlebnis. und (.) man muss einfach das buch zum:a:chen und weiterleben weil hier ist es schwierig., hier muss man immer kämpfen und, man hat schmerzen und dort ist einfach. es gibt nichts» (Vanessa, Pos. 237), was einen beschwert. Das Leben und der Tod haben sich für Lea ebenfalls «relativiert». Für eine Weile habe der Tod eine besondere Anziehungskraft für sie gehabt – gerade, wenn sie deprimiert war: «es hat mir insofern geholfen dass es alles etwas relativiert bei mir [...] weil ja eben der tod ist in dem sinn keine angst mehr für mich» (Lea, Pos. 55–57).

NTE als Todeserfahrung

Samuel erzählt, zunächst nicht an Gott geglaubt zu haben, nun aber seit seiner Erfahrung anderer Meinung zu sein:

> BEIM erlebnis eigentlich selber ist es eigentlich so gewesen dass es wie, ich wo nicht an gott glaube=also (.) ich würde sagen das ist jetzt tatsächlich (.) wenn es sowas gibt dann ist es das gewesen (.) also dann ist es diese ebene (.) aber es ist eigentlich mehr (.) es ist nicht irgendwie eine person oder so (.) es ist diese ebene und es ist ein lichtwesen gewesen:ja [...] und das ist für mich eigentlich wie ähm (.) das hat mich auch genervt (.) weil ((lacht)) dass tut einem natürlich weh dass das was man sich so schön zurechtgelegt hatte =so ist es jetzt=endlich habe ich das jetzt so definiert und so=so ist es und für mich stimmt es so (.) das hat es ein stück weit wie über den haufen geworfen (Samuel, Pos. 51–53)

Er lässt sich zwar durchaus noch Spielraum und zieht in Erwägung, ob die Erfahrung nicht doch etwas ganz anderes gewesen sein könnte, glaubt aber dennoch, dass sie eine wahrhaftige Todeserfahrung war. Auch Andrea ist sich sicher, tot gewesen zu sein und bezeichnet den Sterbevorgang als «Weg» und den Tod als «Ziel»: «wenn man das als weg und ziel beschreibt war ich am ziel. [...] der <u>weg</u> an sich war im prinzip die frage„ bin ich bereit mein ego meine <<leise>individualität aufzugeben.> [...] und das das habe ich mehr so als als schwelle oder als tür empfunden» (Andrea, Pos. 97–99). Bis zur ersten Frage befand sie sich also noch auf dem Weg ins Jenseits, danach war sie bereits tot.

Auch Lea leitet aus der klaren Erinnerbarkeit die Wahrhaftigkeit des Ereignisses ab. Denn, so argumentiert sie, was sich so unmissverständlich und klar erinnern lasse, könne keine Phantasie sein: «das ist so (.) klar und so in die erinnerung eingefräst das ist wirklich wahnsinnig also, das ist auch nicht ja eben das kann gar nicht eingebildet sein» (Lea, Pos. 244). Sie meint zu wissen, dass sie heute nicht mehr leben würde, wenn sie von diesen Gestalten nicht aufgehalten worden wäre: «sie haben mich eigentlich dazu <u>gebracht</u> wieder zurückzugehen also [...] ich wäre einfach weiter gegangen wenn niemand dort wäre gewesen (dann wäre ich jetzt nicht mehr da) [...] da bin ich hundert prozentig davon überzeugt» (Lea, Pos. 222–226).

Keine Angst vor dem Tod, aber Angst vor dem Sterben
Samuel meint den Ort zu kennen, an dem er am Tag seines Todes sein wird und freut sich darauf, wenn es dann mal so weit ist:

> ich freue mich auf den moment egal was es ist., egal wo das hinführt=aber da ist, ich freue mich (.) ich hoffe dass ich das noch einmal erleben kann ja. [...] also es ist eine art eine unerschrockenheit irgendwie, durch das leben gehen zu können aber dann eigentlich auch, keine angst vor dem tod=also das ist eigentlich das was ich am meisten (.) mitnehme (Samuel, Pos. 127–129)

Vanessa sieht dem Tod genauso positiv entgegen. Sie meint: «[ich habe] keine angst vom sterben weil ich weiss dass uns etwas sehr schönes erwartet» (Vanessa, Pos. 5). Andrea freut sich ebenso, hat aber Bedenken, dass der Sterbevorgang schmerzhaft wird:

> ich habe keine angst vor dem tod ich habe vielleicht angst vor dem sterbe:n: dass es vielleicht weh tun könnte oder ich ersticke oder so was ersticken ist irgendwie so eine angst die mich da begleitet aber ich freue mich auf den tag wenn es so weit ist, also für mich ist es wie eine andere geburt ich bin jetzt (.) in dieser welt geboren aber, danach geht es dann nach hause (Andrea, Pos. 33)

Damit ist sie davon überzeugt, zu wissen, wohin man gehen wird und wie Leben und Jenseits miteinander verwoben seien. Auch Lea benennt eine Angst vor dem Sterben, aber nicht vor dem Tod: «die einzige [Angst] die ich noch habe ist die angst vor einem (.) wirklich elenden verrecken also vor einem schmerzhaften mühsamen verrecken hinter einer maschine die man nicht abstellt» (Lea, Pos. 342).

8.2.4   Religion und Spiritualität: Spiritualität von religiösen Strukturen befreit

Religiöse Vorstellungen und spirituelle Praktiken stehen für die Betroffenen nicht im Vordergrund, sondern werden von ihnen geduldet, solange sie die gewonnen geglaubte Freiheit nicht einschränken. Vanessa hat einen unaufgeregten Zugang hierzu, bezeichnet sich nicht explizit als religiös, da es kein Thema für sie sei. Alle Probandinnen und Probanden erscheint es weitestgehend geklärt: Sie meinen zu wissen, wohin sie eines Tages gehen werden. Dabei verstehen sie sich als spirituelle Menschen, die keinen Zugang zur institutionalisierten Religion finden müssen. Von dieser befürchten sie sogar eine Uminterpretation ihrer Einsicht. Dies würde ihre seit der NTE gewonnen geglaubte Autonomie und Selbstbestimmung wieder einschränken.

Wie Samuel hat auch Lea den Eindruck, vor allem die christliche Religion heisse sie nicht willkommen: «ich habe eigentlich immer das gefühl gehabt leute wie ich seien eh nicht willkommen, […] ich bin ein eigenwilliger charakter ich tue gängigen rollenklischees nicht entsprechen. (.) und eh ich habe unter dem gelitten» (Lea, Pos. 47–49). Leas Selbstbestimmtheit betrifft auch die Freiheit, zu glauben, was sie für richtig hält: «ich kenne in der zwischenzeit auch den wert der freiheit von echter freiheit (.) und die echte freiheit bedeutet für mich auch frei sein von jeder religion […] also das muss nicht zwangsläufig sein aber eh für mich ist es eh (.) das gefühl (.) eh ich bin (.) nicht verpflichtet an etwas zu glauben» (Lea, Pos. 180–182). Sie habe sich auch mit verschiedenen neureligiösen Gruppierungen auseinandergesetzt und «dann irgendwann gemerkt dass das etwa der gleiche schwachsinn {habasch} ist wie irgendwie eben das was ich mit der christlichen kirche erlebt habe ((atmet durch die nase ein)) heute bin ich bin ein spiritueller mensch aber nicht religiös» (Lea, Pos. 53).

8.2.5   NTE-Berichte

Existentielle Ängste sind biografisch relevant, wenn auch nicht massgebend für den unvermittelten Eintritt der NTE. Die Betroffenen wähnen sich in der Gewissheit, sterben zu müssen. Die Neuorientierung beinhalte zwar einen Fokuswechsel im Leben, doch stehe dieser in keinem Widerspruch zu Weltanschauungen oder religiösen Ontologien. Er reiche nicht so weit, dass es zu einem grundlegenden Bruch mit dem sozialen Umfeld kommen muss.

Die NTE entfremdet jedoch gleichermassen, führt, wie in Tabelle 8.4 zu entnehmen ist, zu einer Bilanzierung des bisherigen Lebenswegs und lehnt zuvor vertretene Weltanschauungen ab, die schon vor der NTE für Schwierigkeiten im Leben gesorgt haben. Eine grundlegende Neuorientierung findet nur in Ansätzen und vor allem in der Lebenshaltung statt und wirkt sich teilweise, wenn auch nicht fundamental, auf Handlungen aus.

Tabelle 8.4 Charakterisierung NTE-Berichte des Typs «Selbstwirksamkeit»

Enttäuschungsvariante	**Entfremdung**	**Angst**
Umdeutung	Erfahrung machen	Erfahrung suchen
Darstellung	**Transformative Bildungsgeschichte** – Manifestes Krisenpotential – Bilanzierung und partielle Neuorientierung des Lebenswegs – Ablehnung bisheriger, unvoreingenommener und als einschränkend empfundene Weltanschauungen und Gewohnheiten der Lebenspraxis	
Funktion	Bilanzierung und Justierung von bisheriger Welt- und Selbstvertrautheit durch partielle Neuorientierung	

Umstände der NTE: Körperlicher Erschöpfungszustand

Alle Probandinnen und Probanden waren körperlich und psychisch geschwächt. Lea war durch einen psychischen Auslöser körperlich schwach, Samuel durch die Einnahme ihm unbekannter Substanzen, in die ihm seine vermeintliche emotionale Labilität getrieben zu haben scheint. Andrea und Vanessa sahen sich mit einer akuten körperlichen Notsituation konfrontiert, wenngleich sie zuvor ebenfalls unter enormer psychischer Belastung standen. Die NTE habe jedoch kausal nichts mit ihrer psychischen Verfassung zu tun gehabt – im Gegensatz zu Samuel und Lea, die von sich sagen, sich aufgrund emotionaler Belastung eine körperliche Grenze getrieben zu haben. Samuel habe dies beabsichtigt, Lea nicht.

Ausprägungen der Erfahrungen: Grenzerfahrung

Bezeichnend für die Probandinnen und Probanden dieses Typs ist der Umstand, an eine empfundene Grenze gekommen zu sein. Andrea habe diese Grenze zwischen Leben und Tod aktiv überschritten und sich danach wieder dazu entschieden, zurückzukehren. Auch Vanessa habe sich, allerdings ohne die Grenze überschritten zu haben, für die Rückkehr entschieden. Samuel wurde zurückgeschickt und Lea wurde daran gehindert, weiterzugehen.

8.2.6   Soziale Deutungsmuster

Alle Probandinnen und Probanden haben sich zum Teil sehr intensiv mit den Interpretationsmöglichkeiten ihrer Erfahrung beschäftigt. Gerade Leas Erzählung zeigt, dass dieser Weg nach der Erfahrung sehr lang und sehr vielfältig sein kann. Sie beschreibt einen langen Prozess, in dem sie sich aktiv auf die Suche gemacht hat, für ihre Erfahrung Antworten zu finden. Sie hat vor allem Anschluss in neureligiösen Gemeinschaften gesucht:

> auch erfahrungsberichte also kübler-ross und so kenne ich natürlich auch aber eh ((lacht)) es hat dann mit dieser auseinandersetzung zu tun also das ist wirklich (.) ich habe viel gelesen darüber ich habe (.) auch das eine oder andere gesehen darüber (.) ich habe mich damit befasst auch in seminaren [...] aber was viele halt vergessen ist dass es gibt bei mir nicht nur die phantasieseite sondern auch die naturwissenschaftliche seite [...] und darum ist es eine auseinandersetzung gewesen es ist nicht irgendwie etwas gewesen das ich mir irgendwie habe lassen einreden oder ((atmet ein)) das ist einfach s:o: (.) eine annäherung an ein konzept gewesen wenn man so will [...] ich würde das jetzt nicht dogmatisch vertreten also ((lacht tonlos)) [...] es ist für mich einfach das konzept das am besten dazu passt (Lea, Pos. 158–164)

Lea findet die Antwort in sich selbst und meint sich von jeglicher Bevormundung zu befreien. Sie beschreibt, wie sie verschiedene Deutungen systematisch für sich geprüft, daraufhin wieder verworfen habe und dann zum Schluss gekommen sei, dass sie nur dann zu einer adäquaten Deutung kommen kann, wenn es im Ansatz nach zu ihrer Erfahrung passt. «das ist für mich ein erklärungsversuch das ist mir absolut bewusst (.) ich kann das nicht beweisen (.) es kann gut sein dass ich völlig falsch liege ((lacht leise)) es hat einfach mit meinem ((atmet ein)) resumée mit der entwicklung mein:e:r individuellen welt zu tun» (Lea, Pos. 146).

Ihren Weg zur Deutung gehen die Probandinnen und Probanden allein, sie vertrauen ihrem Instinkt, ihrer Intuition. Sie sind sich sicher, die für sie richtige Antwort finden zu können, falls sie sie noch nicht gefunden zu haben meinen.

In Tabelle 8.5 werden die relevanten Positionen für den Typ aufgezeigt: Grundhaltungen in welcher Deutungsebene bei diesem Typ besonders relevant (bestätigt (+) oder abgelehnt (−)) oder unentschieden/nicht relevant (o) sind. Wie im vorangehenden Typ werden die Ausprägungen der Positionen in der Folge in den entsprechenden Unterkapiteln expliziert.

Religiös-ontologische Positionen werden grundsätzlich in Erwägung gezogen, solange sie nicht mit einer religiösen Doktrin verknüpft sind. Dabei werden Deutungsebenen nicht als konkurrierende Deutungsansätze wahrgenommen, sondern bestätigen aus der Perspektive einer religiös-ontologischen oder dann agnostischen Position die eigene Überzeugung.

Tabelle 8.5   Positionen zu sozialen Deutungsebenen des Typs «Selbstwirksamkeit»

Soziale Deutungsebene	Grundanliegen	Positionen		
		Religiös-ontologisch	*Skeptisch*	*Agnostisch*
Religiöse Erfahrung	NTE ist als religiöse Erfahrung im Kontext einer historisch herleitbaren Entwicklung zu verstehen.	+	–	o
Parapsychologisch bedingter Bewusstseinszustand	NTE sind Belege für eine übersinnliche Erscheinung ausserhalb des Wahrnehmbaren.	+	o	–
Theologische Herausforderung	NTE können das religiöse Dogma stützen. Widersprechen sie diesem, kann es sich dogmaimmanent nicht um eine authentische, religiöse Erfahrung handeln.	–	+	o
Alltäglicher Bewusstseinszustand	NTE lassen sich als alltägliche Erfahrungen erklären, die das Phänomen entmystifizieren.	+	–	o
Neurobiologischer Vorgang	NTE haben hirnorganische Ursachen, die durch Stoffwechselstörungen, dissoziative Zustände und u.U. auch durch Sauerstoffmangel ausgelöst werden.	+	–	o
Psychologische Perspektive	NTE werden im Hinblick auf veränderte, psychologische Wahrnehmungen von Körper und Raum untersucht.	+	–	o

Religiös-ontologisch: Verbindung mit einer höheren Macht als Suche nach einem Erklärungsmodell

Samuel zweifelt daran, dass naturwissenschaftlich-kritische Erklärungen zutreffend sind. Stattdessen schliesst er ein Weiterleben nach dem Tod nicht aus: «es dünkt mich komisch wenn es jetzt rein etwas ist (.) rein auf biologischer ebene=es macht für mich keinen sinn (.) dass wenn der körper stirbt dass dann, das beste kommt» (Samuel, Pos. 21). Grundsätzlich vertraut er seiner «emotionalen Stimme», die ihm sagt, ein höheres Wesen tatsächlich angetroffen zu haben. Allerdings habe er auch Zweifel daran, sodass er sich in einem Zwiespalt befindet. Diesen versucht er aufzulösen, indem er sich mit Deutungsebenen und Deutungsmustern beschäftigt. Beim Interview hatte er ein paar Bücher dabei, unter anderem Pim van Lommels «Endloses Bewusstsein» und zeigte sich sehr beeindruckt von dessen Ansatz, es müsse etwas geben, das die Menschheit permanent umgibt:

> es gibt eine emotionale stimme die sagt (.) du hast eine begegnung gehabt (.) also es ist eine begegnung gewesen=eine emotionale stimme wo sagt (.) begegnung mit einer höheren ebene=mit einem höheren wesen (.) aber mit einer ebene die eigentlich da ist ((atmet hörbar ein)) <<angespannt> die uns umgibt> (.) und da gibt es natürlich eine stimme im kopf die sagt so ein bullshit und so (.) das kann ja gar nicht sein=also so eben das sind vielleicht einfach ähm botenstoffe und so=im gehirn und so (Samuel, Pos. 17)

Agnostisch: NTE als Gegenstand einer Deutungsdiskussion

Lea ist sich bewusst, dass die Deutungs- und Sinnsuche durchaus Gegenstand einer Diskussion sein kann und findet es auch gut, wenn man sich ein eigenes Bild davon macht: «die leute sollen sich ruhig auch ihre eigene meinung darüber bilden mir ist das recht (.) ich weiss für mich dass es etwas echtes ist und dass es wirklich passiert ist, von dem her (.) hat jeder das recht seine eigene meinung zu bilden» (Lea, Pos. 270). Auch Vanessa lässt offen, ob – und wenn ja – wie das Phänomen final zu erschliessen ist. Was gilt, sei ihr eigener Zugang zur Erfahrung. Vanessa hat zwar immer wieder Literatur zum Thema rezipiert, wollte sich jedoch nicht eingehend damit beschäftigen und sich nicht bevormunden lassen, wie sie ihre Erfahrung einzuordnen habe. Schliesslich handle es sich doch um ihr eigenes, ganz privates Erlebnis.

Samuel bevorzugt als Aussenperspektive eine neutrale Herangehensweise, um dann selbst eine Perspektive für einen für ihn stimmigen Zugang zu finden. Er beschreibt eine Informationswebsite zum Thema und wie er sich den Informationsaufbau vorstellt: «da hat es informationen und diese informationen werden nicht gewertet sondern es ist eigentlich mehr etwas man stellt das rein (.) sagt das gibt es zu diesem thema (.) und das gibt es irgendwie vor 400 jahren (.) das gibt es vor 2000 jahren=das gibt irgendwie sachen wenn du diese drogen nimmst» (Samuel, Pos. 65).

Kritisch: NTE-Erkenntnis als Herausforderung der Naturwissenschaft
Für Andrea war die Beschäftigung mit der Deutung ihrer Erfahrung zunächst ambivalent. Sie war sich zunächst nicht sicher, ob es sich tatsächlich um eine «reale» Erfahrung gehandelt haben kann: «dann kommen natürlich auch so die zweifel war es tatsächlich s:o: eh ich bin ja nicht reanimiert worden ich war nicht auf der intensiv ist das wirklich eines gewesen also wie sich selbst in frage stellen» (Andrea, Pos. 43).

Samuel möchte mit der Deutung seiner Erfahrung möglichst nicht in die Ecke der «Esoterik» gedrängt werden: «da gibt es so leute wo so medien und so zeugs und irgendwie=es ist sehr schnell bei der esoterik» (Samuel, Pos. 63), womit er sich nicht identifizieren kann.

Lea hat sich intensiv mit kritischen, naturwissenschaftlichen Deutungsmustern auseinandergesetzt und kommt zu dem Schluss, dass sie zu kurz greifen:

> ich habe mich au:mit den schulmedizinischen ansätzen mit den ganzen wissenschaft-lichen hintergründen auch ein wenig angefangen zu befassen und ich muss einfach sagen sie schauen auf das falsche. sie schauen auf den trafo und nicht auf die energie-quelle [...] ich bin voll davon überzeugt und rein physiologisch ich meine als {eigener Beruf im medizinischen Bereich} weiss ich das selbst am besten ist absolut klar wenn man irgendwie den saft abstellt physisch gesehen dann passiert etwas und zwar ganz rabiat da= tun die synapsen noch einmal kurz durchdrehen und nachher ist fertig also und der zellstoffwechsel das ist auch ein prozedere das ist nicht einfach so ((watsch)) der stecker draussen ((atmet ein)) aber einfach nur die ganzen bilder auf das zurück-zuführen (.) da ist irgendwie viel mehr dahinter also ich kann nicht sagen warum aber es ist einfach so (Lea, Pos. 61–63)

8.2.7 Schlussfolgerungen: NTE-Bericht als Entdeckung der Selbstwirksamkeit

Samuel, Andrea, Lea und Vanessa machen ihre NTE in einer Phase der Perspek-tivenlosigkeit, einer persönlichen Krise, in der sie das Leben allesamt ähnlich negativ auffassen. Samuel fühlt sich nicht verbunden mit seinem sozialen Umfeld, Vanessas soziale und romantische Beziehungen zerbrechen immer wieder, Lea sieht kaum Aussichten, ihrer Sucht zu entkommen und Andreas Leben wird

immer wieder von Todesfällen unterschiedlicher Art erschüttert. Der frühe Verlust ihrer primären Bezugsperson war besonders belastend für sie. Niemand kann
eine durchwegs positive Lebensperspektive erkennen. Alle sehen kaum Möglichkeiten, ihre Situation zu verbessern. Erst durch die Konfrontation mit der eigenen
Sterblichkeit, mit der Gewissheit, nun sterben zu müssen, werden sie in ihrer
Empfindung ins Leben zurückgeschickt, ob freiwillig oder unfreiwillig. Daraufhin scheinen sie zu erkennen, dass sie ihr Schicksal selbst in der Hand haben,
ihre Bedürfnisse erkennen müssen um daraus aktiv Entscheidungen treffen und
die daraus abgeleiteten, eigenen Ziele erreichen zu können.

Die NTE wird damit zum Schlüsselereignis, sich dem Selbstverständnis nach
zu emanzipieren und von jeglichen, das Ausleben der eigenen Individualität
einschränkenden Strukturen zu befreien. Die geglaubte Gewissheit um die vermeintliche Erfahrung des Todes relativiert die bisherige Weltanschauung und lässt
die Erfahrenen auf das eigene Leben und dessen Gestaltungsmöglichkeiten fokussieren. Das Erlebnis «hilft mir gewisse entscheidungen zu fällen. es relativiert mir
sehr viel […] es tut mich vor einer kleinlichkeit bewahren die sich andere bei-
behalten haben die ich nicht ((atmet ein)) ernst nehmen kann» (Lea, Pos. 246).
Damit steht die NTE am Ausgangspunkt eines Prozesses, die Schwere und Perspektivenlosigkeit der Lebenssituation in einem anderen Licht zu betrachten und
die positiven Seiten erkennen und schätzen zu lernen. Es gelingt ihnen, Mut zu
fassen, den eigenen Interessen nachzugehen und Urteilen bzw. Meinungen Dritter
weniger Beachtung zu schenken.

Die Erinnerbarkeit des Ereignisses erscheint den Probandinnen und Probanden wie «in die gehirnrinde eingebrannt» (Samuel, Pos. 143). Die Veränderung
im eigenen Leben wird jedoch im Vergleich zum Typ «Transformation» nicht als
derart substanziell wahrgenommen, dass sie eine grundlegende Neuorientierung
nach sich ziehen würde. Zudem binden sie die Erfahrung subjektiv viel stärker
in ihren biografischen Kontext ein. Dabei fassen sie sie als bedeutenden, aber
nicht als alles beeinflussender Faktor auf. Dementsprechend steht die persönliche
Bedeutsamkeit nunmehr im Zentrum und nicht mehr so die vermeintlich universelle Aussagekraft des Phänomens, auf die sich die Probandinnen des ersten Typs
besinnen. Aus diesem Grund spielen religiöse oder spirituelle Interpretationen für
die Betroffenen nur dann eine Rolle, wenn sie den eigenen Deutungsprozess oder
die persönliche Interpretation in Frage stellen wollen. Auch hier befreien sie sich
von vorgegebenen, stereotypisierten Vorstellungen – mit dem Ziel, sich selbst ein
Bild zu machen und Spiritualität individuell zu leben.

8.3 Typ III: NTE als Selbstkalibrierung

Zugewiesene Probandinnen und Probanden (Gesamt: 6, davon 5 weiblich, 1 männlich): Erika, Werner, Caroline, Judith, Daria, Petra
Für Personen dieses dritten Typs in Abbildung 8.4 steht die Intensität ihrer Erfahrung im Vordergrund. Sie erzählen ausführlich von den emotionalen Zuständen, die sie während der Erfahrung durchlebt haben. Seither seien sie mit dem Versuch beschäftigt, die Bestandteile der Erfahrung zu ordnen. Sie hatten bereits vor der NTE Mühe mit ihren Lebensumständen und hadern mit verschiedenen Deutungen der Erfahrung. Sie versuchen unentwegt, ihrem Dasein eine Sinnhaftigkeit abzugewinnen. Das gelinge ihnen zwar ab und an, doch gebe es dann wieder Phasen, in denen sie ihrem Leben wenig grundlegend Positives abgewinnen können. Darin stellen sie ihr Leben oder das Leben im Allgemeinen auf den Prüfstand und sehnen die durchweg positive Emotionalität zurück, die sie während ihrer NTE erlebt haben.

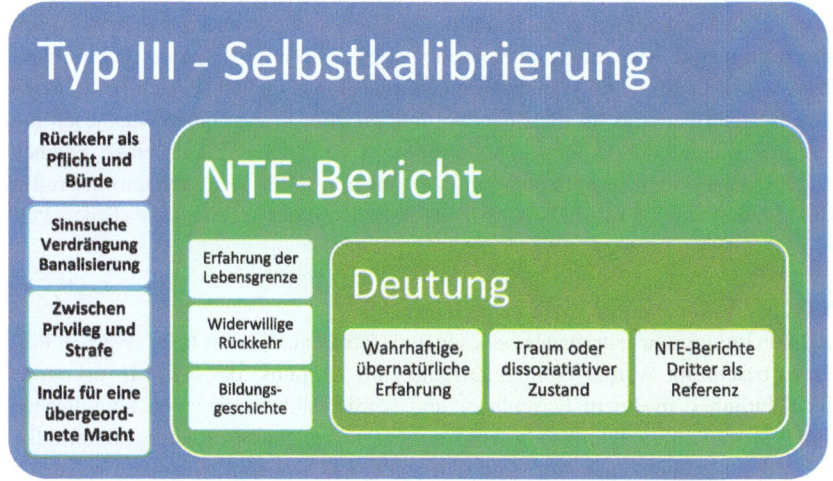

Abbildung 8.4 Raster zur Charakterisierung des Typs „Selbstkalibrierung"

Die Probandinnen und Probanden sind gezeichnet von der Erfahrung und streckenweise auch überfordert mit ihrer Interpretation. Phasenweise beschäftigen sie sich intensiver damit, wie die Erfahrung anderer wohl zu interpretieren ist, weil es ausgesprochen Mühe macht, die Wahrhaftigkeit der eigenen, überwältigend anmutenden Erkenntnis wirklich tief anzuzweifeln. Andererseits meinen sie sehr wohl zu wissen, dass ihre Behauptung nicht belegbar sei. Davon abgesehen stehen jedoch der eigene Zugang zur Erfahrung und die Sortierung der eigenen Gedanken dazu im Vordergrund. Ihre Deutungen gehen in viele verschiedene Richtungen, weshalb die Erzählungen von Ambivalenz und Sprunghaftigkeit geprägt sind. Die Beschreibungen sind mitunter unstrukturiert und zum Teil assoziativ.

8.3.1 NTE im biografischen Kontext: Rückkehr als moralische Pflicht oder Bürde

Alle Probandinnen und Probanden befanden sich bereits vor der NTE weitgehend in einer gestressten Situation oder die NTE selbst hat zu einer Stresssituation geführt, wenngleich sie diese nicht allein verursacht hat. Die Auseinandersetzung mit der NTE bereitet den Betroffenen eine zusätzliche Herausforderung, weil sie sich nicht nur mit den Schwierigkeiten ihrer derzeitigen Lebenssituation, sondern auch mit der Anforderung konfrontiert sehen, Fragen zu ihrer NTE zu beantworten. Zu Letzterem sind sie kaum in der Lage, weil sie emotional immer noch überwältigt sind. Manchmal scheinen sie subjektiv in ihrer Situation und in ihrem Prozess nicht oder kaum voranzukommen, manchmal suchen sie sich Hilfe. Erika zum Beispiel benötigt für die Beantwortung all ihrer Fragen einen Austausch mit ihrem sozialen Umfeld, obschon ihr bewusst ist, letzten Endes einen eigenen Zugang dazu finden zu müssen: «ich kann nur mir helfen wenn ich darüber reden kann. dann kann ich mir helfen. aber ich muss es selber verarbeiten» (Erika, Pos. 73).

NTE als Auflösung des Verlassenheitsgefühls
«ich bin immer sehr sehr mager gewesen und ((atmet aus)) kränklich» (Werner, Pos. 6), so beschreibt Werner[9] seinen Zustand zum Zeitpunkt der NTE. Er erkrankte als Schuljunge in einem Ferienlager und wurde dann in eine von katholischen Schwestern geführte Klinik gebracht. Dort hat man geglaubt, er würde nur simulieren, worauf er zurechtgewiesen und sich von den Schwestern abschätzig behandelt fühlte. Allein in einem Zimmer liegend verschlechterte sich sein Zustand, woraufhin er das Gefühl bekam, zu sterben. Dann empfand er sich schwebend in einem Tunnel. Er fühlte sich befreit, hörte ihm sehr angenehme Musik und geriet dann an eine Grenze. Er meint gewusst zu haben, würde er diese Grenze überschreiten, hätte er

---

[9] Die elektronische Version dieses Kapitels enthält Zusatzmaterial, das berechtigten Benutzern zur Verfügung steht. Vgl. Anhang 6.26 Werner.

nicht mehr zurückgehen können. Er dachte an seine Eltern und Geschwister, wollte sie nochmals sehen und habe sich daher dazu entschieden, wieder zurückzugehen. Als er wieder im Bett erwachte, war er erstaunt und erschüttert darüber, immer noch allein zu sein: «keine schwester war nebenan ich bin allein im zimmer gewesen. komplett alleine gelegen. Verflucht {gottfridstutz} ((atmet hörbar ein)) jetzt bin ich doch sicher <<lachend> fast gestorben> ((atmet hörbar ein)) und niemand schaut zu mir» (Werner, 20).

Das negative Gefühl der Verlassenheit ist massgebend und dominierend für Werners Leben, wobei seine durchwegs positiv empfundene Erfahrung dazu in einem Spannungsfeld steht. Er schweigt zunächst über das Erfahrene, zumal er sich nicht aufgehoben fühlt in seinem Umfeld. Er erholt sich daraufhin und widmet sich nicht weiter seinem Erlebnis. Erst rund vierzig Jahre später liest er von Kübler-Ross und kommt mit dem Thema Nahtoderfahrung in Berührung. So findet er auch einen Namen für seine Erfahrung. Er behält diese als «schöne Sache» in Erinnerung und betont, seither keine Angst mehr vor dem Tod zu haben. Das Gefühl der Verlassenheit beschäftigt ihn jedoch in seinem weiteren Lebensverlauf immer wieder, vor allem durch die schwere psychische Erkrankung seiner Frau. Er scheint sich in seiner Partnerschaft regelrecht gefangen zu fühlen, ist sehr unglücklich über die sehr negative Emotionslage sowie die sehr einnehmende und zugleich auch verletzende Art seiner Partnerin. Er fühlt sich verantwortlich für sie und kann sich wohl aus diesem Grund nicht von ihr lösen. In schwierigen Situationen denkt er sehnsüchtig an das Gefühl der Schwerelosigkeit während seiner NTE zurück.

Kein Sterben ohne Abschied als Verpflichtung
Carolines[10] NTE ereignete sich bei einem Verkehrsunfall. Plötzlich sei ein Lichtstrahl gekommen, der ihr bewusstwerden liess, dass sie nun sterben könne. Das Licht sei so stark geworden, dass sie sich aus dem Körper gezogen fühlte. Die vollkommene Liebe und Geborgenheit, die sie fühlte, waren ausserordentlich intensiv. Zudem fühlte sie einen riesigen Gedankenstrom. Sie habe auf einmal Zugang zu einem riesigen Wissensfundus gehabt, über den sie sämtliche Lebenszusammenhänge erschliessen konnte. Caroline dachte dann aber, dass sie ihren Mann, ihr Haus und alle Verwandten und Bekannten doch nicht allein lassen könne. Sie habe sich auch von niemandem verabschiedet, weshalb sie innerlich die Ärzte anflehte, sie nicht sterben zu lassen. Sie befand sich zudem in einem weiteren Zwiespalt, der ihre emotionale Situation bestimmte: Einerseits die positive Erfahrung, das Gefühl der Anziehung zum Sterben – andererseits die schmerzvolle Situation mit dem Gefühl

---

[10] Die elektronische Version dieses Kapitels enthält Zusatzmaterial, das berechtigten Benutzern zur Verfügung steht. Vgl. Anhang 6.4 Caroline.

des Alleinseins: «ich habe nachher (.) einen wahnsinnigen sterbenskampf erlebt?,
auf der einen seite habe ich mich s:o: elend gefühlt? mausarm und alleine, auf der
zweiten seite habe ich gewusst es wäre s:o: schön das sterben?, aber ich kann nicht
gehen ich darf (.) mein umfeld nicht verlassen» (Caroline, 7). Verlustempfinden und
das Alleingelassen-Werden erfuhr sie bereits in jungen Jahren, als sich ihr schwer
kranker Vater unvermittelt von ihr verabschiedete:

> er hat schwer kreb:s: gehabt, wirklich ganz traurig gewesen (.) ich bin damals 12
> jährig gewesen als er gestorben ist,,, und am donnerstag bevor er gestorben ist hat er
> gesagt er wolle allen leuten=allen kindern, adieu sagen? „ er hat schon keine kraft
> mehr gehabt für aus dem bett, und nachher sind wir eine nach dem anderen=wir sind
> 10 kinder gewesen=((atmet ein)) eines um das andere sind wir an das bett getreten
> und der hat uns die hand gegeben (.) und adieu gesagt, [...] am samstag darauf ist er
> gestorben (Caroline, 105)

Caroline war sich zum Zeitpunkt des Abschieds ihres Vaters nicht bewusst, dass
er endgültig war. Das macht sie bis heute fassungslos und lässt sie selbst machtlos
fühlen: «dass er auch niemandem hat gesagt ich sterbe er hat das wort nicht gebraucht
(.) ich sterbe jetzt er hat einfach gesagt er wolle noch allen adieu sagen» (Caroline,
111). Sie fühlt sich bis heute hintergangen und zeigt Mühe, dies akzeptieren zu
können: «aber wies:o: dass man das nicht ausspricht (.) das weiss ich noch heute
nicht» (Caroline, 115). Dieses Thema scheint sie eingehendst beschäftigt zu haben:
«da:s: prägt sich so ein das zieht man glaube ich ein leben lang mit» (Caroline, 119).
  Später verlor sie ihre Schwester, die bei der Geburt ihres Sohnes starb. Der Sohn
überlebte und Caroline übernahm die Mutterrolle für die ersten vier Jahre seines
Lebens. Der Vater des Sohnes fand dann aber eine Partnerin, die dann das Kind
zu sich nahm. Carolines Verbindung zu ihrem Neffen blieb dennoch sehr eng. Er
konnte sich nur schwer von ihr lösen und beging rund ein Jahr nach Carolines NTE
im jungen Erwachsenenalter Selbstmord. Sie fühlt sich verantwortlich für seinen
Tod, da sie ihm gegenüber ins Schwärmen über den Tod geriet, als sie ihm von ihrer
NTE erzählte. Das habe ihn, so glaubt sie, unbeabsichtigt zum Suizid animiert.

Weisung in der Erschütterung
Erika[11] sollte wegen eines Darmverschlusses operiert werden und wurde daraufhin
auf die Intensivstation gebracht, da sie sich in einem äusserst kritischen Zustand
befand. Dabei habe sie «dreimal nacheinander den gleichen Traum» gehabt: eine
Szenerie in der Wüste, der Boden war steinig und da war ein Berg und ein rosarotes

---

[11] Die elektronische Version dieses Kapitels enthält Zusatzmaterial, das berechtigten Benutzern zur Verfügung steht. Vgl. Anhang 6.7 Erika.

Licht in einer Höhle, die sie betrat. Beim Betreten der Höhle fühlte sie sich geborgen und ausserordentlich wohl. Die Schmerzen waren weg, weshalb sie dort bleiben wollte. Da sprach sie plötzlich eine grosse Raupe aus Stein mit einem Menschengesicht an und teilte ihr mit, dass sie wieder gehen müsse und nicht bleiben dürfte, das Wesen würde dies nicht zulassen können. Erika versuchte eine Aushandlung und fragte, ob sie denn zu Besuch kommen dürfe, womit das Wesen dann einverstanden war: Erika dürfe wieder kommen, könne aber nicht bleiben, woraufhin sie die Höhle wieder verliess. Sie vermutete, dass daraufhin Zeit verging bevor ihr zweiter Traum begann: Es war dieselbe Szenerie, doch befanden sich in der Höhle zwei weitere steinerne tierähnliche Wesen, die sie an einen Hirsch erinnerten und ebenfalls Menschengesichter hatten. Die hirschähnlichen Wesen meinten, sie seien Wächter und sie müssen dafür sorgen, dass Erika wieder geht. Das raupenähnliche Wesen pflichtete bei und meinte, dass sie nur kurz zu Besuch bleiben darf. Erika antwortete den Wesen, dass sie schon wieder gehen würde, aber eine kurze Zeit dableiben wolle. Daraufhin sei sie wieder hinaus gegangen in die Wüste, die viel kälter gewesen sei als die warme Höhle mit dem rosaroten Licht. Im dritten und letzten Traum ging Erika wiederum in die Höhle, um sich von den Wesen zu verabschieden. Sie betonten, dass sie noch nicht hierhergehöre. Daraufhin erwachte sie in der Intensivstation und kam kurz mit einem Arzt ins Gespräch. Sie sagte zu ihm, dass sie nun wohl sterben müsse, dass es nun vorbei sei. Der Arzt erwiderte – ganz im Gegenteil, sie befinde sich auf dem Weg der Besserung.

Erikas Nahtoderfahrung liegt zum Zeitpunkt des Interviews etwas mehr als ein Jahr zurück. Im Gespräch beschreibt sie vor allem ihre Suche nach Gründen, weshalb sie den für sie so angenehmen Ort wieder verlassen musste, und fragt danach, wie ihre Erfahrung einzuordnen und wie mit ihr umzugehen sei. Sie wägt ab, hadert und stellt grundlegende Fragen ans Leben: «vielleicht muss ich noch etwas erfüllen. ich weiss es nicht. oder? das weiss ja niemand warum wir da sind. mensch sein ist ja wirklich etwas, spezielles dünkt mich» (Erika, 74). Sie fühlte sich von der Höhle angezogen, weil sie sich darin aufgehoben fühlte und «Kraft» tanken konnte. Im Vordergrund stand für sie,

> dass ich mich geborgen fühle. dass ich willkommen bin da, aber mein leben ist da draussen. es ist nicht hier. aber ich darf da vielleicht ein wenig kraft holen. dass ist (.) sagen wir etwas dass für mich (.) vielleicht sehr sehr wesentlich gewesen ist das kraft holen. ich bin zwar immer ein wenig eine kämpferin gewesen aber das kraft holen dass ich kämpfen kann draussen (Erika, Pos. 74)

Ihr ganzes Leben schon suche sie Durchhaltewillen und Widerstandsfähigkeit. Sie erzählt von Situationen, in denen sie besonders stark sein und «kämpfen» musste.

Einerseits hatte sie eine schwierige Kindheit, weil ihr Vater aggressiv und alkoholsüchtig war und sie sich um ihre überforderte Mutter kümmern musste. Andererseits erlitt sie schwere Schicksalsschläge und Krankheiten, die sie immer wieder emotional erschütterten. Eine Rückkehr ins Leben, weg von einem Ort, an dem sie sich endlich geborgen und aufgehoben fühlte, fiel ihr daher besonders schwer. Sie vermutet: «man hat mir einen hinweis gegeben» (Erika, Pos. 151). Man habe sie ermutigt, an sich selbst zu glauben, da sie es von sich aus – ohne Impuls von aussen – nicht mehr getan hätte: «es ist mir gesagt worden, ich habe nicht mehr an mich geglaubt, und man muss an sich selbst auch ein wenig glauben nicht nur an das was um uns herum ist» (Erika, Pos. 189).

Das wiedergewonnene Leben als Bürde
Als die Mutter einkaufen ging, blieb die sechsjährige Daria[12] spielend auf dem Spielplatz zurück. Dann näherte sich ihr ein fremder Jugendlicher. Er führte sie weg, auf den Estrich eines Hauses. Dort zog er sie aus, legte sich auf sie und drückte mit beiden Händen ihren Hals zu. Daraufhin verlor sie das Bewusstsein. An die genaue Tat kann sie sich auch Jahrzehnte später nicht klar erinnern. Sie ist nun in psychologischer Behandlung[13] und geht von einem sexuellen Missbrauch aus. Als sie wegtrat, war sie der Überzeugung, sterben zu müssen. Sie sah sich auf einer Wiese mit lauter spielenden, verstorbenen Kindern und traf dort auf eine Lichtgestalt, die sie durch diese Welt führte. Im Nachhinein vermutet sie, dass es Jesus war. Sie fühlte sich aufgehoben und völlig befreit. Sie fühlte sich «daheim», als ob sie nie woanders gewesen wäre. Plötzlich wendete sich die Jesusfigur an sie und gab ihr zu verstehen, dass sie wieder zurückgehen müsse. Dann habe es einen Sog gegeben, der sie zurück in ihren eigenen Körper zog.

Das Erlebte überforderte sie nach ihrer Rückkehr in den Alltag. Sie konnte nicht verstehen, weshalb sie nicht an diesen, in der NTE erlebten Ort zurückkehren konnte, wo es doch so schön gewesen sei. Das ärgerte sie bis zur Unerträglichkeit. Daria beschreibt, dass sie noch heute phasenweise suizidale Tendenzen habe und bereits mehrere Selbstmordversuche verübt hatte. Die Erinnerung an das Erfahrene

---

[12] Die elektronische Version dieses Kapitels enthält Zusatzmaterial, das berechtigten Benutzern zur Verfügung steht. Vgl. Anhang 6.5 Daria.

[13] Die Probandin erwähnte ihre psychologische Behandlung bereits beim Erstkontakt vor dem Interview. Aufgrund der psychisch ausserordentlich belastenden und komplexen Lebensgeschichte wurde bereits vor dem Gespräch telefonisch sichergestellt, dass die behandelnden Ärzte und Psychologen sich mit dem Interview für die vorliegende Studie einverstanden erklärt haben, um zusätzliche, gegebenenfalls selbstgefährdende Stresssituationen für die Probandin zu vermeiden.

erscheint ihr dann als erlösender Kontrast zu einem Leben, das sie als kaum zu
bewerkstelligend und aus sinnlosen Aufgaben bestehend erachtet:

> ich bin jetzt da auf dieser welt und muss mich mit diesen sachen (.) beschäftigen
> aber manchmal im vergleich zu dem erlebnis find ich das alles so , banAL […]man
> muss am morgen aufstehen dann isst man frühstück trinkt kaffee das ist so banAL
> ((klatscht mit den Händen auf die Tischoberfläche)) […] und dann find ichs manch-
> mal fast lANgweilig „ und dann hat man so wie das beides oder man hat so wie ein
> blick können dort hin tun also wie ich jetzt das gefühl habe oder? und dann lebt man
> aber trotzdem auf der erde (Daria, Pos. 193–201)

NTE als Sehnsuchtsort: Zwischen Befreiung und Schuld- bzw. Pflichtgefühl
Vorgängig hatte Judith[14] diverse Komplikationen bei operativen Eingriffen zu erleiden. Sie standen zwar nicht direkt mit der NTE in Verbindung, hatten jedoch dazu
geführt, dass sie sich körperlich und psychisch geschwächt fühlte. Nach diversen
Notoperationen und Verlegungen in verschiedene Spitäler fühlte sich Judith derart
schwach, dass sie den Eindruck hatte, sterben zu müssen. In der Folge sah sie ein
helles Licht, woraufhin sie ein Engel empfing, der sie auffing, in seinen Armen trug
und ihr damit eine unbeschreibliche Geborgenheit gegeben habe. Der Engel trug sie
zu Gott. Sie fühlte sich aufgehoben und friedlich, dass sie nicht mehr weg wollte
von diesem Ort. Daraufhin sei das Licht durch sie hindurchgegangen, was sie im
Nachgang als Heilung empfand. Danach habe sie sich wieder im Spitalbett befunden. Sie sei zu diesem Zeitpunkt noch nicht in der Lage gewesen, zu realisieren,
was soeben passiert sei, sondern konnte sich erst ein paar Tage später an das Erlebte
erinnern.

Mehrfach erwähnte Judith, dass sie nicht freiwillig zurückgekehrt wäre, wenn sie
die Wahl gehabt hätte. Sie räumte gleichwohl ein, ein schlechtes Gewissen zu haben,
weil sie während der NTE nicht an ihre Familie gedacht und alles gewissermassen
hinter sich gelassen habe, ohne jede Reue und ohne jedes Fürsorgepflichtbewusst-
sein. Sie hätte es anderen Müttern erzählt, die hätten aber ihr Empfinden, an diesem
Ort bleiben zu wollen, nicht nachvollziehen können:

> [ich habe] ein rabenschwarzes gewissen gehabt gegenüber meinen kindern (.) weil
> ich dort eigentlich vergessen habe das ich kinder habe ((atmet ein)) weil ich einfach
> gegangen wäre. […] und wenn ich das den leuten auch erzählt h:a:be oder eben müt-
> tern erzählt h:a:be die haben das nicht begriffen. ((atmet ein)) also die haben mir
> gesagt j:a: aber du hast ja noch k:i:nder (.) wieso wärst du einfach gegangen? das
> macht man doch n:i:cht. (Judith, Pos. 99–101)

---

[14] Die elektronische Version dieses Kapitels enthält Zusatzmaterial, das berechtigten Benutzern zur Verfügung steht. Vgl. Anhang 6.9 Judith.

Unmittelbar nach der NTE fühlte sich Judith sehr schwach, zog sich zurück und wollte ihre Verwandten und Bekannten nicht sehen, weil sie jede ihr zur Verfügung stehende Energie für sich selbst benötigte. Dies haben ihr ihre Familie und ihr behandelnder Arzt zum Vorwurf gemacht. Man habe ihr unterstellt, sie wolle einfach nicht mehr leben.

Das schlechte Gewissen und die vermeintlich offenbare Ausweglosigkeit, nicht einmal durch Selbstmord an den begehrten Ort zurückkehren zu können, lässt die betroffene Person im Gefühl der Machtlosigkeit im Leben «zurück». Es ist also kein Gefühl der Sicherheit, das mit der Erinnerung an die Erfahrung einhergeht, sondern ein Gefühl der Sehnsucht, der Ohnmacht und des Leids, das Leben weiterhin ertragen zu müssen.

NTE als Ausgangspunkt einer Sinnsuche
Die NTE ist für Petra[15] der Ausgangspunkt einer langen Suche: «das ist der dreh und angelpunkt von meinem leben kann ich sagen (.) ja,,, […] so eine energie w:o: fast zu einem selbstläufer wird […] und das ist nicht nur leicht gewesen das ist wirklich nicht nur leicht gewesen weil ähm , ja was mache ich mit all diesen informationen» (Petra, Pos. 63).Petra ging als junge Erwachsene auf eine Weltreise, nachdem sich wenige Jahre vorher ihr Bruder das Leben genommen hatte. Das habe sie sehr stark beschäftigt. Sie habe Sinn und Zweck des Lebens hinterfragt und sei daher im Rahmen einer Selbstfindung auf diese Reise gegangen. Sie wollte in ihrem Leben «keine Kompromisse» eingehen, da sie sah, wie schnell sich alles ändern könne. Sie habe sich dann auf die Reise begeben – mit der inneren Einstellung, nun alles aufzugeben und für alles offen zu sein. Sie sah sich bereit, irgendwo ein neues Leben zu beginnen. Sie begann systematisch alles zu hinterfragen – ihre Geschmacksnerven, ihre Bewegungen und Handlungen im Alltag. Gewissermassen sich selbst den Teppich unter sich wegziehend, verspürte sie ein starkes Einsamkeitsgefühl.

Als sie sich eines Nachts schlafen legte, habe sie plötzlich bemerkt, dass sie ganz weit weg vom Körper gewesen sei, als wäre sie nicht bei sich. Dann sei plötzlich eine «gewaltige Energie» wie eine «Flutwelle» durch ihren Körper gegangen, die sie förmlich aus ihrem Körper katapultiert habe. Sie habe dann ihr bisheriges Leben gesehen und dann sei ihr bewusst geworden, dass sie nun sterbe und sich in einer anderen Dimension befinde. Sie fühlte sich schwebend und geborgen. Sie fühlte sich wohl, in einer «kompletten Stimmigkeit» seiend. Alles war gleichzeitig, es habe weder Ort noch Zeitgefühl gegeben. Plötzlich habe sie sich daran erinnert gefühlt, dass ihre Reisekollegin im selben Zimmer wie sie liegt und sie doch nicht

---

[15] Die elektronische Version dieses Kapitels enthält Zusatzmaterial, das berechtigten Benutzern zur Verfügung steht. Vgl. Anhang 6.18 Petra.

einfach ohne Abschied gehen könne. Just in diesem Moment sah sie sich wieder im Zimmer zurück, als habe ein Prozess einen abrupten Abbruch erfahren.

Petra empfindet ihre Erfahrung als Erleuchtung, da sie ihr Zusammenhänge im Leben habe bewusst werden lassen: «irgendwie habe ich dort soviel gewahr geworden (.) i: ich kann das gar nicht beschreiben ich kann das gar nicht beschreiben irgendwie über die zusammenhänge vom leben und von der energie und was alles zusammenhält» (Petra, Pos. 29). Im Rahmen ihrer NTE sei ihr klar geworden, dass alle miteinander verbunden seien: «wir sind alles jeder ist alles oder also jeder ist verbunden mit allem (.) und wahrscheinlich lebt man so lange weiter bis das irgendwie jeder irgendwie eingesehen hat» (Petra, Pos. 73).

8.3.2 Weltanschauliche Veränderung durch NTE: Zwischen Sinnsuche, Verdrängung und Banalisierung

Die Personen beschreiben ein Gefühl der emotionalen Überwältigung, was dazu führt, kaum geordnet und strukturiert über das Erfahrene nachdenken und sprechen zu können. Der Auseinandersetzung damit scheinen sie sich manchmal entziehen, das Erfahrene «verdrängen» oder in Abrede stellen zu wollen. Manchmal begeben sie sich auf eine Sinn- und Deutungssuche. Diese soll nicht nur das Erlebte erklären, sondern grundsätzlich die Essenz des Lebens bestimmen. Darüber hinaus scheinen in der Folge auch emotionale Empfindungen besonders ausgeprägt zu sein, welche die psychische Gesundheit belasten. Diese Umstände, d.h. der Verlust der emotionalen Aufgehobenheit, die schwierige emotionale Wiedereingliederung und Schwierigkeiten im Bestreiten des Alltags, lassen die Personen immer wieder sehnsüchtig an den Ort erinnern, was einer Art Todessehnsucht gleichzukommen scheint.

Überforderung der Emotionalität: zwischen Verdrängung und Banalisierung
Erika wollte das Erlebte zunächst nicht wahrhaben. Als allerdings ihre Bekannte davon sprach, dass es womöglich eine Nahtoderfahrung war, begann auch sie sich mit dem Erfahrenen eingehender zu beschäftigen:

> vorher habe ich es auch ein wenig verdrängen wollen. gedacht ja das gibt es ja nicht oder (.) und dann bin ich trotzdem wieder wahrscheinlich ist es doch so ein nahtod etwas die freundin hat auch gemeint es könnte so etwas sein, dann habe ich es immer wieder etwas zurückgetan aber trotzdem ist es mir immer wieder in den sinn gekommen (.) und vor allem wenn ich manchmal eben schmerzen gehabt mir nicht gerade so gut gegangen ist, :o:hh es ist halt schön gewesen in dieser höhle. das habe ich aber auch heute manchmal noch (Erika, Pos. 251)

Werner ging zunächst davon aus, es wohl geträumt und «verdrängt» (Werner, Pos. 64) haben zu müssen: «ja ich habe das zur kenntnis genommen und habe eigentlich ((atmet ein)) das ganze die ganze episode habe ich auf die seite gelegt und gefunden ja das ist ein traum gewesen fertig. schluss. ende.» (Werner, Pos. 24). Auch Daria berichtet davon, die Erfahrung «verdrängt» zu haben, zumal sie mit traumatisierenden Ereignissen verknüpft gewesen sei:

> mit der zeit habe ich das vergessen verdrängt und habe das gefühl gehabt ich hätte das nie erlebt. ,[…] [und] das ist erst dann später wieder hervor gekommen durch die anderen traumatischen sachen dass das quasi wie so flashbacks oder wie so , ausschnitte aus dem ganzen also ich habe mich zuerst gar nicht mehr können daran erinnern (Daria, Pos. 1183–1187)

Sie fand zunächst keinen Zugang zum Erlebten, «weil es so intensiv und so anders» (Daria, Pos. 165) gewesen sei. Denn «es ist ja auch nicht nur das licht gewesen sondern das licht mit einem gefühl oder also es ist eine emotion und das was man s:ie:ht das visuelle das ist ja so hand in hand gegangen es ist eigentlich eine komplexe runde ganzheitliche erfahrung» (Daria, Pos. 983). Erst nach und nach stiess sie mehr oder weniger zufällig in den Medien auf Berichte und Erklärungsmodelle, die ihr dabei halfen, das Erlebte zu verorten:

> später als jugendliche oder als erwachsene wenn man einfach so artikel hat gelesen über das thema , dann hab ich einfach immer an das müssen denken und hab mich dann zwischendurch gefragt ja was das jetzt gewesen ist (.) aber ich hab das halt immer wieder auf die seite get:a:n ((atmet ein)) und habe gefunden j:a: es ist so ein bisschen wie beides oder man hat sich auf der einen seite damit wollen befassen auf der anderen seite eher nicht? […] es ist sehr ambivalent gewesen (Daria, Pos. 97–101)

Die Ambivalenz im Verhältnis zur eigenen Erfahrung erklärt sich auch aufgrund der sehr intensiven und besonders zwiespältigen Emotionalität. Caroline beschreibt einerseits, welch positive Erfahrung ihre NTE gewesen war, andererseits weist sie auf den äusserst erschütternden Kontext hin, in dem sie sich abgespielt hatte: «das ist schön gewesen dass ich das habe dürfen erleben und so und auf das andere ist für mich so tragisch gewesen das mich hat zuunterst emotional runtergezogen (.) wirklich (.) bis ich da wieder daraus heraus gewesen bin (.) wahnsinnig» (Caroline, Pos. 309). Die emotionale Intensität der Erfahrung sei sehr gross gewesen. Sie sei unvergleichbar mit den Erfahrungen, die sie bis anhin gemacht hat. Caroline berichtet immer noch nach Worte ringend: «das nahtoderlebnis ist , wahnsinnig heftig gewesen, […] das hat mich wirklich erschüttert […] vor allem auch einfach dieser kampf die angst „ <<leise> wahnsinnig>» (Caroline, Pos. 17–19). Sie schliesst daraus:

«die erfahrung bin ich sicher also die erschüttert jeden menschen [...] <<lachend> da bin ich> also ganz sicher sonst (.) [...] verstehe ich das nicht mehr» (Caroline, Pos. 295–299).

Ausgeprägte Feinfühligkeit
Das in einzelnen Betroffenen bereits vor der NTE vorhandene Gespür für Stimmungen und emotionalen Befindlichkeiten Dritter hat die Erfahrung – zumindest für eine gewisse Zeit – noch verstärkt. So meint Erika bereits als Kind gespürt zu haben, was sich bei andern abspielte:

> ich bin auch sehr (.) wie soll ich ihnen das sagen eben ein sehr feinfühliger mensch „ ich kann auch noch schnell bei jemandem sagen oh , der person geht es wahrscheinlich jetzt nicht so gut. so. ich spüre das manchmal.
>
> *I: haben sie das schon immer gehabt?*
>
> B: ja. schon als kind. (.) (Erika, Pos. 257–259)

In der Folge beschreibt Erika Szenen aus ihrer Kindheit, als ihr Vater betrunken nach Hause gekommen sei und ihre Mutter geschlagen habe. In diesen Situationen habe sie eine grosse Unruhe in sich verspürt und Entbehrungen hinnehmen müssen: «ich habe schon als kind einfach ein wenig kämpfen müssen. und ich habe alles alleine machen müssen weil mama nachher hat arbeiten müssen» (Erika, Pos. 269).
  Auch Judith beschreibt ein ähnliches Gefühl, unscheinbare Dinge wahrnehmen zu können. Im Gegensatz zu Erika führt sie dies jedoch nicht auf die eigenen Erfahrungen zurück, sondern auf eine in ihren Augen bestehende Verbindung zu einem übergeordneten Ganzen:

> es ist auch so dass ich (.) das bin ich aber schon vorher gewesen. dass ich gewisse sachen das gefühl habe ich sehe vielleicht ein wenig mehr als andere oder spüre eine wenig mehr als andere ((atmet ein)) ich habe immer (.) also ich erkläre mir das immer so dass alles was wir machen sagen oder spüren oder das das wie ein signal im universum ist. (.) und dass wir das wahrnehmen können (Judith, Pos. 219)

Für Petra war es eine Belastung, plötzlich vermehrt Stimmungen wahrnehmen zu müssen, denn sie konnte sich nicht dagegen wehren: «das mit dem ((atmet hörbar ein)) gedankenlesen wo ich das gefühl gehabt habe ich will das gar nicht mehr können also es hindert mich also es macht das leben schwierig» (Petra, Pos. 333). Später habe sich das dann wieder gelegt, wobei sie «schon sensibel gewesen und also hellsichtig würde ich jetzt nicht gerade sagen wobei vielleicht schon auch die tendenz schon (.) auch als kind gehabt einfach sachen auch zu wissen» (Petra, Pos. 215). Inzwischen treffe sie ohnehin eher unbewusst mehr auf Menschen, die ihr ähnlicher seien: «ich habe das gefühl (.) die resonanz ist wie eine andere (.) also einfach leute die nicht schwingen ähnlich auf einer ähnlichen ebene die treffe ich gar nicht» (Petra, Pos. 347). Die körperlichen und psychischen Implikationen seien aber enorm gewesen: «ich bin eigentlich elektrisch gewesen am ganzen körper. ich habe das gefühl gehabt das hält der körper nicht aus die energie ist eigentlich zu gross für diesen körper» (Petra, Pos. 29).

Auch Daria berichtet von Stimmungen, die sie wahrnehmen könne, wobei sie zu durchschauen meint, in welcher Stimmung Personen sich tatsächlich befinden – unabhängig davon, was diese über sich sagen. Sie umreisst auch, wie ihre Wahrnehmung sich beim Tod ihres Vaters noch verstärkt habe. Sie ordnet das wie Petra als Zugang zur jenseitigen Welt ein, als eine «duchlässigkeit zu einer jenseitigen welt» (Daria, Pos. 345). Auch Engelwesen könne sie wahrnehmen:

> ich habe das gefühl ich sei jemand der „ noch so dahinter sieht also zum beispiel auch bei den leuten oder dass ich meist sehr gut wahrneh:m:e? (.)was mit diesen leuten ist oder dass jemand vielleicht sagt ja es geht ihm gut so vordergründig und ich aber genau weiss das stimmt nicht […] und das hat sich eben sehr oft schon bewahrheitet dass das: eine gewisse sensibilität auf stimmungen auf (.) schwierig zum erklären auf das was dahinter ist eigentlich fast auf die andere welt […] und das ist natürlich extrem dann gewesen wo natürlich dann mein vater ist gestorben […] zum beispiel auch dass es engel gibt und ich habe auch schon solche gesehen ((lacht)) ich lebe mit dieser welt (Daria, Pos. 313–327)

Deutung als Lebenssinnsuche

Die NTE lässt Erika rätseln, was sie aussagen soll und für ihr Leben bedeuten könne: «vielleicht hat es einen sinn dahinter. ich weiss nur nicht welchen. aber es hat: ich sollte vielleicht auch nicht darüber nachdenken aber (.) irgendwo ist vielleicht schon ein SINN im leben. […] ja. aber ich weiss nicht welchen» (Erika, Pos. 383–385).

Judiths Erfahrung hingegen steht inmitten einer langen und fortwährenden Sinnsuche: «in bezug auf die religion habe ich immer das gefühl gehabt ich habe eine beziehung zu gott., eh ich bin mir nicht schlüssig gewesen ob diese ok ist bis zu diesem erlebnis ((atmet ein)) ich empfinde dies als gespr:ä:ch (.) als dialog» (Judith, Pos. 304). Judiths schildert eingehende Erfahrungen mit Vertreterinnen und Vertreter religiöser Bewegungen und beschreibt damit eine lange Suche nach Antworten auf ihre Erfahrung und deren Bezug, Verhältnis und Beziehung zu Gott. Diese hat sie in Gestalt eines Engels gefunden, der sie trug. Dieses Gefühl, getragen zu werden, begleitet sie weiterhin und gibt ihr in schwierigen Situationen in zweierlei

Hinsicht Mut: Sie fühlt sich einerseits aufgehoben bzw. geborgen und andererseits nicht einsam:

> der engel der ist noch relativ zentral. also es ist so dass ich ((ich atme ein)) wenn s:o: manchmal kritische situationen. es betrifft aber mehr auch wenn ich meine kinder irgendwie wie will schützen oder das gefühl habe ((atmet ein)) eh=es ist eine kritische situation dass ich quasi darum bitte dass eh ein gewisser schutz stattfindet. [...] es ist mehr dass ich das gefühl habe ich bin nicht alleine. [...] das schätze ich.,, wirklich. (Judith, Pos. 310–314)

Todessehnsucht in belastenden Situationen
Caroline fühlte sich während ihrer NTE sehr stark vom Tod angezogen, obwohl sie keinesfalls sterben wollte. Jedoch hätte sie sich dem positiven Sog nicht entziehen können, wenn nicht die Ärzte ihr Möglichstes getan hätten, sie zurückzuholen:

> ich habe haargenau gewusst ich selber habe die kraft nicht, um dem zu widerstehen. wenn ich nicht ärzte habe (.) die jetzt meinen körper nur so stabilisieren [...] wenn man verblutet kann eine:m: niemand mehr helfen:ja diese gedanken habe ich dann damals schon auch noch gehabt. ich habe einfach (.) diesen ärzten=das glauben sie nicht (.) [...] innerlich habe ich die angefleht lasst mich nicht gehen, ich schaffe es nicht alleine (Caroline, Pos. 213–215)

Im unmittelbaren Nachgang der Erfahrung sei ihr besonders die Erinnerung an den Sog und an die darauffolgenden körperlichen Schmerzen sehr präsent gewesen: «und der w:a:hnsinnige gegensatz der zug (.) der einem so ins jenseits zieht mit dieser geborgenheit das ist fast unerträglich gewesen nachher» (Caroline, Pos. 219). Denn seither habe sie die Gewissheit, mit dem Eintritt des Todes erlöst sein zu werden: «ich werde erlöst wenn ich da durch gehe» (Caroline, Pos. 133).

Judith hatte lange «nicht gewusst was ich eigentlich hier mache. ((atmet ein)) also in diesem ersten jahr habe ich das gefühl also eigentlich wäre ich doch lieber gestorben» (Judith, Pos. 95). Das Sehnen nach dem Tod halte bis heute an: «eine gewisse so eine todessehnsucht ist geblieben» (Judith, Pos. 65). Judith beschreibt familiäre, alltägliche Schwierigkeiten und erinnert sich vor allem in anhaltend stressreichen Situationen an das Erlebte, dessen Erleben zum Zeitpunkt des Interviews acht Jahre zurückliegt:

> wenn jetzt die kinder über wochen hinweg in der pubertät am streiten {chären} sind jeden abend. dann denke ich: ich sitze manchmal und denke ((atmet ein)) es wäre so sch:ö:n dort. und es ist auch schön dort und es wäre so praktisch wenn ich dort hätte bleiben können.,, ((atmet ein)) also ich empfinde das leben als ein wenig mühselig (Judith, Pos. 320)

Sie habe manchmal das Gefühl, sie sei zwischen Himmel und Erde festgehalten und müsse sich wieder aktiv zurückholen und in Erinnerung rufen, dass sie auf der Erde noch eine Aufgabe zu erfüllen habe (Judith, Pos. 65). Dabei ist es ihr ein Anliegen zu betonen, nicht suizidgefährdet zu sein. Der Grund für diese Überzeugung scheint darin zu liegen, dass sie mit der Selbsttötung ohnehin nicht an diesen Ort zurückkehren könne: «ich habe ((atmet ein)) g:a:nz kl:a:r auch das gefühl (.) also wenn man sich (.) selber das leben nimmt (.) dass man dort nicht hin kommt und darum ist das das kein thema» (Judith, Pos. 205). Judith und Werner halte vor allem ihr Verantwortungs- und Pflichtgefühl anderen gegenüber davon ab, Suizid zu begehen. Gleichwohl überkommt Werner vor allem in schwierigen Situationen eine Sehnsucht nach dem Tod, wobei er nach dem Erlebnis keine Angst mehr vor dem Lebensende habe und es daher kein Hemmnis mehr für ihn gebe:

> B: der tod hat seinen schrecken verl:o:ren für mich oder?„„ [...] ich bin schon m:e:hrmals dran gewesen diesen (.) schritt zu machen und=aber es braucht ja dann schon noch eine überwindung. immer noch oder? auch trotzdem wenn man das man es weiss. es ist. ((atmet)) nicht schr:e:cklich aber,„„ der wille zum leben ist immer noch grösser als (.) das andere.

> *I: hmm.„, sie sind mehrmals dran gewesen?*

> B: j:a: schon ja. ((atmet ein)) auf einem berg oben gewesen und denke. ja da bin ich noch alleine gewesen oder und kopfweh gehabt habe den ganzen tag und kopfweh gehabt und ((atmet ein)) dann auf dem berg oben gewesen habe können hinunterschauen und habe gedacht wenn ich jetzt einen schritt mache ((atmet ein)) dann habe ich kein kopfweh (Werner, Pos. 200–202)

Werner fügt hinzu: «die frage vom suizid ist halt einfach schon für die angehörigen schlimm. sehr schlimm wenn ich das machen würde oder so., aber ich hänge nicht am leben» (Werner, Pos. 94). Vor allem seine depressive Frau hätte aggressive Phasen, in denen sie sich gegen ihn richten würde. In diesen Situationen würde er sich schon gerne den Tod wünschen: «dann denke ich schon verflucht. wenn ich jetzt einfach so. einen herzschlag bekommen würde und dann wäre es vorbei» (Werner, Pos. 144–146). Das Gefühl von Alleinsein und Verlassenheit beschäftigt Werner schon vor seiner Erfahrung. Darüber spricht er im Gespräch am meisten. Er ist noch immer darüber empört, dass ihn die ihn umgebenden Personen alleine liessen, als er die Empfindung hatte, im Sterben zu liegen.

Daria geht es ähnlich. Sie denkt immer wieder mit Wehmut zurück an ihr Erlebnis und versteht nicht «wieso tut man einem quasi den speck durch den mund ziehen und dann muss man doch wieder zurück» (Daria, Pos. 201). Sie ist überzeugt: «ich glaub das ist etwas das ich immer noch ein bisschen in mir drin trage dass ich einfach denke (.) scheisse <<lacht mit zittriger stimme> wieso hab ich zurück gehen müssen>» (Daria, Pos. 371). Je belastender die Lebenssituation, je anstrengender die aktuelle Lebenslage, desto grösser das Bedürfnis nach der in der NTE empfundenen Geborgenheit, emotionaler Sicherheit und Unbeschwertheit. Daria sagt selbst: «in meiner lebensgeschichte ist so viel unsicherheit gewesen so viel ((atmet ein)) schwierige sachen dass man das irgendwie halt auch braucht oder eine gewisse sicherheit» (Daria, Pos. 1011).

8.3.3 Bewertung und Aussagekraft der NTE: Zwischen Privileg und Strafe

Die mit der NTE verknüpften positiven Emotionen sind zwar einerseits massgebend, da sie für Bedürfnisse wie Aufgehobenheit, Geborgenheit oder gar Teil einer Heilung stehen. Auch scheint keine Angst mehr vor dem Tod zu bestehen, dieser phasenweise gar sehnsüchtig erwartet zu werden. Doch wird die Erfahrung andererseits auch als «Strafe» gesehen, von etwas sehr Begehrtem mit dem Wissen erfahren zu haben, es noch nicht bekommen zu dürfen. Deshalb erscheint es schwierig, die Bedeutsamkeit der Erfahrung abschliessend zu eruieren.

NTE als Privileg und Strafe zugleich
Die positive Kraft der NTE wird zwar durchwegs geschätzt, doch stehen die schwierigen Umstände genauso im Fokus, was die Haltung zur Erfahrung ambivalent macht. Judith ist der Meinung, gleichermassen «bestraft» wie «privilegiert» zu sein: «ich denke ich bin privilegiert (.) das ich das habe dürfen erleben. und manchmal denke ich ich bin gestraft […] also es ist (.) manchmal (.) wirklich, schwierig zum hier sein» (Judith, Pos. 315–317).

Auch Petra betont die Vielseitigkeit und Ambivalenz ihrer Erfahrung: «es hat viel schönes und es hat viel schwieriges» (Petra, Pos. 309). Trotz ihrer kaum kontrollierbaren Energieschübe und trotz ihrer langen Sinnsuche schätze sie ihre Erfahrung sehr, wenngleich es schwierig sei, mit ihrer neu gewonnenen Erkenntnis wieder ein geordnetes, mit ihrem Körper kongruentes Leben zu führen:

einerseits habe ich wirklich das gefühl es ist also blöd gesagt wie eine auszeichnung also es ist wirklich etwas grossartiges es ist eine <u>gnade</u> es ist etwas was wirklich nicht jeder erlebt oder ((atmet hörbar ein)) was mir einen anker gibt was mir eine sicherheit gibt was mir :ä:h weitblick gibt (.) handkehrum bin ich trotzdem noch hier unten in diesem körper ((lacht)) und es ist <u>schwierig</u> äh dass ich mich halbwegs vernünftig verbinden kann (Petra, Pos. 301)

Auch Erika möchte ihre Erfahrung nicht mehr missen. Sie hat sie als besonders wichtiges Ereignis angenommen: «ich kann sagen, es ist eine schöne erfahrung gewesen. [...] auch wenn ich weit weit weit unten gewesen bin=ich will es nicht missen» (Erika, 92).

NTE als Suche nach der Essenz des Lebens
Erika stelle bei sich fest, neuerdings über mehr Ruhe und Musse zu verfügen. Sie sei «besinnlicher vielleicht ist das das richtige wort. ja. einfach ein wenig besinnlicher» (Erika, Pos. 153) geworden.

Daria sieht trotz all ihrer Ambivalenzen einen zentralen Wert im Leben. Im Bewusstsein, dass es zerbrechlich und vergänglich ist, möchte sie es fortan überhaupt aktiv oder umso aktiver gestalten: «manchmal hab ich das gefühl,, dass man dann einen gewissen anspruch hat (.) man will irgendwie das leben irgendwie gestalten dass es gut? ist oder zum beispiel auch im reinen sein mit leuten» (Daria, Pos. 229). Auch Petra betont, fortan das Gefühl zu haben «urheber von meinem leben zu sein» (Petra, Pos. 339).

NTE als Ort der Heilung und der Geborgenheit
Erika beschreibt wiederholt, wie geborgen sie sich in der Höhle gefühlt hat, in der sie sich in ihrer NTE befand. Zudem erwähnt sie nahezu wehmütig die dabei aufgekommene positive Emotion und das Gefühl des Aufgehobenseins. Allein die im Moment der Erzählung ausgelöste Erinnerung scheinen Emotion und positive Erfahrung wiedererleben zu lassen:

> oh das ist so schön: ich spüre die wärme. noch jetzt. spüre ich die angenehme wärme die um mich herum gewesen ist. [...] das ist GANZ GANZ eine besondere wärme. das ist nicht die wärme wenn ich jetzt heize zu hause oder wenn (.) wenn draussen (.) die sonne scheint. das ist nicht (.) diese wärme. das ist so wie (.) eben geborgenheit (Erika, Pos. 74)

Petras Erfahrung ist mit einem Gefühl der Geborgenheit und Sicherheit verknüpft: «bis heute habe ich das gefühl mir passiert nichts was nicht vorgesehen ist (.) also so sehr eine grosse zuversicht [...] also ich bin nicht wahnsinnig ängstlich oder ich habe das gefühl das was mir passiert da bin ich vorbereitet darauf da habe ich (.) die fähigkeit mit dem umzugehen» (Petra, Pos. 175). Diese Sicherheit sei auch Daria aus ihrer Erfahrung vermittelt worden: «ich fühle mich irgendwie geborgen» (Daria, Pos. 1011). Auch Judith verbindet ihre Erfahrung mit einem Gefühl der Geborgenheit und der Entlastung: «ich habe irgendwie alles können abgeben. ich habe nichts mehr müssen» (Judith, Pos. 121). Im Nachgang beschreibt sie, dass ihre NTE das «Ziel» gehabt habe, sie zu heilen, und nicht etwa sterben zu lassen:

ich habe mir, eine theor:i:e gebastelt im nachhinein dass ich das gefühl gehabt habe,
ich habe immer gedacht ((atmet ein)) es ist eine nahtoderf:ahr:ung. es muss so gewesen sein dass ich sterbend gewesen bin. ((atmet ein)) im nachhinein habe ich nacher
das gefühl gehabt es ist schon eine nahtoderfahrung gewesen aber das ziel des ganzen
ist nicht gewesen mich zu holen ((atmet)) [...] sondern mich zu heilen. (Judith, Pos.
157–159)

Interpretation der NTE als fortlaufender Prozess
Erika glaubt, es müsse «irgendwie schon alles seinen sinn» (Erika, Pos. 73) haben.
Den könne sie sich jedoch noch nicht vollständig erschliessen. Immer wieder
beschreibt sie den Umstand, eben nicht gestorben, sondern gezwungen worden zu
sein, wieder zurückzugehen:

dass man selber irgendetwas daraus lesen kann. dass ich sagen kann (.) es ist nicht
meine zeit gewesen. ich muss noch hier: ich darf noch da auf der erde bleiben. nicht
müssen. ich darf. ich muss einfach wieder fest sein. ich muss kämpfen. ein wenig hin-
auf. dass ich wieder hinaufkomme wieder kraft bekomme. dass ich vielleicht anderen
etwas weitergeben kann (Erika, Pos. 73)

Judith beschreibt einen intensiven Findungsprozess, der sie im Nachgang der NTE
ereilt habe und immer noch andauere. Dabei beschäftigen sie gleich eine ganze
Reihe von grundlegenden Fragen:

es sind natürlich sinnfragen die sich in diesem zusammenhang stellen. also weshalb
habe ich zurückkommen müssen? oder warum ist das so gewesen dass ich ((atmet))
nicht habe können bleiben? ist das nun eine nahtoderfahrung? oder ist es jetzt eine
heilerfahrung? ich bin jemand der alles immer auseinanderpflückt. das habe ich immer
gemacht. [...] und genauso habe ich eigentlich die nahtoderfahrung auseinanderge-
pflückt bis ins hinterletzte detail. [...] ich behaupte es ist immer noch nicht fertig.
(Judith, Pos. 213–217)

Die Bedeutung der NTE ist auch für Daria Teil eines laufenden Prozesses: «es
gehört zu meinem leben irgendwie dazu aber ich habe EBEn gemerkt bis vor ein
paar wochen habe ich das eigentlich überhaupt noch nicht integriert» (Daria, Pos.
289).

Erfahrung als integraler Bestandteil der Persönlichkeit
Erika hat ihre Erfahrung als Bestandteil ihres Lebens und ihrer Persönlichkeit angenommen: «ich kann das nicht ablegen (.) es ist gehört zu mir. ich habe das erlebt
, und ich bin dankbar dass ich das erleben durfte» (Erika, 380). Auch Petra findet: «das gehört zu mir» (Petra, Pos. 67). Man könne sie ohnehin nicht mehr ohne

ihre Erfahrung verstehen: «ich verstehe mich selber nicht ohne das erlebnis und ich denke jemand anderes versteht mich auch nicht wenn er das nicht (.) <u>weiss</u> (.) der kann mich gar nicht verstehen» (Petra, Pos. 141). Auch Werner reiht sich in dieses Selbstverständnis ein: «das ist etwas was mir gehört» (Werner, Pos. 132). Caroline meint: «da:s: prägt sich so ein das zieht man glaube ich ein leben lang mit» (Caroline, Pos. 119).

Keine Angst vor dem Tod, aber Angst vor dem Sterben
Werner meint seit seiner Erfahrung zu wissen: «das mit dem tod (.) man muss nicht angst haben davor. das ist ja. eigentlich etwas schönes nicht?» (Werner, Pos. 60).

Darias Erfahrung war mit Gewalt und Todesangst verknüpft. Deshalb, so Daria, habe sie zwar keine Angst vor dem Tod, reagiere jedoch panisch bei dem Gedanken, das Sterben könnte schmerzhaft sein: «ich habe eigentlich eher mehr angst vor dem sterben= die meisten leute haben das vielleicht so , also ich habe IMmer oft angst dass ich keine luft kriege» (Daria, Pos. 257).

Auch Carolines Erfahrung war geprägt von einem Kampf gegen den Tod, weshalb auch sie den Sterbensprozess fürchtet: «ich habe nicht angst vor dem tod? aber ich habe sicher angst <<mit hoher stimme> wie ich sterben muss> weil ich bin <u>sicher</u> (.) ein unfalltod ist (.) das schönste das einem kann passieren.» (Caroline, Pos. 59). Auf den Tod freue sie sich: «ich bin eigentlich ganz gelöst und freue mich (.) auf (.) das jen<<mit hoher stimme>seits? die ewigkeit?> wirklich» (Caroline, Pos. 271).

8.3.4 Religion und Spiritualität: Indiz für eine Existenz einer übernatürlichen Macht

Allem Anschein nach sei die NTE ein Hinweis auf die Existenz einer höheren Macht – einem Ort, der über dem des Alltags hinausgeht. Jedoch scheint dessen Ausgestaltung nicht klar umrissen zu sein und das mit ihm einhergehende «religiöse Gefühl» nur schwer in Worte gefasst werden zu können. Jedwede institutionalisierte Religion, die vorgibt, wie Nahtoderfahrungen zu interpretieren seien, wird abgelehnt.

Etwas zwischen Himmel und Erde
Ob ihr ihre Erfahrung tatsächlich einen Einblick ins Jenseits gewährt hat, darauf will sich Erika nicht festlegen. Sie hat den Eindruck, dieses Wissen würde keinem Menschen zustehen: «vielleicht dürfen wir das da unten gar nicht wissen. ja. aber es gibt mehr zwischen himmel und erde als wir glauben. das (.) auf alle fälle» (Erika, Pos. 29). Werner glaubt, dass er dem Tode gewissermassen entgegengetreten ist

und einen kurzen Einblick ins Jenseits erhalten habe. Dadurch wisse er wohl mehr als andere Menschen: ich denke, dass «ich schon ein wenig weiter sehe wi:e: (.) andere sagen wir mal. ich weiss dass es schön ist» (Werner, Pos. 100). Caroline ist sich sicher, im Jenseits gewesen zu sein. Ob sie dabei Gott im Licht erblickt hat, darüber ist sie sich nicht sicher: «auf einmal bin ich so weit denkend gewesen , ich habe wirklich das jenseits ich habe gewusst das ist das jenseits […] und ich werde erlöst wenn ich da durch gehe (.) an gott habe ich weniger gedacht? ich habe ihn glaub ich gesehen im licht» (Caroline, Pos. 131–133). Aus ihrer Erfahrung zieht sie den Schluss: «ich bin sicher ja (.) nach dem tod gibt das eine wahnsinnige „ geborgenheit» (Caroline, Pos. 77). Etwas später im Gespräch relativiert sie diese Aussage jedoch wieder: «wir wissen wirklich nicht , was im jenseits mal auf uns wartet. das ist jetzt nur mal eben eine erf:a:hrung gewesen […] das dürfen sie nicht vergessen. (.) das muss man wirklich ganz klar sehen das ist nur mal eine erfahrung» (Caroline, Pos. 447–449). Dennoch sei es unvorstellbar, «dass ich mir das eingebildet habe» (Caroline, Pos. 187).

NTE als «religiöses» Zugehörigkeitsgefühl
Petra beschreibt ein Gefühl der Zugehörigkeit, was ihre Einsamkeit auflöse. Zudem benennt sie es auch als «religiöses» Gefühl: «es ist ein religiöses gefühl ohne eigentlich zu einer religion zu gehören also ich bin jetzt nicht in einer kirche ((atmet hörbar ein)) oder ich bin jetzt auch nicht beim buddhismus oder so aber ich habe trotzdem das gefühl so von einer (.) rückverbindung» (Petra, Pos. 177). Etwas später differenziert sie nochmals weiter:

> ich hätte jetzt nie gesagt dass ich SPEZIELL RELIGIÖS bin wobei ich muss sagen ich habe diesen begriff so nicht gern weil (.) für mich ist einfach religiosität das hat sofort mit kirche und mit stündelen und weiss nicht was zu tun ((lacht)) […] und (.) ich möchte alles andere als die kirche <<lachend>unterstützen> blöd gesagt und trotzdem habe ich das gefühl ich bin im wesen eigentlich religiös eigentlich müsste man das was ich bin religiös nennen (Petra, Pos. 225–227)

Ablehnung von institutionalisierter Religion
Erika habe schlechte Erfahrungen mit institutioneller Religion und mit von ihr als «Sekten» bezeichneten Vereinigungen gemacht. Sie erzählt von den Zeugen Jehovas und von Mormonen, die an ihrer Haustür geklingelt haben und sehr aufdringlich gewesen seien. Sie sei nicht gegen Religion, verknüpft sie aber mit kriegerischen Handlungen:

ich habe sonst nichts gegen glauben. jeder hat seinen glauben. ob jetzt islam oder was auch immer , WENN es fair ist „ krieg ist für mich kein glauben. [...] kriege im glauben (.) das kann NICHT SEIN. das glaube ich nicht () nach DEM erlebnis (.) ist der glauben etwas (.) WENN eben da etwas höheres IST etwas schönes. nicht etwas kriegerisches (Erika, 148–150)

Erika referenziert explizit auf ihre Erfahrung als Beleg für ihre Haltung. Auch Werner hat schlechte Erfahrungen mit der katholischen Kirche gemacht, die in direktem Zusammenhang zur NTE standen. Die für seine Pflege bzw. Betreuung zuständigen Nonnen haben ihn ohnehin schlecht behandelt. Aus diesem Grund habe er institutionalisierter Religion wenig abgewinnen können: «also eine zeit lang habe ich wirklich nichts gehabt mit der katholischen kirche und abgelehnt alles was von dort hergekommen ist (.) das ist klar.» (Werner, Pos. 156). Daraufhin habe er aber dann im Laufe der Zeit einen differenzierteren Blick gewonnen bzw. zwischen Menschen und Glaubensinhalten unterscheiden können. Nichtsdestotrotz könne er an einen christlichen Gott kaum glauben, da ihn die Ungerechtigkeiten auf der Welt zu ungeheuerlich erscheinen und demnach kein gerechter Gott existieren könne:

das kann nicht sein dass es da ((atmet ein)) irgendein g:o:tt gibt der schaut für gerechtigkeit und so. und das.„„ es ist schr:e:cklich wie das zu und her geht manchmal (.) und ungerecht [...] das muss ja ein grausamer gott sein [...] und eben wenn wir jetzt wieder auf das erlebnis zurück kommen (.) dort ist weit und breit nichts von so etwas <<lachend>gewesen nicht?> ((atmet ein)) von einem gott oder von einem der einen empfängt (Werner, Pos. 168–175)

Er zieht damit aus seiner Erfahrung den Schluss, dass es keinen Gott geben könne, was der Lehre des Christentums widerspricht. Aus seiner eigenen Erfahrung meint er diese seine Gewissheit gewonnen zu haben.

Auch Judith meint seit ihrer Erfahrung zu wissen, dass ein «strafender Gott» nicht existieren kann: dass «es keinen strafenden gott gibt ist für mich wie klar gewesen oder so das gefühl zu haben ((atmet ein)) hey es ist ok wie du lebst und auch wenn du fluchst oder manchmal mit mir streitest es ist absolut ok» (Judith, Pos. 59). Ihre eigene Erfahrung gilt als massgebend und als Auslöser für die Korrektur ihrer eigenen religiösen Weltanschauung. Sie sei bereits in Jugendjahren sehr an verschiedenen Religionen interessiert gewesen, habe sich zudem intensiv mit Esoterik befasst und in einem sozialen Umfeld gelebt, das esoterischen Glaubensinhalten sehr zugetan gewesen sei. Seit ihrer NTE haben jedoch rituelle Handlungen und all die Diskussionen um Religion keinen Wert mehr, da sie gewissermassen erkannt zu haben glaubt, was tatsächlich nach dem Tod kommen wird. Es sei ihr klar, dass Sterben und Tod kulturell gefärbt sein können, jedoch existiere in jedem Fall eine göttliche Macht. Aufgrund ihrer neu gewonnenen Erkenntnis wollte sie auch nicht mehr teilhaben an den gemeinsamen Diskussionen und spirituellen Handlungen. Denn nur unsichere Menschen suchen, so Judith, Strukturen und emotionalen Halt in Institutionen und Ritualen: «es ist eine andere art von religiösität als vorher. was ich nicht mehr brauche (.) ist ((atmet ein)) der rahmen drum rum […] in keiner art und weise., ich tue es auch nicht belächeln. ich denke es gibt menschen die brauchen diesen rahmen. aber für mich ist dieser nicht mehr nötig» (Judith, Pos. 305–307).

8.3.5 NTE-Berichte

Die Berichte schildern, wie in Tabelle 8.6 ersichtlich, eine bisweilen unstrukturierte und heterogene Bildungsgeschichte, der anhand der NTE eine subjektiv als krisenhafte Situation empfundene Erfahrung vorausgegangen ist. In der Erzählung wird die bisherige Annahme über die Lebenswelt auf den Prüfstand, jedoch nicht grundsätzlich in Frage gestellt. Dabei verändern sich die religiösen Motive nicht grundlegend, wenngleich sich die religiöse Praxis verändern kann. So ist zum Beispiel Judith von rituellen Handlungen abgekommen, ohne dass sich ihre Weltanschauung verändert hat. Auch Werner, Erika, Caroline, Petra und Daria veränderten nicht ihre religiös-ontologisch Weltanschauung, sondern fühlen sich zumindest in den Grundtendenzen ihrer Überzeugungen bestätigt. Bereits vor ihrer Erfahrung waren lebensweltliche Fragen wichtiger Bestandteil ihres Alltags. Dabei hat sich ihre kritische Haltung gegenüber religiösen Institutionen nicht nur bestätigt, sondern verfestigt.

Tabelle 8.6 Charakterisierung NTE-Bericht des Typs „Selbstkalibrierung"

Enttäuschungsvariante	**Entfremdung**
Umdeutung	Erfahrung machen
Darstellung	**Bildungsgeschichte** – Manifestes Krisenpotential – Anhaltende Bilanzierung des Lebensweges – Sortierung emotional überwältigender Episoden und Versuch, diese ins Weltbild einzugliedern
Funktion	Selbsttransparenz («Offenbarung») durch Selbstverobjektivierung

Umstände der NTE: Erfahrung der Lebensgrenze
Die meisten Nahtoderfahrungen dieses dritten Typs traten unvermittelt ein. Auslöser für sie waren ein Autounfall, Krankheiten, durch einen operativen Eingriff ausgelöste Komplikationen und Gewalt. Eine Ausnahme ist Petra, da sie nicht aufgrund eines äusseren Auslösers, sondern aufgrund einer psychischen Schwächung in einen Zustand von Zerrüttung und Perspektivlosigkeit geriet. Die Umstände sind also recht heterogen. Hingegen eint alle die Auffassung, Einsicht in den Sterbeprozess erhalten zu haben und in die Nähe des Todes gekommen zu sein.

Ausprägungen der Erfahrungen: Widerwillige Rückkehr
Die Elemente der Erfahrungen sind zwar sehr heterogen, doch schildern alle eine ausgeprägte Emotionalität. Auch alle Berichte verbindet zudem der Umstand, unvermittelt oder aufgrund moralischer Verpflichtung widerwillig zurückgekehrt zu sein.

8.3.6 Soziale Deutungsmuster

Die Ambivalenz wird in Bezug zur möglichen Deutung der eigenen Erfahrung sichtbar: Erika erwähnte, dass sie intensiv im Internet recherchierte und viele Berichte studierte, nachdem sie ihr Narkosearzt auf die Idee gebracht hatte, womöglich eine NTE gemacht zu haben: «er hat gesagt frau {Familienname} sie sind SEHR weit unten gewesen» (Erika, Pos. 102). Caroline habe sich regelrecht in andere Berichte «verbissen», Judith und Daria haben sich ebenfalls weitreichende Gedanken dazu gemacht. Dabei scheinen sie durchaus davon überzeugt zu sein, eine wahrhaftige, übernatürliche Erfahrung gemacht zu haben, da sie sich in ihrer Intensität und Qualität von bis dato Gekanntem unterschied. Ob dies jedoch einen Anspruch auf Allgemeingültigkeit begründe, darüber seien sie sich unsicher.

In Tabelle 8.7 wird aufgezeigt, welche Positionen in welcher Deutungsebene bei diesem dritten Typ besonders relevant (bestätigt (+) oder abgelehnt (−)) oder unentschieden/nicht relevant (o) sind. Die Ausprägungen der Grundhaltungen werden in der Folge in den entsprechenden Unterkapiteln genauer erörtert.

An der Bedeutsamkeit der Erfahrung scheint es keine Zweifel zu geben. Daher kann sie nicht gewöhnlich und alltäglich sein. Wie sie zu interpretieren sei, da sind sich die Probandinnen und Probanden unsicher. Sie schwanken zwischen dezidiert religiös-ontologischen und skeptischen Positionen, wobei die agnostische Position eher Ausdruck dafür ist, gerade in der Deutung unsicher zu sein.

Tabelle 8.7 Positionen zu sozialen Deutungsebenen des Typs „Selbstkalibrierung"

Soziale Deutungsebene	Grundanliegen	Positionen		
		Religiös-ontologisch	*Skeptisch*	*Agnostisch*
Religiöse Erfahrung	NTE ist als religiöse Erfahrung im Kontext einer historisch herleitbaren Entwicklung zu verstehen.	+	–	o
Parapsychologisch bedingter Bewusstseinszustand	NTE sind Belege für eine übersinnliche Erscheinung ausserhalb des Wahrnehmbaren.	+	–	o
Theologische Herausforderung	NTE können das religiöse Dogma stützen. Widersprechen sie diesem, kann es sich dogmaimmanent nicht um eine authentische, religiöse Erfahrung handeln.	–	+	o
Alltäglicher Bewusstseinszustand	NTE lassen sich als alltägliche Erfahrungen erklären, die das Phänomen entmystifizieren.	+	–	o
Neurobiologischer Vorgang	NTE haben hirnorganische Ursachen, die durch Stoffwechselstörungen, dissoziative Zustände und u.U. auch durch Sauerstoffmangel ausgelöst werden.	–	+	o
Psychologische Perspektive	NTE werden im Hinblick auf veränderte, psychologische Wahrnehmungen von Körper und Raum untersucht.	–	+	o

Religiös-ontologisch: NTE als wahrhaftige, übernatürliche Erfahrung
Daria ist sich einerseits sicher, sie sei «im Himmel» gewesen: «ich hab mich später eigentlich halt immer vorgestellt ich sei im himmel gewesen [...] für mich ist das eigentli:ch: (.) bis heute eigentlich keine frage» (Daria, Pos. 57–61). Gleichwohl zieht sie andererseits mögliche andere Ursachen in Erwägung, die dazu geführt haben, sich nur im Himmel geglaubt zu haben:

> ich weiss halt nicht ob es wegen dem schock irgendwie solche (.) zustände gibt oder ob ich jetzt da wirklich an einem andern ort (.)=also ich empfinde es einfach <u>so</u> also (.) für mich ist es natürlich schon eine lebensbedrohliche situation gewesen weil ich weiss noch ich habe genau gedacht der bringt mich jetzt um oder? (Daria, Pos. 81)

Daria argumentiert also damit, sich in einer lebensbedrohlichen Situation befunden zu haben und leitet davon ab, tatsächlich tot gewesen zu sein. Damit bringt sie ihre Unsicherheit gegenüber ihrem tatsächlichen, physiologischen Zustand zum Ausdruck, da ihr wohl bewusst war, mit ihrer Aussage etwas naturwissenschaftlich Unmögliches behaupten zu wollen. Auch Erika betont: «ich habe nicht fantasiert. ich fantasiere nicht irgendetwas. es ist so. es ist einfach wahr» (Erika, Pos. 119). Ihre Erfahrung würde Beleg dafür sein:

> JETZT wo ich das SELBER erlebt habe denke ich eben schon ein wenig anders dar-über. dass schon etwas zwischen uns und da oben ist wo man nicht weiss. egal wie man es nennt. ob man es gott nennt oder anders (.) es spielt keine rolle. aber dass es etwas gibt zwischen himmel und erde was wir nicht (.) steuern oder erfassen können (Erika, Pos. 27)

Agnostisch: NTE-Berichte Dritter als Referenz zur eigenen Erfahrung
Erika und Petra erwähnen explizit, sich mit anderen Berichten auseinandergesetzt zu haben. Auch Caroline habe sich regelrecht in solche Berichte «verbissen». Ihr alleiniger Umgang mit der Erfahrung, so Caroline, sei sehr schwierig gewesen, weshalb sie Hoffnung hegte, im Studium anderer NTE-Berichte Antworten auf ihre Fragen zu finden:

> das ist eben schon sehr schwer gewesen, ich habe mich dann schon gerade ein wenig (.) in s:o: berichte angefangen verbeissen eben auch durch das buch von der therapeu-tin für mich ist schon gut gewesen dass sich diese therapeutinnen haben auseinander-gesetzt mit einem unfallschock. weil das ist gravierend das kann ich ihnen sagen das nimmt einem dann wirklich den boden unter den füssen. , und als ich mich nachher ein wenig ihnen habe anvertraut einfach auch auf dieses nahtoderlebnis das ist für mich (.) schon sehr gut gewesen (Caroline, Pos. 87)

Caroline erhält den Verweis auf den Kontext eines «Unfallschocks», der eine agnostische Haltung motivieren kann. Ihre Fragen sieht sie, wie sie später dann noch ausführt, damit aber nicht abschliessend beantwortet.

Kritisch: Zwischen Traum und dissoziativem Zustand

Erika spricht verunsichert von einem «Traum», den sie gehabt habe, schlussfolgert jedoch: «dass ich heute sagen muss <<heiter> im prinzip ist> kann man das nicht traum nennen nein wenn man das ganze=wenn man das richtig anschaut» (Erika, Pos. 190). Auch Judith benennt Spannungen zwischen ihrem persönlichen Eindruck und medizinischen Wissen. Zum einen ist sie sich bewusst, dass ihre Erfahrung womöglich mit Sterben und Tod und dem Sterbeprozess wenig zu tun haben, gerade weil sie nicht mit medizinischen Massnahmen aus ihrer NTE zurückgeholt werden musste. Ihre Erfahrung und vermeintlichen Gewissheiten sprechen jedoch eine andere Sprache und widersprechen ihrem Eindruck.

Auch Daria war auf der Suche einer Erklärung für das, was sie erlebt hatte, habe aber mit dem von ihr als «Esoterik» Bezeichneten nichts anfangen können:

ich habe mich immer versucht damit zu befassen aber es hat es hat auch nichts ernsthaftes gehabt [...] man hat vielleicht mal die frau kübler-ross da gelesen aber das ist mir fast ein bisschen zu esoterisch gewesen und irgendwie nicht etwas,, wissenschaftliches oder ernsthaftes mit dem (.) und ich habe halt immer angst gehabt dass mir das jemand irgendwie könnte wie kaputt machen oder durch quasi komm hast du dir das nur eingebildet oder ja was willst du jetzt da mit solchem erlebnis [...] wie wenn man das würde suchen oder sich etwas würde darauf einbilden (Daria, Pos. 1155)

Daria benennt das Spannungsfeld, zwar einerseits Erklärungen finden zu wollen, was aber andererseits das Risiko birgt, bevormundet zu werden. Letzteres könne zur Folge haben, die Bedeutung der Erfahrung in Abrede zu stellen. Zudem ist Daria schon seit einigen Jahren in psychiatrischer Behandlung, durch die sie auf die Idee kam, eine NTE sei eine Dissoziation: «das könnte ja sein jetzt was ich alles habe gelesen dass das einfach eine extreme form von dissoziation ist?» (Daria, Pos. 819).

Caroline wurde damit konfrontiert, es könnte sich um einen Vorgang im Gehirn handeln, verwirft diesen Gedanken aber wieder: sie hätte «schon gewusst dass da einfach viel mehr ist passiert als ich als mensch kann (.) kann wie soll ich sagen projizieren wie mir es der doktor hat wollen klar machen [...] dass mir das gehirn hat wollen einen streich spielen» (Caroline, Pos. 165–167).

8.3.7   Schlussfolgerungen: Deutung als Versuch der emotionalen Selbstkalibrierung

Die Umstände der NTE dieses dritten Typs sind nicht heterogen. Viele Personen sehen sich bereits vor der NTE mit Belastungen konfrontiert, die ihr Leben bestimmen. Petras Trauer um ihren Bruder führt zur Perspektivlosigkeit in ihrem Leben, Erikas Kampf gegen mitunter chronische Krankheiten schwächt sie psychisch und physisch, Judiths komplizierter und langwieriger Krankheitsverlauf lässt sie nach Leichtigkeit und Geborgenheit sehnen und Werner ist vor allem physisch, aber auch psychisch immer wieder angeschlagen. Darias Leben ist im Kindesalter zunächst hingegen unbeschwert, Caroline hatte schon einige Erfahrungen mit Sterben und Tod gemacht – hatte sie doch ihren Vater früh verloren, wenngleich sie ihre NTE unvermittelt im Rahmen eines Autounfalls gemacht hatte.

Aus ihrer sehr positiven empfundenen und emotional entlastenden NTE kehren sie entweder aus Pflichtgefühl zurück oder werden zurückgeschickt. Sie finden sich daraufhin mit einer zeitweilen kaum bewältigbaren Aufgabe wieder im Leben zurück und versuchen diesem einen Sinn abzugewinnen. Judith müsse sich um ihre Kinder kümmern, Erika noch kämpfen, Werner wolle seine Familie noch sehen, Caroline könne nicht – wie ihr Vater – ohne Abschiednehmen gehen, Petra könne ihre Reisebegleitung nicht allein lassen und Daria sei von Jesus zurückgeschickt worden. Die NTE als tatsächlich geglaubte Gewissheit, nun sterben zu müssen, steht damit in Zusammenhang mit sehr belastenden Situationen oder führt zu weiteren emotionalen Belastungen. Ausnahmslos alle hatten im Nachgang der NTE mit der Meisterung von Alltagsherausforderungen zu kämpfen. Teilweise kämpfen sie mit über Jahrzehnte andauernden Konflikten. Die Personen sind über eine längere Zeit hinweg emotional überfordert, was sich aus der Ambivalenz ihres Verhältnisses zu ihrer Erfahrung speist. Einerseits erleichtert ihnen die Erinnerung an die emotionale Positivität der NTE den Umgang mit schwierigen Lebensaufgaben. Andererseits leben sie gleichwohl im Diesseits weiter, sehen sich nach wie vor mit den bisherigen Schwierigkeiten konfrontiert und beschäftigen sich nun auch noch parallel dazu mit der Bedeutung dieser Erfahrung. Aus diesem Grund ist ihr Zugang zur und Einordung der Bedeutsamkeit der NTE nicht strukturiert und gesetzt, sondern Teil eines anscheinend immer noch fortlaufenden Prozesses. Aufgrund der emotionalen Ambivalenz wird die Erfahrung daher zum einen als «Privileg» empfunden, Einblick in etwas Einzigartiges, Bedeutsames erhalten zu haben, und zum anderen als «Strafe», darin erinnert worden zu sein, aufgrund der noch zu bewältigenden Aufgabe im Leben für den Ort offenbar noch nicht würdig zu sein. Entsprechend turbulent gestalte sich die Beschäftigung mit der Erfahrung: manchmal sehnen sie sich nach dem Ort, manchmal «verdrängen» sie das Erlebte. Letzteres tun sie, weil sie glauben, gerade andere herausforderndere Aufgaben des Lebens bewerkstelligen zu müssen. Das Sehnen nach dem Ort der Nahtoderfahrung hatte mitunter den Zweck, schwierigen gegenwärtigen Situationen entfliehen zu können.

8.4   Typ IV: NTE als Läuterung

Zugewiesene Probandinnen und Probanden (Gesamt: 7, davon 4 weiblich, 3 männlich): Paolo, Peter, Theresa, Anna, Maria, Kathrin, Tobias
Das Tor zum Tod sei geöffnet, wenngleich von den Personen dieses Typs in Abbildung 8.5 nicht durchschritten worden. Das Schöne werde sie noch erwarten, dessen seien sie sich gewiss. In schwierigen Situationen, aber auch grundsätzlich im Kontext von Krankheit, Sterben und Tod komme ihnen das Erlebnis in den Sinn. Dies könne die Frage auslösen, welche Aufgaben denn noch auf sie warten mögen, zumal der Ort, den sie erlebt hatten, ausserordentlich angenehm war. Sie schätzen aber gleichwohl das Leben, was sie geniessen können und wollen. Denn seit ihrer NTE haben sie es wertschätzen gelernt und wollen erkannt haben, worum es grundsätzlich, aber vor allem in ihrem persönlichen Leben wirklich gehe: Das Leben sei eine Etappe, endlich und daher besonders wertvoll. Man solle sich der wahren Werte des Lebens bewusst werden und das Streben nach offenkundig wertlosen, oberflächlichen Dingen vermeiden. Das Leben gewinne damit deutlich an Intensität, Schwierigkeiten und Stress könne man gelassener begegnen. Die Erinnerung an die NTE bestimmt das Leben der Personen dieses vierten Typs keineswegs. Der Zugang zur Erfahrung ist gefestigt. Sie beschäftigt sie kaum noch, ist aber als etwas Besonderes und als etwas Positives in Erinnerung geblieben.

8.4.1   NTE im biografischen Kontext: Ruf zurück ins Leben

Es war eine Rückkehr in ein Leben, das von Ehrlichkeit und Aufrichtigkeit geprägt sei, sie sensibler für die «wahren» Lebenswerte mache und den Personen dieses Typs die Gewissheit vermittle, dass ein Ort der Geborgenheit auf sie warte. Theresa ist sich nämlich sicher: ich war «schon auf dem weg ins jenseits (.) oder? und das ist auch wahr (.) das ist todsicher wahr» (Theresa, Pos. 45). Nun wurde sie aber zurückgerufen, woraus sie eine Erkenntnis geschöpft zu haben meint, die ihr Leben lebenswerter gemacht habe.

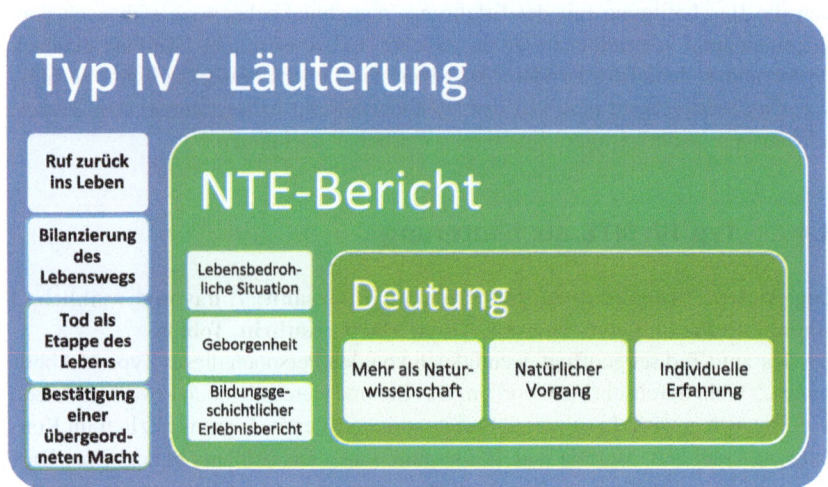

Abbildung 8.5   Raster zur Charakterisierung des Typs „Läuterung"

Gewissheit um einen Ort der Geborgenheit

Kathrins[16] Leben ist seit Geburt von einer Darmerkrankung geprägt. Ihr Zwillingsbruder teilte ihr Schicksal und starb in Folge einer aus der Krankheit resultierenden Blutvergiftung. Bei Kathrin wurde dies durch Operationen erfolgreich verhindert. Allerdings zogen die Eingriffe viele Komplikationen nach sich und führten fortwährend zu weiteren Behandlungen. Zudem wuchs Kathrin mit einer psychisch kranken, angeschlagenen und emotional abwesenden Mutter auf. Nur ihre Grossmutter, bei der sie auch primär aufwuchs, konnte ihr Geborgenheit und ein Gefühl des Aufgehobenseins vermitteln.

Ihr Sohn musste per Kaiserschnitt zur Welt gebracht werden. Die Geburt verlief zwar gut, allerdings klagte sie im Nachgang über grosse Schmerzen in der Bauchgegend. Die Ärzte meinten, es müsse sich um Nachwehen handeln. Kathrin protestierte gegen diese Diagnose, jedoch ohne Erfolg. Im Nachhinein stellte sich heraus, dass vergessen wurde, eine Arterie zuzunähen: Kathrin drohte, innerlich zu verbluten. Die Schmerzen wurden immer heftiger, sie wurde phasenweise bewusstlos. Als man ihr ihr Kind brachte, war sie bereits der Überzeugung, dass es ohne Mutter aufwachsen werden würde, da sie gerade sterbe. Ihre Freundin war in dem Moment zugegen,

---

[16] Die elektronische Version dieses Kapitels enthält Zusatzmaterial, das berechtigten Benutzern zur Verfügung steht. Vgl. Anhang 6.10 Kathrin.

woraufhin sie ihr Kind ihrer Freundin geschenkt habe. Dann hatte sie den Eindruck, durch einen hellen Tunnel zu gehen. Sie habe danach, wie auf einem Leporello, all ihre Lebensstationen gleichzeitig gesehen. Danach trat sie auf einen Gartenzaun zu. Auf der anderen Seite des Zauns befanden sich ihre verstorbene Grossmutter, ihre kürzlich an Krebs verstorbene Kollegin und ihr Grossvater. Sie wollte unbedingt den Zaun überwinden, was ihr allerdings nicht gelingen wollte – bis sie eine Stimme hörte, die ihr sagte, dass sie da noch nicht hingehen könne, man brauche sie noch. Sie war ausserordentlich enttäuscht und habe keinen Anlass zur Rückkehr gesehen, da sie schliesslich ihr Neugeborenes bereits verschenkt zu haben meinte. Kathrin kehrte dennoch zurück und sah, wie ihre Freundin Hilfe bei den Ärzten holte. Notfallmässig wurde sie operiert.

Sie habe sich im Nachgang der NTE sehr stark mit «esoterischen» Ansätzen beschäftigt, um auf all ihre Fragen Antworten zu finden. Nichts davon habe sie wirklich überzeugt. Aber der Treiber dafür, dem nachzugehen, sei auch unter anderem die Angst gewesen, psychisch krank zu sein – so wie ihre Mutter: «es macht einen unsicher man zweifelt an sich (.) an an seiner geistig:e:n (.) gesundheit oder ich weiss doch auch nicht , die ersten jahre sind schon noch schwierig gewesen» (Kathrin, Pos. 249). Sie habe seither «die gewissheit dass man einfach <<mit unsicherer stimme>als mensch nicht alleine ist dass (.) einfach wirklich jemand da ist der zu einem schaut?> , das hat sich herausentwickelt dann im verlaufe der jahre nachher» (Kathrin, Pos. 23). In ihrer NTE habe sie die Geborgenheit erfahren, die ihr ihre Grossmutter in Kindesjahren schenkte. Schliesslich hat sie sie und damit ihre wichtigste Bezugsperson in der NTE wieder getroffen. Sie habe massgeblich für Sicherheit und Stabilität in ihrem Leben gesorgt.

NTE als Weg aus der Eigenverantwortung
Auch Tobias[17] bemerkte im Gespräch mehrfach, dass seine Erfahrung sehr angenehm war und von der in der NTE erlebten Gestalt eine Geborgenheit ausging, die ihm erlaubt habe, einfach loszulassen: «ich habe gewusst es ist einfach irgendjemand da (.) der zu mir schaut und mir kann nichts passieren» (Tobias, Pos. 41).

Tobias' NTE steht in Zusammenhang mit einem Zahn, der eigentlich hätte entfernt werden sollen, der Arzt aber stattdessen für eine Wurzelbehandlung plädierte. Es trat dann ein Infekt auf, der dann aber von selbst wieder abklang. Bevor der Infekt zurückging, habe ihn eine Fledermaus gebissen. Diese Konstellation aus Fledermausbiss und Infektion habe letztlich seine NTE verursacht, so Tobias. Nach dem

---

[17] Die elektronische Version dieses Kapitels enthält Zusatzmaterial, das berechtigten Benutzern zur Verfügung steht. Vgl. Anhang 6.24 Tobias.

Abschwellen der Infektion klagte er über Kopfschmerzen, Schwindel und Kreislauf-probleme. Der Zahnarzt – nicht um den Biss wissend – meinte, das könne nichts mit dem Zahn zu tun haben. Ein Röntgenbild bestätigte dies. Tobias ging es in den Folgemonaten immer schlechter, später stellte man gar Doppelherzschläge bei ihm fest, ohne den Grund dafür zu finden. Danach gab es mehrere Untersuchungen, weil auch das Blutbild nicht stimmte. Diverse Behandlungen wurden vorgenommen, ohne dass sich sein Zustand wesentlich verbesserte. Nach gut einem Jahr begann er Träume mit einer schwarzen Gestalt zu haben, die ihn verfolgte. Tobias war der Überzeugung, dass etwas mit ihm nicht stimmte und hatte sich innerlich schon auf sein Ableben vorbereitet. Eines Morgens ging es ihm besonders schlecht. Seine Frau habe dann gemeint, er solle sofort ins Spital. Dort blieben aber alle Tests ohne weitere Auffälligkeiten. Nichtsdestotrotz blieb er über Nacht auf der Station. Dort erlitt er in Anwesenheit der behandelnden Ärztin einen Herzstillstand, der durch einen Herzinfarkt ausgelöst wurde. Daraufhin musste er über einen Zeitraum von 20 Minuten immer wieder reanimiert werden.

Hier beginnt die NTE von Tobias. Er nimmt wieder diese Person wahr, die ihn zuvor bereits begleitet habe, allerdings ohne zu wissen, wer sie ist. Vermutlich, so mutmasst Tobias, war es eine ihm nahestehende, verstorbene Person. Die Person sei für ihn da gewesen und eine angenehme Wärme habe ihn umgeben, worauf er sich sehr aufgehoben und schwerelos gefühlt, und unbelastet von Verpflichtungen oder dergleichen gefühlt habe. Tobias betont mehrmals, dass er nichts visuell wahrge-nommen habe, stattdessen habe er alles emotional erfahren. Auch die Gestalt habe er gespürt und nicht gesehen.

Tobias kann sich nicht mehr genau erinnern, welche weiteren ärztlichen Mass-nahmen vorgenommen wurden. Er weiss nur, dass man ihn dann in ein anderes Spital verlegt hatte und er dort auf der Intensivstation erwachte – widerwillig, wie er erzählt. Er wäre gerne noch länger geblieben und hätte das Gefühl des Aufge-hobenseins noch weiter ausgekostet. Schliesslich habe er das unangenehme Gefühl gehabt, von einem sicheren Ort in die «Chaoswelt» zurückgekehrt zu sein. Tobias wuchs nicht in besonders geregelten Verhältnissen auf, verlor als Kleinkind bereits den Vater, woraufhin, so Tobias, seine Mutter Geld verdienen musste und er oftmals allein und auf sich selbst gestellt war. Umso grösser war für ihn der Kontrast zur NTE, in der er sich geborgen fühlte.

Gefühl des Aufgehobenseins und Ziel der Sinnsuche

Religion habe schon immer eine wichtige Rolle in Peters[18] Leben gespielt, was dann auch der Grund gewesen sei, weshalb er für zwei Monate freiwilligen Sozialdienst in einem Kloster leistete. Während seines Aufenthalts kam er regelmässig mit katholischen Priestern und Mönchen in Kontakt und bekam so Einblick in ihren Alltag. Das Kloster habe Jugendreisen organisiert, bei der er bei einer rund zweiwöchigen Reise in die Wüste als Begleitperson mitwirkte. Auf dieser Reise führten verschiedene Umstände dazu, dass das Wasser knapp wurde. Zudem hatte er, so seine Vermutung, zu viel Sonne abbekommen, kaum etwas gegessen und nur wenig getrunken. Entsprechend geschwächt musste er gleichwohl einen längeren Fussmarsch antreten. Dieser war sehr kräftezehrend, zumal ihr Weg über einen Berg führte, an dessen Ende man der Reisegruppe eine «paradiesische Oase» versprach. Er gelangte fast ans «psychische und physische Ende», musste sich übergeben, sah vom Gipfel die versprochene Oase und war dann der Überzeugung, dass er es aber nicht mehr hinunter zur Oase schaffe. Schliesslich brach er entkräftet zusammen – überzeugt, nun sterben zu müssen. Es wurde ihm schwarz vor Augen, er hatte Schmerzen und sagte zum Priester, der bis zum Eintreffen medizinischer Kräfte bei ihm geblieben war, dass es nun «fertig» sei, er nicht mehr durchhalten könne und loslassen werde. In diesem Moment sah er den Berg in anderen Farben, auch habe er eine «absolute Zufriedenheit und unbeschreibliche Liebe» gespürt. Er sei dann aus seinem Körper getreten und habe dann von oben auf ihn und den danebenen knienden Priester geschaut. Er habe sich dann nach oben gezogen gefühlt und einen Tunnel gesehen, an dessen Ende ein helles Licht erschien. Es sei ein Zustand «absoluter Glückseligkeit» gewesen, völlig angstfrei, wobei sich die ihm unbekannte Person, die er spürte, aber nicht sah, fortwährend dem Licht näherte. Plötzlich habe er sie seinen Namen rufen hören, spürte sogleich einen Sog und fand sich wieder zurück im eigenen Körper. Die Schmerzen und die Angst waren sofort wieder da. Eine Person aus der Reisegruppe hatte Getränkeflaschen mitgebracht. Er war dann wieder im Stande, zur Oase hinunterzusteigen, um sich dort zu erholen.

Die Reise war als Selbstfindung gedacht. Die Jugendlichen und jungen Erwachsenen sollten Gott in der Wüste näherkommen. In einer Notlage konnte Peter sein Leben loslassen, fand sich in einer Aufgehobenheit wieder und konnte so das Ziel seiner Sinnsuche finden.

---

[18] Die elektronische Version dieses Kapitels enthält Zusatzmaterial, das berechtigten Benutzern zur Verfügung steht. Vgl. Anhang 6.17 Peter.

NTE als Zugang und Verwirklichung der eigenen Werte

Theresa[19] hatte bereits im Alter von fünf Jahren ihre NTE: Ein geplatzter Blinddarm führte sie direkt in eine Notfallsituation, in der sie dann operiert wurde. Nach der Operation kratzte sie an der Wunde, was zu einer Blutvergiftung geführt habe. Zum Zeitpunkt der NTE sei ihre Mutter gerade ins Zimmer gekommen und habe sie bewusstlos vorgefunden. Sie habe sich in einem Tunnel befunden, sei zu einem Licht geschwebt, habe feine Musik mit Trompeten gehört und sei immer weiter bis ans Ende des Tunnels geschwebt. Plötzlich sei sie wieder erwacht, im Bett liegend, als sie feststellte, dass gerade ihr Blut ausgetauscht wurde.

Theresa bezeichnet vor allem die Musik und das Licht als «überirdisch» und ist sich sicher, dass sich so Sterben anfühlt und dass sich jede sterbende Person an diesem Ort einfindet, den sie schon erfahren hat. Denn es handle sich um eine «Heimkehr», die einen von irdischen Schwierigkeiten befreie. Zuhause sei:

> wo man sich nicht mehr muss mit dem jetzigen dasein auseinandersetzen, und so sachen erleben die man gar nicht erleben will (.) oder (.) das leben an und für sich ist gar nicht <u>so</u> schön immer oder=wir haben hochs (.) wir haben tiefs, wir haben weniger schönes (.) wir haben schönes (.) wir haben freude wir haben leid, das gehört einfach zum leben (.) aber dort, dort haben wir das nicht mehr (.) dort sind wir wahrscheinlich ganz jemand anderes (.) also, ich weiss nicht wer wir dort sein werden,, aber, wir haben dort nicht mehr was wir hier im leben alles erleben (Theresa, Pos. 71)

Sie möchte zunächst aber ihr Leben führen. Sie hat den Wert und den Stellenwert ihres Lebens erkannt, hat einen eigenen Zugang zu ihrer Spiritualität gefunden – im geglaubten Wissen, «heimgehen» zu können, wenn sie stirbt.

Weisung an das Leben

Aufgrund einer vermuteten Lebensmittelvergiftung hat Anna[20] vor einiger Zeit sehr starke Beschwerden gehabt. Man habe dann operativ eingegriffen, um den Infekt zu bekämpfen. Man habe dann eine Colitis diagnostiziert und nur durch Zufall die Lebensmittelvergiftung als Ursache für den Infekt identifiziert. Anna konnte entsprechend behandelt werden, woraufhin sie nach dem erneuten operativen Eingriff für drei Wochen im Koma lag. In dieser Zeit glaubt sie, ihre NTE erlebt zu haben: Sie begegnete ihrem sterbenden Vater, der in dieser Zeit tatsächlich gestorben ist. Zunächst befand sie sich in einem grossen Festsaal, in dem sie die Dekoration auf

---

[19] Die elektronische Version dieses Kapitels enthält Zusatzmaterial, das berechtigten Benutzern zur Verfügung steht. Vgl. Anhang 6.23 Theresa.

[20] Die elektronische Version dieses Kapitels enthält Zusatzmaterial, das berechtigten Benutzern zur Verfügung steht. Vgl. Anhang 6.3 Anna.

den Tischen ausrichten durfte. Daraufhin befand sie sich vor einem grossen Holztor und sah schemenhaft ihren Vater, der sich, nachdem sie ihm zugerufen hatte, er solle auf sie warten, zu ihr umsah, kurz wartete und dann weiter ins sehr ruhig und still wirkende, helle Licht ging. Dass er ohne sie weiterging hatte sie nicht weiter gestört. Dann hat sie allmählich ihre unmittelbare Umgebung wahrgenommen: Sie befand sich vor einem grossen Steinhaufen, vor einem Holzbogen. Die unterschiedlich grossen Steine haben für die verschiedenen Herausforderungen im Leben gestanden: Anna sei es sofort klar gewesen, dass sie diese Hürden im Leben noch nehmen müsse und nicht weiter gehen könne. Es sei ihr klar gewesen, dass sie nicht ihrem Vater folgen könne und zurückgehen müsse. In der Folge fand sie sich in einem Raum, dessen Wände sie streichen musste und sich währenddessen von Rufen nach ihr gestört fühlte. Schliesslich wollte sie erst einmal ihre Arbeit erledigen. Daraufhin wachte sie auf.

Sie empfand den Ort, zu dem sich ihr Vater hinbewegte, als derart angenehm, dass sie gar nicht zurückkommen wollte. Anna meint, es sei ganz bestimmt keine Todessehnsucht, die sie mit dem Erlebnis verknüpfe, schliesslich lebe sie gerne. Sie frage sich aber manchmal, gerade in schwierigen Situationen, mit welchen Herausforderungen das Leben noch für sie aufwarten werde: «ich bin zwar jetzt wieder gerne da [...] absol:u:t (.) aber ich habe mich schon häufig gefragt was hast du noch alles für aufgaben» (Anna, Pos. 401–403). Anna sei grundsätzlich sehr zufrieden mit dem Leben, mache sich auf Grund ihres Alters aber Gedanken über ihr Lebensende und freue sich auf diesen Moment, obschon sie sehr zu schätzen wisse, was sie immer noch habe. Grundsätzlich sei sie der Meinung, dass ihre Rückkehr Bestimmung gewesen sei, was man so auch akzeptieren müsse –trotz des unbeschreiblichen Wohlgefühls, das sie erlebt hatte:

> einfach wunderbar, ich wäre am liebsten dort auch grad [...] geblieben,, nein man kann es eigentlich nicht beschreiben,, das ist unglaublich=einfach,, eben diese ruhe,,,, und auch das licht,, und=eben=der vati ist immer näher zum licht gegangen=und ich habe gewusst jetzt musst du halt wieder zurück [...] ich habe nichts dagegen gehabt (.) man muss dann einfach machen wie es einem bestimmt ist [...] und ich habe auch nicht gehadert (Anna, Pos. 63–69)

NTE als «Lebenshilfe» zur Wertschätzung des Lebens
Paolo[21] ist in einer kulturell sehr vielseitigen Familie aufgewachsen, die sozialen Verbindungen waren eher lose, der Vater häufig abwesend. Er sei bereits mit fünfzehn Jahren ausgezogen. Dabei sei von Vorteil gewesen, dass er keine engen

---

[21] Die elektronische Version dieses Kapitels enthält Zusatzmaterial, das berechtigten Benutzern zur Verfügung steht. Vgl. Anhang 6.16 Paolo.

Kontakte zur Familie gehabt und demnach auch keine strengen Lebensstrukturen mitbekommen habe. So habe er viele Freiheiten geniessen können. Er habe Gelegenheitsjobs übernommen – Geld verdient, um dann möglichst viel umherreisen zu können.

Auf dem Weg zur Arbeit machte sich Paolo einen Spass daraus, mit seinem Motorrad immer wieder vor einer bestimmten Baustelle stark zu beschleunigen und über eine kleine Rampe zu springen. An einem Morgen war er gestresst und spät dran, weshalb er übersah, dass ein ihm entgegenkommender Lastwagen Vorfahrt hatte. Im Sprung sah er, wie dieser auf ihn zufuhr. Er blockierte die Räder, stürzte bei der Landung und sein Motorrad schlitterte unter den Lastwagen. Äusserlich hatte er keine Verletzungen, innerlich seien jedoch mehrere Rippen gebrochen und einige Organe gequetscht gewesen. Das habe zu massiven inneren Blutungen geführt, die lebensgefährlich gewesen seien. Er bekam kaum Luft, trat immer mal wieder weg und kam dann wieder zu Bewusstsein. Er wurde von der Ambulanz direkt in den Operationssaal des Spitals gebracht, befand sich daraufhin vier Tage im Koma und anschliessend noch Monate im Spital – zunächst auf der Intensivstation und dann auf der normalen Abteilung. Die eigentliche NTE habe in den vier Tagen Koma stattgefunden: Er sah ein angenehmes Licht, spürte unter sich Sand und habe eine kleine Mauer gesehen. Eine Palme und das Meer habe sein Unterbewusstsein hinzuprojiziert, wohingegen Sand und Mäuerchen echt gewesen seien. Er hat sich dann überlegt, ob er über diese Mauer steigen sollte und entschied sich dann dagegen. Im Nachgang ist Paolo der Meinung: «eine nahtoderfahrung ist: (.) eine lebenshilfe,, ein stück weit (.) kann wirken (als) ein korrektiv (.) weisst du (.) damit man einfach: (.) ein bisschen die grenzen unserer existenz einfach ein bisschen checken (.) und unserer irdischen existenz nicht einen allzu hohen stellenwert zuspricht» (Paolo, Pos. 37). Denn «das beste was du machen kannst zum sterben ist gut leben» (Paolo, Pos. 43), fasst Paolo zusammen. Es wolle dieser Erfahrung auch nicht das ganze Leben widmen: «man muss nicht so an einer erfahrung kleben (.) das leben geht weiter (.) oder (.) ich denke weiss gott nicht jeden tag an diese nahtoderfahrung (.) im gegenteil (.) es muss irgendetwas sein das mich darauf hinweist, ich konzentriere mich auf das leben» (Paolo, Pos. 75). Dieses Gefühl sei gerade durch die Erfahrung ausgelöst worden: «dass ich mich so auf das leben konzentriere ist nicht zuletzt von dieser nahtoderfahrung generiert worden oder (.) ich kümmere mich dann wieder um den tod wenn es soweit ist (.) jetzt geht es ums leben» (Paolo, Pos. 77). Diese Wertschätzung des Lebens sei ebenso Resultat seiner NTE: «wertschätzung [am Leben] kann eine nahtoderfahrung sehr fördern (.) jeden tag» (Paolo, Pos. 95).

NTE als Demut vor dem Leben

Maria[22] taxiert ihr Aufwachsen als «gut bürgerlich», obschon sie ihre Mutter sehr früh verloren hat. Während ihres Studiums hat sie ihren Mann kennengelernt, sie haben geheiratet und sind dann nach Afrika gezogen. Da war sie oft schwer, wenn auch nicht lebensgefährlich krank. Danach hat man bei ihr eine Colitis diagnostiziert, die in Phasen ausbrach, was typisch für diese Erkrankung sei. Aufgrund der wiederkehrenden, prekären gesundheitlichen Lage habe sie sich entschlossen, mit ihrer jüngsten Tochter in die Schweiz zurückzukehren. Die Colitis habe sich gerade in einer schwereren Phase geäussert und schien sich auch nicht beruhigen zu wollen. In diesem Moment verlor die ältere Tochter ihr Kind während der Schwangerschaft, was ein massiver Schock für Maria war. Psychisch angeschlagen wurde die Colitis noch schlimmer, was auch zu einer weiteren physischen Schwächung führte. Eines Nachts hatte Maria den Eindruck, ihr Zustand spitze sich zu: Sie hatte Atemnot und begann in Gedanken ihre eigenen Organe anzuflehen, sie mögen doch noch durchhalten. Sie begann damit, ihr bekannte christliche Gebete immer wieder zu wiederholen, obwohl sie nicht religiös gewesen sei. Im Rahmen eines Mantras habe sie sich geradezu in die Nähe des Todes gebetet.

Plötzlich erschien ihr ein Licht, das wunderschön gewesen sei. Dabei habe sie sich wohl und ohne Schmerzen gefühlt. Kurz darauf sei sie bewusstlos geworden. Am darauffolgenden Morgen wachte sie auf und war völlig irritiert, dass sie noch lebte. Sie hat dann die Nachbarin noch informieren können, um ihre Einweisung ins Spital auf den Weg zu bringen. Dort wurde ihr Zustand weiter stabilisiert und nach drei Wochen konnte sie das Spital wieder verlassen.

Der Verlust der Mutter, die fehlenden beruflichen Perspektiven, die vielen Krankheiten und Sorgen, die sie als Mutter mit ihren Kindern hatte, scheinen einen grossen Raum in Marias Leben eingenommen zu haben. Zudem ist sie vor allem während ihres Aufenthalts in Afrika mit Krankheit und Tod konfrontiert worden. Dem steht ihr Überlebenswille entgegen, durch den sie das Leben trotz aller Widrigkeiten wertschätzen kann und will: «es ist noch so viel schönes was, irgendwie „ ich weiss ja nicht wie viele jahre mir noch da geschenkt sind. <<mit zitternder stimme>und es ist noch so viel schönes das ich in der schweiz noch möchte sehen und entdecken>» (Maria, Pos. 183). Im Alltag bedeute: «deshalb […] jeder tag, ((...)) immer wieder freude. (.) man ist dann sehr dankbar fürs leben» (Maria, Pos. 83). Immer wieder findet sie Mut und Demut, was nahezu eine religiöse Dimension hat, wie sie erklärt: «eine dankbarkeit und eben schon oder das geht schon (.) ja (.) fast in etwas religiöses hinein» (Maria, Pos. 151).

---

[22] Die elektronische Version dieses Kapitels enthält Zusatzmaterial, das berechtigten Benutzern zur Verfügung steht. Vgl. Anhang 6.13 Maria

8.4.2 Weltanschauliche Veränderung durch NTE: Bilanzierung des Lebenswegs

Der Tod habe seinen Schrecken verloren und das Leben an Wert gewonnen: Das Leben und das Lebenswerte haben einen neuen Wert bekommen, nachdem man auf der Schwelle zum Tod gestanden hat. Nunmehr steht das Leben und nicht der Tod im Zentrum, wobei das bewusste und aktive sich gegenwärtig von ihm Getrennt-Wissen zu einer grösseren Gelassenheit führte.

Selbstakzeptanz führt zu mehr Gelassenheit und Selbstvertrauen
Nicht nur der Stellenwert des eigenen Lebens rückt mehr in den Fokus. Auch die Haltung zum Umgang mit dem sozialen Umfeld scheint sich zu verschieben. So sagen die Personen, zunehmender gelassen im Umgang mit zuvor als nervenaufreibend wahrgenommenen Situationen im Alltag zu sein. Kathrin, zum Beispiel, sei ruhiger und ausgeglichener geworden: «ich bin extrem jähzornig gewesen ich, bin sehr angewiesen gewesen auf die meinung von anderen leuten, das ist alles nicht mehr» (Kathrin, Pos. 131). Diese Erkenntnis käme aber nicht von ungefähr, ihre Wahrnehmung habe sich über Jahre verändert, weil sie beschlossen habe, aktiv an sich selbst zu arbeiten:

> das bedeutet ja entweder machst du etwas daraus und arbeitest an dir? , oder du verdrängst es (.) und bleibst einfach so wie du bist. und ich habe mich einfach für das erste entschieden. (.) also an mir zu arbeiten mit angelegenheiten {chnörz} die ich zum beispiel mit (.) meiner mutter gehabt habe oder einfach (.) solche sachen aufzuräumen (Kathrin, Pos. 11)

Die intensive Beschäftigung mit der Erfahrung führe dazu, dass sich die Personen selbst und ihre Grenzen besser einschätzen können und mitsamt ihren Schwächen besser kennenlernen. Tobias gelinge es zum Beispiel viel besser, die Fehler zum Beispiel seiner Familienmitglieder zu akzeptieren. Dies erforderte auch eine grosse Ehrlichkeit zu sich selbst – zu den eigenen Fähigkeiten, zur eigenen Biografie, zur eigenen Geschichte und natürlich auch zur eigenen Erfahrung. Nicht nur mit sich selbst, sondern auch mit seinem Umfeld sei er viel ehrlicher als zuvor und formuliere viel öfter und direkter seine eigenen Bedürfnisse und Meinungen. Dies verteidige er, dafür stehe er ein:

> ICH habe mich heute eher dafür zu jedem <<lachend> meine eigene meinung> noch zu sagen (.) und vielleicht ist es das wo nachher für andere so komisch rüber kommt [...] weil ich zu jedem noch den [senf] dazu gebe wie ICH es sehe oder [...] was man vorher nicht gemacht hat oder wie man mich nicht gekannt hat oder (.) wo ich dinge

vielleicht entgegen genommen habe genickt habe und nachher ist gut gewesen (.) und heute wenn mir jemand etwas sagt dann kommt eher (.) entweder eine bestätigung oder eine widerrede oder man könnte ja noch so oder man könnte ja noch so (Tobias, Pos. 273–277)

Vertiefter Fokus auf das Leben
Bereits im offenen Gesprächsteil des Interviews beschreibt Kathrin, welche Lehren sie aus der Erfahrung zieht:

> das ganz grosse fazit das ich gezogen habe „ ist folgendes , ich möchte eigentlich jeden tag probieren ich kann es auch nicht immer aber ich bemühe mich so zu leben dass ich parat wäre wenn ich müsste gehen. ich sage nicht ich ginge gerne ich wäre wahrscheinlich=würde ich schon reklamieren und es passt mir jetzt nicht und so? (.) aber (.) ich habe keine angst mehr vor dem sterben. (.) überhaupt nicht. (Kathrin, Pos. 7)

Kathrin sagt, dass die NTE sie zwar in ihrer Weltanschauung nicht völlig umgekrempelt, aber doch beeinflusst habe. Sie habe sich viel mehr auf das Leben konzentriert, auf die für sie wirklich wichtigen Dinge im Leben. Sie schätze das Leben, hätte aber auch keine Angst vor dessen Ende: «ich lebe wirklich sehr gerne (.) aber wenn ich muss gehen dann , fürchtet es mich nicht» (Kathrin, Pos. 19). Sie wisse nicht so genau, was konkret auf sie zukommt, allerdings würde sie sich darum auch nicht kümmern: «was nachher kommt (.) weiss ich nicht ist mir auch egal hat noch nie=ist noch keiner zurückgekommen. , das interessiert mich nicht. „„ [...] mich interessiert (.) das leben mit dem jetzt (.) hier mit den füssen auf dem boden» (Kathrin, Pos. 21–23).

Auch Tobias meint zu bemerken, dass er seit seiner Erfahrung einen sehr viel entspannteren Blick auf das Leben und dessen Ende hat. Er habe eine

> andere einstellung zum leben allgemein also man nimmt dinge nicht mehr so wichtig wie man es vorher genommen hat,, auch die arbeitswelt nimmt man nicht mehr so sehr ernst wie man es vorher genommen hat (.) ich bin halt selbstständig dann hat man die kunden für wichtig genommen (.) und heute (.) ja (.) klar ist der kunde immer noch wichtig aber nicht mehr gerade so wahnsinnig wichtig dass man einfach jederzeit immer alles stehen und fallen lassen würde (Tobias, Pos. 131)

Tobias ist dankbar für seine Erfahrung und könne seither viel mehr die positiven Seiten des Lebens entdecken und geniessen: «ich muss sagen es ist gut ist das passiert [...] man sieht andere dinge die andere leute nicht sehen wenn sie so durchs leben rennen {seckle} [...] es kommt nicht mehr so an mich heran (.) was einem vorher genervt hat» (Tobias, Pos. 193).

Paolo sieht seine NTE nicht als Anlass, seine Überzeugungen aktiv zu teilen oder seine Erkenntnisse nach aussen zu tragen. «ich habe nicht angefangen wegen dem in weissen gewändern rumzulaufen (.) oder irgendwie predigten zu halten oder irgend: ich habe mich auch nicht irgendwie berufen gefühlt (.) irgendwie die menschheit zu bekehren oder :i:rgendetwas in dieser art (.) null (.) also gar nichts» (Paolo, Pos. 17). Er sei schon immer an spirituellen Themen interessiert gewesen, vielleicht habe seine Erfahrung ihn noch etwas mehr darauf sensibilisiert, jedoch sei er auch interessiert am Leben: «ich habe schon immer so ein b:i:sschen,, eine empfänglichkeit gehabt für eben spirituelle dimensionen (.) philosophien und so (.) es hat sich, tendenziell verstärkt (.) ich bin aber irgendwie auch ein bisschen pragmatischer geworden (.) das leben ist zum leben da» (Paolo, Pos. 15). Darüber hinaus sei eine gewisse Gelassenheit in sein Leben eingekehrt: «ich denke dass es mich nicht grundsätzlich charakterlich verändert hat (.) es ist vielleicht ein akzent gewesen (.) es hat vielleicht noch ein bisschen: ein bisschen mehr tiefe gegeben (.) es hat vielleicht ein stück weit ein bisschen eine gelassenheit gegeben (.) die vorher nicht da gewesen ist » (Paolo, Pos. 15). Materielles lehnt er eher ab, für ihn steht das Leben im Fokus: «wir müssen ein bisschen vorsichtig sein dass wir den materiellen werten nicht zuviel (.) aufmerksamkeit schenken,,, das leben ist zu flüchtig für solche dinge» (Paolo, Pos. 31). Er beschreibt dann auch, welch wichtigen Bestandteil die Erfahrung im Leben ausmachen und man sich auch damit sehr ausführlich beschäftigen könne. Grundlegend müsse man sich aber auf das Leben konzentrieren, wenngleich die Erfahrung genau diesen Fokus auslöse: «natürlich ist diese erfahrung da und steht in meinem leben und wird immer seinen platz haben (.) und: jedesmal wenn es irgendwie um den tod geht oder so (.) schöpfe ich aus diesem schatz» (Paolo, Pos. 35).

Keine Angst vor dem Tod aber Angst vor dem Sterben
Obwohl sich Peter nicht sicher ist, ob er sich in seiner NTE tatsächlich in Todesnähe befunden hat, da die medizinischen Umstände dagegensprechen würden, habe er zu einem unbeschwerten Umgang mit dem Tod gefunden. Er stellt sich selbst die Frage: «was hat sich geändert? hat sich irgendetwas verändert in bezug zur religion? oder irgendwie so? oder im leben? ich habe das gefühl ich habe eine gewisse (.) leichtigkeit […] in bezug auf tod sterben. […] es (.) macht mir keine angst (.) mehr (.) das sterben» (Peter, 3). Auch Tobias ist zuversichtlich: «was ich einfach weiss IST dass man ja nicht irgendwie das gefühl haben muss es sei dann quasi wie fertig oder irgendwie so (.) es scheint irgendetwas da zu sein» (Tobias, Pos. 141).

Auch Theresa ist sich diesbezüglich sicher und teilt das auch ihrem Umfeld mit: «ich sage allen leuten wenn ich die geschichte erzähle (.) sage ich (.) gell (.) man muss nicht angst haben vor dem sterben (.) man muss angst haben vor den schmerzen

die man hat (.) aber vor dem <u>heimgehen</u> (.) muss man wirklich keine angst haben»
(Theresa, Pos. 11). Auch Anna möchte es ihrem kranken Mann näher bringen: «ich
finde es so eine super erfahrung [...] erstens nimmt es einem (.) auf alle fälle einfach
die angst vor dem tod,, das auf alle fälle=ich will das eigentlich meinem mann auch
beibringen irgendwie=du (.) ja er hat <u>so</u> angst» (Anna, Pos. 167).
Seit der NTE habe auch Paolo keine Angst mehr vor dem Tod. Er hätte aber
durchaus Angst vor möglichem Leid und Schmerz:

> ich habe <u>keine</u> angst mehr vor dem tod (.) schau das ist nicht einfach ein spruch
> [...] man muss aber wirklich unterscheiden (.) ich habe angst vor <u>leiden</u> oder <u>sterben</u>
> könnte ein schwieriger prozess sein (.) aber <u>tod</u> (.) hey easy (.) es ist eine totale
> erlösung (.) und ich meine=wer stirbt aus einem kerngesunden körper heraus die aller-
> wenigsten (.) es ist <u>fast</u> für jeden irgendwie=meine mutter schwer krebskrank (.) du
> kannst den körper loslassen (.) es ist <u>herrlich</u> (.) ich freue mich auf den tod (.) ich hoffe
> dass er noch lange noch nicht kommt (.) weil (.) ich will das leben geniessen (Paolo,
> Pos. 15)

Genau wie Paolo differenziert auch Kathrin zwischen Sterben und Tod:

> das nimmt einem also die angst , die angst vor dem sterben das nimmt nicht (.) die
> angst vor den <u>schmerzen</u> „ das ist nicht das gleiche,,, also wenn du jetzt körperliche
> schmerzen hast und quasi musst verrecken das meine ich nicht. das nimmt es dir nicht.
> (.) aber die angst nachher einfach müssen zu g:e:hen (Kathrin, Pos. 135)

NTE als wichtige Erfahrung des Lebens
«es ist irgendwie ein <u>starkes</u> erlebnis» (Maria, Pos. 13), meint Maria und reiht ihre
Erfahrung in die bedeutendsten Erfahrungen ihres Lebens ein: «ja und es ist ein
(.) grosses erlebnis gewesen irgendwie (.) ja ein grosses eben wie (.) geburt von
kindern» (Maria, Pos. 151). Peter hat die emotionale Komponente seiner Erfahrung
äusserst beeindruckt. Er habe sie weder vor seiner NTE noch danach jemals so
erlebt:

> eine absolute zufriedenheit (.) <u>liebe</u> (.) <u>erlebt</u> unbeschwertheit [...] das hat sich bei mir
> eingeprägt die <u>i:ch vorher</u> in meinem leben und nachher, ich unterteile da wirklich, die
> ich vorher und nachher nie mehr erlebt habe. also di:e absolute zufriedenheit, glück-
> lichkeit, <u>zärtlichkeit</u>, also unbeschreibliche (.) ja <u>LIEBE,</u> die ich gespürt habe (Peter,
> Pos. 3)

Für ihn bedeute die NTE keine komplette Umkehr des bisher gelebten Lebens oder
bisher besessenen Wertvorstellungen, vor allem nicht der religiösen Vorstellungen.

Es habe lediglich in der Wahrnehmung des Lebens und dessen Werts eine «Locke-
rung» gegeben: «vielleicht auch eine gewisse zuversicht hoffnung dass es na::ch
de::m (.) to::d vielleicht weitergeht in einer anderen form (.) in einer dimension die
man nicht beschreiben kann» (Peter, Pos. 110).

8.4.3 Bewertung und Aussagekraft der NTE: Tod als Etappe des Lebens

Bewertung und Deutung der Aussagekraft der Erfahrung zeugen von einem
lebensweltlichen Fokus und der Vorstellung, dass das Leben eine Etappe sei. Die
Erfahrung sei ein Geschenk, ein Hinweis, ein lebenswertes Leben zu führen – die
Grenzerfahrung eine Erinnerung daran, dass das Leben endlich ist.

**Mehr Selbstzufriedenheit und Lebenswertschätzung mit Fokus auf das
Wesentliche**
Kathrin habe beschlossen, grundlegende Probleme fortan so schnell als möglich
anzusprechen und systematisch zu klären. Man wisse nicht, wann man sterben
würde, «weil es ist scheisse {beschisse} wenn du sterben musst und (.) du weisst du
kannst <<mit hoher stimme>nicht mehr jetzt ist es ernst> (.) und du weisst welchen
scheissdreck du noch nicht in ordnung hast. (.) das fühlt sich nicht gut an. [...] und
so möchte ich nicht gehen» (Kathrin, Pos. 7–15). Kathrin beschreibt einen Prozess,
der ihr mehr Zeit mit sich selbst einfordere, um Selbstwert zu finden:

> ich (.) gebe mir selbst viel mehr zeit. also (.) ich habe das früher nicht gekonnt. (.)
> hinsitzen (.) ein buch lesen (.) hinausgehen (.) irgendwo sein (.) einfach für mich (.)
> zwei drei stunden (.) aber heute kann ich das schon und ich geniesse das auch. , wei:l:
> (.) sei das zum nachdenken zum nachspüren (.) in mich hinein=einfach mit mir sein
> , und (.) seither hat das auch angefangen dass ich (.) gerne mit mir selbst zusammen
> bin. also (.) ich fühle mich wohl in mir (Kathrin, Pos. 37)

Denn am Ende sei es «eigentlich nur ehrlichkeit mit sich selbst und das habe ich
mitgenommen von dem erlebnis. (.) ehrlich sein mit sich selbst» (Kathrin, Pos. 283).

Auch Peter sieht seine vermeintliche Rückkehr ins Leben als zweite Chance, ein
Leben nach seinen Vorstellungen zu leben und zu geniessen: «mein leben es hätte
dort fertig sein können [...] und wenn ich nochmals zwanzig jahre leben kann dann
ist es umso besser. ähm ja es ist so wie eine zweite CHANce gewesen, [...] das
leben noch ein wenig zu geniessen» (Peter, Pos. 3).

NTE als persönliches, individuelles Geschenk

Den Probandinnen und Probanden sei es bewusst, dass die Erfahrung von Fall zu Fall unterschiedlich sein könne. Aus diesem Grund sei und bleibe es auch eine persönliche Erfahrung. Das sieht auch Tobias so: «ich habe das gefühl jeder erlebt das anders (.) auch wenn viele das gleiche erzählen (.) ich denke jeder erlebt das anders» (Tobias, Pos. 339). Für sich selbst bilanziert er: die Erfahrung «gehört einfach zu mir ist ein teil von mir (.) wird immer ein teil sein» (Tobias, Pos. 301). Auch Peter bezieht seine Erfahrung nur auf sich selbst und will daraus keine Aussage mit grundsätzlichem Geltungsanspruch ableiten. So sagt er: «für mich ist es wie ein j:a als geschenk» (Peter, Pos. 86). Auch Kathrin meint: «[Ich bin] sehr dankbar dass ich das erlebt habe. (.) weil das hat mich wirklich verändert» (Kathrin, Pos. 125). Und Anna bekräftigt: «ja das nehme ich einfach mit=das gehört zu mir» (Anna, Pos. 375).

NTE als ausserordentliche und einmalige Grenzerfahrung

Paolo habe schon einige «Grenzerfahrungen» gemacht, wobei die NTE zweifellos an erster Stelle stehe:

> ich würde sagen, dass es eine v:o:n vielen anderen erfahrungen gewesen ist (.) die einfach: (.) von wucht und von dominanz so ziemlich an oberster stelle ist, oder? ,,, ich bin tauchlehrer ich bin schon 75 meter tief im meer gewesen (.) das ist auch eine art an der grenze (.) ich h:a:be (.) drogenerfahrungen gemacht (.) das sind auch trips hart an der grenze und so (.) aber vom gehalt ist natürlich diese nahtoderfahrung, schon eigentlich allem anderen überlegen gewesen (Paolo, Pos. 23)

Theresas Erlebnis kennt keinen Vergleich. Mehrmals erwähnt sie, wie unfassbar schön ihre NTE war: «ganz ein schönes erlebnis,, das haben nicht alle leute, also diejenigen die das erleben [...] das war ein einmaliges erlebnis (.) ja, ich kann es nur so sagen» (Theresa, Pos. 75).

8.4.4 Religion und Spiritualität: Bestätigung der Existenz einer übernatürlichen Macht

Jedweder religiösen Autorität und von aussen kommenden Interpretationsvorgabe der NTE gehen Personen dieses Typs aus dem Weg. Es wird nicht der Austausch mit Expertinnen und Experten gesucht, um ihre Deutung zu erörtern, die Probandinnen und Probanden bestehen vielmehr auf ihren eigenen Zugang zur Erfahrung, ohne auf explizit spirituelle oder religiöse Inhalte zurückzugreifen. Die Erfahrung belege die Existenz einer übernatürlichen Macht, dessen seien sie sich sicher. Gleichwohl äussern sie sich nur zurückhaltend dazu und erheben keinen Anspruch auf universelle Gültigkeit.

Ablehnung von Kirche als Autorität

Peter deutet seine Erfahrung als «hinweis dass das schweben nach oben der leichtigkeit oder so es vielleicht trotzdem irgendetwas gibt nach dem tod. (.) ich sage jetzt bewusst irgendetwas also es muss überhaupt nicht irgendwie so einer christlichen vorstellung entsprechen mit paradies und gott und was auch immer» (Peter, Pos. 3). Denn inzwischen habe er, trotz seiner grundsätzlichen Sympathie gegenüber der Kirche, Abstand zum «Thema Religion» genommen. Grund hierfür sei, dass er gesehen habe, dass Priester öfter etwas anderes als das predigen, was sie tatsächlich leben. Dies habe ihn enttäuscht:

> von dem her institution ((atmet tief ein)) ähm (-) kirch:e katholische kirche oder so das sagt mir eigentlich überhaupt nichts aber ich bin immer noch irgendwie so:: (.) gläubig (.) ja, gläubig vielleicht in dem sinne (.) nicht katholische kirche sondern dass es irgendwie etwas gibt dass es nach nach dem tod in irgendeiner form ((atmet)) etwas gibt (Peter, 3)

Theresa ist katholisch und glaubt an den «einen Herrgott», habe jedoch keinen Bezug zur Institution an und für sich. Sie finde Zugang zu «Religion» in ihrem Alltag, da, wo sie sich gerade befindet: «ich bin katholisch (.) aber ich brauche nicht unbedingt in die kirche zu springen zum an einen gott glauben (.) das muss ich nicht haben» (Theresa, Pos. 43). Sie habe ihren Zugang gefunden, wolle Gutes tun und schaffen. Dafür brauche sie keinen Priester.

Vertrauen auf eigener Intuition ohne Interpretation Dritter

Anna hatte zunächst Anschluss an die Kirche gesucht, um eine Interpretation ihrer Erfahrung zu finden. Sie fühlte sich dann aber belehrt und dadurch nicht ernst genommen: «aber da kommt immer grad einfach (.) ja das heisst es in der bibel so und das heisst in der bibel s:o:=und fürchtet euch nicht=und so=und so=und so ((atmet hörbar ein)) da löscht es mir ab […] das ist mir dann zu wenig persönlich» (Anna, Pos. 181–183).

Maria ist sich zwar manchmal nicht so sicher, ob sie tatsächlich eine NTE hatte und weist daraufhin, dass man das vielleicht noch objektiv überprüfen müsse, für sie ist die Bedeutung ihrer Erfahrung dennoch klar. Sie begründet das damit, intuitiv ein Gespür für das Thema «Tod und Sterben» gehabt zu haben – bereits vor ihrer NTE:

das ist einfach klar irgendwie. , also (.) wie gesagt ich bin überrascht gewesen bin ich noch d:a: und ((atmet ein)) jetzt so im nachhinein (.) ja „ da:s: ist einfach zu <u>vermuten.</u> dass das einfach <u>knapp</u> gewesen ist. aber wie knapp das (.) <<hochdeutsch>keine ahnung> […] da müsste man eben noch nachforschen , aber ob man das ganze genau kann (.) quantifizieren es gibt sachen die man vielleicht nicht so in (.) zahlen kann festlegen quantifizieren und so (.) das sind wie so <u>sachen</u> wie(.) spontane intuition es gibt viel so sachen ein wenig jenseits von unserem (.) analytischen verstand (Maria, Pos. 173–177)

8.4.5 NTE-Berichte

Die Berichte sind grundsätzlich geprägt durch stringente, lineare Erzählungen der eigentlichen Nahtoderfahrung aber auch der daraus resultierenden Beschreibungen der daraus abgeleiteten Deutung. Kathrin spricht von einem «Fazit», das sie aus der Erfahrung gezogen habe, Tobias und Peter legen differenzierte Analysen ihrer Gedanken offen.

In Bezug auf die Darstellung des Erzählten bezeichnet Paolo die Erfahrung zwar als wichtig, ausserordentlich und unvergleichbar, jedoch nicht als lebensbestimmend – und zwar weder den Alltag noch die Weltanschauung betreffend. Damit erfährt der Bericht in seiner Darstellung in Bezug auf die Enttäuschungsvariante Kaupperts eine «entfremdende» Komponente. Vor allem die Bilanzierung des Lebenswegs steht im Vordergrund, die die grundlegende Ausrichtung des weiteren Lebens einfacher gestaltet habe. Kathrin betont aber auch, dass damit ein Prozess verbunden sei und man sich diesem aktiv stellen müsse. Damit steht – wie in Tabelle 8.8 ersichtlich – die Funktion der Wiederherstellung der Einstimmigkeit der Welterfahrung durch Selbstoffenbarung im Zentrum.

Tabelle 8.8 Charakterisierung NTE-Berichte des Typs „Läuterung"

Enttäuschungsvariante	**Durchstreichung**	**Entfremdung**
Umdeutung	Erfahrung sammeln	Erfahrung machen
Darstellung	**Bildungsgeschichtlicher Erlebnisbericht** – Gewöhnlich anmutend, aber spektakulär im Inhalt – Klar, differenziert und sachlich – Latentes oder manifestes Krisenpotential – Bilanzierung des Lebensweges	
Funktion	Wiederherstellung der Einstimmigkeit der Welterfahrung durch Selbstoffenbarung	

Umstände der NTE: Subjektiv lebensbedrohliche Situation

Die Umstände der NTE sind vielfältig. Bei Kathrin, Theresa und Anna kam es aufgrund von Komplikationen nach einer Operation zur NTE. Peter war physisch, Maria und Tobias waren durch lange Krankheit geschwächt. Paolo hatte einen Verkehrsunfall. Alle sind der Überzeugung, dass ihre Situation lebensbedrohlich war.

Ausprägungen der Erfahrungen: Aufgehobensein und Geborgenheit

Die Berichte fallen hinsichtlich des Vorkommens und der Gestalt perzeptiver Aspekte heterogen aus. Während Tobias lediglich von emotionalen Aspekten erzählt, deuten Kathrins und Annas Berichte auf visuell ausgeformte Erfahrungen hin: sie haben Verstorbene getroffen und mit ihnen interagiert. Peter und Theresa erzählen von Licht und Tunnel, Paolo von einer Mauer, auf die er getroffen sei. Bis auf Tobias spürten alle eine Grenze und wurden zurückgeschickt, gingen zurück oder wurden zurückgerufen.

Alle Berichte verbindet ein Ort des Aufgehobenseins und Loslassenkönnens. Kathrin traf ihre Grossmutter, bei der sie sich so wohl gefühlt hatte. Tobias konnte endlich loslassen, genau wie Peter. Anna fand unbeschreibliche «Ruhe». Theresa war «heimgekommen», Maria fühlte sich «wohl» und schmerzfrei, genau wie Paolo.

8.4.6 Soziale Deutungsmuster

Dass und wie man es erlebt hat und was daraus für das eigene Leben abzuleiten sei, steht bei diesem Typ im Vordergrund. Nichtsdestotrotz werden auch andere Deutungsmuster als relevant erachtet. Insgesamt handelt es sich um einen vielschichtigen Zugang zur eigenen Erfahrung. Den Personen ist bewusst, dass sich ihr Eindruck als unvereinbar mit dem naturwissenschaftlichen Bild erweisen kann, weshalb sie sich auf die individuellen Komponenten ihrer Erfahrung fokussieren und diesbezüglich keinen Anspruch auf Allgemeingültigkeit erheben. Zum Zeitpunkt des Interviews hatten sie sich schon eingehend mit verschiedenen Deutungen beschäftigt und waren zu dem Schluss gekommen, dass sie ihre eigene Essenz aus ihrer persönlichen Erfahrung zu ziehen haben und die öffentliche Debatte dafür nebensächlich sei.

In Tabelle 8.9 wird aufgezeigt, welche Positionen in welcher Deutungsebene bei diesem Typ besonders relevant (bestätigt (+) oder abgelehnt (−)) oder unentschieden/nicht relevant (o) sind. Dabei zeigt sich, dass vermehrt agnostische Positionen gegenüber dezidiert kritischen Positionen favorisiert werden, indem aber durchwegs kritische Positionen eher abgelehnt werden. Die Ausprägungen der Grundhaltungen werden anhand von Zitaten aus dem Datenmaterial in der Folge in den entsprechenden Unterkapiteln expliziert. Dabei ist der individuelle Zugang zur Erfahrung wichtiger als eine mögliche objektive Bewertung. Aus diesem Grund liesse sich das Phänomen in einem historischen Kontext religiös-ontologisch erörtern, würde dann aber die subjektive Komponente und die physio-biologischen Vorgänge und schulmedizinischen Analysen einer einzelnen Erfahrung in den Hintergrund rücken.

Religiös-ontologisch: Mehr als Naturwissenschaft

Peter ist «zuversichtlich [...] dass es eben wirklich etwas gibt nach dem tod und es irgendeine macht gibt ((tiefes einatmen)) und dass es etwas gibt was man mit naturwissenschaftlichen methoden oder so,, nicht erfassen kann» (Peter, Pos. 110). Auch Kathrin geht von einer übergeordneten Macht aus, die das Leben für alle Menschen in irgendeiner Weise bereits vorbestimmt hat: «jeder mensch also ich geh wirklich davon aus hat seinen auftrag {ses jöbbli} sonst wär er nicht hier» (Kathrin, Pos. 151).

Agnostisch: Individuelle Erfahrung ohne Anspruch auf Allgemeingültigkeit

Kathrin müsse nicht wissen, ob man um ihre Erfahrung in objektiver Form wissen kann. Denn sie für sich wisse es schon: «müssen wir es wissen?> (.) ich muss es für mich nicht wissen ich habe es erlebt ich weiss es» (Kathrin, Pos. 65). Und damit genüge den Probandinnen und Probanden, dass sie es für sich selbst zu wissen meinen, ohne Allgemeingültigkeit beanspruchen zu müssen.

Kritisch: NTE als natürlicher Vorgang

Besonders Maria ist sich nicht sicher, wie ihre Erfahrung zu beurteilen ist. Sicher sei ihr dagegen, dass es «sehr knapp» gewesen sei:

> darum habe ich gesagt also mein erlebnis das ist nichts dramatisches. ,, aber (ein schock)=nicht so eine dramatische <<mit hoher stimme>situation gewesen ich bin nicht in einen unfall verwickelt gewesen ich bin einfach> <<mit lachender bis zitternder stimme>nur krank gewesen und> (.) j:a: das ist einfach so ein natürlicher vorgang
> (Maria, Pos. 183)

Maria zufolge bleibe es dabei offen, inwiefern das Erlebte an Aussagekraft gewinnen könne. Peter geht es ähnlich. Eigentlich sei er von einer starken Aussagekraft der Erfahrung überzeugt, wisse aber

Tabelle 8.9 Positionen zu sozialen Deutungsebenen des Typs „Läuterung"

Soziale Deutungsebene	Grundanliegen	Positionen		
		Religiös-ontologisch	*Skeptisch*	*Agnostisch*
Religiöse Erfahrung	NTE ist als religiöse Erfahrung im Kontext einer historisch herleitbaren Entwicklung zu verstehen.	+	–	+
Parapsychologisch bedingter Bewusstseinszustand	NTE sind Belege für eine übersinnliche Erscheinung ausserhalb des Wahrnehmbaren.	o	–	+
Theologische Herausforderung	NTE können das religiöse Dogma stützen. Widersprechen sie diesem, kann es sich dogmaimmanent nicht um eine authentische, religiöse Erfahrung handeln.	–	+	o
Alltäglicher Bewusstseinszustand	NTE lassen sich als alltägliche Erfahrungen erklären, die das Phänomen entmystifizieren.	o	–	+
Neurobiologischer Vorgang	NTE haben hirnorganische Ursachen, die durch Stoffwechselstörungen, dissoziative Zustände und u.U. auch durch Sauerstoffmangel ausgelöst werden.	o	–	+
Psychologische Perspektive	NTE werden im Hinblick auf veränderte, psychologische Wahrnehmungen von Körper und Raum untersucht.	o	–	+

bis heute nicht ob es wirklich STERBEN war. ob es wirklich in diesem sinne etwas durch die situation von diesen schmerzen (.) ob es nicht einfach eine chemische reaktion vom körper ist und so (.) was irgendwie endorphin ausschüttet ((schluckt)) und so als morphium ähnliches vom körper generierter botenstoff ist oder so der mir hilft die schmerzen (.) erträglicher zu machen (Peter, Pos. 98)

Es müsse nichtsdestotrotz eine Nahtoderfahrung gewesen sein, da Menschen, die sich in einer viel ernsteren Situation befunden haben, von ähnlichen Erfahrungen sprechen würden:

und nahtodesERLEBNIS weil andere personen aussagen die WIRKLICH in einer lebens: STARK lebensbedrohlichen situation gewesen sind das identisch erlebt haben. (.) also wo wirklich auch in diesem sinne klinisch wissenschaftlich oder so herzstillstand null (.) und wirklich vielleict sehr viel näher an der grenze zwischen leben und tod gewesen sind als ich (.) es aber identisch beschreiben (Peter, Pos. 98)

8.4.7 Schlussfolgerung: NTE als Auslöser für Gelassenheit im Leben

Für Kathrin sei ihre Erfahrung Auslöser eines Prozesses gewesen, durch den sie Schicksalsschläge gelassener nehmen könne. Sie könne loslassen, weil sie nun weiss, dass sich der Tod nicht verhindern lässt, sondern das Leben gewissermassen vorgezeichnet ist. So geht es auch Tobias, der nicht mehr Tag und Nacht für seinen Kundenstamm zur Verfügung stehen wolle, sondern um die Einmaligkeit seines Lebens wisse und dieses nun auch entsprechend schätzen und auskosten möchte. Peter sehe mit mehr Gelassenheit auf das Leben, weil er glaubt, Einblick ins Lebensende erhalten zu haben. Er wisse um die Geborgenheit und Losgelöstheit, die einen dann erwarte. Bis dahin möchte er das Leben noch geniessen können. Paolo möchte sich mit dem Tod auch nicht zu lange aufhalten, schliesslich gebe es zunächst mal dieses Leben zu führen. Aber er freue sich auf das Ende – genauso wie Maria. Anna und Theresa schätzen das Leben, attestieren ihm aber auch Schwieriges und Anstrengendes. Die Aussicht auf das positive Ende und das Verflogen-Sein der Angst vor dem Tod erleichtern ihnen den Alltag und geben ihnen einen starken inneren Horizont in beschwerlichen Momenten. Ferner haben alle eine durchweg positive Einstellung zum Leben: Alle haben die Endlichkeit des Lebens erkannt und akzeptiert.

Ihr Zugang zur eigenen Erfahrung ist gesetzt und differenziert, ihre Erzählungen sind stringent und linear. Ihre persönlichen Erkenntnisse können mitunter in Spannung zu den Deutungsmustern stehen, wobei sie ihrer eigenen Intuition den Vorrang geben, indem sie ihre persönliche Erfahrung von der Ausgestaltung der sozialen Deutungsmuster separieren. Sie haben einen weitgehend gefestigten Zugang zu ihrer Erfahrung und reagieren gelassen oder gar desinteressiert auf alternative Deutungen. Vor allem kompromisslosen Haltungen gegenüber halten sie sich eher fern. Sie verfügen grundsätzlich über eine selbstbewusste Haltung, vertrauen auf ihre Eingebung und ihr Gefühl, bevor sie Fremdurteilen Raum geben: «man spürt wenn man stirbt. man spürt es. (.) man weiss es ganz genau» (Kathrin, Pos. 7). Darüber hinaus erscheint es ihnen ohnehin nicht wichtig zu sein, jeglichen Aspekt der Erfahrung zu deuten und festzulegen. Vielmehr im Zentrum für sie stehen Ableitungen für die eigene Weltanschauung und Lebensführung, deren Ziehen die Erfahrung nahezulegen scheint. Dabei sollen auch die eigenen Werte überprüft, gelebt und unter Umständen verteidigt werden.

8.5 Typ V: NTE als schicksalhaftes Ereignis

Zugewiesene Probandinnen und Probanden (Gesamt: 7, davon 2 weiblich, 5 männlich): Guido, Erich, René, Raphael, Marlene, Nathalie, Marcel
Die NTE wird bei diesem Typ in Abbildung 8.6 als persönliche Erfahrung gedeutet, welche keine grundlegende Veränderung der Weltanschauung nach sich gezogen habe. Die NTE wird durchaus als besondere Erfahrung gefasst, wird aber im Lichte anderer Schicksalsschläge als eine von vielen Grenzerfahrungen bewertet. Sie sei vor allem eine Sensibilisierung für den eigenen Tod und ein Indiz dafür, dass der Sterbevorgang nicht schmerzvoll sein werde und man daher keine Angst vor dem Lebensende zu haben brauche.

8.5.1 NTE im biografischen Kontext: Selbsttransparenz

Das Leben kann voller Schicksalsschläge sein, wovon eine Nahtoderfahrung nur einer ist. Sie kann in einem grösseren Kontext stehen, auf den die eigene Geschichte referenziert, mit der gesamten Persönlichkeit in Zusammenhang steht und Naheliegendes, fast schon logisch Verknüpftes miteinander verbindet. In der Analyse gilt es, diese Verbindungen offenzulegen. Damit erscheint die NTE als keineswegs unvermitteltes Ereignis, sondern als Teil eines natürlichen Prozesses, in dem auch moralische Wertvorstellungen eine Rolle spielen können, die über den Willen, leben oder sterben zu wollen, entscheiden können.

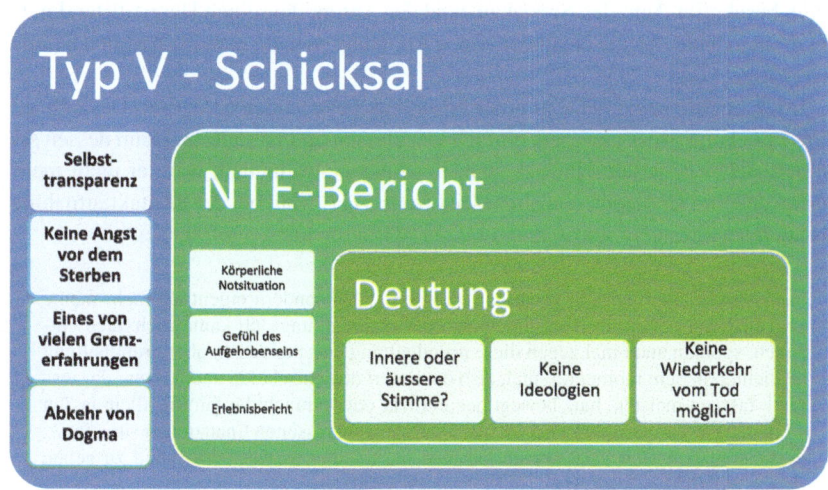

Abbildung 8.6 Raster zur Charakterisierung des Typs „Schicksal"

Rückkehr ins Leben als Haltungsfrage

Erichs[23] Leben ist geprägt von Krankheiten und Stresssituationen. Als Erich bereits einerseits psychisch durch hohe Verschuldung und berufliche sowie private Schwierigkeiten und andererseits von physisch aufgrund seiner Krebserkrankung durchgeführten Operationen geschwächt war, sollte er unmittelbar nach einem chirurgischen Eingriff aufstehen. Obwohl er ahnte, dass dies angesichts seines körperlichen Zustands sehr riskant war, probierte er, aufzustehen, brach dann aber zusammen. Im Rahmen dieses Zusammenbruchs machte er seine NTE, die sich in zwei Realitäten abgespielt habe. Auf der einen Seite war er sich bewusst, im Spital zu sein, auf der anderen Seite empfand er sich in einem ihm unbekannten, röhrenähnlichen, hellen und warmen Raum. Erich verortet diese beiden Realitäten als «links» und «rechts» seiend, wobei der unbekannte Raum – gewissermassen das Jenseits – auf der linken und das Spitalzimmer auf der rechten Seite war. Er habe frei entscheiden können, ob er nach links geht und damit sterben oder nach rechts geht und damit zurückkehren wird. Er entschied sich für letzteres und habe ohne Zutun und ohne medizinische Handlungen wieder das Bewusstsein erlangt.

---

[23] Die elektronische Version dieses Kapitels enthält Zusatzmaterial, das berechtigten Benutzern zur Verfügung steht. Vgl. Anhang 6.6 Erich.

Erich beschreibt dann den Schockzustand der Ärztin, die seinen Herzstillstand mitbekommen hatte. An die entsprechenden Apparaturen hatte man ihn nämlich bereits angehängt. Erich erlebte seine NTE in einer besonders belastenden Situation. Deshalb sei die Verlockung gross gewesen, einfach loszulassen und zu sterben. Denn dessen sei er sich sicher gewesen: Hätte er sich für «links» entschieden, wäre er nicht mehr zurückgekehrt. Er betont, sowohl bereits vorab via E-Mail bei der Kontaktaufnahme als auch im Interview selbst, dass er einer «Grundhaltung» gefolgt sei:

> das ist nicht ein entscheid gewesen ((räuspert sich)) sondern eigentlich mehr meine grundhaltung,, oder ich habe irgendwo eine grundhaltung=ich kann mich auch entgegen, spontan auch mal gegen diese grundhaltung entscheiden (.) aber grundhaltung gewichtet, in <u>dem</u> moment, x-mal, also dominiert den entscheid,, und das war das was mich fast am meisten, hat,, bewegt beeindruckt oder einfach die familie allein lassen (.) in diesen schwierigen (.) berndeutsch gesagt verschissenen finanziellen situation,,,, ja da ((räuspert sich)) das würde ich jetzt nie (.) aber es war verlockend zu gehen (Erich, Pos. 15)

Erich beschreibt, wie seine, seinen Ausführungen nach äusserst impulsive Frau auf seine Erzählung der NTE reagiert hat. Seinen Weg, Verantwortung zu wahren, sich zu stellen und sie nicht einfach im Stich zu lassen, habe sie nicht nur als selbstverständlich betrachtet, sondern auch explizit eingefordert. Sie drohte Erich gar damit, es ihm gewissermassen am Sarg mit Verunstaltung seines Leichnams noch heimzuzahlen, würde er sich je anders entscheiden. Obwohl Erich betont, dass es seine eigene moralische Haltung gewesen war, nicht aus dem Leben zu scheiden, verspürte er gleichwohl einen grossen Druck, sein soziales Umfeld in der misslichen und prekären Lage nicht einfach im Stich zu lassen.

Der Tod als bewusster Entscheid

René[24] kommt aus einfachen Verhältnissen und zeigt sich schon früh an fremden Ländern und Kulturen sowie anderen Denkweisen interessiert. Im Alter von zwanzig Jahren ist er nach Amerika gereist. Dies sei zur damaligen Zeit etwas Aussergewöhnliches gewesen. Seine Reiselust steht auch im Zusammenhang mit seiner NTE. Eine Reise nach Afrika hat dazu geführt, dass er an Malaria erkrankte. Er sei in einer Missionsstation untergekommen und habe mit Fieberschüben gekämpft. Ihm ging es sehr schlecht, man habe wohl bereits geglaubt, dass er sterben würde, da bereits der Priester gekommen war und für ihn gebetet hat. Da habe er in einem Schub

---

[24] Die elektronische Version dieses Kapitels enthält Zusatzmaterial, das berechtigten Benutzern zur Verfügung steht. Vgl. Anhang 6.20 René.

Tunnel und Licht erblickt. Er habe dann die Wahl gehabt, ob er nun «gehen» wolle
oder nicht. Auch wenn es wissenschaftlich vielleicht so aussieht, für ihn sei es kein
«Fieberzeugs» gewesen, sondern tatsächlich eine Entscheidung für oder gegen das
Leben. Er habe keinerlei Angst gespürt. Es sei eine einprägsame Erfahrung gewesen, die in der Erkenntnis münde, dass es «kein Drama» sei, wenn man stirbt, es
sei «einfach ein Entscheid» (René, Pos. 19). René musste sich schon als Zwanzig-
jähriger mit dem Tod beschäftigen, als er seine Mutter verlor: «ich habe natürlich
die mutter mit zwanzig verloren. [...] das ist vielleicht ein thema gewesen [...] es
ist ((atmet)) für mich damals bereits klar gewesen. dass das etwas ist was mich
,((atmet)),, ja weil es das einzige ist was sicher ist» (René, Pos. 65–67). René ringt
um Worte und konnte wohl damals nicht über den Tod und seinen Verlust sprechen.
Umso mehr ärgere es ihn, dass das Thema in der Gesellschaft nicht genügend oder
gar keine Aufmerksamkeit bekomme: Er fühle sich ohnmächtig und hilflos dem
gegenüber, dass man den Tod verdränge. Er ist der Meinung, der Tod wird in der
Gesellschaft bewusst tabuisiert, man gebe ihm keinen Raum. Es werde kaum mehr
«richtig» getrauert und der tote Körper werde hier, im Gegensatz zu anderen Kulturen, abgewertet. Dies meint er vor allem in seiner beruflichen Aufgabe als Bestatter
beobachtet zu haben: «ich habe jetzt dreivierteljahre als bestatter gearbeitet. :u:nd,
ich erschrecke eigentlich (.) ich erschrecke immer wieder also. (.) wie man so etwas
was wirklich einfach kl:a:r ist, verdrängen kann» (René, Pos. 21).

Sterben als schmerzfreier Vorgang

Marcel[25] wurde bereits im Kindesalter mit dem Tod konfrontiert, als sein fünf Jahre
jüngerer Bruder im Alter von zwei Jahren tödlich verunglückte. Dadurch, so Marcel,
sei die Familie auseinandergebrochen. In der Folge wurden Kinder adoptiert, die
man Marcel gegenüber über alle Massen bevorzugt habe. Er war enttäuscht, suchte
seinen eigenen Weg und entfernte sich emotional und später auch geographisch von
seiner Familie. Bis heute pflegt er keinen regelmässigen, sondern, wenn überhaupt,
nur sporadischen Kontakt.

Sein Vater war Oberst beim Militär und nahm ihn als jungen Erwachsenen mit
zu Militärmanövern, um ihn fürs Militär zu begeistern. Marcel fuhr mit dem Fahr-
rad zum ersten Schauplatz der Militärübung. Nach der Übung ging er picknicken
und fuhr anschliessend wieder zurück. Dabei überholte ihn die ganze, aus vielen
Militärautos bestehende Kolonne. Der letzte Lastwagen der Kolonne führte einen
Anhänger mit, der – als er gerade Marcel auf dem Velo überholte – wegen einer
Fahrbahnunebenheit ins Springen geriet, Marcels Fahrradlenker touchierte und quer

---

[25] Die elektronische Version dieses Kapitels enthält Zusatzmaterial, das berechtigten Benutzern zur Verfügung steht. Vgl. Anhang 6.12 Marcel.

stellte. Marcel stürzte, schlug Stirn und Kinn auf, verschrammte die linke Gesichtshälfte und der Lenker stiess in seinen Bauch. Marcel konnte zwar aufstehen, doch verschwamm seine visuelle Wahrnehmung. Alles wirkte wie hinter einem Grünfilter. Ein Militärjeep kam mit Verzögerung nach, lud Marcel auf und fuhr ihn sofort ins Spital. Es wurde eine Milzruptur diagnostiziert, woraufhin die Ärzte direkt mit der Operation begannen, nachdem sie ihm eine Äthernarkose verabreicht hatten. Da begann Marcels NTE: Er erlebte sich in einem Tunnel und sah ein helles, schönes Licht, das von Musik begleitet war. Immerfort hat er sich zum Licht hinbewegt. Er verspürte keine Schmerzen und fühlte sich sehr wohl. Danach erwachte er wieder im Spital.

Die Erfahrung hat Marcel danach nicht weiter beschäftigt. Er habe nur festgestellt, dass das Sterben von Schmerzen befreit sei. In der Folge widmete er sich mit viel Engagement seinen Lebenszielen und persönlichen Projekten.

NTE als Auftrag zum Bibelstudium
Nathalie[26] wuchs bei ihren Grosseltern auf, da ihre leiblichen Eltern nicht alle Kinder haben aufziehen können. Sie wurde von ihren Grosseltern nicht darin unterstützt, eine Ausbildung zu machen, sondern sie bestanden darauf, dass sie so schnell wie möglich heiratet. Ihre Familie ist heute in der Deutschschweiz verteilt, ihre zwei Kinder wohnen weit weg von ihrem Wohnort. Sie habe ihre beiden Kinder nicht aufziehen können, da sie immer wieder aufgrund chronischer Krankheiten im Spital lag. Für ihre Kinder wurde eine Pflegefamilie gefunden. Das eine Kind ist vom ersten Mann, das zweite vom zweiten Mann. Beide Männer sind inzwischen gestorben. Nathalie lebt sehr isoliert auf dem Land und hat kaum Besuch, da sie gesundheitlich immer noch sehr angeschlagen ist. Die familiäre Situation war schon immer sehr schwierig für sie und ist von schmerzhaften Erfahrungen bestimmt.

Ihre NTE traf Nathalie unvermittelt in einer Alltagssituation: Beim Gang in die Stadt sank sie plötzlich zusammen. Sie äussert die Vermutung, aufgrund ihrer chronischen Erkrankung eine zu hohe Medikamentendosis eingenommen zu haben, die zum Kreislaufkollaps führte. Während ihrer NTE ergriff sie ein wunderschönes Gefühl, als sei sie auf einer Wolke geschwebt, sie hat sich dabei wohl und aufgehoben gefühlt. In weiter Ferne sah sie Wesen mit Mönchskutten und Geistpersonen. Beim Zurückkehren sah sie verschiedene, eindrückliche Farben. Sie habe dann die Stimme Gottes gehört, die sagte, dass ihre Zeit noch nicht gekommen sei. Sie habe noch Aufgaben zu erledigen. Danach sei sie im Spital in der Notaufnahme aufgewacht,

---

[26] Die elektronische Version dieses Kapitels enthält Zusatzmaterial, das berechtigten Benutzern zur Verfügung steht. Vgl. Anhang 6.15 Nathalie.

eine Ärztin habe ihr eine Spritze gegeben. Das Aufwachen beschreibt Nathalie als sehr schmerzhaft, brutal und schockartig.

Der Hinweis, ihre Zeit sei noch nicht gekommen, interpretierte sie anschliessend als Auftrag, die Bibel zu studieren: «du bist noch für etwas da du musst noch etwas machen oder du musst noch etwas erledigen oder so dann hat es mich einfach gedünkt ich bin wiedergeboren worden zum eben (.) [die Bibel] zu studieren» (Nathalie, Pos. 541). Das Erlebnis habe Nathalie Selbstvertrauen und Sicherheit vermittelt: «ich habe es erlebt und fertig oder [...] , weil wissen sie ich denke halt auch immer (.) ich habe ja den schutz vom höchsten oder» (Nathalie, Pos. 323–325). Gerade durch ihre Beschäftigung mit dem Erlebten habe sie ihre Erfahrung einordnen können: «mich hat es eben nicht mehr so gross beschäftigt weil ich eben von der heiligen schrift habe ziemlich viel einfach auflösen können» (Nathalie, Pos. 118). Ihre NTE konnte sie in einen ihr bekannten religiösen Kontext stellen. Daher, so sagt sie, sah sie ihr Erlebnis nicht als besondere Erfahrung an, sondern als Möglichkeit, der Essenz des Lebens etwas näher zu kommen und ihr Weltbild näher zu prüfen. Sie fand sich und ihre Erfahrung in der Bibel wieder und konnte sie so in einen Rahmen einordnen, den sie schon seit ihrer Kindheit kannte.

NTE als traumatisches Ereignis
Guidos[27] Nahtoderfahrung steht im Zusammenhang mit dem Platzen seines Blinddarms, das sich zutrug, als er ein kleiner Junge war. Er war für etwa eine Woche in einem ernsten Zustand und blieb für einige Wochen im Spital. Seine NTE-Erfahrung beschreibt Guido als mehrfaches «Kommen und Gehen»:

> ich weiss es nicht genau wieviel mal aber das ich sicher zwei dreimal w:i:e auf die erde gekommen bin ((atmet)) und das ich dann schmerzen und leid gehabt habe (.) einsamkeit und das ich dort wie wieder verschwunden und gegangen bin. ((atmet)) [...] aber den vorgang kann ich irgendwie nur gefühlsmässig beschreiben. weil andere leute haben ja so bilder und l:i:cht oder irgendetwas ((atmet)) das habe ich alles nicht. das liegt bei mir alles im dunklen (Guido, Pos. 9–11)

Guido nennt keinerlei perzeptive Reize stattdessen spricht er im Verlaufe des Gesprächs mehrfach von einer Gleichzeitigkeit von Gefühlen, deren Intensität alles ihm bis dato Bekannte um ein Vielfaches überstiegen habe: «alle gefühle auf der welt hoch siebenundzwanzig umschliessen» (Guido, 75). In der unmittelbaren Folge habe sich Guido nicht mit dem Erfahrenen auseinandergesetzt. Erst Jahrzehnte später hat er in einer Traumastation über einige Monate lang eine Therapie gemacht, aufgrund

---

[27] Die elektronische Version dieses Kapitels enthält Zusatzmaterial, das berechtigten Benutzern zur Verfügung steht. Vgl. Anhang 6.8 Guido.

einer sehr heftigen Depression, nachdem er zufälligerweise zusehen musste, wie ein Mensch in Folge eines Verkehrsunfalls starb. Guido beschreibt einen langen, schmerzvollen Weg – wie er den Job verlor, seine Beziehungen wiederholt in die Brüche gingen und das soziale Umfeld sich mehr und mehr von ihm entfremdete. Durch die Folgen der Nahtoderfahrung habe er rückblickend ein Leben geführt, das durchwegs auf Risiko aus war. Es handle sich um ein lebensbestimmendes Ereignis, das ihn unbewusst zu ungewollten Handlungen angetrieben habe, so seine Selbstanalyse.

Er beschreibt retrospektiv ein Verhalten, das ihn mit dem Tod habe unbewusst «spielen» lassen: «zum beispiel das motorradfahren habe ich müssen aufgeben. ((atmet)) weil das ist ein ding gewesen wo ich gemerkt habe dort kratze ich immer an meiner seele und wenn bei andern sich die angst und vernunft einstellt, ist bei mir die angst und vernunft weg» (Guido, Pos. 37). Alle risikobehafteten Aktivitäten hatten für ihn einen unwiderstehlichen Reiz, ohne die er sich «runtergefahren» und «inaktiv» gefühlt habe (Guido, Pos. 47). Die NTE müsse dafür der Ursprung gewesen sein. Das Gefühl, das er damals als kleiner Junge hatte, habe er immerfort unbewusst gesucht. «seit dem event wo ich gestorben bin mit dem geplatzten blinddarm habe ich das immer wieder gesucht ((atmet)) weil das löst bei mir etwas aus was dort an dieser türe kratzt ((atmet)) ich habe irgendetwas gesehen was nachher ist.» (Guido, Pos. 41). Im Rahmen der Traumatherapie und der damit verbundenen Aufarbeitung der Ereignisse in seinem Leben hatte er auch den Eindruck, damals im Spital sexuell missbraucht geworden zu sein: er hätte «ziemlich lange das gefühl gehabt ich sei ((atmet)) nachh:e:r ((atmet)) von einem pfleger missbraucht worden. aber (.) das ist wahrscheinlich eine medizinische handlung gewesen. weil ich hatte einen offenen bauch und den ganzen oberkörper vereitert» (Guido, 9). Um weiteres Infektionsrisiko zu minimieren und eine zusätzliche Schwächung zu vermeiden, wurde er isoliert. Seine Eltern durften deshalb nur kurz vorbeischauen. Zum Zeitpunkt des «Gehens» und «Wiederkommens» war er völlig allein: «ich erwache viel wenn die sonne aufgeht wenn es dämmert ((atmet)) :u:nd dann drehe ich fast durch weil das erinnert mich so an das gefühl an (.) das erwachen und dass niemand hier ist» (Guido, Pos. 91).

Durch seine intensive Beschäftigung mit den Mechanismen von Traumata sieht Guido sein Erlebnis vollständig im Kontext traumatischer Erfahrungen. Er weiss, dass Auslöser an das traumatische Ereignis erinnern lassen können, wie Erinnerungen «unterdrückt und verdrängt» werden und Handlungsweisen etwas kompensieren können und nicht das sind, als dass sie ihr Akteur oder ihre Akteurin versteht.

Geburtstrauma als Auslöser einer NTE

Raphaels[28] biografischer Hintergrund ist seiner Ansicht nach noch nicht abschliessend aufgearbeitet und rekonstruiert. Insbesondere was während seiner Geburt passiert sein könnte, beschäftigt ihn intensiv. Er meint, dies sei der Schlüssel zu seiner NTE. Die noch sehr junge Mutter gebar ihn in einem Spital, in dem Meningitis ausgebrochen war. Von den rund 20 Neugeborenen auf dieser Geburtsstation habe neben ihm nur ein weiteres Kind überlebt. Detaillierteres finde sich in seiner grösser angelegten Recherche und Nachforschung. Die Mutter, die Antwort hierauf liefern könnte, verstarb vor rund 15 Jahren. Raphaels bisheriges Leben ist gekennzeichnet von Verlust und Entbehrung, privat gesundheitlich wie beruflich. Mehrmals werden schwerere, chronische Krankheiten diagnostiziert. Sein Umfeld sei ebenfalls psychisch angeschlagen gewesen und habe ihn daher nicht unterstützen können. Stets beschäftigte er sich in der Folge mit verschiedenen Entspannungs-, Konzentrations- und Hypnosetechniken, um seine emotionalen Schwierigkeiten besser kontrollieren zu können: «ich hatte das ziel,, geist und körper gut im griff zu haben» (Raphael, Pos. 81). Er beschäftigte sich intensiv mit psychologischen Themen in Bezug auf Beziehung zwischenmenschlicher Art und stiess auf das Tagebuch der Mutter, in dem sie beschreibt, wie sie mit 19 seine mit Komplikationen versehene Geburt erlebt hat. Zudem schrieb ihm seine Frau kurz darauf einen Brief, in dem sie ihm mitteilte, eine Trennung von ihm in Erwägung zu ziehen. Er bildete sich dann weiter in einer psychologisch orientierten Kommunikationstechnik. Im Studium habe es eine Familienaufstellung gegeben, worauf er sich rund sechs Wochen lang mit Entspannungstechniken vorbereitet hatte.

Bei der Familienaufstellung sollte Raphael die Rolle von zwei toten Zwillingen im Mutterbauch übernehmen. Dabei sollte er sich totstellen. Zunächst hatte er sich gegen diese Rolle gewehrt, wurde dann aber von der Supervisorin animiert, sie dennoch zu übernehmen. Raphael beschreibt dann seine NTE. Er lag zunächst flach auf dem Boden und spürte eine innere Aufteilung. Alles wurde schwarz und er konnte nicht mehr atmen. Ein kleines Bild erschien, er befand sich danach in einem Zustand kompletter Ort- und Zeitlosigkeit sowie Geborgenheit, «dann totaler stopp von allem,, dann wie eine, verdoppelung., und und dann weiss ich nicht mehr., irgendwann ist die übung fertig und ich stehe wieder auf» (Raphel, 27). Die Supervisorin und die Frau, die sich den toten Zwillingen stellen wollte, zeigten sich völlig geschockt, wenngleich Raphael zu diesem Zeitpunkt nicht realisiert hatte, was passiert war.

---

[28] Die elektronische Version dieses Kapitels enthält Zusatzmaterial, das berechtigten Benutzern zur Verfügung steht. Vgl. Anhang 6.19 Raphael.

NTE als Fokus auf das Selbst

Marlene[29] attestiert sich eine gewisse Sensibilität für mystische Erfahrungen, die ihr von der Seite ihres Vaters mitgegeben wurde. Geistererscheinungen waren demnach nichts Ungewöhnliches für sie. Die familiäre Lage zu Jugendzeiten war für Marlene schwierig, da die Mutter häufig krank, psychisch labil und suizidgefährdet war. Ihr Bruder und sie mussten sich um sie kümmern. Die ganze Familie befand sich zudem in einer finanziell prekären Lage. Die Kinder mussten viel miterleiden und bekamen auch den Unmut der Mutter zu spüren, als sie sich, so sagt Marlene, von ihr lösen wollten. Im Kontrast dazu sei ihre Zeit mit ihrem Mann besonders schön und befreiend gewesen. Die NTE machte sie im Zusammenhang mit ihrer ersten Schwangerschaft, während der Geburt ihrer ersten Tochter. Man hatte bereits zwei Tage lang versucht, die Geburt einzuleiten, allerdings ohne Erfolg. Psychisch und physisch erschöpft sah sie sich plötzlich selbst von oben. Sie oszillierte regelrecht zwischen sich und der Perspektive von oben, in der sie aus der Ecke des Raums auf sich sah: Immer dann, wenn die Wehen und damit auch die Schmerzen zunahmen, kam sie zu sich selbst, liessen hingegen die Schmerzen nach, ging sie wieder aus ihrem Körper hinaus und wähnte sich ruhig und geborgen. Marlene sagte mehrfach, dass sie nur noch sich selbst im Fokus hatte.

Marlenes Leben war geprägt von anderen Menschen, die stets ihre Aufmerksamkeit und Unterstützung benötigten. Bei der Geburt hingegen konnte sie sich ganz auf sich selbst fokussieren. Übernatürliche Fähigkeiten waren für sie nichts Unbekanntes, weshalb die Erfahrung auch nicht aussergewöhnlich, aber doch ein einmaliges Ereignis für sie war. Zunächst hatte sie keinen Namen für das, was sie erlebt hat, zumal sie sich auch lange nicht damit beschäftigte: «es ist wirklich, enorm lange, begraben gewesen in mir drin» (Marlene, Pos. 85). Erst als sie zufällig von Nahtoderfahrungen gelesen hatte, erinnerte sie sich an ihre eigene Erfahrung. Sie ist der Meinung, die gleiche Erfahrung gehabt zu haben, jedoch nicht derart intensiv, da die meisten Berichte «viel weiter» gehen würden. Daher glaubt sie, sich ganz am Beginn des «fliessenden» Sterbeprozesses befunden zu haben.

---

[29] Die elektronische Version dieses Kapitels enthält Zusatzmaterial, das berechtigten Benutzern zur Verfügung steht. Vgl. Anhang 6.14 Marlene.

8.5.2 Weltanschauliche Veränderung durch NTE: Keine Angst vor dem Sterben

Die Erfahrung führt zur vermeintlichen Erkenntnis, dass der Tod und das Sterben kein Grund für Sorgen und Ängste sein müssen. Die Beschäftigung mit dem Tod könne im Gegenteil dazu beitragen, als Persönlichkeit zu reifen und das Leben besser wertzuschätzen.

Keine Angst vor dem Tod durch Einblick in den Sterbeprozess
Guido meint seit seiner NTE und ihrer Aufarbeitung zu wissen, dass «man keine angst vor dem tod haben muss ((atmet)) und dass jeder mensch irgendwann im leben an den punkt kommt w:o: (.) das leben wirklich extrem wird» (Guido, Pos. 367). Auch René resümiert: «es war nicht verbunden mit angst» (René, Pos. 13). Und bekräftigt später nochmals: «es ist es ist kein drama wenn man stirbt» (René, Pos. 19). Auch Raphael meint: «ich habe keine angst vor dem tod» (Raphael, Pos. 35).

Marcel wisse zwar nicht, wie es wirklich sein wird, wenn man tot ist, allerdings ist er überzeugt, dass das Sterben und der Tod nichts Unangenehmes sein können: «für mich was wesentlich ist,, von dem moment an,, habe ich irgendwie das gefühl gehabt,, wenn man mal stirbt,, ist es für den betreffenden nichts schlimmes» (Marcel, Pos. 40). Zudem sei er zum Schluss gekommen, dass der Tod nichts Aussergewöhnliches darstelle, sondern zum Lauf des Lebens gehört: «es hat mir gewisse ängste genommen,,,dass der tod eigentlich etwas natürliches ist» (Marcel, Pos. 118).

Auch Marlene meint für sich eine Erkenntnis mitgenommen zu haben und glaubt, dass sie Einblick in den Sterbeprozess gewonnen hat: «weil es mir ein stück weit etwas sagt v:o:n (.) so könnte es im tod gehen […] könnte ich mir das sterben so vorstellen (.) so wellenbewegungen :u:nd, könnte ich mir gut vorstellen dass es so ist (.) wie ein elastisches band» (Marlene, Pos. 61).

NTE als Ereignis zur Reifung der eigenen Persönlichkeit
Marcel ist sich bewusst geworden, dass das Leben und der Tod zum Lauf der Dinge gehören.: «das ist einfach das dass wir nur ein glied sind in der natur (.) und dass das nicht unendlich ist sondern endlich ist (.) und vor dem müssen wir keine angst haben (.) was nachher passiert (.) das lasse ich auf mich zukommen» (Marcel, Pos. 108). Auch Marlene ist dankbar, diese Erfahrung gemacht zu haben: «heute merke ich einfach dass ich das nicht missen möchte (.) dass ich dankbar bin dass ich das erlebt habe» (Marlene, Pos. 71). Auch Nathalies Leben sei durch diese Erfahrung reicher geworden: «nicht negativ geschadet sondern sogar positiv für das leben ist eine solche erf:a:hrung» (Nathalie, Pos. 545). Guidos Persönlichkeit sei reifer geworden und er habe einen bewussteren Zugang zum Leben bekommen, wofür

er sehr dankbar ist: «es hat mich doch zu einem, reiferen menschen gemacht. sehr bewussten menschen auch., und demütig. ((atmet)),, und von dem her. möchte ich es nicht missen in dem sinn» (Guido, Pos. 363). Ihm ist klar, dass sein Leben jetzt stattfindet und nicht in einer Zukunftsphantasie: «leb dein leben, wie wenn es der letzte tag in deinem leben wäre. dass denke ich (.) dass muss ich voll bejahen» (Guido, Pos. 373). Guidos Leben habe deutlich an Tiefe gewonnen, weshalb er es kaum mehr aushalte, wenn er Zeuge oberflächlicher Gespräche wird: es geht ihm nahe, wenn die Leute nicht «bei sich» sind und so am wahren Kern des Lebens vorbeigehen: «ich ertrage es kaum wenn leute nicht präsent sind oder wenn leute so unbewusst an das leben gehen. das verstehe ich fast nicht» (Guido, Pos. 377).

8.5.3   Bewertung und Aussagekraft der NTE: Eines von vielen Grenzerfahrungen im Leben

Die NTE ist eine Station von vielen im Leben, das individuell sehr unterschiedlich ausfällt.

NTE als schicksalhaftes Ereignis
Nathalie schliesst aus ihrer Erfahrung: «für mich ist einfach das leben vorbestimmt oder (.) es hat einfach (dazu gehört) es hat einfach so sein müssen (.) so kommen müssen» (Nathalie, Pos. 127). Nun sei die Erfahrung ein Teil von ihr: «es gehört einfach zu mir was ich erlebt habe was ich studiert habe es gehört halt einfach zu mir» (Nathalie, Pos. 571). Für Erich ist sie ebenso einfach Teil seiner Geschichte: «von dort her ist dieses nahtoderlebnis einfach in dieser ganzen krebs: problematik (.) es ist eines von,, mehreren grenzwertigen erfahrungen» (Erich, Pos. 15). Jede Diagnose hat ihn sehr berührt, vor allem die, dass er Leukämie hat. Die Heilungschancen sind relativ gering, weshalb er sie mehr oder weniger als Todesurteil empfand.

> wenn mir die leukämie erspart geblieben wäre,, hätte [die Nahtoderfahrung] viel einen höheren stellenwert,, heute schaue ich es einfach so an ,, dieser weg ((räuspert sich)) muss ja irgendwie vorgezeichnet sein (.) ein stück weit,, und einfach diese stationen da musste ich durch oder, […] ich habe es auch nicht in erwägung gezogen dass ich noch einen hirnschlag habe,,, es hat einfach auch ins protokoll gehört (Erich, Pos. 105–107)

NTE als individuelles Ereignis
Das Erlebnis ist nicht nur intim, sondern auch sehr individuell. Nathalie glaubt, dass ihre eigene Erfahrung ganz spezifisch auf ihre Person zugeschnitten sei und keine Erfahrung der anderen ähneln kann: «ich glaube jeder mensch erlebt das

anders» (Nathalie, Pos. 121). René stützt diese Auffassung, weil er glaubt, dass jede Erfahrung etwas mit einem selbst zu tun habe: «es ist einfach sehr persönlich» (René, Pos. 132).

8.5.4 Religion und Spiritualität: Abkehr von Dogma

René hat «bereits als ganz kleiner junge» (René, Pos. 158) grosses Interesse an Fragen, die durch Religion und Spiritualität zu beantworten versucht werden: «ich bin nicht jemand religiöses aber ich bin jemand der sich interessiert für spiritualität» (René, Pos. 146). Spiritualität heisse für René:

> wachsam sein für alle fühlenden wesen. […] spiritualität ist für mich auch (.) nicht mit konzept arbeiten nicht wissen es ist s:o:.,, neugierig sein. ich habe keine ahnung was eine schnecke denkt. […] religion ist für mich etwas dummes. religion ist für mich glauben ohne nachzudenken ohne zu reflektieren. ((atmet)) nachreden was irgendjemand anderes sagt (René, Pos. 155–157)

Erich habe Mühe mit institutionalisierten und von Menschen geleiteten Weltanschauungen. Spiritualität im Gegensatz stehe für eine offene Haltung jeglicher weltanschaulicher Deutung gegenüber, eine Perspektive des wissenden Beobachters.

Guido könne ganz grundsätzlich nichts mit dogmatischen Haltungen anfangen – nicht nur im Kontext von Religion: «we:nn: ich mit religiösen leute spreche. das ist mir oft ein wenig zu abgehoben oder zu dogmatisch. […] aber das können auch kommunisten sein wo ich dann auch finde das ist mir zu dogmatisch» (Guido, Pos. 337–338). Für Guido haben alle Dinge im Leben zwei Seiten, die man differenziert betrachten müsse. Aus diesem Grund lehne er vorgegebene und einseitige Meinungen ab.

Auch Marcel hat ähnliche Schwierigkeiten mit institutionalisierter Religion, weil in seinem direkten Umfeld nur inkonsistent mit Religion umgegangen worden sei: Sein Vater habe Bibelsprüche zitiert, sich aber nie daran gehalten. Aus diesem Grund betont Marcel am Ende des Interviews, dass sein Zugang zu seiner Erfahrung «naturwissenschaftlich» sei: «vielleicht kann man sagen ich schaue das einfach naturwissenschaftlich an,, wenn man das irgendwie belegen kann (.) dann naturwissenschaftlich,, aber da das religiöse das ist mir zu schwammig» (Marcel, Pos. 214).

Auch René äusserst sich despektierlich über den Umgang einiger Menschen mit Religion:

wie dumm die leute mit dem zeug umgehen. […] also wie kann man christ sein und
nicht irgendwo einmal auch ein wenig in die tiefe gehen. was ist gewesen und warum
ist es gewesen und was könnte sein und woher kommt es oder? […] nein das genügt.
am sonntag. ((atmet)) ja das genügt wenn sie am sonntag in die predigt gehen. oder?
wir gehen einfach zur hochzeit und dann stirbt wieder jemand und dann ist man froh
wenn jemand wieder etwas da vorne labert. das ist ja verrückt (René, Pos. 150–154)

Nathalie distanziert sich «von jeder religion (.) weil religion bedeutet immer krieg
oder zum beispiel die christen ((atmet hörbar ein)) und die moslems die haben ja
immer krieg oder? […] mir sagt religion gar nichts also ich kann mit diesem wort
gar nichts anfangen» (Nathalie, Pos. 192–194). Nathalie hat grundsätzlich Mühe
damit, wenn Erfahrungen und vor allem religiöse Interpretationen verbreitet werden. Schliesslich habe sie sich selbst damit auseinandergesetzt. Sie geht davon
aus, die Mehrheit sei häufiger im Unrecht als im Recht: «die masse hat noch nie
recht gehabt […] ich bin schon lange aus der kirche ausgetreten (.) ich werde
auch nie mehr in eine kirche rein gehen. <<klagend> mit solchen leuten kann
ich einfach nichts anfangen> ich will nicht arrogant sein ich will nicht höher stehen als diese leute» (Nathalie, Pos. 198–222). Deutlich wird das immer wieder
betonte Unverständnis gegenüber den Kirchenvertretern. Diese würden persönliche Perspektiven, insbesondere auch bei Nahtoderlebnissen nicht respektieren
und würden immerfort ihre Deutung als die einzig richtige werten.

8.5.5 NTE-Berichte

Die Berichte sind primär individuell geprägt. Eine grundlegende Diskussion
über verschiedene Deutungen bleibt aus. Schliesslich gerät ihre Weltanschauung
auch nicht grundlegend ins Wanken, weshalb sie keinen grösseren Bedarf nach
Begründungen haben.
    Die Schilderung der NTE ist, wie in Tabelle 8.10 ersichtlich, ein klar
strukturierter Erlebnisbericht. Die NTE wird als besonderes, aber nicht die Weltanschauung erschütterndes Erlebnis dargestellt. Die Aussagekraft der Erfahrung
wird, wenn überhaupt, auf die persönliche Ebene beschränkt und ohne Anspruch
auf universelle Gültigkeit gesehen. Der Erkenntnisgewinn der NTE hat keinen
disruptiven Charakter und stellt daher auch keinen Dreh- und Angelpunkt dar,
sondern wird in einem grösseren Lebenszusammenhang gesehen. Er ruft höchstens in Erinnerung, dass das Leben endlich ist. Ferner lässt diese Konfrontation
mit der eigenen Sterblichkeit das Leben an Wert gewinnen. Das Ereignis reiht sich
ein in eine Abfolge von schicksalhaften Ereignissen, die jeden ereilen könnten.

Tabelle 8.10 Charakterisierung NTE-Berichte des Typs „Schicksal"

Enttäuschungsvariante	**Durchstreichung**
Umdeutung	Erfahrung sammeln
Darstellung	**Erlebnisbericht** – Gewöhnlich und unspektakulär – Persönlich und intim – Klar, knapp und sachlich
Funktion	Wiederherstellung der Einstimmigkeit der Welterfahrung

Umstände der NTE: Körperliche Notsituation
Die NTE trat für alle Probandinnen und Probanden völlig unvermittelt auf. René und Raphael können sich lange nicht an ihre Erfahrung erinnern und werden erst viel später im Rahmen einer Traumaaufarbeitung wieder mit ihr konfrontiert, was einen länger anhaltenden Prozess nach sich zieht. René, Erich und Nathalie kamen in Folge von Krankheit körperlich an ihre Grenzen, Marcel war in einem Unfall verwickelt und bei Erich und Marlene trat die NTE im Kontext von operativen Komplikationen bzw. anderen medizinischen Eingriffen auf.

Ausprägungen der Erfahrungen: Gefühl des Aufgehobenseins
Die Berichte fallen in Bezug auf die Präsenz visueller Elemente weitgehend heterogen aus: Zu Guidos Erfahrung gehörten keinerlei perzeptive Aspekte, sondern nur Emotionen, während Nathalie Gott gehört habe, Marcel Musik und Lichterscheinungen erlebte, René in einem Tunnel war und Marlene sich von oben sah. Hingegen eint ihre Erfahrungen die emotionale Komponente der Schmerzfreiheit, das Gefühl des Aufgehobenseins und die damit verbundene Angstfreiheit vor dem Sterben.

8.5.6 Soziale Deutungsmuster

Die eigene Erfahrung wird als persönliches Ereignis behandelt oder ist kongruent mit einer Deutungsebene und Position, die sich nicht wesentlich von der Weltanschauung vor der NTE unterscheidet. Im Zuge dessen, dass die Erfahrung als persönliches Ereignis begriffen wird, wird der eigene Zugang von möglichen, alternativen sozialen Deutungsmustern abgegrenzt: Meist entspringen diese Abgrenzungen aus ideologisch anmutenden, kompromisslosen Haltungen, aus denen eine religiös-ontologische Position erwachsen ist. Soziale Deutungsmuster sind nicht irrelevant, werden jedoch aufgrund des gefestigten Bezugs dazu in der Regel nicht oder nur am Rande thematisiert.

In Tabelle 8.11 wird ersichtlich, welche Positionen in welcher Deutungsebene bei diesem Typ besonders relevant (bestätigt (+) oder abgelehnt (−)) oder unentschieden/nicht relevant (o) sind. Dabei fällt auf, dass die Positionen vermehrt agnostisch oder skeptisch – und dann auch kongruent mit den dominanten Positionen der Deutungsebenen sind. Die Ausprägungen der Positionen werden in der Folge in den entsprechenden Unterkapiteln expliziert.

Religiös-ontologisch: Innere oder äussere Stimme?
Guido sei durch seine NTE auf den Wert des Lebens sensibilisiert worden: «zum irgendein bewusstsein zu bekommen„ j:a: das vielleicht (.) ich sage es nicht gerne. andere nicht haben» (Guido, Pos. 363). Er meint damit die besondere Sensibilität auf das Leben und seinen Wert, den allem Anschein nicht alle Menschen erkannt haben wollen. Er habe «ich habe das licht schon einmal gesehen» (Guido, Pos. 367).

Nathalie ist sich nicht sicher, ob sie tatsächlich eine von aussen gekommene Stimme gehört hat oder ob diese nicht stattdessen von ihr selbst kam. Im folgenden Zitat macht sie ihre Zweifel explizit:

> dann habe ich lange die heilige schrift studiert ((atmet lange hörbar ein)) aber das ist das einzige mal gewesen wo ich sagen kann wenn es [Gott] wäre gewesen=dass er mit mir geredet hat oder =aber es kann eben auch eine stimme in mir innen gewesen sein das kann auch ich selber gewesen sein die zu mir gesagt hat ((atmet hörbar ein)) es ist noch nicht zeit=gehe zurück (Nathalie, Pos. 47)

Etwas später erwähnt sie mit Bestimmtheit, dass sie das Göttliche schon auch in sich trage: «ich merke dass ich das göttliche in mir innen habe ((atmet hörbar ein)) jeder mensch kann entscheiden gut oder schlecht» (Nathalie, Pos. 177).

Kritisch: Keine Ideologien
Guido hat andere Berichte rezipiert und meint seine Andersartigkeit im Umgang mit der Erfahrung bemerkt zu haben: «die einen werden religiös oder ((atmet)) j:a: irgendwie spirituell oder so und das fruchtet bei mir nicht wirklich» (Guido, Pos. 297). Bei ihm sei das überhaupt nicht so: «das ist bei mir das absolute gegenteil als:o: ich sage es gibt keinen gott. es gibt kein leben vorher. es gibt kein leben nachher. ((atmet)) es ist einfach fertig und nun mal schwarz» (Guido, Pos. 287).

Er präzisiert dann aber in der Folge, dass dies einfach für ihn persönlich stimme und er keinen Anspruch auf eine einzige «Wahrheit» habe: «aber ich sage auch nicht„ das es keinen [Gott] gibt. als:o: ich denke für viele leute gibt es einen. mich hat es eher davon weggebracht. ich bin ein mensch der, extrem nicht empfänglich ist für ((atmet)) ideologien und solche dinge» (Guido, Pos. 287).

Tabelle 8.11 Positionen zu sozialen Deutungsebenen des Typs „Schicksal"

Soziale Deutungsebene	Grundanliegen	Positionen		
		Religiös-ontologisch	*Skeptisch*	*Agnostisch*
Religiöse Erfahrung	NTE ist als religiöse Erfahrung im Kontext einer historisch herleitbaren Entwicklung zu verstehen.	–	o	+
Parapsychologisch bedingter Bewusstseinszustand	NTE sind Belege für eine übersinnliche Erscheinung ausserhalb des Wahrnehmbaren.	–	o	+
Theologische Herausforderung	NTE können das religiöse Dogma stützen. Widersprechen sie diesem, kann es sich dogmaimmanent nicht um eine authentische, religiöse Erfahrung handeln.	–	+	o
Alltäglicher Bewusstseinszustand	NTE lassen sich als alltägliche Erfahrungen erklären, die das Phänomen entmystifizieren.	–	+	o
Neurobiologischer Vorgang	NTE haben hirnorganische Ursachen, die durch Stoffwechselstörungen, dissoziative Zustände und u.U. auch durch Sauerstoffmangel ausgelöst werden.	–	+	o
Psychologische Perspektive	NTE werden im Hinblick auf veränderte, psychologische Wahrnehmungen von Körper und Raum untersucht.	–	o	+

Agnostisch: Keine Wiederkehr vom Tod möglich

René betont mehrmals, dass man einfach nicht wissen könne, was eine NTE aussage, denn gestorben sei ja niemand in letzter Konsequenz: «ich meine (.) ((atmet ein)) ich bin nicht tot gewesen. ((lacht)) also es ist=ja=eben ein nahtoderlebnis. es ist ja immer: ((atmet)) es sind alle nicht tot oder?» (René, Pos. 11). Aller Mutmassungen zum Trotz handle es sich letztlich bloss um eine persönliche Erfahrung: «ich will es auch nicht überinterpretieren. (.) es sind nahtoderlebnisse. gestorben ist niemand. [...] also es sagt nicht sehr viel aus. oder? [...] das habe ich erlebt. voilà» (René, Pos. 140–142). Auch Erich meint, niemand könne schliesslich wissen, «wie es aussieht auf der anderen seite» (Erich, Pos. 67). Es gäbe schon faszinierende Geschichten, die man im Fernsehen und Radio hören würde, allerdings bleibe es offen, was diese Erzählungen tatsächlich belegen können.

8.5.7   Schlussfolgerung: NTE als schicksalhaftes Ereignis

Die Umstände, wie es zur NTE gekommen war und die NTE-Berichte fallen unterschiedlich aus: René und Erich hatten eine akute bzw. chronische Krankheit, Marlene hatte Komplikationen bei der Geburt, Marcel war in einem Verkehrsunfall verwickelt, Nathalie erlitt einen Kreislaufzusammenbruch und Guido und Raphael durchlebten traumatische Ereignisse.

Die NTE wird sehr stark auf die eigene Biografie bezogen wahrgenommen: Die Personen orientieren sich in ihren Bewertungen und Interpretationen der Erfahrung kaum mehr an Deutungsmustern, sondern betrachten sie weitgehend nur noch im Kontext der eigenen Lebensgeschichte. Damit ist die NTE zu einem Teil des eigenen Schicksals geworden und auch nur so zu verstehen. Aus diesem Grunde lehnen sie alternative, dogmatische oder ideologische Meinungen und Interpretationsmodelle ab. Sie sind überzeugt, es handle sich um eine sehr persönliche Erfahrung, die niemand ausser sie selbst abschliessend bewerten könne. Universelles ableiten zu wollen sei damit genauso schwierig, da letztlich niemand unmittelbar vom Tod zurückgekehrt war.

Das bedeutet jedoch nicht, dass soziale Deutungsmuster ignoriert würden. Ganz im Gegenteil sehen die Probandinnen und Probanden durchaus Anschlussfähigkeiten ihrer Erfahrungen an Beschreibungen und Deutungen des Phänomens, die sie aus Büchern oder zum Beispiel aus den Tagesmedien kennen. Schliesslich ist darin auch von ihnen bekannten Elementen die Rede – wie zum Beispiel Tunnel- oder Lichterfahrungen und einem sehr angenehmen Gefühl des Aufgehobenseins. Zudem verlieren sie ihre Furcht vor dem nunmehr als natürlich

wahrgenommenen Vorgang des Sterbens und sehen sich durch die damit verbundene Beschäftigung und Akzeptanz ihrer Sterblichkeit in ihrer Persönlichkeit
gereift. Ihre persönliche Deutung birgt kein Konfliktpotential zu ihren bisherigen
Weltanschauungen. Sie war und ist weitgehend kongruent mit einer Deutungsebene und bestimmten Position: Guido und Raphael zum Beispiel sehen ihre
Erfahrung durchgehend im Kontext einer Trauma-Erfahrung, Nathalie nimmt ihr
Erlebnis als eine religiöse Erfahrung wahr, die bereits in der Bibel beschrieben
ist. Aus diesem Grunde können sie ihr Erlebnis vollständig verorten. Für Erich
und René ist es ein nahezu alltägliches, wenn auch aussergewöhnliches Erlebnis,
für Marlene und Marcel ist die Erfahrung Teil eines natürlichen Vorgangs.

Zusammenfassung und Bewertung 9

Die Studienergebnisse werden in der Folge zusammengetragen und bewertet. Dabei werden die Typen zunächst einander gegenübergestellt, Haupt- und Subkategorien typenübergreifend dargestellt sowie auf Gemeinsamkeiten und Unterschiede eingegangen. Daraufhin werden dann jeweils weitere gemeinsame, typenunspezifische Faktoren zusammenfassend eingeordnet.

In der folgenden Tabelle sind sämtliche Eigenschaften aller fünf Typen gegenübergestellt. Darin spiegeln sich all die Eigenschaften wider, die in den vorangehenden Abschnitten nacheinander für jeden Typ eingeführt wurden. In den darauffolgenden Kapiteln wird ein typenübergreifender Quervergleich angestellt. Die in der Tabelle 9.1 aufgeführten Faktoren werden in den folgenden Kapiteln in Blöcken näher erörtert: Zunächst wird auf die weltanschaulichen Veränderungen und die Bewertung der NTE im biografischen Kontext eingegangen. Darauf folgt die Kontextualisierung von Religion und Spiritualität. Die NTE-Berichte und die Deutungsmusterverortungen werden in der Folge in jeweils einem eigenen Kapitel behandelt.

Die Darstellung der Typen hat gezeigt, dass sich die Haupt- und Subkategorien teilweise deutlich voneinander unterscheiden, wenngleich die spezifischen Subkategorien der verschiedenen Typen nur in der Nuancierung voneinander abweichen. Mit einer Ausnahme haben die Typen daher keine Alleinstellungsmerkmale, sondern lassen sich nur unter Bezug der Summe der Faktoren eindeutig bestimmen. Dementsprechend zeigt Abbildung 9.1 nicht nur eine Zusammenfassung der Typen je für sich, sondern auch ein Kontinuum zwischen ihnen. In der Regel haben die unmittelbar anliegenden Typen die meisten Überschneidungen.

Tabelle 9.1 Zusammenzug aller Merkmale der fünf Typen

	Transformation	Selbstwirksamkeit	Kalibrierung	Läuterung	Schicksal
Biografischer Kontext	Göttliche Botschaft für spirituelles Wachstum	Lebensbejahung	Rückkehr als Pflicht und Bürde	Ruf zurück ins Leben	Selbsttransparenz
Veränderung	Spirituelle Erstarkung & Lebensauftrag	Entdeckung der Selbstwirksamkeit	Sinnsuche -Verdrängung -Banalisierung	Bilanzierung des Lebenswegs	Keine Angst vor dem Sterben
Bewertung	Wahrhaftige Jenseitserfahrung	Wahrhaftige Todeserfahrung	Zwischen Privileg und Strafe	Tod als Etappe des Lebens	Eine von vielen Grenzerfah-rungen
Religion und Spiritualität	Spirituelle Autorität	Von institutionellen und religiösen Strukturen befreit	Indiz für Existenz einer übergeordneten Macht	Bestätigung einer übergeordneten Macht	Abkehr oder Ablehnung von Dogma
NTE-Bericht					
NTE-Umstände	Existentielle Krise	Körperlicher Erschöpfungs-zustand	Erfahrung der Lebensgrenze	Lebensbedroh-liche Situation	Körperliche Notsituation
NTE-Ausprägung	Symbolisch und emotional bewegend	Grenzerfahrung	Widerwillige Rückkehr	Geborgenheit	Gefühl des Aufgehobenseins
Narrative Argumentations-linie	Konversions-erzählung als Rückbesinnung	Transformative Bildungs-geschichte	Bildungs-geschichte	Bildungs-geschichtlicher Erlebnisbericht	Erlebnisbericht
Soziale Deutungsmuster					
Religiös-ontologisch	Spirituelle Erfahrung allumfassender Sinnzusammen-hänge	Suche nach spirituellem Erklärungsmodell	Wahrhaftige, übernatürliche Erfahrung	Mehr als nur Natur-wissenschaft	Innere oder äussere Stimme?

(Fortsetzung)

Tabelle 9.1 (Fortsetzung)

	Transformation	Selbstwirksamkeit	Kalibrierung	Läuterung	Schicksal
Agnostisch	Erfahrung des Todes und Einsicht ins Jenseits	Gegenstand von Deutungs-diskussion	NTE-Berichte Dritter als Referenz	Individuelle Erfahrung	Keine Wiederkehr vom Tod möglich
Kritisch	Ablehnung naturwissen-schaftlicher Erklärungen	NTE-Erkenntnis als Herausforde-rung für Natur-wissenschaft	Traum oder dissoziativer Zustand	Natürlicher Vorgang	Keine Ideologien

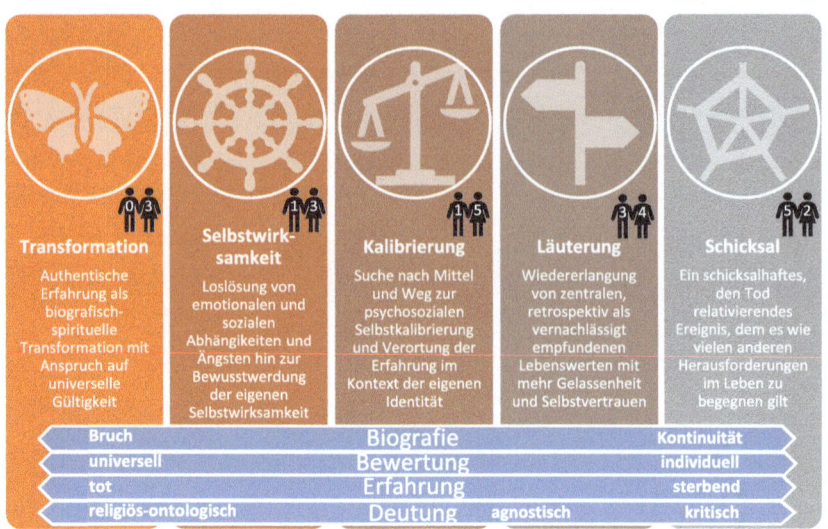

Abbildung 9.1   Übersicht der Typen und ihrer inhaltlichen Tendenzen

Die äusseren Typen «Transformation» und «Schicksal» weisen die grösste Kompromisslosigkeit in der Auslegung der Erfahrung auf und widersprechen sich am stärksten. Der sich in der Mitte befindende Typus «Kalibrierung» ist ein in seiner Deutung und Interpretation der Erfahrung unentschiedener. Horizontal, dargestellt durch die blauen Pfeile, bewegt sich die Einordnung der Konsequenz der Erfahrung für die Biografie zwischen Bruch und Kontinuität. Die Deutung ist in den Typen auf der linken Seite tendenziell religiös-ontologisch geprägt, kritische und agnostische Haltungen finden sich am meisten unter den Typen «Schicksal», «Läuterung» und «Kalibrierung». In Sachen Bewertung beschränkt sich die Wirkung der Nahtoderfahrung beim Typ «schicksalhaftes Ereignis» weitgehend auf die eigene Biografie, während die Personen des Typs «Transformation» eine allgemeingültige Erkenntnis aus ihr zu ziehen beanspruchen. Dies hat auch damit zu tun, dass dieser Typ die Erfahrung zum Teil als Todeserfahrung wertet. Damit meinen die Betroffenen die Gewissheit zu haben, wie eine mögliche Existenz im Jenseits ausgestaltet ist. Personen, die ihre NTE als «schicksalhafte Fügung» bezeichnen, empfanden die Erfahrung im Gegensatz dazu eher als beginnenden Sterbeprozess. Die horizontalen Pfeile in der Abbildung sind als Trends und nicht als zwingende Eigenschaften der Typen zu verstehen. Diese Trends werden in den nachfolgenden Kapiteln noch eingehender erörtert.

Alter und Abstand zwischen Ereignis und Interview lassen sich nicht als spezifische Merkmale eines Typs identifizieren. In Bezug auf das Geschlecht lassen sich hingegen Schwerpunkte ausmachen, insbesondere im Hinblick darauf, dass Frauen zu rund 63 % und Männern zu rund 37 % vertreten sind. Tendenziell sind mehr Männer relativ dem Typen «Läuterung» und absolut dem Typen «Schicksal» zugeordnet, während Frauen in den anderen Typen sowohl in der relativen als auch in der absoluten Mehrheit sind, wobei der Typ «Selbstwirksamkeit» in der relativen Verteilung nahezu ausgeglichen ist. Der Typus «Transformation» hat nur Frauen. Allerdings gilt dabei zu bedenken, dass es nur drei Probandinnen waren. Auch die Gesamtzahl von 27 Personen ist recht gering. Ferner könnte der wissenschaftliche Rahmen gerade die Personen angesprochen haben, die zu analytisch-neutralen Deutungen ihrer Erfahrung tendieren. Das würde erklären, weshalb mit 20 Personen eine deutliche Mehrheit der Betroffenen den Typen «Läuterung», «Schicksal» und «Kalibrierung» zugeordnet wurden. Schliesslich sind die beiden erstgenannten in ihren Deutungen eher agnostisch bzw. kritisch und der letztgenannte noch unentschieden. Ob die Typen «Transformation» und «Selbstwirksamkeit» tatsächlich auch in einer Grundgesamtheit seltener vorkommen, müsste über das Bilden einer repräsentativen Stichprobe ermittelt werden.

9.1 Weltanschauliche Veränderungen und Bewertung einer Nahtoderfahrung im biografischen Kontext

Für die Personen des Typs «Transformation» nimmt die Nahtoderfahrung eine zentrale Funktion in ihrer Biografie-Erzählung ein. Sie gilt ihnen als göttliche Botschaft und Erkenntnisquelle, um weitreichende Veränderungen in der Weltanschauung zu legitimieren. Dies basiert auf den Überzeugungen, Einsicht in den allumfassenden menschlichen Lebenszusammenhang gewonnen und eine wahrhaftige Jenseitserfahrung gemacht zu haben. Diese vermeintliche Erkenntnis hat universelle Verbindlichkeit für die Personen, weshalb sie sie aktiv an andere Menschen weitergeben wollen. Dieses Bedürfnis, die vermeintlichen Erkenntnisse nach aussen tragen zu wollen, weist nur der Typ «Transformation» auf. In den anderen Typen wird die eigene Biografie mehr ins Zentrum gerückt: Der Typ «Selbstwirksamkeit» entdeckt das Leben und seinen Wert neu für sich, in einem anderen, positiven Licht. Seine Personen fühlen sich von sozialen und religiös-spirituellen Vorgaben befreit. Auch der Personentyp der «Läuterung» empfindet nach der NTE eine neue Lebensqualität und nimmt eine Korrektur im bisherigen Lebensverlauf vor. Dagegen sehen die Personen des Typs «Schicksal» kaum

Tabelle 9.2 Veränderungen und Bewertung einer NTE im biografischen Kontext in der Übersicht der fünf Typen

	Transformation	Selbstwirksamkeit	Kalibrierung	Läuterung	Schicksal
Biografischer Kontext	Göttliche Botschaft für spirituelles Wachstum	Lebensbejahung	Rückkehr als Pflicht und Bürde	Ruf zurück ins Leben	Selbsttransparenz
Veränderung	Spirituelle Erstarkung & Lebensauftrag	Entdeckung der Selbstwirksamkeit	Sinnsuche, Verdrängung, Banalisierung	Bilanzierung des Lebenswegs	Keine Angst vor dem Sterben
Bewertung	Wahrhaftige Jenseitserfahrung	Wahrhaftige Todeserfahrung	Zwischen Privileg und Strafe	Tod als Etappe des Lebens	Eines von vielen Grenzerfahrungen

Anlass für weitreichende Veränderungen. Allenfalls blicken sie dem Lebensende entspannter entgegen. Sie gewinnen die Überzeugung, dass der Sterbeprozess mit weit weniger Angst verbunden sein muss als sie bisher annahmen. Personen des Typs der «Kalibrierung» sind noch mit der Intensität der Gefühle beschäftigt, die ihre NTE mit sich brachte. Für sie gibt es viele mögliche Erklärungsmodelle, sie sehen sich aber zum Teil überfordert mit der emotionalen Überwältigung, die auch noch einige Zeit nach der Erfahrung nachwirkt. Gerade in diesen Fällen kann die Erinnerung an die Nahtoderfahrung eine besondere Rolle spielen. Diese ist anscheinend nicht nur – wie auch bei allen anderen Typen – von einer Plastizität geprägt, welche die alltäglichen Erinnerungen deutlich übersteigt, sondern auch von ausgesprochener emotionaler Bedeutsamkeit, die nach der Rückkehr im Alltag, vor allem in stressreichen Situationen, relevant sein kann. Das Erleben des Ortes in der Nahtoderfahrung ging mit einem äusserst positiven Gefühl einher, das anschliessend im Alltag, bei einem Gefühl des Unbehagens, teilweise aktiv wiedererinnert wird, um der schwierigen Situation zu entfliehen. Einerseits kann dieser Ort als Kontrast zur empfundenen Machtlosigkeit und Verlassenheit ersehnt werden, andererseits kann aus der Erinnerung positives Denken generiert werden, das dabei hilft, akute Schwierigkeiten zu überwinden (Tabelle 9.2).

Damit ist die Situierung der Erfahrung in der Biografie-Erzählung unterschiedlich tragend für den jeweiligen Typ. Die NTE wird als Aufruf zur Botschaft an die Menschheit verstanden, als Befreiung von als einschränkend empfundenen sozialen Vorgaben. Damit wird sie als lebensbefreiende und lebensbejahende Schwerpunktverlagerung begriffen. Sie führt zu einer Korrektur der bisherigen Lebensausrichtung oder gesteigerten Akzeptanz der Vielschichtigkeit des bisherigen Lebens. Oder sie wird gar als Pflicht und Bürde empfunden – insbesondere dann, wenn das Erlebte noch nicht abschliessend eingeordnet werden kann. Gleichwohl befassen sich die Betroffenen über alle Typen hinweg intensiv und wiederkehrend mit dem Ereignis, wenn auch die Personen des Typs «Schicksal» am wenigsten. Die Erinnerung an das Erlebnis schien sich subjektiv förmlich aufzudrängen, weil sie sich wohl aktiv auf etwas anderes fokussieren mussten, um sich von ihr abzuwenden. Getrieben von der Suche nach einer Sinnhaftigkeit des Erlebten können sie sich immer wieder dieselben oder ähnliche Fragen stellen, warum sie dieses Ereignis ereilt hat, wie es zu deuten sei und welche Konsequenzen aus ihm zu ziehen seien. Zudem treibt sie die Frage um, inwiefern das Leben endlich ist und das Erlebte einen Hinweis darauf enthält. Die Nahtoderfahrung kann somit als Ereignis bewertet werden, das Veränderungen von Kernaspekten der bisherigen Biografie einleiten kann, welche die Person selbst als aussergewöhnliche Erfahrung empfunden hat und empfindet. Vor allem ist es dem Typ

«Transformation» ein Anliegen, vermeintlich radikal andere Überzeugungen vertreten zu können und sie durch das Unglaubhafte glaubhaft zu machen. Der
übernatürliche Rahmen macht es nach aussen hin unmöglich, den Wesenskern
anzuzweifeln, weil einzig und allein die betroffene Person über die Erzählho-
heit verfügen kann. Schliesslich können andere ihre Erfahrung nicht nacherleben.
In der Erzählung hat die NTE dazu verholfen, die vermeintlich unüberwind-
bare Lebenssituation zu verstehen und vor allem zu überwinden. So kann der
eigentliche Konflikt der Nahtoderfahrung bei einigen Fällen gar vorausgehen.
Ausweglosigkeit und Ohnmacht können als derart gross erlebt werden, dass sie
tatsächlich auch körperlich als lebensbedrohlich empfunden werden.

   Die Bewertung der Nahtoderfahrung fungiert zum Erzählzeitpunkt als eine
Art Fazit, wie die womöglich einschneidende Erfahrung einzuordnen ist. Die
Beschäftigung mit dem Erlebnis kann in der Folge weiter anhalten. Eine oder
vielmehr mehrere Bewertungen können diesem als iterativen Prozess beschriebenen Vorgang folgen, der über Jahre oder gar Jahrzehnte andauern kann.

   Alle bewerten die Erfahrung retrospektiv als ernste Situation, denn bei allen
Erzählungen muss unumstösslich der Eindruck entstanden sein, tot gewesen zu
sein oder sich zumindest inmitten des Sterbeprozesses befunden zu haben. Bemer-
kenswert dabei ist, dass die betroffenen Personen dieser subjektiven Gewissheit
mit einer Unsicherheit begegnen können. Doch gründet diese wiederum ausschliesslich darin, dass sie in den Medien oder im sozialen Umfeld ihrer
Auffassung Widersprechendes oder zum Beispiel durch ärztliche Diagnosen diametral Entgegengesetztes vernommen haben. Im Zweifelsfall steht aber ihre
subjektive Einordung ihrer Erfahrung über dem Urteil Dritter.

9.2   Religion und Spiritualität

Während sich die Personen des Typs «Transformation» als erfahrene spirituelle
Autoritäten sehen und infolgedessen mit anderen Autoritäten zu konkurrieren
meinen, lehnen sie Dogmen und Strukturen ab, nach denen ihre Erfahrung anders
auszulegen sei als sie es bereits getan haben. Sie haben alle einen eigenen
Zugang zum Thema «Tod und Sterben» gewonnen und lehnen vorgefertigte, als
exklusivistisch-kompromisslos empfundene Erklärungen ab – und dies nahezu
unabhängig davon, ob es sich dabei um dezidiert religiöse Erklärungen handelt
oder nicht. Doch sind es gerade die Religionen und religiösen Gruppierungen,
die sich Fragen zum Tod und einem möglichen Leben danach vermehrt gewidmet haben und widmen. Nicht zuletzt deshalb findet sich bei ihnen am meisten
dessen, was in Spannung zu den Deutungen der Betroffenen steht. Gerade die

Tabelle 9.3 Religion und Spiritualität in der Übersicht der fünf Typen

	Transformation	Selbstwirksamkeit	Kalibrierung	Läuterung	Schicksal
Religion und Spiritualität	Spirituelle Autorität	Von institutionellen und religiösen Strukturen befreit	Indiz für Existenz einer übergeordneten Macht	Bestätigung einer übergeordneten Macht	Abkehr oder Ablehnung von Dogma

Personen des Typs «Selbstwirksamkeit» empfanden die gesellschaftlichen Strukturen in ihrem bisherigen Leben als beengend und meinen sich dank der NTE davon befreit zu haben. Nun abermals mit Vorgaben konfrontiert zu werden, stösst daher bei ihnen auf besonders grossen Widerstand. Abgesehen von einigen einzelnen Stimmen des Typs «Schicksal» begegnen die meisten Probandinnen und Probanden religiös-spirituellen Fragen eher wohlwollend und zurückhaltend und bekunden mindestens, dass doch «irgendetwas da zu sein» (Tobias, Pos. 141) scheint. Dies ist zumindest die dominante Haltung des Typs «Läuterung». Die Personen des Typs «Kalibrierung» meinen Klarheit darüber gewonnen zu haben, «dass es ewig weiter» (Petra, Pos. 65) geht, wenngleich sie einräumen, dass der abschliessende Beleg dafür noch fehle. Man müsse die Erfahrung mindestens als deutliches Indiz dafür werten, ein Leben auch nach dem Tod fortführen zu können (vgl. Tabelle 9.3).

Bezeichnenderweise verwenden die interviewten Personen den Begriff «Religion» hauptsächlich abwertend für die institutionalisierte Form von Religion. Die Kritik zielt hauptsächlich auf das Christentum in Form der in der Schweiz vorherrschenden, in nahezu allen Kantonen staatlich anerkannten katholischen und reformierten Kirchen ab, beziehen sich aber auch auf als dogmatisch empfundene neureligiöse Gemeinschaften, häufig pejorativ als «Sekten» bezeichnet. Die Strukturen werden als starr und ihre Mitglieder als unreflektiert wahrgenommen. Hierzu bietet der Begriff der «Spiritualität» eine alternative und positiv konnotierte Gegenposition. So gelingt es, «spirituell» zu sein und über naturwissenschaftlich belegbar hinausgehende Weltanschauungen vertreten zu können. Die Religion und Spiritualität gegenüberstellende Abbildung 9.2 bildet, mit Ausnahme einzelner Personen des Typs «Schicksal», das Grundverständnis der Interviewten ab und erklärt auch ihre Abwendung von der institutionalisierten Religion und Hinwendung zur individuellen Spiritualität.

Religiös-spirituelle Erfahrungen sind dabei nicht nur individuell, sondern gerade Nahtoderfahrungen vor allem subjektiv verankert, falls diese sich in einem religiös-ontologischen Kontext begreifen. So kann Spiritualität gelebt, erfahren und die Bewertung selbst vorgenommen werden.

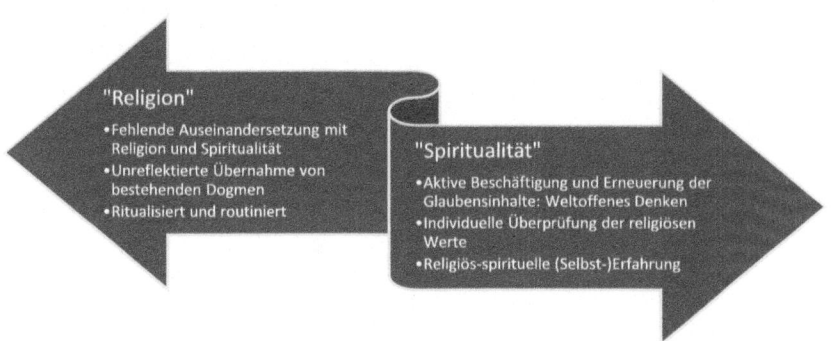

Abbildung 9.2 Verständnis von „Religion" und „Spiritualität"

9.3 NTE-Berichte

Die NTE-Umstände und Ausprägung der einzelnen Elemente sind nicht typen-spezifisch. Selbst eine besonders visuell geprägte NTE ist nicht nur einem Typ zuordbar, wenngleich ein Bericht mit zunehmender Vielfalt an Elementen in der Tendenz den Typen der linken Hälfte („Transformation" und „Selbstwirksam-keit") zuzuordnen ist. Die Erfahrung selbst muss dabei nicht spezifisch ausgeprägt sein: Obwohl Nathalie, dem Typ «Schicksal» zugeordnet, und Yolanda, dem Typ «Transformation» zugeordnet, von einer ähnlichen Erfahrung berichten, so fallen sie unter verschiedene Typen. Auch die physiologischen Bedingungen während der NTE scheinen zumindest nicht den möglicherweise naheliegenden Einfluss auf die Genese der Typen zu haben: Obschon Tobias 20 Minuten lang reani-miert wurde und physisch dem Tod über alle Betroffenen hinweg so am nächsten kam, fällt er nicht etwa unter den Typus «Transformation», sondern unter den Typ «Läuterung» – wohingegen Tanja, obschon sie aus eigener Kraft wieder erwachte, ohne dass je eine physische Notsituation in einer Messung von aussen festgestellt worden wäre, dem Typ «Transformation» zugeordnet werden kann. Tanja berichtet in der Folge von einer äusserst einprägsamen NTE: Sie hat viele Räume betreten, ihr wurden Dinge gezeigt, sie trat in einen Dialog mit einem übernatürlichen Wesen. Tobias berichtet hingegen ausschliesslich von einer emo-tionalen Geborgenheit, die er gefühlt habe. Auch der Unterschied zwischen dem Einfluss und Nicht-Einfluss von Medikamenten ist nicht so wie es teilweise Deu-tungsebenen nahelegen könnten: Obschon Guido medikamentös behandelt wurde, berichtete er nicht von visuellen Wahrnehmungen, wohingegen Daria Jesus ange-troffen habe und über eine Wiese voller spielender Kinder gegangen sei, obwohl sie nicht unter dem Einfluss von Medikamenten stand (vgl. Tabelle 9.4).

Tabelle 9.4 NTE-Berichte in der Übersicht der fünf Typen

NTE-Bericht	Transformation	Selbstwirksamkeit	Kalibrierung	Läuterung	Schicksal
NTE-Umstände	Existentielle Krise	Körperlicher Erschöpfungszustand	Erfahrung der Lebensgrenze	Lebensbedrohliche Situation	Körperliche Notsituation
NTE-Ausprägung	Symbolisch und emotional bewegend	Grenzerfahrung	Widerwillige Rückkehr	Geborgenheit	Gefühl des Aufgehobenseins
Narrative Argumentationslinie	Konversionserzählung als Rückbesinnung	Transformative Bildungsgeschichte	Bildungsgeschichte	Bildungs-geschichtlicher Erlebnisbericht	Erlebnisbericht

Tabelle 9.5 Typenübergreifende Übersicht der Darstellung der NTE in der biografischen Erzählung

Entäuschungsvariante	Durchstreichung	Entfremdung		Angst	
Umdeutung	Erfahrung sammeln	Erfahrung machen		Erfahrung suchen	
Darstellung	**Erlebnisbericht** - Gewöhnlich und unspektakulär - Persönlich und intim - Klar, knapp und sachlich	**Bildungsgeschichtlicher Erlebnisbericht** – Gewöhnlich anmutend, spektakulär im Inhalt – Klar und differenziert – Latentes oder manifestes Krisenpotential	**Bildungsgeschichte** – Anhaltende Bilanzierung des Lebensweges – Sortierung emotional überwältigender Episoden – Versuch, diese ins Weltbild einzugliedern	**Transformative Bildungsgeschichte** – Manifestes Krisenpotential – Ablehnung als einschränkend empfundene Weltanschauungen.	**Konversionserzählung** – Neuorientierung im Lebenslauf – Ablehnung bisheriger Traditionsbestände – Darstellung einer Kehrtwende
Funktion	Wiederherstellung der Einstimmigkeit der Welterfahrung	Wiederherstellung der Einstimmigkeit der Welterfahrung durch Selbstoffenbarung	Selbsttransparenz durch Selbstverobjektivierung	Bilanzierung und Justierung von bisheriger Welt vertrautheit	Rückbesinnung auf religiös vertraute Werte
Typ	**Schicksal**	**Läuterung**	**Selbstkalibrierung**	**Selbstwirksamkeit**	**Transformation**

Die narrativen Argumentationslinien und damit auch die Verortung und Deutung der Erfahrung unterscheiden sich deutlich und werden in Tabelle 9.5 gegenübergestellt: In einem Fall der «Transformation» habe die NTE zu einem Bruch geführt, indem sie die eigene religiös-spirituelle Weltanschauung verändern liess. Das war jedoch keine Kehrtwende, sondern Rückbesinnung auf bereits bekannte Glaubensinhalte. Die Personen des Typs «Selbstwirksamkeit» stellen die Veränderung ihrer eigenen Sichtweise aufs Leben ins Zentrum: Es handelt sich um eine Bildungsgeschichte transformativer Qualität, in der die Erfahrung ein Schlüsselereignis darstellt, weil sie das zuvor grösstenteils verneinte Leben nun fortwährend bejahen lässt. Die Personen des Typs «Kalibrierung» sind im Begriff, ihre eigene Biografie bildungsgeschichtlich zu formen und fassen die Erfahrung als Ereignis, das das Potential hat, das weitere Leben zu prägen. Diesbezüglich gehen die Personen des Typs «Läuterung» zwar einen Schritt weiter, indem sie sagen, die Erfahrung habe ihr Leben definitiv geprägt, doch hat sie kaum eine bildungsgeschichtliche Dimension für sie. Lediglich ihr Leben habe an Qualität gewinnen können. Dies sagen auch die Personen des Typs «Schicksal», wenngleich auch vor allem in der Hinsicht, dass sie in ihrem Umgang mit Sterben und Tod eine gewisse Leichtigkeit gewonnen haben. Ihre Erzählung gleicht einem «Erlebnisbericht», in dem sachlich ein Ereignis beschrieben ist, das keinen fundamentalen Einfluss auf den Lebenslauf gehabt habe.

In Tabelle 9.5 finden sich die von Kauppert eingeführten Unterscheidungsmerkmale, die jedoch mit Mischformen neu eingeführter Enttäuschungsvarianten ergänzt wurden. Die unterste Zeile führt den jeweils zugeordneten Typ auf.

9.4   Soziale Deutungsmuster

Die sozialen Deutungsebenen haben je Typ drei Positionen: eine religiös-ontologische, agnostische und kritische, wobei nicht jede Position aller Deutungsebenen zwingend für einen jeweiligen Typ relevant sein müssen. Dabei sind die gegenübergestellten Typen weitgehend kongruent mit einer spezifischen Position einer einzigen Deutungsebene, weshalb sie in sich konsistent erscheinen. Damit lassen sich grundlegende Schwerpunkte pro Typ ausmachen. Die Typen «Transformation» und «Schicksal» in den äusseren Spalten sind in ihrer Deutung am kompromisslosesten, während die drei Typen der mittleren Spalten eine grössere Offenheit grundsätzlich divergierender Interpretationsmodelle gegenüber zeigen, sodass sie gegenläufige Positionen in ihre Betrachtungen einbeziehen und gegeneinander abwägen (vgl. Tabelle 9.6).

Tabelle 9.6 Positionen sozialer Deutungsebenen in der Übersicht der fünf Typen

Deutungsmuster	Transformation	Selbstwirksamkeit	Kalibrierung	Läuterung	Schicksal
Religiös-ontologisch	Spirituelle Erfahrung allumfassender Sinnzusammenhänge	Suche nach spirituellem Erklärungsmodell	Wahrhaftige, übernatürliche Erfahrung	Mehr als nur Naturwissenschaft	Innere oder äussere Stimme?
Agnostisch	Erfahrung des Todes und Einsicht ins Jenseits	Gegenstand von Deutungsdiskussion	NTE-Berichte Dritter als Referenz	Individuelle Erfahrung	Keine Wiederkehr vom Tod möglich
Kritisch	Ablehnung naturwissenschaftlicher Erklärungen	NTE-Erkenntnis als Herausforderung für Naturwissenschaft	Traum oder dissoziativer Zustand	Natürlicher Vorgang	Keine Ideologien

Prägend beim Typ «Transformation» ist die religiös-ontologische Grundhaltung: Personen dieses Typs sind mit Bestimmtheit davon überzeugt, Einblick in das Jenseits erhalten zu haben, womit sie die Gegenposition zu
naturwissenschaftlich-kritischen Deutungen einnehmen, da diese spirituelle und
religiöse Interpretationen ablehnen. Diese Erkenntnis hat für die Betroffenen
universellen Charakter. Diese erfordere ein neues Paradigma in der Naturwissenschaft, das der NTE-Forscher Pim van Lommel schon zu beschritten haben meint,
da er überzeugt ist, Nahtoderfahrungen bieten Zugang zum «endlosen Bewusstsein».[1] Allerdings tritt dieser Typ damit auch in Konkurrenz zu anderen dezidiert
religiös-ontologischen Positionen, wie zum Beispiel christlich-theologischen. Er
stellt ihren Zugang in Frage oder widerspricht gar ihren Glaubensinhalten, zumal
er genau wie sie auch Anspruch auf Deutungshoheit erhebt. Die Personen des
Typs «Selbstwirksamkeit» möchten ihre eigenen Überzeugungen nicht öffentlich
kundtun, meinen sich aber des Erkenntnisgewinns ihrer Erfahrung sicher zu sein:
die NTE ist eine individuell-spirituelle Erfahrung. Sie wissen um die Echtheit
ihrer Erfahrung, sind sich aber bewusst, dass darüber kontrovers debattiert wird.
An der Debatte sind sie sehr interessiert, geben ihr auch Raum und akzeptieren, dass es andere Interpretationen und Deutungen als die ihrige gibt. Diese
beeinflussen oder ändern jedoch nicht ihre eigene Überzeugung. Personen des
Typs «Kalibrierung» sind hierzu weit unentschiedener: Sie sind überwältigt von
der emotionalen Intensität der Erfahrung und sehen sich auch damit überfordert, die verschiedenen, sich mitunter gegenseitig widersprechenden Positionen
einzuordnen. Sie orientieren sich zunächst mehr an anderen NTE-Berichten und
suchten vermehrt nach Bestätigung für die Echtheit der Erfahrung. Der Typ «Läuterung» zweifelt nicht mehr daran, sondern glaubt zu wissen, dass es «mehr
als nur Naturwissenschaft» gibt. Sie wissen um das für sie Persönliche, was
sie ihrer Erfahrung abgewinnen können, ohne diesem lebensbestimmend Raum
geben zu müssen. Sie sind an einer sachlichen Auseinandersetzung interessiert,
ohne emotionale und subjektive Aspekte ausser Acht zu lassen. Ferner sehen sie
ein, dass sie ihre eigene Überzeugung nicht belegen können, weshalb die NTE,
so glauben sie, nicht mehr sein kann als eine individuelle Erfahrung. Personen
des Typs «Schicksal» erachten Auffassungen, die Nahtoderfahrungen als Quelle
weitgreifender, universeller Erkenntnis deuten, als zu emotional und zu schwär-
merisch. Von allen idealistischen, dogmatischen und exklusivistischen Positionen
grenzen sie sich tendenziell explizit ab und zeigen sich agnostisch oder kritisch.
Die Berichte könnten in ihrer Konsequenz nichts beweisen. Schliesslich könne

---

[1] Van Lommel 2010 S. 392 ff.

niemand wirklich tot gewesen sein, wenngleich religiös-ontologische Positionen unwahrscheinlich, aber auch nicht gänzlich ausgeschlossen werden können. Die Heranführung an die Begrifflichkeiten und Eigenheiten des Phänomens erleichtert den Betroffenen den Zugang zur eigenen Erfahrung. So wissen sie um Möglichkeiten, das Erlebte einzuordnen: Entsprechende Erklärungsmodelle laden dazu ein, die eigene Erfahrung an ihnen zu messen, um selbst Zugang zum Phänomen zu bekommen. Dieser Zugang kann über einen Hinweis von behandelnden Ärzten oder Personen im sozialen Umfeld erfolgen. Zum Beispiel hat der Narkosearzt Erika darauf hingewiesen (Erika, Pos. 101), dass das von ihr Erzählte eine Nahtoderfahrung gewesen sein könne. Auch Werners Zugang zur NTE lief über Dritte. Eine Betreuungsperson sagte ihm, dass sie Angst um ihn gehabt habe, da er schliesslich fast gestorben sei (Werner, Pos. 24). Caroline erhielt Zugang über Bücher zu Nahtoderfahrungen, die ihr ihre Physio-therapeutinnen gegeben hatten (Caroline, Pos. 41). Alexandra sprach mit ihrem Schwager, einem Theologen, der ihr Buchtipps gab (Alexandra, Pos. 38). Eine Freundin von Yolanda habe sie bestätigt und ihr «Mut gemacht» und zu erwä-gen, tatsächlich in einem äusserst ernsten Zustand gewesen zu sein (Yolanda, Pos. 11). Daria ist mit einem Trauma-Forscher schriftlich in Kontakt getreten und er hat ihr geschrieben, es müsse sich um eine NTE gehandelt haben, «da es lebensbedrohlich gewesen» (Daria, Pos. 109–113) sei. Samuel wurde von sei-ner Psychotherapeutin darauf aufmerksam gemacht, dass sein Erlebnis «typisch» für eine NTE sei (Samuel, Pos. 87). Judith hat viele Berichte gelesen und mar-kiert den Unterschied zu ihrer Erfahrung: Sie habe sich zum Beispiel nie von oben gesehen (Judith, Pos. 27). Auch Marlene beschreibt ihre Erfahrung mittels Abgrenzungen zu dem, was sie aus anderen, z. B. in Fernsehsendungen vorkom-menden Berichten kennt (Marlene, Pos. 15). Damit wird die eigene Erfahrung also mittels der Bestimmung von abwesenden bekannten Faktoren identifiziert oder ihre Identifikation als NTE in Frage gestellt. Dabei beziehen sie sich explizit auf Referenzen von Vertretern populärer wissenschaftlicher Zugänge zum Phäno-men. Raymond Moody[2] wurde mehrmals erwähnt und auf die als Pionierin der Todesforschung geltende Elisabeth Kübler-Ross wurde hingewiesen,[3] die mass-geblich an der Verbreitung von Moodys Publikation «Life after Life» beteiligt war. Pim van Lommels populärwissenschaftliches Buch «Endloses Bewusstsein» wird von Samuel erwähnt. Weitere Forschungen zu diesem Thema nennen die

---

[2] Vgl. Alexandra, Pos. 38. Anna, Pos. 136–143.
[3] Vgl. Alexandra, Pos. 38. Maria, Pos. 209. Samuel, Pos. 87. Peter, Pos. 3. Petra, Pos. 35. Lea, Pos. 262.

Betroffenen nicht. Es wurde zudem generisch auf Fernsehdokumentationen, Zeitungsberichte, Bücher, Zeitschriften, Beiträge oder Berichte in sozialen Medien in den Interviews verwiesen.[4] Damit scheint die Kenntnisnahme des Begriffs und des Phänomens im Wesentlichen über mediale Debatten und interaktive Kanäle im Internet (wie z. B. Foren oder soziale Medien) zu erfolgen. Wohl nicht zuletzt deshalb ist ihre Wahrnehmung des Begriffs der Nahtoderfahrung genauso heterogen und vielschichtig wie die mediale Debatte. Gleichwohl beziehen sich alle Berichte auf den Umstand, von einer subjektiven Sterbe- und/oder Todeserfahrung sprechen zu wollen, zumal sich alle Personen sicher waren, dem Tode nahe gewesen zu sein. Damit stützen sie sich auf eine wortwörtliche Auslegung des Begriffs und finden so Zugang zum Phänomen und den kontroversen Diskussionen, die darüber geführt werden.

9.5   Schlussfolgerungen

Die Ergebnisse der Datenanalyse machen deutlich, dass es sich bei einer Nahtoderfahrung aus subjektiver Sicht um ein ausseralltägliches Ereignis im Leben handelt. Die grundlegende Gemeinsamkeit aller Berichte ist die wörtliche Auslegung des Begriffs «Nahtoderfahrung»: Alle verbinden mit ihm den subjektiven Eindruck, den Tod «erfahren» oder zumindest im Sterben gelegen zu haben. Auch wenn die Personen ihre Erfahrung im Detail unterschiedlich bewerten und auch wenn sie sich graduell unterschiedlich mit ihr selbst beschäftigen sowie die Themen Tod, Sterben, Leben und dessen Sinnhaftigkeit auf verschiedene Weisen mit ihr verknüpfen – für alle hat sie eine besondere, mitunter unbeschreibliche Qualität, die immer mit einer initialen und manchmal sogar anhaltenden emotionalen Überwältigung einhergeht. Intensität und vor allem Erinnerbarkeit der Erfahrung seien ausnahmslos allen ausserordentlich. An die Stärke der Erinnerbarkeit kämen Träume oder andere bisher gemachte Erfahrungen nicht ansatzweise ran. «Als wäre es gestern gewesen», sagen alle Betroffenen. Selbst wenn die Erfahrung Jahrzehnte zurücklag, hafte der Nahtoderfahrung in der Erinnerung eine ausseralltägliche Klarheit an, die sich zum Zeitpunkt des Interviews in keiner Weise verändert habe.

Die aus dem Datenmaterial generierten Kategorien und Subkategorien zeigen, dass nicht nur die Erfahrung selbst, ihre Bewertung und die daraus abgeleiteten Veränderungen der Weltanschauung Hauptthemen sind, sondern auch

---

[4] Vlg. Caroline, Pos. 141. Guido, Pos. 279–281. René, Pos. 140. Nathalie, Pos. 35. Tobias, Pos. 85–89. Tanja, Pos. 250. Lea, Pos. 262.

Religion und Spiritualität. Die Analyse des Datenmaterials ergab eine Konstellation einerseits aus Themenzusammenfassungen der jeweiligen Fallbeschreibungen und andererseits über das gesamte Datenmaterial hinweg gebildeten Kategorien, die der Ausgangspunkt für die Typengenerierung war. Zusammen mit der anhand der wissenschaftlichen Debatte aufgearbeiteten sozialen Deutungsebenen (in Anlehnung an die Kategorisierung Knoblauchs) und der narrativen Argumentationslinie (in Anlehnung an Kaupperts «Enttäuschungsvarianten») wurden fünf Typen herausgearbeitet. Sie lauten: «Transformation», «Selbstwirksamkeit», «Kalibrierung», «Läuterung» und «Schicksal». Sie bilden das Spektrum der sozialen Deutungsebenen in seiner Breite ab. Dabei wiesen die Deutungsmuster pro Typ unterschiedlich viele Deutungsebenen aus. Auch verschieden sind die Schwerpunkte und ihre Gewichtung, hinsichtlich derer die Erfahrung von den Personen ausgelegt wird. Die fünf Typen stehen in einem Raster mit vier Dimensionen: die Aussagekraft der «Erfahrung» (zwischen «Totsein» und «im Sterben liegen»), die Grundhaltung zur «Deutung» (in einem Kontinuum zwischen «religiös-ontologisch» über «agnostisch» bis «kritisch»), die Integration der Erfahrung in die «Biografie» (zwischen «Bruch» und «Kontinuität») und der Anspruch auf Allgemeingültigkeit der «Bewertung» der NTE (zwischen «universell» und «individuell»). Es hat sich gezeigt, dass die NTE in der biografischen Erzählung nicht zwingend als Bruch in der Biografie dargestellt wird. Das tut sie vor allem dann nicht, wenn der Person aussergewöhnliche Erfahrungen bereits gut vertraut waren, sie ihre Erfahrung skeptisch betrachtet oder sie als mit ihrer Weltanschauung in Einklang stehend deutet. In diesen Fällen reiht sich die Erfahrung einfach in bereits Erlebtes ein. Die Typen «Schicksal» und «Transformation» sind in der Darstellung der biografischen Erzählung am weitesten voneinander entfernt. Zwischen den gegenübergestellten Typen «Schicksal» und «Transformation» wird der beschriebene Bruch in der biografischen Erzählung immer deutlicher zum Ausdruck gebracht. Dessen ungeachtet wird der Bruch anhand des NTE-Berichts begründet und kann in eine stringente Erzählung integriert werden. Dabei kann der Glaube an das bisherige Weltbild narrativ ins Wanken geraten, wenn nicht gar zu Fall kommen, um die eigene Erfahrung sinnhaft ins eigene Weltverständnis zu integrieren und gegebenenfalls die eigene Integrität nach aussen wiederherzustellen. Das Narrativ rund um die Nahtoderfahrung muss gegebenenfalls vermeintlich Unüberbrückbares überbrückbar machen, vermeintlich Unglaubliches glaubhaft, vermeintlich Unbeschreibliches beschreibbar und vermeintlich Unschlüssiges schlüssig. Das Bemühen, die genannten Klüfte zu überwinden, ist nahezu Bedingung, denn schliesslich ist die Biografie und ihr Erzählen Teil der sozialen Kohäsion und damit der sozialen Identität. Ihr

Erzählen orientiert sich an gesellschaftlichen Modellen der Narrativierung, versucht den Standards und Erwartungshaltungen zu entsprechen und bezieht diese auf die eigene und gegebenenfalls subjektive Betrachtung der eigenen Biografie. Das Ereignis wird zum Zeitpunkt der Erzählung retrospektiv als Erfahrung bezeichnet, weil es subjektiv an eine bestimmte Bedeutung geknüpft wird. Diese Einordnung wird von den Betroffenen im Nachgang selbst vorgenommen. Gerade durch den Verzicht auf im Voraus festgelegte Merkmale der Definition der Nahtoderfahrung konnte sich zeigen, dass die Personen einzelnen Elementen ihrer Erfahrung selbst wenig Relevanz beimassen – ganz im Gegenteil zu ihrer biografischen Bedeutsamkeit. Die biografisch-narrativen Interviews machten sichtbar, welche Fragen die Betroffenen beschäftigen, welche Deutungsmöglichkeiten sie in Erwägung ziehen und wie sie diese ganz persönlich – in ihrer eigenen Biografie stehend – zur Entfaltung bringen. Daraus haben sich die erwähnten fünf Typen herausgebildet, die jeweils unterschiedliche Schwerpunkte hinsichtlich der Bedeutsamkeit der Erfahrung setzen.

Während der Typ «Transformation» fortan auf zwar schon vertraute, aber bis zur NTE-Bewertung abgelehnte, religiös-ontologische und gar allgemeingültige Überzeugungen setzt, sieht der Typ «Schicksal» eine NTE als schicksalhaftes Ereignis, das ausschliesslich Schwere und Angst vor Tod und Sterben weitgehend nehmen kann. Zudem ist die Aussagekraft der Erfahrung für den Typ «Schicksal» rein individuell. Dieser Meinung sind auch Personen des Typs «Läuterung». Sie sehen die NTE aber nicht als einfaches Schicksalsmoment, sondern als Korrektiv einer Lebensführung, die von «eigentlich wertschöpfenden» Lebenswerten abgekommen ist. Sie haben den Eindruck, ihr Leben nun aktiver gestalten zu können und sind der Überzeugung, dass dies ihre Lebensqualität steigert. Noch unentschieden und mitunter ziemlich überfordert von der Emotionalität der Erfahrung zeigen sich Personen des Typs «Kalibrierung». Mit ihren Empfindungen und vermeintlichen Erkenntnissen stehen sie in einem Spannungsfeld zu Interpretationsmodellen Dritter. Sie fühlen sich noch hin und her gerissen, messen der Erfahrung eine grosse Bedeutung bei, können diese aber nicht abschliessend in Worte fassen und sind damit beschäftigt, all die daraus entstandenen Eindrücke noch einzuordnen. Sie sehnen sich besonders dann nach dem in der NTE erfahrenen Ort, wenn sie sich unter Druck gesetzt und überfordert fühlen. Denn an diesem Ort haben sie eine besondere Leichtigkeit erlebt, die ihnen das Gefühl gab, keinerlei Verpflichtungen zu haben. Die «Rückkehr» ins Leben ist deshalb Bürde und Geschenk zugleich für sie: Eine Bürde, weil sie nun wieder ohne die Leichtigkeit leben müssen, und ein Geschenk, weil sie die Leichtigkeit erfahren und daraus die Erkenntnis gewonnen haben, diese Leichtigkeit am Lebensende wieder erfahren zu dürfen. Schwierige Ereignisse vor der NTE haben auch die

Personen des Typs «Selbstwirksamkeit» erlebt. Bei ihnen führten sie zu einem gewissen Lebensverdruss. Die intensive Beschäftigung mit der NTE habe ihnen zur Erkenntnis verholfen, dass das Leben wertvoll ist und sie seinen Verlauf weitgehend selbst in der Hand haben. Vermeintliche gesellschaftliche Vorgaben und Erwartungen können sie relativeren oder gar überwinden. So finden sie zu einer neuen, selbstbewussteren und selbstverantwortungsvollen Lebenseinstellung, zu der die NTE den entscheidenden Impuls gab. Die Personen des Typs «Transformation» haben weitreichende Veränderungen in ihrem Leben vorgenommen. Diese durch die NTE eingeleitete, als Zäsur erzählte Veränderung in ihrem Leben bietet Betroffenen die Möglichkeit, einen weltanschaulichen Wandel oder gar fundamentalen Wechsel der religiösen Überzeugung zu begründen und den eigenen, inneren Konflikt sinnhaft aufzulösen. Dieser Typ ist zudem überzeugt, aus der Erfahrung Erkenntnisse gewonnen zu haben, die nicht nur für ihn selbst bestimmt, sondern für die ganze Menschheit nutzbringend sind. Deshalb möchte er seine vermeintlichen Erkenntnisse auch nach aussen tragen. Nur Personen dieses Typs haben dieses ausgeprägte Bewusstsein, ihre Einsichten teilen zu wollen. Sie geben an, durch ihre persönliche Erfahrung exklusives Wissen erlangt zu haben und wehren sich in der Regel vehement dagegen, wenn Dritte ihr Erlebnis von sich aus verorten oder in ein bestimmtes Licht rücken wollen. Die Erfahrung, so sagen sie, war wahrhaftig, zweifelsfrei authentisch und real. Die Nahtoderfahrung hat eine bedeutsame Konsequenz auf ihre bisherige weltanschauliche Überzeugung, die zu dieser grundlegenden Transformation geführt hat. Die Personen meinen etwas erlebt zu haben, über das in einem positivistisch geprägten Umfeld einhellig die Meinung herrscht, es nicht erleben zu können: aus dem Jenseits wiedergekehrt zu sein. Schliesslich betrachtet es den Tod als irreversibel.[5] Nur mit einer religiös-spirituellen Weltanschauung scheinen die Eindrücke der Auflösung der Einheit von Zeit und Ort und des gleichzeitig an zwei verschiedenen Orten Gewesen-Seins und die damit erlebte Trennung von Körper und Geist, vereinbar zu sein. Körperlich war man am Ort des Geschehens, geistig – in der NTE – jedoch an einem häufig nur schwer definierbaren Ort – möglicherweise im Jenseits oder auf dem Weg dazu.

Die geglaubte Gewissheit, tot gewesen zu sein, führt, falls die betroffene Person nicht bereits zuvor mit religiös-spirituellen Überzeugungen vertraut war, fast schon zwingend zu einem Bruch in der geschilderten Biografie. Religiös-ontologische Erklärungsmodelle für aussergewöhnliche Erfahrungen, welche die

---

[5] In der Medizin spräche man bei einer NTE nur von «Scheintod». Vgl. Tod und Todesdefinition in der Naturwissenschaft S. 1616.

Erfahrung als authentisch sehen, können dann Stimmigkeit herstellen oder bewahren, da sie nicht an das positivistische Weltbild gebunden sind. Ferner wird der Begriff «Religion» in vielen Berichten meist negativ konnotiert gebraucht. Dies speist sich daraus, dass die Personen an die institutionalisierte Form der Religion denken. Sie setzen sie mit der christlichen Kirche gleich, und assoziieren sie mit als starr empfundenen Interpretations- und Deutungsvorgaben. Diese wirken kompromisslos auf sie, da sie den eigenen Erfahrungen nur dann Raum zu gewähren scheinen, wenn sie in die religiöse Doktrin der Kirche passen. Die Präsenz dieser Sichtweise unter den Betroffenen ist auch dadurch bedingt, dass sie vornehmlich negative Erfahrungen mit Vertretenden der Kirche gemacht haben, was wohl ihren Blick auf die Kirche als Ganze bestimmt. Aus diesem Grund kann der Begriff «Religion» negativ konnotiert bzw. nur im Kontext von Kritik und Distanzierung von der Kirche zur Anwendung gekommen sein. Das Adjektiv «religiös» scheint diese Negativkonnotation hingegen weniger oder gar nicht zu haben, zumindest in den Berichten. Viele Personen bezeichnen sich als «religiös», lieber noch als «spirituell» und bekennen sich damit zu einem Glauben an eine «höhere Macht». Häufig spezifizieren sie dies auch nicht weiter. Der Glaube referenziert nicht zwingend auf eine spezifisch kirchlich geprägte Vorstellung, sondern bleibt in der Regel weitgehend vage, selbst wenn von «Gott» gesprochen wird. Unabhängig von den Eigenheiten der begrifflichen Verwendung spielen Gewohnheiten und bereits in Kindesalter erlernte Haltungen zu Religion eine zentrale Rolle. Die NTE und allfällige religiöse Überzeugungen markieren damit keinen abrupten Richtungswechsel in Sachen Religion, von zum Beispiel Atheismus oder Agnostizismus hin zu tiefer Religiosität, sondern eine Rückbesinnung auf in Kindheit oder Jugend vermittelt bekommene Werte. Keine der interviewten Personen sah sich während der NTE oder in der Bewertung im Nachgang mit religiösen Weltanschauungen oder Inhalten konfrontiert, die sie vor der NTE nicht schon kannte. Falls religiöse Überzeugungen im Nachgang der NTE eine besondere Rolle spielten, dann erstarkte dies den eigenen Zugang zur Religion, da die Verbindung zu ihr über eine eindrückliche Erfahrung erfolgte. So löste sich die auf Institutionalisierung und Glaubensvorgaben machende Autorität beschränkte Fokussierung von Religion weitgehend auf und ein subjektiver Zugang zur Spiritualität gewann an Raum. Mit «Spiritualität» haben Betroffene eine Bezeichnung gefunden, die für einen vermeintlich weltoffenen Zugang zu den entsprechenden Themen, wie Beispiel zu einem Leben nach dem Tod, steht. Im Rahmen spiritueller Erfahrungen können Subjekte zum Beispiel göttliche Fügungen erleben, die auf sie zugeschnitten sind und ihnen etwas mitteilen, was sie wieder auf den richtigen Weg zurückbringen soll. Damit muss nicht mehr gleich jegliche Form von Religion abgelehnt werden, sie findet nun in einer anderen Form einen individuellen Ausdruck, womit zugleich das Bedürfnis nach Spiritualität ohne bescheinigte Religionszugehörigkeit ausgelebt werden kann. Besonders macht die Nahtoderfahrung der Umstand, dass sie individuell und subjektiv ist und nur die Berichtenden selbst Deutungshoheit über sie haben können. Die Soziologen Knoblauch/Schnettler/Soeffner sprechen in diesem Kontext von der «Individualisierung, [...] und der Popularisierung des Jenseits»[6]: Das die Erfahrung gemacht habende Individuum steht im Mittelpunkt und benötigt keine religiöse Autorität, die seine Erfahrung in einen Kontext setzt: «Es kommt zu einer normativen Wertschätzung der Vereinzelung als 'Einzigartigkeit'.»[7] Es handle sich um eine «Reformation» der religiösen Erfahrung, die im Alltagsleben, also in einem «populären» Rahmen stattfindet. Das religiöse Wissen «wird sozusagen veralltäglicht und findet einen Ort ausserhalb der religiösen Institutionen.»[8] Diese Verlagerung erfolgt im Falle von Nahtoderfahrungsberichten durchaus explizit und als zum Teil gegen die Religion als Institution gerichtet. Die Berichtenden wollen ihre individuellen Deutungen der Erfahrung gegen Fremdinterpretationen schützen. Ihre Deutungen können dann in Widerspruch zu denen institutionalisierter Religion stehen. Dieser Konflikt droht nicht nur den Betroffenen einer NTE, sondern auch für die Kirche samt übermittelter Glaubenslehre, indem sie sich mit ihr widersprechenden Deutungen konfrontiert sieht. Nach William James ergeben sich so zwei Fronten: «Auf der einen Seite steht die institutionelle, auf der anderen die persönliche Religion.»[9]

Berichtende stehen ferner vor der Herausforderung, ihr persönliches Sinnsystem als im Verhältnis zur nunmehr gemachten Erfahrung stehend für das soziale Umfeld nachvollziehbar und glaubhaft zu machen. Die neue Gesamtsituation drängt sie förmlich zu einer Beurteilung des eigenen Sinnsystems. Sie fragen sich womöglich, ob es zum Beispiel bloss eine Halluzination war oder ob es Anlass gibt davon auszugehen, das eigene Sinnsystem anzupassen oder gar zu revidieren, weil es doch mehr als nur eine Illusion war. Entweder könnte man also Opfer der eigenen Sinnverzerrung geworden sein oder aber das Sinnsystem muss graduell oder fundamental angepasst und revidiert werden oder es findet in der Deutung der Erfahrung eine Bestätigung der bisherigen Weltanschauung. Mit der NTE als eindrückliche Erfahrung in der Erinnerung suchen sie nun Anschluss im sozialen Umfeld und treffen auf eine kontrovers geführte Debatte, in der sowohl über die Adäquatheit der Begrifflichkeit als auch Aussagekraft der NTE-Berichte

---

[6] Knoblauch und Soeffner 1999b S. 289.
[7] Knoblauch und Soeffner 1999b S. 289.
[8] Knoblauch und Soeffner 1999b 292.
[9] James 2005 S. 61.

gestritten wird. Dabei kommen Faktoren zur Geltung, die eine Beschäftigung mit dem Thema begünstigen oder erschweren. Begünstigend wirkt ein offenes soziales Umfeld, das Diskussionen zulässt und den Deutungsprozess unterstützen will. Erleichternd wirken auch der Zugang zu einschlägigem Wissen und das Konsultieren von Fachpersonen. Zu Schwierigkeiten könnte es kommen, wenn das Erlebte überhaupt nicht eingeordnet werden kann, weil eine solche Erfahrung im unmittelbaren sozialen Umfeld nicht anerkannt wird und Berichte darüber nicht geduldet oder gar sanktioniert werden. Das Erzählen einer NTE kann also mit einigen Risiken behaftet sein. Betroffene haben die mitunter berechtigte Angst, nicht ernst genommen, ausgelacht, in ihrer Deutung bevormundet oder sozial isoliert zu werden.

Die Annäherung der Betroffenen an das Phänomen erfolgt häufig über eine Hinwendung zur Situation, in der es unmittelbar zur Nahtoderfahrung kam. Dies ist meist direkt mit der Frage verbunden, ob die Situation tatsächlich lebensbedrohlich war. Die unsichere Zuordnung der subjektiven Erfahrung in der Kategorisierung zeigte sich in den Interviews anhand der Hinweise, dass die Lebensbedrohlichkeit aus einer Fremdperspektive nicht mehr bestimmt werden kann, da sie zum Zeitpunkt der NTE gar nicht an den dazu erforderlichen Messinstrumenten (EKG und EEG) angeschlossen gewesen seien. Hinsichtlich der Definition des Phänomens waren die interviewten Personen bemüht, einen Namen, eine Kategorie für ihre Erfahrung zu finden und die selbst erlebten Elemente mit den recherchierten abzugleichen. Die eine Person will keinen Tunnel gesehen haben, «obwohl» man davon sehr häufig lese. Andere wiederum kannten die sogenannte Out-of-Body-Experience, bei der man aus dem eigenen Körper tritt und die Szenerie, in der er sich befindet, von oben mitverfolgen kann, nicht von ihrer Erfahrung, sondern nur aus den Medien. Daher würden sie sich fragen, ob sie wirklich eine «Nahtoderfahrung» gemacht haben.

Soziale Deutungsmuster können an dieser Stelle Zugang zu einer lebensweltlichen Erklärung verschaffen und durch ihr Aufzeigen von Handlungsmöglichkeiten Komplexität reduzieren: «Durch die damit verbundene Reduktion von Komplexität werden Situationen für die Subjekte kognitiv und praktisch bewältigbar, einzelne Informationen werden mit Sinn erfüllt, bewertet und in vorhandenes Wissen eingebaut.»[10] Ein Ereignis lässt sich damit mehreren Deutungsebenen zuordnen und im Kontext unterschiedlicher Deutungsmuster betrachten. Diese können permanent sozial verhandelt, weiterentwickelt und im mittelfristig auch verändert werden. In sich selbst ist ein einzelnes Deutungsmuster konsistent und stimmig. Ein soziales Deutungsmuster ist als Deutungszugang von Individuen

---

[10] Plaß und Schetsche 2001 S. 523.

durch soziale, kommunikative Interaktionen zu verstehen: das soziale Gefüge gestaltet Deutungsmuster aus und erzeugt neue in Abgrenzung zu vorhandenen.[11] Die kontroversen öffentlichen und wissenschaftlichen Debatten über die «NTE» bietet den betroffenen Personen einerseits Anschlussmöglichkeiten, um ihre Erfahrung einordnen zu können. Andererseits schliessen sich verschiedene Interpretationsmodelle gegenseitig aus, sodass die Betroffenen fast unweigerlich in eine Kontroverse geraten, wenn sie sich auf eine festlegen. Denn in der wissenschaftlichen Debatte besagt einerseits die Invarianzannahme, dass Nahtoderfahrungen gemäss Knoblauch im Rahmen der sogenannten «Strukturhypothese»[12] das gleiche Muster ausweisen. Ihre Vertreter, wie zum Beispiel Moody, Ring oder Greyson, haben das Thema – vor allem über die weltweit agierende IANDS – weitgehend besetzt und haben Anspruch, ihre Hypothese unter der Verwendung einer von ihnen entwickelten Topologie wissenschaftlich zu belegen. Schliesslich wiesen die NTE-Berichte kulturübergreifende, universell gültige Muster auf. Dabei werden eigens entwickelte Raster, wie z. B. die Skala von Greyson, zur Evaluation und Erhebung von Daten zu Nahtoderfahrungen verwendet. Dabei würden sich die Erfahrungen in Intensität und «Tiefe» unterscheiden, einzelne seien qua niedriger Punktzahl sogar gänzlich auszusondern.[13] Der Arzt Jeffrey Long sammelt bereits seit 1998 mit der «Near Death Experience Research Foundation» unter nderf.org Nahtoderfahrungsberichte und publizierte von Moody empfohlene Beiträge, unter anderem auch im von Greyson herausgegebenen «Handbook for Near Death Experience» und pflegt damit enge Verbindungen zu Vertretern der IANDS.[14] Die wiederkehrenden Elemente werden unter Verwendung der Greyson-Skala immerfort selbstreferentiell bestätigt und das Konzept der Skala kaum mehr hinterfragt.[15] Verständnis und Wahrnehmung des Phänomens werden aufgrund der Popularität der einzelnen Autoren und der globalen Verbreitung der Publikationen etabliert und kultiviert. Gerade das Zäsurhafte sei ein massgebliches Merkmal des Phänomens. Symbolisiert wird die mit ihm einhergehende Transformation oft mit einem Schmetterling. Ein solcher ziert nahezu alle Publikationen von Eben Alexander. Auch auf dem Cover des neusten Buches «After» von Greyson ist ein Schmetterling zu

---

[11] Vgl. Bögelein und Vetter 2019b S. 21. Oevermann spricht dabei von «Derivaten», Ullrich von «Derivationen». Vgl. Ullrich 2019b S. 14 ff. und Oevermann 2001a S. 20 ff.

[12] Knoblauch und Soeffner 1999b 271. Vgl. Kellehear 1996 S. 22–41.

[13] Vgl. Skala von Greyson S. 211.

[14] Vgl. Personen und Mandate der IANDS-Mitglieder und deren Verbindungen S. 212.

[15] Vgl. z. B. auch Gresser 2004 66–70.

sehen. Zudem wird angekündigt: «A Doctor Explores What Near-Death Experiences Reveal about Life and Beyond».[16] Die Seriosität und Wissenschaftsnähe seines Berufsstands soll seinen Aussagen Glaubwürdigkeit geben. Vor allem naturwissenschaftliche, neuro-biologische Analysen sprechen der IANDS die wissenschaftliche Belegbarkeit ihrer Thesen jedoch ab und gehen stattdessen davon aus, dass es sich um natürliche stresshormonelle Reaktionen handelt, die dem menschlichen Hirn dissoziativ den Eindruck vermitteln, im Jenseits angelangt zu sein. Dabei entstehen die einleitend erwähnten Dispute zwischen Wissenschaftlern, die sich darüber streiten, wer in welchem Rahmen überhaupt zur Erforschung von Nahtoderfahrungen beitragen könne. Die kontroverse Debatte darüber, was in Bezug zur Erforschbarkeit von Nahtoderfahrungen wissenschaftlich sei, hält seit Jahrzehnten an. Vor allem zu Beginn des 20. Jahrhunderts wurden im parapsychologischen Kontext, insbesondere bei der britischen Society for Psychical Research (SPR), viele verwandte Themen erforscht. Die SPR hat noch heute die gleiche Botschaft wie damals, ähnlich derjenigen der IANDS: «Alle diese Studien zeichnen sich durch das Bestreben um eine objektive, wissenschaftliche Perspektive aus. Sie sind jedoch gleichfalls Ausdruck des Bemühens, die Hypothese des Überlebens der menschlichen Existenz über den Tod hinaus zu beweisen.»[17] Diese religiös-ontologisch geprägten Deutungsmuster kultivieren sich unter der Betonung, wissenschaftlich belegt werden zu können. Sie stilisieren spezifische Deutungen, vor allem die des Typs der «Transformation», um das favorisierte Deutungsmuster zu untermauern.

Diese parapsychologische Deutung ist aber nur eine, wenn auch die populärste. Die in der wissenschaftlichen Beschäftigung mit dem Phänomen herausgearbeiteten Deutungsebenen decken aber noch weitere Disziplinen ab: Psychologie (mit Fokus auf psychologische Vorgänge, Trauma-Erfahrung und dissoziative Zustände), Neurobiologie (NTE als Ausschüttung von Hormonen), Sozialanthropologie (NTE als alltägliche, aktiv induzierbare Erfahrung) oder Theologie (NTE als religiöse Erfahrung). Dabei ergeben die Konstellationen der Deutungsebenen in ihrer religiös-ontologischen, agnostischen oder kritischen Position die Schwerpunkte der sozialen Deutungsmuster. Zudem bedienen sich gerade die religiös-ontologischen Deutungsmuster mehrerer Deutungsebenen. So wollen sie sich von anderen religiös-ontologischen Positionen abgrenzen, was am Beispiel der christlichen Theologie deutlich wurde. Ihr zufolge sei die Erfahrung entweder religiöser Natur oder Symptom einer psychischen Erkrankung, wobei sich die Zuordnungskriterien an der religiösen Doktrin orientieren.

---

[16] Vgl. Greyson 2021.
[17] Knoblauch und Soeffner 1999b S. 13.

Abschliessend kann festgehalten werden, dass das breite Interpretationsspektrum unter anderem auch darin gründet, dass der Begriff «Nahtoderfahrung» nicht in einem spezifischen Kontext definiert ist. Er steht weder für eine psychologische Diagnose noch ein Krankheitsbild noch verbindlich definierte Erfahrungselemente. Die von Betroffenen aufgeführten Merkmale sind zudem nicht homogen. Sich den Bedeutungskontext der Erfahrung zu erschliessen, sie als solche zu erinnern, zu kontextualisieren und subjektiv in den eigenen biografischen Gesamtzusammenhang einzubinden, kann einen längeren Prozess erfordern. Anlässlich der in den Medien stattfindenden Diskussion des Phänomens analysieren Betroffene ihre eigene Erfahrung im Verhältnis dazu. Es wurde deutlich, dass Wahrnehmung und Deutung der NTE wesentlich dadurch bedingt sind, in welchem Zusammenhang sie zur eigenen Biografie steht und wie der Zugang zu Religion, Spiritualität, Wissenschaft und Gesellschaft grundsätzlich erfolgt. Zudem sind sie dadurch bedingt, welche soziale Resonanz die Betroffenen im Prozess der mentalen Integration ihrer Erfahrung in ihr Selbst- und Weltverständnis erfahren. Damit sind die Überzeugungen der Betroffenen über die Aussagekraft ihrer Nahtoderfahrungen einerseits von subjektiven, lebensweltlichen Auffassungen geprägt. Andererseits spielt die Rahmung, in der die NTE entstanden ist, ebenfalls eine wichtige Rolle: Der Eindruck, tot oder im Sterben gelegen zu haben, hat massgeblich Einfluss darauf, in welchem Licht man die eigene NTE sieht. Wenn Hans Peter Dürr anhand der in den Berichten genannten Erfahrungselemente argumentiert, es müsse sich nicht um eine lebensbedrohliche Situation gehandelt haben, zumal es ihm ebenso gelänge, nur über das Schliessen seiner Augen im Zug eine ähnliche Erfahrung zu machen, blendet er die Todessituation aus, ob nun auch tatsächlich oder nur empfunden. Gerade die subjektive Empfindung ist aber entscheidend, berichten doch alle Probandinnen und Probanden unabhängig vom Typ, wenn auch in unterschiedlichen Nuancen, die Angst vor dem Sterben oder dem Tod durch die NTE verloren zu haben. Das bedeutet im Umkehrschluss, dass diese zuvor vorhanden war. Dabei ist die Erkenntnis, welche die Betroffenen aus der NTE gewonnen zu haben meinen, nicht an bestimmte Erfahrungselementen gebunden, zumal die emotionale Komponente die einzige ist, die alle Berichte miteinander verbindet. Kern der sinnstrukturierten Verarbeitung der Erfahrung ist ihre Bedeutsamkeit für persönliche und allgemeine existentielle Fragen. Besonders die Konfrontation mit der eigenen Sterblichkeit kann eine intensive Auseinandersetzung mit der Frage auslösen, ob es ein Leben nach dem Tod gibt. Ein zumindest in positivistisch geprägten Gesellschaften für viele Menschen zentrales Problem ist auch die Angst vor dem Lebensende: Mit der Geburt ist jeder Mensch mit dem Leben konfrontiert, zu dem bald schon das

Bewusstsein gehört, es einmal wieder loslassen zu müssen. Dies kann mit unbe-
haglichen sowie beängstigenden Fragen und grosser Ungewissheit einhergehen.[18]
Über die eigene Sterblichkeit sprechen zu können, kann schwierig sein. Schliesslich ist der Tod nicht nur das Ende des Subjekts für sich genommen, sondern
auch das Ende der an ihm hängenden Beziehungen zu anderen. Mit ihm geht
auch der Verlust einher, die eigene Biografie weiter gestalten zu können.

Nahtoderfahrungsberichte verweisen zwar auf eine Erfahrung des Subjekts,
sind aber ausschliesslich anhand nach aussen gerichteter Erzählungen sichtbar.
Diese sind abhängig von einer sozialen und kulturellen Rahmung, die die das
Sprechen in der Gesellschaft über solche Erfahrungen und damit verbundene
Themen erst ermöglicht. Vermeintlich Unsagbares wird zum programmatischen
Sagbaren gemacht, denn gerade das vermeintlich Unsagbare macht es in diesem
Moment wieder sagbar. Damit finden sich die betroffenen Personen mit ihren
Berichten inmitten einer wissenschaftlichen Debatte, die Gefahr laufen kann, die
Erfahrung entweder zu banalisieren oder über zu interpretieren. Zudem zeigt sich,
dass die Erforschbarkeit des Phänomens der Nahtoderfahrung umstritten ist. In
Medizin und Neurobiologie will man den Tod definieren bzw. eine adäquate Defi-
nition für ihn finden, wohingegen andere das naturwissenschaftliche Paradigma
als obsolet erachten, da Menschen aus dem Jenseits zurückgehrt seien. Zum
Teil werden dabei viele unterschiedliche Dinge miteinander vermengt, indem
Deutungsebenen, persönliche Weltbilder, Ansprüche an Wissenschaftlichkeit,
subjektive Überzeugungen und Grundannahmen nicht transparent voneinander
getrennt werden.

Die Diskussion um Nahtoderfahrungen ist ein Abbild einer gesellschaftlichen Debatte über die Grenzziehung zwischen Leben und Tod, die vermeintliche
Trennbarkeit des Geistes vom Körper und vermeintlich notwendige Einheit von
Raum und Zeit. Berichte von Erfahrungen, deren Subjekte den Tod erfahren
haben wollen, auf der einen stehen wissenschaftlichen Untersuchungen auf der
anderen Seite gegenüber, die das Gleiche erfassen wollen. Die umstrittene Debatte
um die Bedeutsamkeit von Nahtoderfahrungen in der Wissenschaft lässt sich
dabei nahtlos in die sozialwissenschaftliche Bearbeitung des «Western Esotericism» einreihen. Die in der New Age Bewegung entstandene IANDS führt die
Grundanliegen der Bewegung weiter und fordert ein neues Paradigma in der Wissenschaft. Sie umfasst ein alternatives, neu zu verhandelndes Verständnis von
Naturwissenschaft und will die religiös-ontologischen Überzeugungen mindestens zum Teil mit Hilfe von wissenschaftlichen Gütekriterien belegen. Dies findet

---

[18] Vgl. Jenseitsvorstellungen als Unsterblichkeitshoffnung S. 60.

Ausdruck in einer sogenannten «Scientification of Religion»[19]. Denn gerade die zunächst im akademischen Kontext geführte, polarisierte Debatte um das vermeintliche Verschwinden von Religion, also im Zuge der im 19. Jahrhundert entstandenen Diskussion um die Säkularisierung[20], hatte Einfluss auf die öffentliche Wahrnehmung von Erforschung von Nahtoderfahrungen. Die Annahme, eine gleichsam fortschreitende Entwicklung von Technologie und Naturwissenschaft führe folgelogisch zur Widerlegung und Aufhebung jeglicher religiösen Inhalte ist nicht eingetreten. Gerade diese in der Öffentlichkeit geführten Debatte habe zu einer Gegenüberstellung von Wissenschaft, Religion und Säkularisierung geführt, wobei die analytischen Unterscheidungen zu Kategorisierungen führten und sich diese gleichermassen durch ihre Bearbeitung in ihrer kontroversen Wahrnehmung potenziell verstärkten.[21]

Die Säkularisierung als Kategorie findet damit auch in den Themen Tod und Sterben Bezugspunkte und zeigt sich zum Beispiel im Wunsch nach Unsterblichkeit, der in Teilen der Gesellschaft tief verankert zu sein scheint. Er zeigt sich an den Bestrebungen in der nanotechnologischen Medizin und weit darüber hinaus: vom Züchten allfälliger Ersatzorgane in der Gentechnik über Teleportation bis hin zu posthumanistischen Ansätzen. Das Leben soll so lange als möglich erhalten werden, der Körper gegebenenfalls vollständig überwunden und das Bewusstsein in andere Körper oder Computer transferiert werden. Dem dominierenden Deutungsmuster zufolge ist das unendliche Bewusstsein bereits Gewissheit. Berichte von Nahtoderfahrungen können damit Ausdruck von Unsterblichkeitsvorstellungen und -hoffnungen sein, die wiederum Einfluss auf die Interpretationen von Nahtoderfahrungen haben. Ein Trend hin zur Individualisierung von Religion ist hierbei nicht ohne Einschränkungen. Deutlich hat die vorliegende Studie gezeigt, wie gross soziale Risiken durch Betroffene eingeschätzt werden, wie umsichtig Berichtende mit dem Erzählen ihrer Erlebnisse vorgehen und wie komplex die Einordnung eines solchen Ereignisses aus subjektiver Sicht sein kann. Das Bedürfnis nach sozialer Eingebundenheit wurde hierbei deutlich zum Ausdruck gebracht und wird höher gewertet als das subjektive Empfinden, das unter Umständen nur privat oder nur in besonderen Fällen auch sozial geteilt wird – selbst bei Überzeugungen universeller Gültigkeit.

---

[19] Stuckrad 2015.
[20] Vgl. Stuckrad 2015 S. 178 ff.
[21] Stuckrad 2015 S. 180.

Literaturverzeichnis

Alexander, Eben (2013): Blick in die Ewigkeit. Die faszinierende Nahtoderfahrung eines Neurochirurgen. 8. Auflage. München: Ansata.

Ariès, Philippe (1982): Geschichte des Todes. München: Deutsches Taschenbuch.

Arnold, Rolf (1983): Deutungsmuster. Zu den Bedeutungselementen sowie den theoretischen und methodologischen Bezügen eines Begriffs. Weinheim, Basel: Beltz.

Asché, Florian (2011): Perspektiven postmortaler Weiterexistenz durch Organtransplantation, Kryonik, Plastination und Diamantierung. In: Dominik Groß, Brigitte Tag und Christoph Schweikardt (Hg.): Who wants to live forever? Postmoderne Formen des Weiterwirkens nach dem Tod. Frankfurt am Main [u.a.]: Campus-Verlag (5), S. 93–112.

Aspell, Jane E.; Blanke, Olaf (2009): Understanding the Out-of-Body Experience. In: Craig D. Murray (Hg.): Psychological scientific perspectives on out-of-body and near-death experiences. New York: Nova Science Publishers (Psychology research progress series), S. 73–88.

Assmann, Jan (2005): Der Abschied von den Toten. Trauerrituale im Kulturvergleich. Göttingen: Wallstein-Verlag.

Audette, John R. (2015): History and Founders. The Founding of IANDS: John Audette. Online verfügbar unter http://iands.org/about/about-iands27/history/the-founding-of-iands-john-audette.html, zuletzt aktualisiert am 25.04.2015, zuletzt geprüft am 29.03.2023.

Becker, Ernest (1987): Die Überwindung der Todesfurcht. Dynamik des Todes. 2. Aufl. München: Goldmann (Goldmann Grenzwissenschaften, Esoterik).

Belz, Martina (2009): Aussergewöhnliche Erfahrungen. Göttingen: Hogrefe (Fortschritte der Psychotherapie, Bd. 35).

Berger, Peter L.; Luckmann, Thomas; Plessner, Helmuth (2018): Die gesellschaftliche Konstruktion der Wirklichkeit. Eine Theorie der Wissenssoziologie. 27. Auflage. Frankfurt am Main: FISCHER Taschenbuch (Fischer, 26623).

Blackmore, Susan (1999): Neurophysiologische Erklärungen der Nah-Todeserfahrung. In: Hubert Knoblauch und Hans-Georg Soeffner (Hg.): Todesnähe. Interdisziplinäre Zugänge zu einem aussergewöhnlichen Phänomen. Konstanz: UVK Universitätsverlag Konstanz (Passagen & Transzendenzen, Bd. 8), S. 37–64.

Blair Terhune, Devin; Cardeña, Etzel (2009): Out-of-Body Experinece in the Context of Hypnosis. Phenomenology, Methodology, and Neurophysiology. In: Craig D. Murray (Hg.): Psychological scientific perspectives on out-of-body and near-death experiences. New York: Nova Science Publishers (Psychology research progress series), S. 89–104.

Blanke, Olaf; Faivre, Nathan; Dieguez, Sebastian (2016): Leaving Body and Life Behind. In: The Neurology of Conciousness: Elsevier, S. 323–347.

Bögelein, Nicole; Vetter, Nicole (Hg.) (2019a): Der Deutungsmusteransatz. Einführung – Erkenntnisse – Perspektiven. 1. Auflage. Weinheim, Basel: Beltz Juventa (Grundlagentexte Methoden). Online verfügbar unter https://www.content-select.com/index.php?id=bib_view&ean=9783779947486.

Bögelein, Nicole; Vetter, Nicole (2019b): Einführung – Der Deutungsmusteransatz. Deutungsmuster als Forschungsinstrument – Grundlegende Perspektiven. In: Nicole Bögelein und Nicole Vetter (Hg.): Der Deutungsmusteransatz. Einführung – Erkenntnisse – Perspektiven. 1. Auflage. Weinheim: Beltz Juventa (Grundlagentexte Methoden), S. 12–39.

Bonifati, Nunzia (2018): Toward post-human. The dream of never-ending life. In: Michael Hviid Jacobsen (Hg.): Postmortal society. Towards a sociology of immortality. London: Routledge (Studies in death, materiality and the origin of time), S. 156–172.

Borjigin, Jimo; Lee, UnCheol; Liu, Tiecheng; Pal, Dinesh; Huff, Sean; Klarr, Daniel et al. (2013a): Surge of neurophysiological coherence and connectivity in the dying brain. In: *Proceedings of the National Academy of Sciences of the United States of America* 110 (35), S. 14432–14437. https://doi.org/10.1073/pnas.1308285110.

Borjigin, Jimo; Wang, Michael M.; Mashour, George A. (2013b): Reply to Greyson et al.: Experimental evidence lays a foundation for a rational understanding of near-death experiences. In: *Proceedings of the National Academy of Sciences of the United States of America* 110 (47), E4406. https://doi.org/10.1073/pnas.1317358110.

Bourdieu, Pierre; Beister, Hella (2012): Praktische Vernunft. Zur Theorie des Handelns. 8. Aufl. Frankfurt am Main: Suhrkamp (Edition Suhrkamp).

Brüggen, Susanne (2005): Religiöses aus der Ratgeberecke. In: Hubert Knoblauch und Arnold Zingerle (Hg.): Thanatosoziologie. Tod, Hospiz und die Institutionalisierung des Sterbens. Berlin: Duncker & Humblot (Sozialwissenschaftliche Abhandlungen der Görres-Gesellschaft, Bd. 27), S. 81–102.

Brukamp, Kirsten (2011): Wege des Weiterwirkens der Toten durch moderne Medien. In: Dominik Groß, Brigitte Tag und Christoph Schweikardt (Hg.): Who wants to live forever? Postmoderne Formen des Weiterwirkens nach dem Tod. Frankfurt am Main [u.a.]: Campus-Verlag (5), S. 77–92.

Calhoun, Lawrence G.; Tedeschi, Richard G.; Amir, Marianne (Hg.) (2006): Handbook of posttraumatic growth. Research and practice. New York, Hove, England: Psychology Press.

Demling, Joachim Heinrich (2019): Religiöser Wahn: Pathologisierung, Psychologisierung – Spiritualisierung? In: Henning Freund und Samuel Pfeifer (Hg.): Spiritualisierung oder Psychologisierung? Deutung und Behandlung außergewöhnlicher religiöser Erfahrungen. 1. Auflage. Stuttgart: Verlag W. Kohlhammer, 69–84.

Der Spiegel (13.08.2013): Forscher finden mögliche Erklärung für Nahtoderlebnis. dpa / che. Online verfügbar unter https://www.spiegel.de/wissenschaft/mensch/hirnforschung-forscher-finden-erklaerung-fuer-nahtod-erlebnis-a-916121.html, zuletzt geprüft am 10.03.2023.

Deveney, John Patrick (2005): Spiritualism. In: Wouter J. Hanegraaff, Antoine Faivre, R. van den Broek und Jean Pierre Brach (Hg.): Dictionary of gnosis & Western esotericism. Leiden: Brill, S. 1074–1082.

Dittrich, Luke (2013): The Prophet. Hg. v. Esquire. Online verfügbar unter http://www.esquire.com/entertainment/interviews/a23248/the-prophet/, zuletzt aktualisiert am 02.07.2013, zuletzt geprüft am 10.03.2023.

Duerr, Hans Peter (2015): Die dunkle Nacht der Seele. Nahtoderfahrungen und Jenseitsreisen. Berlin: Insel Verlag.

Durkheim, Émile (2017): Der Selbstmord. 14. Auflage. Frankfurt am Main: Suhrkamp (Suhrkamp-Taschenbuch Wissenschaft, 431).

Elsas, Christoph (2010a): Sterben, Tod und Trauer in den Religionen und Kulturen der Welt. [Verschiedene Aufl.]. Berlin: EB-Verlag.

Elsas, Christoph (2010b): Sterben, Tod und Trauer in den Religionen und Kulturen der Welt. [Verschiedene Aufl.]. Berlin: EB-Verlag.

Ember, Carol R.; Carolus, Christina (2017): Altered States of Consciousness. Hg. v. Carol R. Ember. Human Relations Area Files (Explaining Human Culture). Online verfügbar unter https://hraf.yale.edu/ehc/summaries/altered-states-of-consciousness, zuletzt geprüft am 10.03.2023.

Engmann, Birk (2011): Mythos Nahtoderfahrung. Stuttgart: Hirzel.

Falkai, Peter; Döpfner, Manfred (2015): Diagnostisches und statistisches Manual psychischer Störungen DSM-5. Göttingen: Hogrefe. Online verfügbar unter http://sub-hh.ciando.com/book/?bok_id=1792418.

Feldmann, Klaus (2010a): Soziologie des Sterbens und des Todes (Thanatosoziologie). In: Georg Kneer und Markus Schroer (Hg.): Handbuch Spezielle Soziologien, Bd. 5. Wiesbaden: VS Verlag für Sozialwissenschaften, S. 569–586.

Feldmann, Klaus (2010b): Tod und Gesellschaft. Sozialwissenschaftliche Thanatologie im Überblick: VS Verlag für Sozialwissenschaften.

Fenwick, P. B. C.; Fenwick, Elizabeth (2011, 1995): The truth in the light. An investigation of over 300 near-death experiences. Guildford, UK: White Crow Books.

Fenwick, Peter; Brayne, Sue (2011): End-of-life experiences: reaching out for compassion, communication, and connection-meaning of deathbed visions and coincidences. In: *The American journal of hospice & palliative care* 28 (1), S. 7–15. https://doi.org/10.1177/1049909110374301.

Fiedler, Peter (2008): Dissoziative Störungen und Konversion. Trauma und Traumabehandlung. 3., vollst. überarb. Aufl. Weinheim, Bergstr: Beltz, J (Beltz PVU).

Fischer, Gottfried; Riedesser, Peter (2009): Lehrbuch der Psychotraumatologie. 4., aktualisierte und erweiterte Auflage. München: Reinhardt, Ernst; UTB (UTB).

Fischer, John Martin; Mitchell-Yellin, Benjamin (2016): Near-death experiences. Understanding our visions of the afterlife. New York: Oxford University Press.

Flick, Uwe (2016): Qualitative Sozialforschung. Eine Einführung. Originalausgabe, vollständig überarbeitete und erweiterte Neuausgabe, 7. Auflage. Reinbek bei Hamburg: rowohlts enzyklopädie im Rowohlt Taschenbuch Verlag (Rororo Rowohlts Enzyklopädie, 55694).

Flick, Uwe (2017): Design und Prozess qualitativer Forschung. In: Uwe Flick, Ernst von Kardorff und Ines Steinke (Hg.): Qualitative Forschung. Ein Handbuch. 12. Auflage. Reinbek bei Hamburg: Rowohlt Taschenbuch Verlag (Rororo, 55628 : Rowohlts Enzyklopädie), S. 252–265.

Flick, Uwe (2019): Gütekriterien qualitativer Sozialforschung. In: Nina Baur und Jörg Blasius (Hg.): Handbuch Methoden der empirischen Sozialforschung, S. 473–488.

Fox, Mark (2003): Religion, spirituality, and the near-death experience. London, New York: Routledge.

French, Christopher C. (2009): Near-Death Experiences and the Brain. In: Craig D. Murray (Hg.): Psychological scientific perspectives on out-of-body and near-death experiences. New York: Nova Science Publishers (Psychology research progress series), S. 187–203.

Giles, David (2018): The immortalisation of celebrities. In: Michael Hviid Jacobsen (Hg.): Postmortal society. Towards a sociology of immortality. London: Routledge (Studies in death, materiality and the origin of time), S. 97–113.

Glaser, Barney G.; Strauss, Anselm L. (1980): Awareness of dying. 10. print. New York, NY: Aldine.

Glaser, Barney G.; Strauss, Anselm L. (2012): The discovery of grounded theory. Strategies for qualitative research. 7. paperback print. New Brunswick [u.a.]: AldineTransaction.

Gordon, Les; Pasquier, Mathieu; Brugger, Hermann; Paal, Peter (2020): Autoresuscitation (Lazarus phenomenon) after termination of cardiopulmonary resuscitation – a scoping review. In: *Scandinavian journal of trauma, resuscitation and emergency medicine* 28 (1), S. 14. https://doi.org/10.1186/s13049-019-0685-4.

Gresser, Iris (2004): Psychologische Auswirkungen von Nah-Todes-Erfahrungen. Wachstumsmotivationsbedürfnisse als Schritte der Selbstverwirklichung. Berlin: Logos Verlag.

Greyson, Bruce (1984): The Near-Death Experience Scale. Construction. Reliability, and Validity. In: Bruce Greyson und Charles P. Flynn (Hg.): The Near-death experience. Problems, prospects, perspectives. Springfield, Ill., U.S.A.: C.C. Thomas, S. 45–62.

Greyson, Bruce (2021): After. A doctor explores what near-death experiences reveal about life and beyond. First edition. New York, NY: St. Martin's Essentials, an imprint of St. Martin's Publishing Group.

Greyson, Bruce (2022): Greyson NDE Scale. Quantifying the Phenomenon. Hg. v. IANDS. IANDS. Online verfügbar unter https://iands.org/research/nde-research/important-res earch-articles/698-greyson-nde-scale.html, zuletzt aktualisiert am 11.06.2022, zuletzt geprüft am 29.03.2023.

Greyson, Bruce; Holden, Janice M.; James, Debbie (Hg.) (2009): The Handbook of Near-Death Experiences. Thirty Years of Investigation. Oxford: Praeger Publishers.

Greyson, Bruce; Holden, Janice Miner; van Lommel, Pim (2012): ‚There is nothing paranormal about near-death experiences' revisited: comment on Mobbs and Watt. In: *Trends in cognitive sciences* 16 (9), 445; author reply 446. https://doi.org/10.1016/j.tics.2012. 07.002.

Greyson, Bruce; Kelly, Edward F.; Dunseath, W. J. Ross (2013): Surge of neurophysiological activity in the dying brain. In: *Proceedings of the National Academy of Sciences of the United States of America* 110 (47), E4405. https://doi.org/10.1073/pnas.1316937110.

Greyson, Bruce; van Lommel, Pim; Fenwick, Peter (2022): Recent Report of Electroencephalogram of a Dying Human Brain. Online verfügbar unter https://iands.org/images/sto ries/pdf_downloads/Greyson_et_al-2022-Commentary-on-Report-of-EEG-in-a-Dying-Human-Brain.pdf, zuletzt geprüft am 10.03.2023.

Groß, Dominik; Tag, Brigitte; Schweikardt, Christoph (Hg.) (2011): Who wants to live forever? Postmoderne Formen des Weiterwirkens nach dem Tod. Frankfurt am Main [u.a.]: Campus-Verlag (5).

Habermas, Jürgen (2006): Theorie des kommunikativen Handelns. 6. Aufl. Frankfurt a.M: Suhrkamp (Suhrkamp Taschenbuch Wissenschaft, 1175).

Hahn, Alois (1968): Einstellungen zum Tod und ihre soziale Bedingtheit. Eine soziologische Untersuchung. Stuttgart: Enke (Soziologische Gegenwartsfragen, N.F., H. 26).

Hahn, Alois (2000): Konstruktionen des Selbst, der Welt und der Geschichte. Aufsätze zur Kultursoziologie. Orig.-Ausg., 1. Aufl. Frankfurt am Main: Suhrkamp (Suhrkamp-Taschenbuch Wissenschaft, 1505).

Hahn, Alois (2006): Norm und Krise von Kommunikation. Inszenierungen literarischer und sozialer Interaktion im Mittelalter. Münster: LIT-Verl. (Geschichte, Bd. 24).

Hammer, Olav (2005): New Age Movement. In: Wouter J. Hanegraaff, Antoine Faivre, R. van den Broek und Jean Pierre Brach (Hg.): Dictionary of gnosis & Western esotericism. Leiden: Brill, S. 855–861.

Hanegraaff, Wouter J. (2005a): Esotericism. In: Wouter J. Hanegraaff, Antoine Faivre, R. van den Broek und Jean Pierre Brach (Hg.): Dictionary of gnosis & Western esotericism. Leiden: Brill, S. 336–340.

Hanegraaff, Wouter J. (2005b): Occult/Occultism. In: Wouter J. Hanegraaff, Antoine Faivre, R. van den Broek und Jean Pierre Brach (Hg.): Dictionary of gnosis & Western esotericism. Leiden: Brill, S. 884–889.

Hanegraaff, Wouter J. (2012): Esotericism and the Academy. Rejected Knowledge in Western Culture. Cambridge: Cambridge University Press.

Hanegraaff, Wouter J. (2013): Western esotericism. A guide for the perplexed. London: Bloomsbury (Guides for the perplexed).

Heim, Albert (1864): Schweizer Alpen-Club. Jahrbuch des Schweizer Alpenclub 28. https://doi.org/10.3931/e-rara-23423.

Herzog, Markwart; Gerl-Falkovitz, Hanna (Hg.) (2001): Sterben, Tod und Jenseitsglaube. Ende oder letzte Erfüllung des Lebens? Stuttgart: Kohlhammer (Irseer Dialoge, Bd. 3).

Hitzler, Ronald; Eberle, Thomas S. (2017): Phänomenologische Lebensweltanalyse. In: Uwe Flick, Ernst von Kardorff und Ines Steinke (Hg.): Qualitative Forschung. Ein Handbuch. 12. Auflage. Reinbek bei Hamburg: Rowohlt Taschenbuch Verlag (Rororo, 55628 : Rowohlts Enzyklopädie), S. 109–118.

Hitzler, Ronald; Honer, Anne (Hg.) (1997): Sozialwissenschaftliche Hermeneutik. Wiesbaden: VS Verlag für Sozialwissenschaften.

Hoffmann, Markus (2019): Bezugsprobleme als zentrales Element von Deutungsmusteranalysen: Methodologische Bestimmungen und methodische Implikationen. In: Nicole Bögelein und Nicole Vetter (Hg.): Der Deutungsmusteransatz. Einführung – Erkenntnisse – Perspektiven. 1. Auflage. Weinheim: Beltz Juventa (Grundlagentexte Methoden), S. 204–225.

IANDS (2017): History. History and Founders. Online verfügbar unter http://iands.org/about/about-iands27/history.html, zuletzt aktualisiert am 29.08.2017, zuletzt geprüft am 29.03.2023.

IANDS (2019): 2019 IANDS Conference Schedule. Online verfügbar unter https://drive.google.com/file/d/1BCGmHZvpgZ4jr6sJgli-ZdvVsrLbujhb/view, zuletzt aktualisiert am 2019, zuletzt geprüft am 29.03.2023.

IANDS (2021): About IANDS. IANDS. Online verfügbar unter https://iands.org/about/about-iands27.html, zuletzt geprüft am 11.10.2021.

IANDS (2023): The Self Does Not Die is now Available on Amazon. Online verfügbar unter https://iands.org/resources/media-resources/front-page-news/1161-the-self-does-not-die-is-now-available-on-amazon.html, zuletzt aktualisiert am 20.03.2023, zuletzt geprüft am 29.03.2023.

James, William (2005): Die Vielfalt religiöser Erfahrung. Eine Studie über die menschliche Natur. 1. Aufl., [Nachdr.]. Frankfurt am Main [u.a.]: Insel-Verl. (Insel-Taschenbuch, 1784).

Kauppert, Michael (2010): Erfahrung und Erzählung. Wiesbaden: VS Verlag für Sozialwissenschaften.

Kellehear, Allan (1996): Experiences near death. Beyond medicine and religion. New York: Oxford University Press.

Kellehear, Allan (2008): A social history of dying. Repr. Cambridge: Cambridge University Press.

Kellehear, Allan (Hg.) (2009): The study of dying. From autonomy to transformation. Cambridge: Cambridge Univ. Press. Online verfügbar unter http://www.loc.gov/catdir/enhancements/fy0913/2009025803-b.html.

Keller, Reiner (2014): Wissenssoziologische Diskursforschung und Deutungsmusteranalyse. In: Cornelia Behnke, Diana Lengersdorf und Sylka Scholz (Hg.): Wissen – Methode – Geschlecht: Erfassen des fraglos Gegebenen. Wiesbaden: Springer Fachmedien Wiesbaden, S. 143–159.

Klemenc-Ketis, Zalika; Kersnik, Janko; Grmec, Stefek (2010): The effect of carbon dioxide on near-death experiences in out-of-hospital cardiac arrest survivors. A prospective observational study. In: *Critical care (London, England)* 14 (2), R56. https://doi.org/10.1186/cc8952.

Knoblauch, Hubert (2009): Populäre Religion. Auf dem Weg in eine spirituelle Gesellschaft. Frankfurt, New York: Campus.

Knoblauch, Hubert (2012): Begegnungen mit dem Jenseits. Die Botschaft der Nahtod-Berichte. Neuausg. 2012. Freiburg, Br.: AIRA.

Knoblauch, Hubert; Krech, Volkhard; Wohlrab-Sahr, Monika (Hg.) (1998): Religiöse Konversion. Systematische und fallorientierte Studien in soziologischer Perspektive. Konstanz: UVK, Universitätsverlag (Passagen & Transzendenzen, Bd. 1).

Knoblauch, Hubert; Schmied Ina (1999): Berichte aus dem Jenseits. Eine qualitative Studie zu Todesnäheerfahrungen im deutschsprachigen Raum. In: Hubert Knoblauch und Hans-Georg Soeffner (Hg.): Berichte aus dem Jenseits. Mythos und Realität der Nahtod-Erfahrung. Freiburg im Breisgau: Herder (Herder-Spektrum), S. 187–215.

Knoblauch, Hubert; Schmied Ina; Schnettler, Bernt (1999a): Einleitung: Die wissenschaftliche Erforschung der Todesnäheerfahrung. In: Hubert Knoblauch und Hans-Georg Soeffner (Hg.): Berichte aus dem Jenseits. Mythos und Realität der Nahtod-Erfahrung. Freiburg im Breisgau: Herder (Herder-Spektrum).

Knoblauch, Hubert; Schmied-Knittel, Ina; Schnettler, Bernt (1999b): Einleitung: Die wissenschaftliche Erforschung der Todesnäheerfahrung. In: Hubert Knoblauch und Hans-Georg Soeffner (Hg.): Todesnähe. Interdisziplinäre Zugänge zu einem aussergewöhnlichen Phänomen. Konstanz: UVK Universitätsverlag Konstanz (Passagen & Transzendenzen, Bd. 8), S. 9–34.

Knoblauch, Hubert; Soeffner, Hans-Georg (Hg.) (1999a): Berichte aus dem Jenseits. Mythos und Realität der Nahtod-Erfahrung. Freiburg im Breisgau: Herder (Herder-Spektrum).

Knoblauch, Hubert; Soeffner, Hans-Georg (Hg.) (1999b): Todesnähe. Interdisziplinäre Zugänge zu einem aussergewöhnlichen Phänomen. Konstanz: UVK Universitätsverlag Konstanz (Passagen & Transzendenzen, Bd. 8).

Knoblauch, Hubert; Zingerle, Arnold (2005): Thanatosoziologie. Tod, Hospiz und die Institutionalisierung des Sterbens. In: Hubert Knoblauch und Arnold Zingerle (Hg.): Thanatosoziologie. Tod, Hospiz und die Institutionalisierung des Sterbens. Berlin: Duncker & Humblot (Sozialwissenschaftliche Abhandlungen der Görres-Gesellschaft, Bd. 27), S. 11–30.

Koppenberg, Joachim (2021): Wiederbelebungszeit. Hg. v. Pschyrembel online, zuletzt aktualisiert am 04.2021, zuletzt geprüft am 04.07.2021.

Kraus, Wolfgang (2014): Arbeit am Unerzählbaren. Narrative Identität und die Nachtseite der Erzählbarkeit. In: Carl Eduard Scheidt, Gabriele Lucius-Hoene, Anja Stukenbrock und Elisabeth Waller (Hg.): Narrative Bewältigung von Trauma und Verlust. 1. Aufl. Stuttgart: Schattauer GmbH Verlag für Medizin und Naturwissenschaften, S. 109–120.

Kriz, Jürgen (2005): Grundkonzepte der Psychotherapie. 5., vollst. überarb. Aufl., [Nachdr.]. Weinheim: Beltz PVU (Schlüsselbegriffe).

Kriz, Jürgen (2014): Grundkonzepte der Psychotherapie. Mit Online-Materialien zum Download. 7., vollst. überarb. und erw. Aufl. Weinheim: Beltz.

Krüger, Oliver (2011): Die Unsterblichkeitsutopie der Kryonik: Geschichte, Kontext und Probleme. In: Dominik Groß, Brigitte Tag und Christoph Schweikardt (Hg.): Who wants to live forever? Postmoderne Formen des Weiterwirkens nach dem Tod. Frankfurt am Main [u.a.]: Campus-Verlag (5), S. 249–274.

Krüger, Oliver (2019): Virtualität und Unsterblichkeit. Gott, Evolution und die Singularität im Post- und Transhumanismus. 2. Auflage, revidierte Ausgabe. Freiburg: Rombach Druck- und Verlagshaus (Litterae, 123).

Kübler-Ross, Elisabeth (1996): Verstehen was Sterbende sagen wollen. Einführung in ihre symbolische Sprache. [7. Aufl.]. Stuttgart: Kreuz-Verlag.

Kübler-Ross, Elisabeth (1997): Das Rad des Lebens. Autobiographie. München: Delphi bei Droemer Knaur.

Kübler-Ross, Elisabeth (2012): Über den Tod und das Leben danach. 40. Aufl. Güllesheim: Silberschnur.

Kübler-Ross, Elisabeth (2014): Interviews mit Sterbenden. 1. Aufl. Freiburg im Breisgau: Kreuz Verlag (Was Menschen bewegt).

Küng, Hans (1982): Ewiges Leben? München, Zürich: R. Piper.

Kurt, Ronald; Herbrik, Regine (2019): Sozialwissenschaftliche Hermeneutik und hermeneutische Wissenssoziologie. In: Nina Baur und Jörg Blasius (Hg.): Handbuch Methoden der empirischen Sozialforschung, S. 545–563.

Küsters, Ivonne (2019): Narratives Interview. In: Nina Baur und Jörg Blasius (Hg.): Handbuch Methoden der empirischen Sozialforschung, S. 687–693.

Lacina, Katharina (2009): Tod. Wien: Facultas (UTB Profile, 3237).

Lafontaine, Céline (2010): Die postmortale Gesellschaft. 1. Aufl. Wiesbaden: VS-Verl. (Neue Bibliothek der Sozialwissenschaften).

Lesch, Walter (2018): Theologisch-ethische Annäherungen an aktuelle Erzählungen des eigenen Sterbens. In: Simon Peng-Keller und Andreas Mauz (Hg.): Sterbenarrative. Berlin, Boston: De Gruyter, S. 179–196.

Lifshin, Uri; Helm, Peter J.; Greenber, Jeff (2018): Terror management theory. Surviving the awareness of death one way or another. In: Michael Hviid Jacobsen (Hg.): Postmortal society. Towards a sociology of immortality. London: Routledge (Studies in death, materiality and the origin of time), S. 79–96.

Luckmann, Thomas; Knoblauch, Hubert (2016): Die unsichtbare Religion. 8. Auflage. Frankfurt am Main: Suhrkamp (Suhrkamp-Taschenbuch Wissenschaft, 947).

Lüders, Christian (1991): Deutungsmusteranalyse: Annäherungen an ein risikoreiches Konzept. Hg. v. Detlef Garz und Klaus Kraimer. Opladen: Westdt. Verl. (Qualitativ-empirische Sozialforschung : Konzepte, Methoden, Analysen).

Lüders, Christian; Meuser, Michael (1997): Deutungsmusteranalyse. In: Ronald Hitzler und Anne Honer (Hg.): Sozialwissenschaftliche Hermeneutik. Eine Einführung. Opladen: Leske + Budrich (Uni-Taschenbücher Sozialwissenschaften, 1885), S. 57–79.

Maercker, Andreas (2013): Posttraumatische Belastungsstörungen. Mit 40 Tabellen. 4., vollst. überarb. und aktualisierte Aufl. Berlin: Springer. Online verfügbar unter http://gbv.eblib.com/patron/FullRecord.aspx?p=1317528.

Maercker, Andreas; Zoellner, Tanja (2004): The Janus Face of Self-Perceived Growth: Toward a Two-Component Model of Posttraumatic Growth. In: *Psychological Inquiry* (Vol. 15, No. 1). Online verfügbar unter https://www.jstor.org/stable/204 47200, zuletzt geprüft am 12.07.2018.

Maier, Wolfgang (2018): Nahtod-Erfahrung. Hg. v. Pschyrembel online. Online verfügbar unter https://www.pschyrembel.de/Nahtod-Erfahrung/P04LT, zuletzt aktualisiert am 02.2018, zuletzt geprüft am 26.03.2023.

Malinowski, Bronislaw; Krafft-Bassermann, Eva (1983): Magie, Wissenschaft und Religion und andere Schriften. Lizenzausg., ungekürzte Ausg. Frankfurt am Main: Fischer-Taschenbuch-Verl. (Fischer-Taschenbücher Fischer-Wissenschaft, 7335).

Martinovic, Jelena (2013): Genèse de la recherche académique nord-américaine sur les espériences de mort imminente. L'exemple des recherches menées par Russell Noyes, psychiatre, de 1967 à 1977. Lausanne.

Mays, Robert (2013): Esquire article on Eben Alexander distorts the facts. Hg. v. IANDS. Online verfügbar unter https://www.iands.org/images/stories/pdf_downloads/esquire%20article%20on%20eben%20alexander%20distorts%20the%20facts.pdf, zuletzt aktualisiert am 21.08.2013, zuletzt geprüft am 10.03.2023.

Meheust, Bertrand (2005): Animal Magnetism/Mesmerism. In: Wouter J. Hanegraaff, Antoine Faivre, R. van den Broek und Jean Pierre Brach (Hg.): Dictionary of gnosis & Western esotericism. Leiden: Brill, S. 75–82.

Mobbs, Dean (2012): Response to Greyson et al.: there is nothing paranormal about near-death experiences. In: *Trends in cognitive sciences* 16 (9), S. 446. https://doi.org/10.1016/j.tics.2012.07.003.

Mobbs, Dean; Watt, Caroline (2011): There is nothing paranormal about near-death experiences: how neuroscience can explain seeing bright lights, meeting the dead, or being convinced you are one of them. In: *Trends in cognitive sciences* 15 (10), S. 447–449. https://doi.org/10.1016/j.tics.2011.07.010.

Moody, Raymond A. (1990): Leben nach dem Tod. Reinbek bei Hamburg: Rowohlt.

Moody, Raymond A. (2002): Nachgedanken über das Leben nach dem Tod. Reinbek bei Hamburg: Rowohlt Taschenbuch Verlag (Rororo Sachbuch, 61423).

Moody, Raymond A.; Perry, Paul (1999): Das Licht von drüben. Neue Fragen und Antworten. Reinbek bei Hamburg: Rowohlt.

Nassehi, Armin; Saake, Irmhild (2005): Kontexturen des Todes. Eine Neubestimmung soziologischer Thanatologie. In: Hubert Knoblauch und Arnold Zingerle (Hg.): Thanatosoziologie. Tod, Hospiz und die Institutionalisierung des Sterbens. Berlin: Duncker & Humblot (Sozialwissenschaftliche Abhandlungen der Görres-Gesellschaft, Bd. 27), S. 31–54.

Noyes, Russell; Kletti, Roy (1977): Depersonalization in response to life-threatening danger. In: Comprehensive Psychiatry 18 (4), S. 375–384. https://doi.org/10.1016/0010-440 X(77)90010-4.

Noyes, Russell; Slymen, Donald (1984): The subjective response to life-threatening danger. In: Bruce Greyson und Charles P. Flynn (Hg.): The Near-death experience. Problems, prospects, perspectives. Springfield, Ill., U.S.A.: C.C. Thomas, S. 19–29.

Nünning, Ansgar (2013a): Wie Erzählungen Kulturen erzeugen: Prämissen, Konzepte und Perspektiven für eine kulturwissenschaftliche Narratologie. In: Alexandra Strohmaier (Hg.): Kultur – Wissen – Narration. Perspektiven transdisziplinärer Erzählforschung für die Kulturwissenschaften ; [Vorträge einer Tagung vom 23. bis 26. Juni 2010 in Graz]. Bielefeld: transcript-Verl. (Kultur- und Medientheorie), S. 15–53.

Nünning, Vera (2013b): Erzählen und Identität: Die Bedeutung des Erzählens im Schnittfeld zwischen kulturwissenschaftlicher Narratologie und Psychologie. In: Alexandra Strohmaier (Hg.): Kultur – Wissen – Narration. Perspektiven transdisziplinärer Erzählforschung für die Kulturwissenschaften ; [Vorträge einer Tagung vom 23. bis 26. Juni 2010 in Graz]. Bielefeld: transcript-Verl. (Kultur- und Medientheorie), S. 145–169.

Ochsmann, Randolph (1993): Angst vor Tod und Sterben. Beiträge zur Thanato-Psychologie. Göttingen, Seattle: Hogrefe.

Oevermann, Ulrich (2001a): Die Struktur sozialer Deutungsmuster – Versuch einer Aktualisierung. In: Sozialer Sinn 2 (1). https://doi.org/10.1515/sosi-2001-0103.

Oevermann, Ulrich (2001b): Zur Analyse der Struktur von sozialen Deutungsmustern. In: Sozialer Sinn 2 (1). https://doi.org/10.1515/sosi-2001-0102.

Pargament, Kenneth I.; Desai, Kavita M.; McConnell, Kelly M. (2006): Spirituality: A Pathway to Posttraumatic Growth or Decline? In: Lawrence G. Calhoun und Richard G. Tedeschi (Hg.): Handbook of Posttraumatic Growth. Research and Practice. Hoboken: Taylor and Francis, S. 121–137.

Parnia, Sam; Spearpoint, Ken; Vos, Gabriele de; Fenwick, Peter; Goldberg, Diana; Yang, Jie et al. (2014): AWARE-AWAreness during REsuscitation-a prospective study. In: Resuscitation 85 (12), S. 1799–1805. https://doi.org/10.1016/j.resuscitation.2014.09.004.

Patalong, Frank (2013): Das erleben Menschen kurz vorm Ende. Online verfügbar unter http://www.spiegel.de/kultur/gesellschaft/nahtod-buecher-blick-in-die-ewigkeit-von-eben-alexander-a-885895.html, zuletzt aktualisiert am 07.03.2013, zuletzt geprüft am 15.11.2016.

Pearson, Joanne E. (2005): Neopaganism. In: Wouter J. Hanegraaff, Antoine Faivre, R. van den Broek und Jean Pierre Brach (Hg.): Dictionary of gnosis & Western esotericism. Leiden: Brill, S. 828–834.

Peng-Keller, Simon (2017): Sinnereignisse in Todesnähe. Traum- und Wachvisionen Sterbender und Nahtoderfahrungen im Horizont von Spiritual Care: De Gruyter.

Peng-Keller, Simon; Mauz, Andreas (2018): Erzählen am und vom Lebensende. In: Simon Peng-Keller und Andreas Mauz (Hg.): Sterbenarrative. Berlin, Boston: De Gruyter, S. 1–18.

Peng-Keller, Simon; Neuhold, David (Hg.) (2019): Spiritual Care im globalisierten Gesundheitswesen. Historische Hintergründe und aktuelle Entwicklungen.

Pfeifer, Samuel (2019): Spirituelle Deutungen des Unbekannten und des Unverständlichen – Auswirkungen auf Stigma und Behandlung psychischer Probleme. In: Henning Freund und Samuel Pfeifer (Hg.): Spiritualisierung oder Psychologisierung? Deutung und Behandlung außergewöhnlicher religiöser Erfahrungen. 1. Auflage. Stuttgart: Verlag W. Kohlhammer, S. 131–143.

Pfister, Oskar (1931): Schockdenken und Schockphantasien bei höchster Todesgefahr. Eine psychoanalytische Studie. Wien: Internationaler Psychoanalytischer Verlag.

Plaß, Christine; Schetsche, Michael (2001): Grundzüge einer wissenssoziologischen Theorie sozialer Deutungsmuster. In: Sozialer Sinn 2 (3). https://doi.org/10.1515/sosi-2001-0306.

Reicherz, Jo (1997): Objektive Hermeneutik. In: Ronald Hitzler und Anne Honer (Hg.): Sozialwissenschaftliche Hermeneutik. Eine Einführung. Opladen: Leske + Budrich (Uni-Taschenbücher Sozialwissenschaften, 1885), S. 31–55.

Reicherz, Jo (2017): Abduktion, Deduktion und Induktion in der qualitativen Forschung. In: Uwe Flick, Ernst von Kardorff und Ines Steinke (Hg.): Qualitative Forschung. Ein Handbuch. 12. Auflage. Reinbek bei Hamburg: Rowohlt Taschenbuch Verlag (Rororo, 55628 : Rowohlts Enzyklopädie), S. 276–286.

Ring, Kenneth (1984a): Further Studies of the Near-Death Experience. In: Bruce Greyson und Charles P. Flynn (Hg.): The Near-death experience. Problems, prospects, perspectives. Springfield, Ill., U.S.A.: C.C. Thomas, S. 30–31.

Ring, Kenneth (1984b): Measuring the Near-Death Experience. In: Bruce Greyson und Charles P. Flynn (Hg.): The Near-death experience. Problems, prospects, perspectives. Springfield, Ill., U.S.A.: C.C. Thomas, S. 34–44.

Ring, Kenneth (1984c): Near-Death Studies: An Overview. In: Bruce Greyson und Charles P. Flynn (Hg.): The Near-death experience. Problems, prospects, perspectives. Springfield, Ill., U.S.A.: C.C. Thomas, S. 5–18.

Ring, Kenneth (1986a): Den Tod erfahren – das Leben gewinnen. Erkenntnisse u. Erfahrungen von Menschen, d. an d. Schwelle zum Tod gestanden u. überlebt haben. 2. Aufl. Bern, München, Wien: Scherz.

Ring, Kenneth (1986b): Den Tod erfahren – das Leben gewinnen. Erkenntnisse u. Erfahrungen von Menschen, d. an d. Schwelle zum Tod gestanden u. überlebt haben. 2. Aufl. Bern, München, Wien: Scherz.

Ring, Kenneth; Elsaesser Valarino, Evelyn (2009): Was wir aus Nahtoderfahrungen für das Leben gewinnen. Der Lebensrückblick als ultimatives Lerninstrument. Goch: Santiago-Verlag.

Rosenthal, Gabriele (1995): Erlebte und erzählte Lebensgeschichte. Gestalt und Struktur biographischer Selbstbeschreibungen. Frankfurt [u.a.]: Campus-Verlag.

Rothschild, Markus A. (2017): Todeszeitpunkt. Hg. v. Pschyrembel online, zuletzt aktualisiert am 05.2017, zuletzt geprüft am 04.07.2021.

Sabom, Michael B. (1982): Recollections of death. A medical investigation. 1. ed. New York, NY: Harper & Row.

Schäfer, Christina (2012): Aussergewöhnliche Erfahrungen. Konstruktion von Identität und Veränderung in autobiographischen Erzählungen. Berlin: Lit (Perspektiven der Anomalistik, Band 1).

Schäfer, Klaus (2017): Vom Koma zum Hirntod. Pflege und Begleitung auf der Intensivstation: Kohlhammer Verlag.

Schäfer, Klaus (2020): Hirntod. Hg. v. Pschyrembel online. Online verfügbar unter https://www.pschyrembel.de/Hirntod/K09V3, zuletzt aktualisiert am 04.2020, zuletzt geprüft am 04.07.2021.

Schäfer, Klaus (2022): Tod. Hg. v. Pschyrembel online. Online verfügbar unter https://www.pschyrembel.de/Tod/K0MM7/doc/, zuletzt aktualisiert am 11.2022, zuletzt geprüft am 26.03.2023.

Scheidt, Carl Eduard; Lucius-Hoene, Gabriele (2014): Kategorisierung und narrative Bewältigung bindungsbezogener Traumaerfahrungen im Erwachsenenbindungsinterview. In: Carl Eduard Scheidt, Gabriele Lucius-Hoene, Anja Stukenbrock und Elisabeth Waller (Hg.): Narrative Bewältigung von Trauma und Verlust. 1. Aufl. Stuttgart: Schattauer GmbH Verlag für Medizin und Naturwissenschaften, S. 26–38.

Schiefer, Frank (2007): Die vielen Tode. Individualisierung und Privatisierung im Kontext von Sterben, Tod und Trauer in der Moderne. Wissenssoziologische Perspektiven. Berlin: Lit (Studien zur interdisziplinären Thanatologie, 9).

Schlieter, Jens (2018): What is it like to be dead? Near-death experiences, Christianity, and the occult. New York, NY: Oxford University Press (Oxford studies in Western esotericism).

Schmelter, Denis (2013): Fundamentaltheologische Überlegungen zur eschatologischen Relevanz von Nahtoderfahrungen. In: Raimund Lachner und Denis Schmelter (Hg.): Nahtoderfahrungen. Eine Herausforderung für Theologie und Naturwissenschaft. Münster: Lit Verlag (Vechtaer Beiträge zur Theologie, 16), S. 125–152.

Schmied Ina; Knoblauch, Hubert; Schnettler, Bernt (1999): Todesnäheerfahrungen in Ost- und Westdeutschland. Eine empirische Untersuchung. In: Hubert Knoblauch und Hans-Georg Soeffner (Hg.): Berichte aus dem Jenseits. Mythos und Realität der Nahtod-Erfahrung. Freiburg im Breisgau: Herder (Herder-Spektrum), S. 217–250.

Schütz, Alfred; Luckmann, Thomas (2017): Strukturen der Lebenswelt. 2., überarbeitete Auflage. Konstanz, München: UTB; UVK Verlagsgesellschaft mbH; UVK/Lucius (UTB, Nr. 2412). Online verfügbar unter http://www.utb-studi-e-book.de/9783838548333.

Schwikart, Georg (2010): Tod und Trauer in den Weltreligionen. 2. Aufl. Kevelaer: Lahn-Verlag (Topos-Taschenbücher, Bd. 605).

Soeffner, Hans-Georg (2004): Auslegung des Alltags – Der Alltag der Auslegung. Zur wissenssoziologischen Konzeption einer sozialwissenschaftlichen Hermeneutik. 1. Aufl. Konstanz: UVK-Verl.-Ges (UTB Sozialwissenschaften, 2519). Online verfügbar unter http://www.utb-studi-e-book.de/9783838525198.

Soeffner, Hans-Georg (2017): Sozialwissenschaftliche Hermeneutik. In: Uwe Flick, Ernst von Kardorff und Ines Steinke (Hg.): Qualitative Forschung. Ein Handbuch. 12. Auflage. Reinbek bei Hamburg: Rowohlt Taschenbuch Verlag (Rororo, 55628 : Rowohlts Enzyklopädie), S. 164–175.

Soeffner, Hans-Georg; Krämer, Ulrike (Hg.) (1995): Die Ordnung der Rituale. 2. Aufl. Frankfurt am Main: Suhrkamp (Suhrkamp-Taschenbuch Wissenschaft, 993).

Solomon, Sheldon; Greenberg, Jeff; Pyszczynski, Thomas A. (2015): The worm at the core. On the role of death in life. [London]: Penguin Books (Penguin psychology).

Sparn, Walter (2007): Aussichten in die Ewigkeit. Jneseitsvorstellungen in der neuzeitlichen protestantischen Theologie. In: Lucian Hölscher und Martin Mulsow (Hg.): Das Jenseits. Facetten eines religiösen Begriffs in der Neuzeit ; [Tagung der Münchner Siemens-Stiftung im Mai 2005. Göttingen: Wallstein (Geschichte der Religion in der Neuzeit, 1), S. 12–39.

Steinke, Ines (2017): Gütekriterien qualitativer Forschung. In: Uwe Flick, Ernst von Kardorff und Ines Steinke (Hg.): Qualitative Forschung. Ein Handbuch. 12. Auflage. Reinbek bei Hamburg: Rowohlt Taschenbuch Verlag (Rororo, 55628 : Rowohlts Enzyklopädie), S. 319–331.

Stenger, Horst (1998): Höher, reifer, ganz bei sich. Konversionsdarstellungen und Konversionsbedingungen im „New Age". In: Hubert Knoblauch, Volkhard Krech und Monika Wohlrab-Sahr (Hg.): Religiöse Konversion. Systematische und fallorientierte Studien in soziologischer Perspektive. Konstanz: UVK, Universitätsverlag (Passagen & Transzendenzen, Bd. 1), S. 195–222.

Stiefelhagen, Peter (2018): Ein Blick ins Jenseits? In: *MMW Fortschritte der Medizin* 160 (5), S. 19. https://doi.org/10.1007/s15006-018-0269-7.

Straub, Jürgen (2013): Kann ich mich selbst erzählen – und dabei erkennen? Prinzipien und Perspektiven einer Psychologie des Homo narrator. In: Alexandra Strohmaier (Hg.): Kultur – Wissen – Narration. Perspektiven transdisziplinärer Erzählforschung für die Kulturwissenschaften ; [Vorträge einer Tagung vom 23. bis 26. Juni 2010 in Graz]. Bielefeld: transcript-Verlag (Kultur- und Medientheorie), S. 75–144.

Streeck-Fischer, Annette (2014): Trauma und Entwicklung. Adoleszenz – frühe Traumatisierungen und ihre Folgen. 2., überarbeitete Auflage Stuttgart: Schattauer.

Stuckrad, Kocku von (2015): The scientification of religion. A historical study of discursive change, 1800–2000. Berlin: De Gruyter.

Tedeschi, Richard G.; Shakespeare-Finch, Jane; Taku, Kanako; Calhoun, Lawrence G. (2018): Posttraumatic growth. Theory, research and applications. New York, London: Routledge Taylor and Francis Group.

T-Online (13.08.2013): „Wie ein Feuer, das durch das Gehirn rast". Nahtoderfahrung entzaubert. dpa, zuletzt geprüft am 10.03.2023.

Ullrich, Carsten G. (2019a): Das Diskursive Interview: Springer Fachmedien Wiesbaden.

Ullrich, Carsten G. (2019b): Das Diskursive Interview. Methodische und methodologische Grundlagen. Wiesbaden: Springer Fachmedien Wiesbaden; Imprint: Springer VS (Qualitative Sozialforschung).

van Gordon, William; Shonin, Edo; Dunn, Thomas J.; Sheffield, David; Garcia-Campayo, Javier; Griffiths, Mark D. (2018): Meditation-Induced Near-Death Experiences. A 3-Year Longitudinal Study. In: *Mindfulness* 9 (6), S. 1794–1806. https://doi.org/10.1007/s12671-018-0922-3.

van Lommel, Pim (2010): Endloses Bewusstsein. Neue medizinische Fakten zur Nahtoderfahrung. 3. Aufl. Mannheim: Walter.

van Lommel, Pirn; van Wees, Ruud; Meyers, Vincent; Elfferich, Ingrid (2001): Near-death experience in survivors of cardiac arrest: a prospective study in the Netherlands. In: *The Lancet* 358 (9298), S. 2039–2045. https://doi.org/10.1016/S0140-6736(01)07100-8.

Vicente, Raul; Rizzuto, Michael; Sarica, Can; Yamamoto, Kazuaki; Sadr, Mohammed; Khajuria, Tarun et al. (2022): Enhanced Interplay of Neuronal Coherence and Coupling in the Dying Human Brain. In: *Front. Aging Neurosci.* 14, Artikel 813531. https://doi.org/10.3389/fnagi.2022.813531.

Vogel, Ralf T. (2012): Todesthemen in der Psychotherapie. Ein integratives Handbuch zur Arbeit mit Sterben, Tod und Trauer. Stuttgart: Kohlhammer.

WHO (Hg.) (2019): ICD-10. Online verfügbar unter https://icd.who.int/browse10/2019/en#/V, zuletzt geprüft am 10.03.2023.

Williams Kelly, Emily; Greyson, Bruce; Stevenson, Ian (1999): Beweisen Todesnäheerfahrungen das Überleben der menschlichen Persönlichkeit nach dem Tod? In: Hubert Knoblauch und Hans-Georg Soeffner (Hg.): Todesnähe. Interdisziplinäre Zugänge zu einem aussergewöhnlichen Phänomen. Konstanz: UVK Universitätsverlag Konstanz (Passagen & Transzendenzen, Bd. 8), S. 101–128.

Wittkowski, Joachim (1978): Tod und Sterben. Ergebnisse der Thanatopsychologie. 1. Auflage Heidelberg: Quelle & Meyer (Uni-Taschenbücher Psychologie, 766).

Wittwer, Héctor (Hg.) (2011): Sterben und Tod. Geschichte, Theorie, Ethik ; ein interdisziplinäres Handbuch. Stuttgart: Metzler. Online verfügbar unter http://gbv.eblib.com/patron/FullRecord.aspx?p=803259.

Xu, Gang; Mihaylova, Temenuzhka; Li, Duan; Tian, Fangyun; Farrehi, Peter M.; Parent, Jack M. et al. (2023): Surge of neurophysiological coupling and connectivity of gamma oscillations in the dying human brain. In: *Proceedings of the National Academy of Sciences of the United States of America* 120 (19), e2216268120. https://doi.org/10.1073/pnas.2216268120.

Zaleski, Carol (1987): Otherworld journeys. Accounts of near-death experience in medieval and modern times. New York, Oxford: Oxford Univ. Press.

Zander, Helmut (1999): Geschichte der Seelenwanderung in Europa. Alternative religiöse Traditionen von der Antike bis heute. Darmstadt: Primus-Verl.

Zimmermann, Peter; Eichenberg, Christiane (2017): Einführung Psychotraumatologie. Ernst Reinhardt, Stuttgart: UTB (Utb-studi-e-book, Band 10).

Znoj, Hansjörg (2006): Bereavement and Posttraumatic Growth. In: Lawrence G. Calhoun und Richard G. Tedeschi (Hg.): Handbook of Posttraumatic Growth. Research and Practice. Hoboken: Taylor and Francis, S. 176–196.

Znoj, Hansjörg (2012): Trauer und Melancholie. Stuttgart: Kohlhammer (Lindauer Beiträge zur Psychotherapie und Psychosomatik).

Znoj, Hansjörg (2016): Komplizierte Trauer. 2., überarbeitete Auflage. Göttingen: Hogrefe (Fortschritte der Psychotherapie, Band 23).

Zoellner, Tanja; Maercker, Andreas (2006): Posttraumatic Growth and Psychotherapy. In: Lawrence G. Calhoun und Richard G. Tedeschi (Hg.): Handbook of Posttraumatic Growth. Research and Practice. Hoboken: Taylor and Francis, S. 334–354

GPSR Compliance

The European Union's (EU) General Product Safety Regulation (GPSR) is a set of rules that requires consumer products to be safe and our obligations to ensure this.

If you have any concerns about our products, you can contact us on ProductSafety@springernature.com

In case Publisher is established outside the EU, the EU authorized representative is:

Springer Nature Customer Service Center GmbH
Europaplatz 3
69115 Heidelberg, Germany

The manufacturer's authorised representative in the EU is Springer
Nature Customer Service Centre GmbH, Europaplatz 3, 69115 Heidelberg,
Germany. If you have any concerns regarding our products, please
contact ProductSafety@springernature.com

Printed and bound by CPI Group (UK) Ltd, Croydon, CR0 4YY

28/04/2026

02098516-0004